JN484712

제2개정판

지역사회복지론

제2개정판

지역사회 복지론

최일섭 · 이현주

서울대학교출판문화원

Community Welfare

Il-Sub Choi
Hyon-Joo Lee

Seoul National University Press

제2개정판을 내면서

개정판 『지역사회복지론』이 출판된 지 또다시 10년이 흘렀다. 예외없이 지난 10년간도 한국 사회에는 정치, 경제, 사회의 제 측면에서 엄청난 변화가 있었다. 이러한 변화하는 21세기를 전후하여 세계가 함께 공유하는 것들도 있고, 우리나라 특유의 상황에 연유한 것도 있다. 여하간 이러한 변화들은 한국 사회복지계의 실천과 학문에 적지 않은 변화를 일으켜 사회복지학의 중심영역을 점유하고 있는 『지역사회복지론』도 개정이 불가피하게 되었다.

흔히 21세기는 정보화시대, 세계화시대, 지방화시대, 참여의 시대, NGO의 시대 등 다양하게 불리는데, 이 모든 키워드들이 지역사회복지에 직접적인 영향을 미치고 있음은 재론의 여지가 없다. 특히 지역사회복지의 제도와 사업, 기술에 절대적인 영향을 준 세계적 사건들로서는 경제상황의 부침, 이념갈등, 테러리즘, 중동분쟁의 격화, 북한을 비롯한 제3세계의 인권문제 등을 들 수 있는데, 이러한 사건들이 우리나라의 발전과 번영에 자극제가 되기도 하고 걸림돌로 작용하기도 하였다.

우리나라의 사회복지 전반과 특히 지역사회복지 분야에 결정적 영향을 준 사건들로는 첫째, 이른바 IMF관리체제하의 경제위기를 들 수 있다. 이로 인해 대량의 실업, 가정파괴, 노숙자의 대거 발생 등, 공공과 민간의 사회안전망을 확충할 필요성이 크게 부각되었다. 둘째, 지방자치제가 정착되면서 명실상부한 지방정부의 책임이 강조되는 사회복지에 있어서의 지방분권화와 전달체계의 개선이 현재에도 진행되고 있는 상황이다.

셋째, 기초생활보장제도의 개편, 사회복지사업법의 개정, 사회복지공동모금제의 실시, 자원봉사활동기본법의 제정 등도 지역사회복지의 활동영역을 크게 확대 변화시키고 있다. 넷째, 주민의 참여와 NGO들의 대거출현으로 말미암아 지역사회복지 분야에는 민과 관의 파트너십, 전문사회복지단체들과 민간사회단체들 간의 상호협력과 갈등이 증폭되고 있다. 특히 중요한 변화는 고령화 사회로의 급속한 진전과 함께 저출산에 대처해야 할 필요성이 증대되고 있다는 사실이다. 이 같은 인구사회학적인 변화는 사회복지 서비스의 내용, 형태, 기술 등에 상당한 변화를 요구하고 있다.

이러한 변화의 흐름 속에서 지난 10년간 한국의 사회복지 학문과 교육도 주목할 만한 변화가 있었다. 첫째, 4년제 대학, 초급대학, 특수대학원, 전문대학원, 사이버대학들에 사회복지학과가 우후죽순처럼 설치되었다. 둘째, 매년 배출되는 졸업생도 2만 명에 육박하고, 사회복지사 1급 자격증을 취득하는 비율도 약 50%에 이르고 있다. 셋째, 지역사회복지와 관련된 이른바 '사회복지분과학회' 들이 대거 나타나고 있는데, 예를 들면 지역사회복지학회, 자원봉사학회, 사회복지프로그램 개발 및 평가에 관한 연구모임들이 결성되고 있다는 사실이다.

이러한 양적 '성장' 에도 불구하고 질적인 면에서는 사회복지계가 낙후되어 가는 것이 아닌가 하는 우려가 높아지고 있음은 안타까운 일이다. 이러한 우려를 불식시키는 것은 사회복지학계와 현장의 지도자 모두가 함께 고민하고 해결해야 할 절실한 과제라 생각된다. 이번 개정판이 지역사회복지 분야의 전문성을 제공하는 데 일조하기를 기대해 본다.

2006년 봄

성신여대 연구실에서

최일섭 씀

개정판을 내면서

『지역사회복지론』이 출판된 지 11년이 되었다. 10년이면 강산도 변한다는 말이 실감나게 지역사회복지 분야는 학문적으로나 실제에 있어서 커다란 변화가 있었다. 설사 그러한 변화가 없었다 하더라도 지역사회복지와 관련한 새로운 정보는 원본의 개정을 불가피하게 했을 것이다. 개정판을 내지 않을 수 없게 만든 그간의 변화를 개괄해 보기로 한다.

먼저 지역사회복지학을 내포한 사회복지학이 커다란 변화를 경험하고 있다는 사실이다. 사회문제의 해결과 예방이라는 응용 사회과학으로서의 사회복지학은 과거 임상 혹은 방법론 위주에서 이제는 정책이라는 분야에 적지 않은 비중을 두게 되었고, 이 두 분야는 상호 보완적이라는 학자와 전문가들의 견해에도 불구하고 심한 갈등을 보이고 있다. 어찌 보면 그러한 현상은 『지역사회복지론』이 처음 쓰였을 때 이미 나타났고, 그렇기 때문에 양 분야의 교량적 역할을 해 줄 '허리' 로서 지역사회복지 분야가 발전되어야 한다는 것이 저자의 의도이기도 하였다. 이제 이 가치가 더욱 절실해진 시기에 한국의 사회복지학이 처해 있다는 생각이다.

사회복지학의 양적 팽창도 괄목할 만하다. 교육의 효율적인 측면에서 유사 학문의 통폐합이 거론되고 있음에도 불구하고 전국의 수많은 대학이 학부에 사회복지학과를 개설하고 있을 뿐만 아니라 근자에는 전문 사회복지 대학원을 설치하는 대학들이 늘어 가는 추세를 보이고 있다. 물론 대학에서의 학과 개설과 전문인력의 사회적 수요가 맞물려 가고 있지는 않으나 사회복지학의 전문성은 대학이나 사회가 공히 그 필요성을 인식하고 있다는 것은 의심할 여지가 없다. 사회복지학에 있어서의 이상의 변화는 사회복지환경의 변화에 따른 불가피한 현상이라고 할 수 있을 것이다.

첫째, 경제발전을 통한 성장 위주의 국가정책이 분배와 삶의 질을 중시하는 방향으로 전환되어 가고 있다는 것이다. 무한 경쟁의 사회에서 가족, 집단, 계층, 지역사회의 통합의 필요성이 더욱 커지고, 이를 위한 수단으로서의 사회복지, 특히 지역사회복지의 중요성이 절실해지고 있다.

둘째, 지방자치제의 실시는 사회복지의 학문과 실천에 커다란 변화를 요구하게 되었다. 과거 중앙 중심의 수직적이고 획일적인 복지 전달체계가 자치단체와 지역사회의 특성과 욕구에 따른 복지 프로그램의 개발과 실천을 요구하게 되었고, 지역사회주민의 참여를 중요시하게 되었다.

셋째, 지역사회주민 참여와 불가분의 관계로서 지역사회의 문제해결방안에 변화가 일고 있다는 것이다. 주민의 자발적인 참여에 근거한 지역사회개발에서 전문가에 의한 합리적인 해결방안의 강구를 목적으로 하는 사회계획과 집단, 계층, 지역사회의 이익을 극대화하려는 사회행동 등의 해결방안이 두드러지게 나타나고 있다.

넷째, 보건복지사무소, 지역사회복지관, 지역복지협의회, 지역공동모금, 자원봉사활동 등 지역사회주민의 참여를 조직화하고 지속화시키려는 기구와 프로그램이 개발되고, 확대되고 있는 것도 커다란 변화라 할 수 있다.

이 개정판은 이상에서 개괄한 사회복지 학문과 사회복지 환경의 변화를 반영하면서, 그러한 변화에 능동적으로 대처하기 위한 기초적인 이론과 실제에 대한 이해를 넓히기 위하여 쓰여졌다. 초판본의 차례와 개정판의 차례를 비교해 보면 변화의 흐름을 쉽게 이해할 수 있을 것이다.

개정판을 계획하면서 가장 큰 변화는 본인의 제자인 경상대학교의 류진석 교수를 저술에 참여시켰다는 점이다. 그리고 이 책이 지난 10여 년간 전국의 주요 대학에서 교과서로 쓰이는 동안 수많은 동료와 후학들로부터 부족한 점에 대한 지적이 있었고, 그들에게 고마운 마음을 간직하고 있다. 그중 한 사람인 류진석 교수는 서울대학교의 조교, 사회복지연구소의 특별연구원으로 재직하는 동안 개정판을 위한 준비 작업에 깊이 참여하였고, 그의 헌신에 보답하여 공동 집필을 하게 되었음을 밝혀 두고자 한다.

이책을 집필하는 데 도움을 주신 분들에게 감사드리지 않을 수 없다. 특히 귀중한 자료를 주신 한국사회복지협의회 박숙현 회장과 임직원, 한국사회복지관협회 강준렬 회장과 조남범 부장께 감사드린다. 끝으로 이 책의 출간에 따른 어려움을 쉽게 풀어 준 서울대학교출판부장 김용덕 교수의 우정에 감사를 드린다.

1996년
최일섭 씀

서 문

이 책은 현재 우리나라의 각 대학 사회복지(사업)학과에서 가르치고 있는 지역사회조직론(Community Organization)의 이론과 실제를 다룬 것이다.

지역사회의 주민들이 참여하여 그들이 당면한 문제와 욕구를 분석하고 이를 해소 내지 충족하기 위한 공동의 노력은 인류가 촌락공동체를 형성한 이래 끊임없이 존재해 왔다. 이러한 노력은 천재지변과 외침으로부터 살아 남기 위한 자구책이었고, 사회질서를 해치는 문제를 척결하여 보다 안정된 사회를 이룩하려는 사회개혁의 표현이었으며, 제한된 자원을 효율적으로 배분하여 공존공영하자는 정의감의 표현이기도 하였다. 그러한 노력은 인보활동, 지역사회개발, 사회개혁(운동), 지역사회사업이라는 다양한 명칭 아래 전개되어 왔다.

지역사회의 복지를 증진시키기 위한 노력은 정부에 의해서 혹은 민간기관과 단체에 의해서 주도될 수 있고, 여러 전문분야에 의해서 혹은 민간기관과 단체에 의해서 주도될 수 있고, 여러 전문분야에 의해서 단독으로 혹은 공동으로 시도될 수 있다. 그러나 이러한 노력은 추진주체와 분야에 따라서 그 목표, 이념, 방법, 절차 등에 있어서 상당한 차이가 있음은 물론이다.

'케이스 워크', '그룹 워크'와 함께 전문사회사업의 3대 방법론의 하나인 지역사회조직사업은 다른 방법이 개인, 가족, 집단이라는 비교적 소규모의 사회체계에 대해 변화를 시도하려고 하는 반면에, 지역사회의 수준에 개입하여 지역사회주민의 복지와 관련된 문제를 직접적인 서비스 혹은 간접적인 계획을 통해 해결하고자 하는 조직적이고 전문적인 노력이다. 지역사회조직사업이 지역사회복지를 증진시키는 유일한 방법이라고 할 수는 없으나 다른 어떤 형태의 노력에 비해서 보다 과학적이고 체계적이며, 전문적이라고 할 수 있을 것이다. 한 마디로 지역사회조직사업이 갖는 지식과 기술은 모든 형태의 지역사회복지를 향상시키고자 하는 노력에 활용될 수 있을 것이다.

따라서 이 책은 '지역사회조직론'이라는 다소 한정적이고 전문적인 제목보다는 '지역사회복지론'이라는 포괄적이고 일반적인 제목을 붙였음을 밝혀 두고자 한다.

이 책은 저자가 20여 년 간 공부해 오면서 얻은 많지 않은 지식과 경험을 적어 본 것으로서, 체계적인 이론을 제시한 것이라기보다는 지역사회복지에 관심을 갖는 모든 학도들이 함께 연구하고 실천하는 데 다소 도움이 되었으면 하는 생각에서 기존의 이론과 실제를 적어 본 것에 불과하다. 강단에서 말로만 지껄이고 잡문을 통해 산발적으로 발표했던 내용들을 책으로 엮은 현재의 심경은 성취감보다는 쥐구멍이라도 찾고 싶을 따름이다. 이제 상투적인 변명이 아니라 더욱 공부해서 보다 나은 책을 펴내리라고 스스로 다짐해 본다.

이 책을 내는 데 도움을 준 여러분에게 감사드리지 않을 수 없다. 먼저 이 분야에 관심을 갖게 이끌어 주신 하상락, 남세진, 장인협 선생님의 은

혜를 잊을 수 없으며, 감히 이 책을 쓰도록 용기를 북돋아 준 사회복지 분야의 교수들에게 감사를 드린다. 특히 귀중한 자료를 제공해 주신 강남 사회복지학교의 김만두 교수와 서울대학교 사범대학의 김신일 교수에게 감사드린다. 또 자료를 정리하는 데 도움을 준 서울대학교의 박종우, 신영화 조교에게도 감사한다.

끝으로 촉박한 기간에 이 책의 출간을 가능하게 해 주신 서울대학교출판부장 임종철 선생님과 직원들에게도 뜨거운 감사를 드린다.

1985년 1월 31일

관악 캠퍼스에서

저자 씀

차 례

● 표 ●

● 그림 ●

제 1 부

총론

지역사회복지는 지역사회주민의 복지를 증진시키기 위한 사회복지의 한 분야라 할 수 있다. 지역사회복지를 이해하기 위해서는 지역사회에 대한 개념과 지역사회복지의 의의가 무엇인가를 규명할 필요가 있다. 따라서 제1장에서는 지역사회의 정의, 기능과 역할, 지역사회를 바라보는 시각에 대해 살펴보고, 제2장에서는 지역사회복지와 지역사회조직사업의 의미와 실천유형을 살펴본다.

제1장 지역사회의 개념

1. 지역사회의 정의

1) 일반적 의미

지역사회라는 용어는 학자, 지역사회의 조건을 개선하기 위해 일하는 전문가, 행정가, 정치인, 자원봉사자 등에 의해 매우 일반적으로 사용되고 있다. 지역사회에 관한 일반적이고 비과학적인 정의는 종교, 문화, 정치 등의 분야에서 흔히 찾아볼 수 있는데, 예컨대 특정 종교의 신도집단, 특정 국가와 지역에 거주하는 인종집단, 정치적·사회적 관심과 이해를 같이하는 이익집단 등 지역적인 토대를 갖지 않는 집단에까지 적용되고 있다. 이러한 비과학적인 지역사회의 개념은 지역주민들의 협력적인 태도를 강조하기 위해서 흔히 사용되는 이른바 '지역사회 연대의식(sense of community)의 강화'라는 표어 등에서도 찾아볼 수 있다. 이러한 경우 지역사회는 생활공동체라는 의미를 지닌다.

지역적 특성을 강조하는 '지리적 지역사회'(geographic community)와 대조적인 개념으로서, 로스(Ross)는 '기능적 지역사회'(functional community)를 든다. 그에 따르면, "기능적 지역사회란 복지, 농업, 교육,

종교 등에 있어서 공동의 관심과 기능을 함께하는 사람들의 집단"[1]이다. 예를 들면, 사회복지계(welfare community), 종교계(religious community), 재계(business community) 등은 해당 분야에서 일하는 사람들의 집합체를 나타내는 것으로서 기능적 지역사회라 할 수 있다.

이러한 일반적이고도 기능중심의 지역사회에 관한 개념이 갖는 문제점은 그것이 지역적인 경계(boundary)를 나타내지 못하기 때문에 다른 기능집단인 위원회, 연합회, 협회, 협의회 등과 구별하기가 용이하지 않으며, 지리적인 토대를 중심으로 하여 추진되는 복지활동의 경우 그 적용이 애매하다는 점이다. 또 기능적 지역사회에는 그 구성원이 반드시 지역사회에 거주하는 주민들이 되는 것이 아니기 때문에, 그들의 활동과 역할이 특정 지역사회의 복지증진이라는 목표와 부합하느냐 하는 것도 문제가 될 수 있다.

2) 과학적 정의

지역사회에 관한 개념이 사회과학 문헌에서 공식적으로 취급된 것은 1910년 이후의 일이다. 1915년에 갤핀(Galpin)이 중심부락을 둘러싼 상업과 서비스 지역이라는 개념을 빌려 농촌지역사회를 구획하는 기술을 개발해 내기까지는 사회학이나 인류학에서는 지역사회에 관해 정확한 정의를 내리지는 못했다.[2]

사회과학 문헌에 나타나고 있는 정의는 무수히 많으나, 이들은 지역사회라는 개념에는 다음의 두 가지 속성이 있음을 보여 주고 있다. 그 하나는 지역사회란 다른 지역과는 다른 특수성(uniqueness)과 분리성

1. Murray G. Ross, *Community Organization: Theory, Principles, and Practice*, 2nd ed. (New York: Harper & Row, 1967), pp. 41-45.
2. Ernest B. Harper and Arthur Dunham (eds.), *Community Organization in Action* (New York: Association Press, 1959), p. 19.

(separatedness)을 나타내는 물리적 지리성과 지역적 경계를 가지며, 다른 하나는 사회적 · 문화적 동질성(homogeneity), 합의성(consensus), 자조성(self-help), 혹은 다른 형태의 집단행위와 상호작용을 갖는다는 것이다. 지역사회에 관한 학자들의 정의는 이상의 두 속성 중 어느 것을 강조하느냐에 따라 다양하다.

지역사회에 관한 주요 학자들의 정의를 ① 지리적 개념으로서의 지역사회, ② 집단상호작용을 강조하는 사회적 동질지역으로서의 지역사회, ③ 지리적 · 사회적 동질성을 강조하는 자연지역으로서의 지역사회 등 세 가지 범주로 나누어 살펴보기로 한다.

(1) 지리적 의미의 지역사회

지역사회의 개념에서 지역성을 강조한 정의 중의 대표적인 것으로는 파크(Park)와 버제스(Burgess)의 정의를 들 수 있다. 이들에 따르면 "지역사회라는 용어는 한 지역을 구성하는 사람들과 조직들(institutions)의 지리적 분포라는 견지에서 고려될 수 있는 사회와 사회집단에 적용된다. 모든 지역사회는 사회이지만, 모든 사회가 지역사회는 아니다."[3] 또한 파크와 버제스는 '지역사회의 생활'이란 한마디로 '사회를 움직이는 힘(social forces)의 집합체'[4]라고 했다.

(2) 사회적으로 동질성을 띤 지역으로서의 지역사회

이 개념에서는 지역사회주민들 간의 합의성, 일체감, 공동생활양식, 공통적인 관심과 가치, 그리고 공동노력이 강조된다. 즉 지역사회란 다른 지역과 구별될 수 있는 사회적 특성을 지닌 독립적인(self-contained)

---

3. Robert E. Park and Ernest W. Burgess, *Introduction to the Science of Sociology* (Chicago: University of Chicago Press, 1921), p. 161.
4. *Ibid.*, p. 493.

지역이라고 보는 것이다.

이 개념은 다시 세 가지 유형으로 나누어 살펴볼 수 있는데, 첫째는 지역사회로 규정된 지역에 특정한 지리적 한계를 두지 않는 형태의 정의이고, 둘째는 민주주의의 이상을 실현하는 수단으로서의 '작은 지역사회'(small community)에 대한 신념에서 비롯된 정의이며, 셋째는 사회적 상호작용의 역동성을 강조하는 정의이다.

첫 번째 형태, 즉 지리적 경계에 대한 구체적인 지적 없이 사회적 동질성을 강조한 정의의 대표적인 것으로는 맥키버(MacIver)와 스트로우프(Stroup)의 정의를 들 수 있다.

맥키버는 "지역사회란 모든 형태의 공동생활지역으로서 부락 혹은 읍, 시, 도, 국가 혹은 더 넓은 지역까지도 포함한다. 어느 지역이 지역사회로 불리기 위해서는 다른 지역과 구별될 수 있어야 하고, 공동생활이란 그 지역의 개척자들이 부여한 특별한 의미를 가질 수 있는 자체적인 특성을 지녀야 한다"고 했다. 그는 "사람들이 함께 살게 되면 그들은 태도, 전통, 언어양식 등에 뚜렷한 특성을 갖게 되며, 이러한 특성들은 효과적인 공동생활을 영위하기 위한 요소이자 공동생활의 결과라고 할 수 있다. 지역사회의 구성원이 갖는 사회적 관계는 세계의 끝까지도 이어질 수 있는 것이다"[5]라고 기술하고 있다.

한편 스트로우프는 "지역사회란 자신들이 상호 관련되어 있다는 의식을 갖는 비교적 많은 사람들에 의해 구성되어 있다고 말할 수 있는데, 이들 구성원들은 공동의 생활공간에 서로 의존하고, 제한된 정치적 자율성을 가지며, 복잡하고 변천하는 사회구조 속에서 기본적인 만족을 추구한다"[6]고 기술함으로써 지리적 특성보다는 구성원 간의 상호관련성

---

5. Robert M. MacIver, *Community: A Sociological Study* (London: MacMillan & Co., 1928), pp. 22-23.
6. Herbert Hewitt Stroup, *Community Welfare Organization* (New York: Harper &

을 강조하였다. 스트로우프에 있어서 지역사회란 소수의 부락집단에서 국가에 이르는 모든 형태의 사회조직이 포함되는 것이다.

지역사회란 민주주의의 이념을 실현시킬 수 있는 가장 기본적인 단위라는 입장에서 표현된 지역사회의 정의는 모건(Morgan)과 포스톤(Poston) 등의 저술에서 찾아볼 수 있다. 먼저 모건은 "지역사회란 개인들과 가정들이 그들의 공통적인 욕구를 충족시키기 위해서 함께 계획하고 실천하는 구성원들의 결합체(association)이다"[7]라고 했다. 모건에 있어서 지역사회란 지리적으로 무한히 확대되는 성질의 것이 아니라 민주적인 공동생활을 영위하는 '작은 사회'라는 것이다.

이와 유사하게 포스톤은 "지역사회란 공동의 유대관계가 있고 공동의 기능을 하는 지역(neighborhood)으로서 다양한 이해관계와 상호 부조적인 서비스가 있고, 사람들이 서로에 대해서 알고 지내게 되며, 지역사회의 공동운명에 대해서 개인적으로 어느 정도의 영향력을 행사할 수 있는 그러한 조건을 갖춘 지역이다"[8]라고 정의했다. 그는 이러한 조건을 갖춘 지역사회란 대도시 내의 일정 지역이라고 함으로써 주민들이 자신들의 복지를 증진시키기 위해서 노력하는 지역사회는 상호관계가 유지될 수 있는 정도의 규모여야 한다는 것을 시사하고 있다. 또 이러한 지역사회의 발전은 주민의 참여에 의한 민주주의가 실현되는 전제조건임을 밝히고 있다.

사회적인 상호작용의 역동성을 강조한 지역사회에 관한 정의는 그린(Green), 브루너(Bruner), 할렌벡(Hallenbeck) 등의 저술에서 찾아볼 수 있다.

Brothers, 1952), p. 9.

7. Arthur E. Morgan, *The Small Community: Foundation of Democratic Life* (New York: Harper & Brothers, 1942), p. 20.
8. Richard W. Poston, *Democracy Is You: A Guide To Citizen Action* (New York: Harper & Brothers, 1953), pp. 15-16.

그린은 "지역사회란 상호 관련되어 있고 상호 의존적인 집단들의 결합체(network)"이며 "지역사회 내의 역동적인 관계는 집단생활과 조직체들에서 찾을 수 있다"[9]고 함으로써 지역사회의 개념에 있어서 지리적 특성보다는 구성원들의 상호작용에 역점을 두고 있다.

브루너와 할렌벡은 "지역사회란 주어진 지역 내에서 상호 관련을 맺고 상호작용을 하는 사람들이며, 이들은 상호작용을 통해서 단합된 지역의식을 갖게 되고, 협력적인 행동을 위한 수단을 찾아내며, 자신들의 자연적인 문화에 수정을 가하고 이에 적응을 하는 것"[10]이라고 주목하고 "역동적인 지역사회는 이익과 욕구의 인식에서, 또 이 욕구를 충족키 위해 마련된 제도 속에서 나타나는 것"[11]이라고 했다.

(3) 지리적 · 사회적 동질성을 강조하는 자연지역으로서의 지역사회

지리적 특성과 지역 내에 거주하는 사람들의 상호작용에서 동질성을 동시에 고려하는 이 개념은 지역사회에 대한 사회학의 개념이라고 할 수 있다. 초기의 정의는 히어로니머스(Hieronymus)에 의해 제시되고 있는데, 그는 "지역사회는 다소간 잘 짜여지고 쉽게 접촉할 수 있는 지역 내에서 공동관심사를 위해서 함께 행동하게 되는 일단의 사람들로 구성된다"[12]고 함으로써 지역성과 상호작용성을 동시에 강조하고 있다.

스타이너(Steiner)도 "지역사회는 상호 접촉이 가능한 지역 내에 거주하는 일단의 사람들로 구성되어, 이들은 상호 보호와 복지를 위해서 그 지역 내에 여러 가지 형태의 사회조직을 형성한다"[13]고 했다.

---

9. Helen D. Green, *Social Work Practice in Community Organization* (New York: Whiteside and Morrow Press, 1954), p. 28.
10. Edmund de S. Brunner and Wilbur C. Hallenbeck, *American Society: Urban and Rural Patterns* (New York: Harper & Brothers, 1955), p. 159.
11. *Ibid.*, p. 163.
12. Robert E. Hieronymus, *Balancing Country Life* (New York: Association Press, 1917), p. 60.

지역성과 사회적 동질성을 강조하는 지역사회에 관한 개념정의는 데이비스(Davis)에 의해 보다 구체화되고 있는데, 그에 따르면 "지역사회는 모든 인간생활의 국면을 포함할 수 있는 가장 작은 지역적인 집단이며, 이 집단은 사회를 구성하는 모든 주요 제도(institutions), 모든 지위와 이익을 포함할 수 있을 정도로 넓어야 한다"[14]는 것이다. 또한 지역사회는 최소의 지역집단이라고는 해도 그 자체로서 온전한 사회일 수 있다는 것이다. 특히 데이비스는 현대의 지역사회는 그 자체만으로는 온전히 이해될 수 없다고 보며, 한 지역사회에 있어서 어떤 부분들(segments)은 그 지역사회 내의 다른 부분들보다도 타 지역사회의 부분들과 오히려 더 많은 관련을 맺을 수 있다고 함으로써 개방체계(open system)로서의 지역사회 개념을 역설했다.

엘리엇(Elliott)과 메릴(Merrill)은 지역사회란 두 가지 서로 관련된 면, 즉 지리적인 면과 심리적인 면을 가지고 있다고 했는데, "지리적으로는 주민들이 사회제도에 인접해 있는 상태를 의미하고, 심리적으로는 지역 내의 모든 요소들을 역동적이고 생생한 실체로서 연결시켜 주는 것"[15]이라고 했다.

현대 지역사회이론의 대표적인 학자로 손꼽히는 워렌(Warren)은 기존의 지역사회에 대한 개념들이 급속한 산업화와 도시화를 경험하고 있는 지역사회에는 적합하지 않다고 비판하며, 새로운 개념을 정립할 필요가 있음을 주장한다. 그는 지역사회에 관한 종래의 개념에서 아직도 그 타당성을 찾을 수 있는 것은 지역사회라는 용어에는 심리적이고 지리적인 면이 포함되어 있다는 것이라고 지적하고 있다. 그에 따르면, "심리적인 면에서 지역사회는 '이익집단'(community of interest)이나

---

13. Jesse F. Steiner, *Community Organization* (New York: Century Co., 1930), p. 20.
14. Kingsley Davis, *Human Society* (New York: The Macmillan Co., 1949), p. 312.
15. Mabel A. Elliott and Francis E. Merrill, *Social Disorganization* (New York: Harper & Brothers, 1950), p. 473.

'실업계'(business community) 등의 표현에서 볼 수 있는 바와 같은 공동의 이익, 특성, 혹은 연합(association)을 의미하고, 지리적인 면에서는 사람들이 함께 모여 사는 특정 지역을 의미하며, 사회적으로는 이 두 가지 면을 결합시키는 것"[16]이다.

2. 지역사회의 기능과 구분

1) 지역사회의 기능과 제도

우리는 앞에서 지역사회란 사람들이 단순히 일정한 지역에서 함께 거주하는 이상으로 상호관계를 맺고 서로의 생활과 행동에 영향을 미친다는 것을 주목하였다.

워렌은 "사람들이 지리적으로 근접된 생활을 하게 되면 그들은 생활을 만족시키는 데 필요한 사회구조(social structure)와 사회적 기능을 발전시킨다"[17]고 했으며, 머튼(Merton)도 "모든 인간사회는 주요한 사회적 기능을 수행하는 지속적인 유형(patterns)을 갖추게 된다"[18]고 했다.

지역사회가 수행하는 기능이란 자녀양육, 물자의 생산 · 분배 · 소비, 여가 등을 포함하는 인간활동을 의미하는 것이나, 모든 지역사회가 공통적으로 수행하는 주요 기능에 대해서 길버트(Gilbert)와 스펙트(Specht)[19]는 존슨(Johnson)[20]과 워렌[21]의 기술을 ① 생산 · 분배 · 소비,

---

16. Roland L. Warren, *The Community in America* (Chicago: Rand McNally & Co., 1963), p. 6.
17. *Ibid.*, p. 9.
18. Robert K. Merton, *Social Theory and Social Structure* (London: The Free Press of Glencoe, 1964), pp. 19-84.
19. Neil Gilbert and Harry Specht, *Dimensions of Social Welfare Policy* (Englewood Cliffs, New Jersey: Prentice-Hall, 1974), pp. 4-5.

② 사회화, ③ 사회통제, ④ 사회통합, ⑤ 상부상조 등 다섯 가지 기능으로 나누어 설명하고 있다.

(1) 생산 · 분배 · 소비의 기능

이는 지역사회주민들이 일상생활을 영위하는 데 필요로 하는 재화(goods)와 서비스를 생산하고 분배하고 소비하는 과정과 관련된 기능을 말한다. 현대사회에서 재화와 서비스를 생산하고 분배하는 기능은 주로 기업을 통해서 이루어지고 있으나 정부를 위시한 각종 전문기관, 종교단체, 교육기관 등도 이러한 경제적 기능을 담당하고 있다.

이러한 제도(institutions)[22]는 개별적인 사회 구성원의 차원에서는 생산의 방법과 가족의 욕구충족방법에 영향을 주며, 지역사회 전체의 차원에서는 사회 구성원들이 어느 정도 자립할 수 있는가를 결정짓고, 또 건강한 생활을 영위하는 데 필요한 재화와 서비스를 어느 정도 제공받을 수 있느냐를 결정하게 된다.

(2) 사회화(socialization)의 기능

이는 사회가 향유하고 있는 일반적인 지식, 사회적 가치, 그리고 행동양태를 그 사회 구성원들에게 전달시키는 과정을 말한다. 이러한 과정을 통해서 사회 구성원들은 다른 사회의 구성원들과 구별되는 생활양식을 터득하게 되는 것이다. 사회화의 과정은 개인의 어린 시절에 특히 중요

---

20. Harry M. Johnson, *Sociology: A Systematic Introduction* (New York: Harcourt, Brace Janovich, 1960), pp. 51-66.
21. Warren, *op. cit.*, pp. 9-11.
22. Institution은 사회기능을 수행하는 방법으로서 일반적으로 간주되는 사회관계망을 말한다(Johnson, *op. cit.*, p. 22 참조). 이 용어는 흔히 두 가지 수준의 개념을 갖는데, 예를 들면 종교단체(특정 교회)를 나타내기도 하고 종교제도를 나타내기도 한다. 전자의 경우는 사회기능을 수행하는 특정 조직이나 기관을 나타내고, 후자의 경우는 이 기능을 수행하는 일차적 책임을 진 조직과 기관들의 전체를 의미한다.

하나 일생을 통해서 계속되는 것이 보통이다.

(3) 사회통제(social control)의 기능

지역사회가 그 구성원들에게 사회의 규범(norms)에 순응하게 하는 것을 말한다. 모든 사회는 그 구성원들이 지켜야 할 법, 도덕, 규칙 등의 규범을 갖게 되는데, 이러한 규범을 준수하도록 하는 강제력(coercive power)이 결여된 경우 사회질서가 파괴되어 비행과 범죄가 만연되는 사회해체현상을 경험하게 될 것이다.

사회통제를 담당하는 일차적인 기관인 정부는 경찰력과 사법권을 통해서 보편적으로 적용될 수 있는 법을 집행하는 강제력을 발휘한다. 그러나 다른 여러 사회조직인 가정, 학교, 교회와 사회기관들도 이러한 기능을 부분적으로 수행한다.

(4) 사회통합(social intergration)의 기능

이는 사회체계(social system)를 구성하는 사회단위조직들 간의 관계와 관련된 기능을 말한다. 특정 제도의 구성원이나 전 사회체계의 구성원들은 상호 간에 충성해야 하며, 사회체계가 정상적으로 기능하기 위해서 어느 정도의 결속력(solidarity)과 사기(morale)를 갖추어야 한다. 앞에서 살펴본 사회화의 기능이 사람들에게 어떻게 행동해야 할 것인가를 가르쳐 주는 수단(mechanisms)이고, 사회통제의 기능이 그러한 행동을 하도록 지배하고 강조하는 수단이라고 한다면, 사회통합의 기능은 사람들 스스로 규범을 준수하여 바람직한 행동을 하도록 하는 것이라고 말할 수 있다.

워렌은 사회통합이라는 용어 대신 사회참여(social participation)란 용어를 사용하고 있는데, 이는 지역사회가 제공하는 제반 활동에 구성원들이 자발적으로 참여하게 하는 것으로서, 이러한 기능을 수행하는 가장 대표적인 제도로 종교제도를 들고 있다. 그러나 다른 사회적 기능에서와 마찬가지로 사회적 통합에 필요한 사회적 가치와 규범을 만들어내는 사회조직에는 가정, 학교, 사회단체 등이 있다.

사회통합의 기능은 정치적 · 사회적 · 경제적으로 급격한 변화를 경험하고 있는 사회와 시대에 특히 강조되는 경향이 있는데, 우리나라의 경우 1970년대에 정부에 의해서 강조된 '국민총화' 나 1980년대에 대두된 '국민화합' 이라는 표어는 사회통합과 유사한 개념이라고 할 수 있다.

(5) 상부상조(mutual support)의 기능

사회 구성원들이 이상에서 살펴본 주요 사회제도에 의해서 자기들의 욕구를 충족할 수 없는 경우에 필요로 하게 되는 사회적 기능을 말한다. 개인과 가정은 누구나 질병, 사망, 실업, 사고 등의 개인적인 이유에서, 또 경제적 제도의 부적절한 운용에 의해서 자립할 수 없는 경우에 놓이게 되며, 이러한 경우 외부의 도움을 받지 않을 수 없다.

과거의 전통적인 사회나 오늘날의 후진사회에서 상부상조의 기능은 가족과 친척, 동네사람들, 친목단체나 자선단체와 같은 일차적인 집단에 의해서 수행되고 있으나, 현대 산업사회에서는 이러한 기능이 정부, 민간사회복지단체, 종교단체 등으로 옮겨지게 되었다.

이상에서 살펴본 모든 사회적 기능들은 가장 단순한 사회에서는 가족이라는 단 하나의 사회제도에서 수행된다. 그러나 사회가 점차 복잡해짐에 따라 개인과 집단들이 이러한 기능을 전문적으로 수행하게 되어 전문화(specialization)에 따른 사회제도, 즉 정치, 경제, 종교, 사회복지 등의 제도가 생성된 것이다.

〈표 1-1〉에서 보는 바와 같이 각 사회제도는 하나 이상의 사회적 기능을 수행하는 동시에 가장 핵심적인 기능을 담당하고 있다.

〈표 1-1〉 사회적 기능과 제도

제 도		일차적 기능
가 족	→	사회화
종 교	→	사회통합
경 제	→	생산 · 분배 · 소비
정 치	→	사회통제
사회복지	→	상부상조

자료: Neil Gilbert and Harry Specht, *Dimensions of Social Walfare Policy* (Englewood Cliffs, New Jersey: Prentice-Hall, 1974), p. 6.

2) 지역사회기능의 비교척도

모든 지역사회는 앞에서 살펴본 바와 같은 사회적 기능과 이를 수행하는 제도로서 형성되는 것이지만, 각기 그 외형과 제도의 효과적인 운영이란 면에서 차이를 갖는 것이 보통이다. 지역사회의 특성을 비교할 수 있는 척도로서 워렌은 ① 지역적 자치성, ② 서비스 영역의 일치성, ③ 지역에 대한 주민들의 심리적 동일시, ④ 수평적 유형 등 네 가지를 들고 있다.[23]

(1) 지역적 자치성(autonomy)

지역적 자치성은 지역사회가 중요한 기능을 수행하는 데 있어서 타 지역에 어느 정도 의존하느냐에 관심을 두는 척도다. 하나의 개방체계로서 지역사회는 종적으로나 횡적으로 타 지역사회를 환경으로 하여 기능유지에 필요한 자원을 공급받지 않을 수 없다. 예를 들어 재화를 생산할 수 있는 대규모 공장과 기업이 있는 상공업 중심의 지역사회라고 할지라도 그 지역사회는 자급자족에 필요한 충분한 재화를 생산할 수는 없다. 따라서 지역사회는 다른 지역으로부터 재화를 받아들이며, 동시

23. Warren, *op. cit.*, pp. 13-14.

에 자체 생산품을 타 지역으로 판매하게 된다. 이러한 경우 타 지역과의 거래행위는 지역사회의 경제적 기능에 있어서의 자립성과 의존성을 결정짓는 변인으로 간주된다.

(2) 서비스 영역의 일치성(coincidence of service areas)

서비스 영역의 일치성이란 지역사회의 상점, 학교, 공공시설, 교회 등의 지역조직(local units)의 서비스 영역이 어느 정도 동일지역 내에서 이루어지고 있느냐에 관심을 두는 차원을 말한다. 극단의 경우 모든 서비스 영역이 일치하여 모든 지역주민이 동일지역의 제도에 의해 서비스를 공급받게 될 수도 있다. 이와 정반대의 경우에는 한 개인의 학교는 동쪽에, 교회는 서쪽에, 시장은 남쪽에 위치하고 있어서 지역활동과 지역의 서비스가 전혀 공통지역에서 행해지지 않을 수도 있다. 달리 말하면, 이 척도는 지역사회가 제공하는 서비스에 주민들이 얼마나 쉽게 접근할(access) 수 있느냐를 나타낸다.

(3) 지역에 대한 주민들의 심리적 동일시(psychological identification)

지역에 대한 심리적 동일시란 지역사회주민들이 자기 지역을 어느 정도로 중요한 준거집단(reference group)으로 생각하며, 어느 정도 소속감(sense of belonging)을 갖느냐를 말한다.

(4) 수평적 유형(horizontal pattern)

수평적 유형은 지역사회 내에 있는 상이한 단위조직들(개인과 사회조직들)이 구조적으로나 기능적으로 얼마나 강한 관련을 갖고 있느냐 하는 것이다. 지역사회에 따라서는 주민들의 감정, 행동양태, 그리고 사회조직들의 상호관련성이 강하기도 하고 약하기도 하며, 지역적인 특성이 강하게 혹은 약하게 부각될 수 있다.

		0	1	2	3	4	
1. 지역적 자치성	자립						의존
2. 서비스 영역의 일치성	일치						불일치
3. 심리적 동일시	강						약
4. 수평적 유형	강						약

〈그림 1-1〉 지역사회기능의 비교척도

지역사회의 기능을 측정하는 기준은 여러 가지가 있을 수 있으나, 지역사회의 특수한 사례들은 이상의 네 가지 차원을 중심으로 보다 일반화된 비교가 가능하다. 이를 도표로 나타내면 다음 〈그림 1-1〉에서 보는 바와 같이 양극의 어느 선상에 모든 지역사회가 놓일 수 있다.

3) 지역사회의 구분

지역사회를 유형화하는 방법은 다양하나 가장 흔히 사용되는 기준으로는 ① 인구의 크기, ② 경제적 기반, ③ 정부의 행정구역, ④ 인구구성의 사회적 특수성 등을 들 수 있다.[24]

첫째, 인구의 크기에 따른 구분은 대도시(서울, 부산, 대구, 인천, 대전, 광주, 울산 등), 중소도시(오산, 군산, 강릉, 청주, 춘천 등), 읍지역(평창, 금산, 곡성 등)과 작은 부락 등의 구분에서 흔히 볼 수 있는 지역사회의 형태다. 이러한 구분은 사회조사(survey)의 경우 응답자들의 성장지를 파악하는 데 가장 많이 사용되고 있다.

둘째, 경제적 기반에 따른 지역사회의 구분은 광산촌(강원도의 장성과 태백지역 등), 산촌, 어촌, 관광지, 공업단지 등의 구분에서 볼 수 있다. 이러한 분류는 주민들의 경제생활뿐만 아니라 사회 · 문화적 특성을

24. Arthur Dunham, *The New Community Organization* (New York: Thomas Y. Crowell Co., 1970), p. 28.

파악하고자 하는 인류학적인 조사 · 연구에서 흔히 사용되고 있다.

셋째, 정부의 행정구역에 따른 구분은 특별시, 광역시, 도, 시 · 군 · 구, 읍 · 면 · 동 등으로 지역사회를 구획하는 것으로서, 일반적으로 인구의 크기가 중요시되지만 반드시 인구의 크기에 따라 비율적으로 구분되지는 않는다.

넷째, 인구구성의 사회적 특수성을 기준으로 한 지역사회의 구분은 도시 저소득층 지역(urban low-income area), 외국인촌(서울의 이태원동 일대 등), 장애인 밀집 지역, 미국의 할렘가나 차이나타운 등에서 볼 수 있는 바와 같이 지역사회 구성원 대다수의 경제적 · 인종적 특성을 중심으로 지역을 유형화하는 것이다.

사회복지의 목적에 부합하는 지역사회의 구분으로서, 미국 사회사업학의 태두(泰斗)인 린데만(Lindeman)은 일찍이 11개 지역사회의 종류를 제시한 바 있다.[25]

지역사회의 복지를 위한 조직적인 노력을 전개할 목적으로 가장 흔히 구분되는 지역사회의 유형으로는 농촌지역사회(rural communities)와 도시지역사회(urban communities)가 있다. 지역사회를 도시와 농촌으로 분류한 대표적인 학자로는 소로킨(Sorokin)과 짐머만(Zimmerman)을 들 수 있는데,[26] 이들은 지역사회의 직업구성, 환경, 지역사회의 크기, 인구밀도, 인구의 이질성과 동질성, 사회적 분화와 계층, 인구의 이동성, 상호작용의 모습 등의 여덟 가지 지표를 기준으로 하여 두 지역사회의 특질을 설명하고 있다.[27]

첫째, 직업구성으로, 농촌은 1차 산업이 지배적이고 대부분의 주민이

---

25. Eduard C. Lindeman, *The Community* (New York: Association Press, 1921), pp. 40-57(Dunham, *op. cit.*, pp. 28-29에서 재인용).
26. R. Sorokin and C. Zimmerman, *Principles of Rural-Urban Sociology* (New York: Holt, Rinehart and Winston, 1929).
27. 권태준 · 김광웅, 『한국의 지역사회개발』(법문사, 1981), pp. 45-47에서 재인용.

린데만(Lindeman)의 지역사회 분류

① 50만 명 이상의 인구를 지닌 대도시 지역(metropolitan centers): 이는 일반적으로 산업, 상업, 문화의 중심이다.

② 산업 지역(industrial cities, towns and villages): 어떤 지역은 다양한 산업을 갖기도 하고, 어떤 지역은 광업, 목재, 제철, 자동차 공업 같은 한 산업에 집중하기도 한다.

③ 상업(commercial) 지역

④ 정부행정중심(governmental) 지역: 정부의 행정관서가 집중해 있는 연방과 주, 지방정부의 수도.

⑤ 교육중심(educational) 지역: 대학교, 연수원, 기타 학교시설이 중심이 되어 있는 지역사회.

⑥ 기관 및 시설중심(institutional) 지역: 주민의 생활중심이 병원, 메디컬 센터, 보건소 등과 같은 기관의 하나 혹은 그 이상에서 영위되고 있는 지역사회로, 대부분의 경우 이 시설 자체가 한 도시 내에 지역사회를 형성한다.

⑦ 교외(suburban) 지역: 교외는 도시 근교에 있는 거주지역으로서 일반적으로 많은 주민이 도시로 통근을 한다.

⑧ 유락(resort) 지역: 해변이나 산간의 유락지, 사냥 · 낚시 · 스키 등의 지역과 국립공원이나 자연 명소에 인접해 있는 지역사회.

⑨ 농업중심(agricultural) 지역: 농산품이 거래되고 농촌주민의 사교가 이루어지는 지역.

⑩ 일반고객을 유치할 목적으로 형성된 지역(open country): 이러한 지역사회는 학교, 교회, 백화점, 주유소, 숙박시설 혹은 이런 시설들이 합해져서 형성된다.

⑪ 이념중심(ideological) 지역: 종교, 이데올로기, 예술에 뜻을 같이하는 사람들에 의해서 의도적 · 협력적으로 형성된다. 이런 지역사회의 예로서는 케이커교, 몰몬교, 메노나이트교 같은 종교적인 지역과 협동농장(cooperative farms) 등을 들 수 있다.

농·어업에 종사하며 농민이 주체가 되어 미분화한 직업구성을 하고 있다. 반면에 도시는 2·3차 산업인 제조업, 판매업, 전문지식업, 사무계 직업 등으로 구성되어 직업적인 분화가 잘 이루어져 있다.

둘째, 환경적 측면에서 농촌은 주로 자연적인 환경에 의해 지배를 받으나 도시는 사회적·인위적 환경의 지배를 받는다.

셋째, 지역사회의 크기로 농촌의 윤곽은 협소하나 도시적 발달 정도가 높을수록 지역사회의 크기도 그만큼 확대된다.

넷째, 농촌의 인구밀도는 낮지만 도시적 양상을 띰에 따라 인구밀도도 높아진다. 즉 산업이 발달할수록 농촌인구가 도시에 모여들어 도시인구는 증가하고 농촌인구는 감소하는 경향이 있다.

다섯째, 인구의 이질성과 동질성이라는 점에 있어서 농촌주민의 사회심리적 경향은 동질성이나 도시주민은 복잡·분화하여 이질성을 나타낸다.

여섯째, 사회적 분화 정도와 계층 면에 있어서 농촌은 비교적 단순한 사회구조이나 도시는 사회적 분화가 크며, 상층에서 하층까지 모든 계층주민을 포함하고 있으며, 농촌은 폐쇄성이 짙은 사회로 개인은 집단 속에 매몰되어 버리는 경우가 많다.

일곱째, 이동성의 측면에서 볼 때 농촌에서는 지역적·직업적·사회적 이동이 적으나 도시의 경우에는 수평적 이동(horizontal mobility)과 수직적 이동(vertical mobility)의 양면에서 심한 이동현상이 나타난다.

마지막으로 농촌에서의 인간관계는 비공식적이며 정적 유대감을 특징으로 하고, 고정적·연속적·다면적이다. 이와는 달리 도시에서는 상호간의 접촉이 많고 인간관계는 공식적이며, 일시적·단편적이다. 따라서 사회적 성격도 형식적 표면성이 강하게 나타나고 있다. 도시와 농촌의 비교는 많은 학자들에 의해 시도되었지만, 특히 인류학자 레드필드(Robert Redfield)가 민속사회(folk society)와 도시사회(urban society)

〈표 1-2〉 민속사회와 도시사회의 특성 비교

민속사회	도시사회
① 소규모의 인구. 소규모의 지역공동체	① 대규모의 인구. 대규모로 펼쳐진 지역공동체
② 저수준의 기술. 수공예품 · 동력원은 인간과 짐승에 한정	② 고도의 기술. 기계제품. 수증기에서 원자력에 이르는 다양한 무생물동력원
③ 동질적인 인구. 대부분의 사람들이 같은 생활양식, 가치관, 관심을 가짐	③ 이질적인 인구. 생활양식, 가치관, 관심이 다른 복합다원적 사회
④ 인간관계는 주로 부족집단 내의 지위에 바탕을 둠. 습관적 규범의 지배	④ 인간관계는 친족집단과 무관한 계약에 기초함. 사무적이고 교환적인 규범의 지배
⑤ 단순한 사회적 노동분화. 주로 나이와 성별에 의한 분화	⑤ 복잡한 노동분화. 고도의 기술은 분업과 전문화를 요구함
⑥ 사회적 지위는 성과 나이에 의해 귀속됨	⑥ 성취된 지위. 전문지식이나 기술을 요하는 성취에 입각한 구실
⑦ 지역공동체의 결속은 기계적 유대에 입각. 전통적 규범에 의한 상호간의 충성	⑦ 유기적 유대에 입각한 결속. 전문화된 구실을 수행하는 사람들의 상호의존성에 입각한 유대
⑧ 전통지향적	⑧ 미래지향적
⑨ 원초적 · 비공식적 집단관계의 지배. 관계의 영속성, 친근성, 인격성. 서로 잘 아는 관계. 사생활의 결여	⑨ 2차적 · 공식적 집단관계의 지배. 관계의 일시성, 비인격성, 피상성, 익명적 관계. 이방인에 대한 무관심, 적개심
⑩ 사회의 부분요소가 잘 짜여져 있어 갈등과 마찰이 최소. 사회적 와해와 관련이 적음	⑩ 사회적 이의, 불합의, 원자화된 사회조직. 부분문화 간의 마찰. 사회적 와해의 비등
⑪ 사회통제는 관습적 규모에 입각하여 비공식적 · 지역공동체적 압력으로 유지	⑪ 공식적 사회통제. 법규에 의한 사회통제와 공식기관에 의한 법의 실시
⑫ 경직한 사회계층체제. 보수성, 전제적 · 귀족적 정치지향	⑫ 개방적 사회계층. 자유주의. 민주주의적 정치지향
⑬ 자기집단 지상주의. 이방인과 이탈자의 불관용	⑬ 타 문화와의 접촉이 빈번하여 이질문화에 대한 관용
⑭ 행동은 자발적이고 전통에 기초함	⑭ 타산적 행동. 효율성 · 실용성에 기초
⑮ 자급자족적 물물교환경제	⑮ 현금교환경제. 점차 복잡한 경제체제
⑯ 단순한 '민속' 놀이 등의 여흥과 여가 이용. 구경보다 참여 강조	⑯ 정교화된 유흥, 흥행, 여가이용, 구경꾼, 매스미디어의 팽배. 일과 여가구분
⑰ 가부장적 가족. 남성지배적 가족주의. 혼인관계 안정. 다목적 집단으로서의 가족. 대가족	⑰ 자녀와 부인의 남성지배로부터의 해방. 가족주의 쇠퇴. 소가족화
⑱ 비공식적 · 간헐적 교육, 문맹 만연	⑱ 대중교육 · 공식교육 · 전문화된 교육
⑲ 인구이동이 적고 태어난 그 자리에서 죽는 사람이 많음	⑲ 빈번한 이동, 출생지를 떠난 먼 거리까지 일생동안 여러 번 이동

로 나누어 그 특성을 비교한 것을 바탕으로 사이트스(Sites)[28]와 호저스(Hodgers)[29]는 〈표 1-2〉와 같이 비교하고 있다.

3. 지역사회를 바라보는 관점

지역사회를 정의하고 바라보는 관점은 대체로 사회현상을 규명하는 거시적 패러다임으로 그 이론적 지위를 차지하고 있는 기능주의, 갈등론적 접근으로 가능하다. 물론 이러한 이론들이 지역사회에 관해 별다른 언급을 하지 않는 것은 사실이지만 지역사회를 분석하는 데는 유용하다. 특히 지역사회를 어떤 관점에서 이해하고 고찰할 것인가는 분석시각에 따라 지역사회조직사업의 모델, 지역사회문제의 분석과 지역사회문제 해결의 과정, 그리고 사회복지사의 역할 등에 있어서도 큰 차이를 보이기 때문에 대단히 중요한 의미를 지니고 있다. 따라서 이러한 관점에 대해 개략적으로 살펴보면 다음과 같다.[30]

1) 기능주의적 관점

기능주의는 일반적으로 사회가 여러 부분으로 구성되어 있고, 각 부분은 합의된 가치와 규범에 따라 변화되며, 균형 또는 안정을 강조한다. 이때 부분이라는 개념은 사회적 욕구를 충족시키기 위한 효과적이고 효율적인 방법과 관련된다. 즉 사회는 다수의 상호 연관적이고 의존적인 부분들, 즉 경제, 종교, 가족 등으로 구성되면서 동시에 각 부분들은 전체가 성공적인 기능을 발휘할 수 있도록 기여한다는 것이다.[31]

---

28. P. Sites, *Control and Constraints* (New York: Macmillan Publishing Co., 1975), p. 134.
29. H. M. Hodgers, Jr., *Conflict and Consensus: An Introduction to Sociology* (New York: Harper & Row, 1974), pp. 152-155.
30. 이러한 이론적 배경과 내용에 대해서는 J. H. Turner, *The Structure of Sociological Theory*, 김진균 외 옮김, 『사회학 이론의 구조』(한길사, 1989); 최일섭 · 최성재 편, 『사회문제와 사회복지』(나남, 1995), 제2장; 김성이 · 김상균, 『사회과학과 사회복지』(나남, 1995), 제6 · 7장 참조.
31. 김성이 · 김상균, 위의 책, pp. 102-103.

이와 같은 기능주의적 관점에 입각하면, 지역사회를 하나의 사회체계(social system)로 간주하고 있다는 것이다. 앞에서 살펴본 지역사회의 기능을 생산 · 분배 · 소비의 기능, 사회화의 기능, 사회통제의 기능, 사회통합의 기능, 상부상조의 기능으로 구분한 것도 이러한 관점에 근거하고 있기 때문이다. 따라서 지역사회에 적용되는 기능주의적 관점을 다음과 같이 정리할 수 있다.[32]

① 지역사회는 다양한 사회적 제도로 구성되어 있는 하나의 체계로 파악할 수 있다. 지역사회 수준에서 발견되는 독특한 제도적 체계의 수는 사회에 따라 달라지지만, 중요한 제도적 체계들은 정부, 경제, 사회, 종교, 가족 등과 같은 하위체계들이다.

② 하위체계 내의 성원들 간에 그리고 하위체계들 간에 상호관련성이 있으며, 또한 각각의 하위체계들은 다양한 사회적 또는 결사체적 집단으로 구성되어 있다.

③ 지역사회를 포함한 모든 사회체계는 균형상태를 향해서 움직이는 경향이 있다. 이는 체계 내의 한 구성요소의 변동은 다른 구성요소의 변동을 자극한다는 것을 의미한다. 그 결과 한 사회체계의 다양한 부분들 간에는 조절, 조정, 통합이 이루어지면서 균형상태를 유지한다는 것이다.

④ 하위체계들 간의 상호관련성이 있다 하더라도 각각의 하위체계들 역시 하나의 분리된 실체를 이루고 있고, 모든 사회체계의 구성원들은 의식적으로든 무의식적으로든 다양한 경계유지활동에 종사하게 된다. 그 결과 사회체계는 심리적 · 사회적 · 지리적 경계를 가지게 된다.

이상과 같은 기능주의적 관점은 지역사회의 유지와 균형에 주로 관

32. Dennis E. Poplin, *Community*, 홍동식 · 박대식 편역, 『지역사회학 — 이론과 연구방법』(경문사, 1993), pp. 193-195.

심을 가지고 있기 때문에 지역사회의 변화나 지역사회에서의 자원, 권력을 둘러싼 집단 간 갈등을 설명하는 데에는 다소 취약한 것으로 평가된다. 왜냐하면 지역사회를 하나의 사회체계로 파악하고, 각 하위체계들 간의 조절과 조정, 통합이 이루어진다고 파악하지만, 실제로 체계단위들 간에는 상당한 갈등이 존재할 수 있기 때문이다.

2) 갈등론적 관점

기능주의 이론은 지역사회의 질서와 안정을 유지하고 있는 것을 강조할 뿐 지역사회의 갈등이 존재하고 있다는 점을 등한히 한다는 비판과 함께 기능주의 이론의 대안으로 발전되었다. 갈등 이론은 여러 이론적 분파들이 있지만 기본적으로 '갈등'이라는 현상을 사회적 과정의 본질로 간주한다는 점, 그리고 갈등과 투쟁의 역학에 의해 다양한 사회적 현상들이 표면화된다는 가정을 공유하고 있다.

지역사회와 관련하여 갈등론적 관점에 입각할 경우, 지역사회에 존재하는 갈등현상에 주목을 한다. 따라서 지역사회 내의 구성원들이 경제적 자원, 권력, 권위 등이 불평등한 배분관계에 의해 갈등이 발생하고, 이러한 갈등관계를 통해 지역사회의 변동을 초래한다고 주장한다.

특히 지역사회의 갈등에 대해 콜먼(Coleman)은 다음과 같이 설명하고 있다.[33]

① 지역사회갈등은 경제적 문제로 인한 갈등, 권력이나 권위로 인한 갈등, 문화적 가치와 신념의 차이로 인한 갈등에 연유한다.

② 지역사회갈등의 역동성 측면에서 보면, 예컨대 쓰레기 수거문제와 같은 주민과 정부 간의 특정 쟁점에서 일반적인 쟁점으로 변화될

33. *Ibid*., pp. 204-208.

수 있다. 또한 지역사회갈등이 지속되면 새로운 쟁점이 제기되거나, 특정쟁점에 대한 반대에서부터 반대자에 대한 직접적인 적대감으로 비화되는 경향이 있다.

③ 지역사회구조에 대한 갈등은 지역사회에 존재하는 사회조직 간에 변동을 일으킨다.

④ 영향력 있는 지역사회 지도자들과 조직들은 갈등에 많은 영향을 미칠 수 있다.

이상에서 살펴본 바와 같이 갈등주의적 관점에 입각할 경우 지역사회문제나 주민의 욕구를 해결하기 위해서는 지역사회갈등의 주요 소재인 권력, 경제적 자원, 권위 등의 재분배를 요구하게 되고 이러한 결과 사회행동으로 표출된다는 점을 강조하고 있다.

제2장 지역사회복지의 의의

1. 지역사회복지와 지역사회조직사업

1) 지역사회복지의 의미

지역사회복지(community welfare)란 말은 매우 포괄적인 개념으로 전문 혹은 비전문인력이 지역사회 수준에 개입하여 지역사회에 존재하는 각종 제도에 영향을 주고, 지역사회의 문제를 예방하고 해결하고자 하는 일체의 사회적 노력을 의미한다. 이러한 조직적 · 비조직적 노력은 동서고금의 모든 형태의 지역사회에 존재하여, 흔히 '사회복지'라는 보다 일반적이고 광범한 개념과 동일한 것으로 혼동되고 있다.

그러나 지역사회복지는 개인복지나 가정복지보다 넓은 차원의 개념이며, 아동복지 · 청소년복지 · 노인복지라는 대상층 중심의 복지활동보다는 지역성(locality relevance)이 뚜렷하다는 데서 그 차이를 발견할 수 있다. 개인의 문제는 가족, 집단, 지역사회가 안고 있는 문제의 원인이자 결과일 수 있기 때문에 개인과 가정의 복지가 온전치 못한 상태에서 지역사회의 복지를 기대할 수는 없다. 따라서 지역사회복지는 개인, 가정, 집단 등 낮은 수준의 사회체계의 복지와 대립적인 위치에 있는 것이 아니고, 사회복지라는 연속선상의 다른 극에 위치하여 상호 보완적인 관계를 유지한다고 말할 수 있다.

지역사회복지가 궁극적으로 추구하는 것은 두말할 나위도 없이 '이상적인 지역사회'(ideal community)의 건설이다. 그렇다면 이상적인 지역사회란 어떤 상태의 지역사회를 의미하는 것인지를 분명히 해야만 이를 위한 노력이 의미를 갖게 될 것이다. 사회복지 분야의 위대한 사상가인 린데만(Lindeman)은 그의 고전적인 저서 『지역사회』에서 이상적인 지역사회는 그 주민들(constituents)에게 다음의 아홉 가지 조건을 제공해야 한다고 말한 바 있다.[1]

① 지역사회는 효율적인 정부라는 매개체를 통해 질서(order), 즉 생명과 재산의 안전을 도모해야 한다.

② 지역사회는 효율적인 생산체제를 통해 경제적 안녕, 즉 소득을 보장해 주어야 한다.

③ 지역사회는 공공의 보건기관을 통해서 육체적 안녕(physical well-being), 즉 보건과 위생을 보장해야 한다.

④ 지역사회는 조직적이고도 잘 마련된 놀이를 통해서 여가시간을 건설적으로 활용하게 해야 한다.

⑤ 조직화된 지역사회에 의해 지지를 받을 수 있는 윤리적 기준(ethical standards), 즉 도덕체계를 제공해야 한다.

⑥ 지역사회는 모든 사람이 쉽사리 접근할 수 있는 공공기관을 통해서 지식의 보급(intellectual diffusion), 즉 교육을 제공해야 한다.

⑦ 지역사회는 자유로이 의사를 표현할 수 있는 수단(free avenues of expression)을 제공해야 한다.

⑧ 지역사회는 모든 주민이 자신들의 의사가 표현되고 반영된다고

1. Eduard C. Lindeman, *The Community* (New York: Association Press, 1921), pp. 14-15.

느낄 수 있는 민주적 형태의 조직을 제공해야 한다.

⑨ 지역사회는 신앙적 동기를 제공해야 한다.

또한 지역사회복지란 지역사회의 주요 제도가 맡은바 사회적 기능을 온전히 수행할 수 있도록 하는 노력이라고도 말할 수 있다.

이러한 의미에서 볼 때 지역사회의 복지를 향상시키려는 노력은 어느 특수 전문분야에 국한되는 것이 아니고 사회사업, 공중보건, 성인교육, 공공행정, 도시계획, 정신건강 등의 전문가들과 민간단체, 정치단체의 자원봉사자들에 의해서 광범위하게 수행된다. 따라서 지역사회복지 활동은 반드시 전문적인 활동(professional activity)이라고 말할 수는 없으며, 고대 사회에서의 자연발생적인 민간활동(두레, 품앗이 등)에서부터 오늘날의 민간자선활동, 지역개발운동(새마을운동이나 4H 클럽 등), 그리고 전문적인 지역사회조직사업을 내포하는 포괄적인 성격을 띤다.

그러나 현대 산업사회가 안고 있는 사회문제는 그 규모와 성격이 자선적이고 비조직적인 사회복지의 노력으로는 해결하기 힘든 것이기 때문에 보다 과학적이고 조직적이며 계획적인 전문노력이 필요하게 된다. 따라서 전문사회사업의 주요 방법인 지역사회조직사업의 의미를 이해해야 한다.

2) 지역사회조직사업의 정의와 목표

지역사회복지라는 포괄적인 개념 속에서 구미제국에서 발달되어 오늘날 수많은 나라에서 적용하고 있는 전문적인 사회사업 방법의 핵심적인 위치를 차지하는 지역사회조직사업(community organization; C.O.)은 이것이 공 · 사 사회복지기관의 전문사회복지사에 의해서 보다 조직적이고, 추구하는 변화에 대해 의도적이고 계획적이며, 과학적인 지식과 기술을 사용한다는 점에서 다른 지역사회복지활동과 구별된다. 그러면 전문적인 지역사회조직사업의 개념과 성격이 무엇인지에 대해 구체적으로 살펴보기로 한다.

(1) 지역사회조직사업의 정의

지역사회조직사업이란 개별사회사업, 집단사회사업과 함께 전문사회사업의 한 방법으로서 지역사회를 구성하는 개인, 집단, 이웃(neighborhood)의 사회적 복리를 원하는 방향으로 향상시키기 위해 지역사회 수준에서 전개되는 일련의 활동을 말한다.[2] 지역사회조직사업의 활동은 작게는 이웃에서부터 크게는 국가의 특정 부문(segments)에서까지 전개되는 것으로[3] 앞에서 주목한 대로 지역사회 수준에서 개입을 한다는 점에서 개인, 가정, 집단 등을 대상으로 하는 다른 사회사업의 방법과 구별된다.

지역사회조직사업이 사회사업의 한 방법으로 등장한 1920년대 초부터 오늘에 이르기까지 수많은 학자와 전문가들에 의해 정의되어 왔다. 하퍼(Harper)와 던햄(Dunham)은 1921년부터 1955년까지 사회학과 사회복지학 분야의 문헌에 나타난 수많은 정의들 중에서 전형적(typical)이고 가장 널리 사용되는 13개의 정의를 소개하면서, 이들 정의에는 4개의 다른 사상이 반영되어 있다고 주목하고 있다.[4]

① 협동 · 협력 · 통합의 사상(Devine, Steiner, McMillen, King, Ross 등의 정의)

---

2. George Brager and Harry Specht, *Community Organizing* (New York: Columbia University Press, 1973).

3. Walter A. Friedlander and Robert A. Apte, *Introduction to Social Welfare* (Englewood Cliffs, New Jersey: Prentice-Hall, 1980), p. 150.

4. Ernest B. Harper and Arthur Dunham (eds.), *Community Organization in Action* (New York: Association Press, 1959), p. 54.

② 욕구충족과 욕구와 자원 간의 균형을 가져오고자 하는 사상(Pettit, Lane, Mayo, Dunham, McNeil, Ross 등의 정의)

③ 지역사회조직사업은 개별사회사업과 집단사회사업이 '직접적인 서비스'에 관심을 갖는 것과 대조적으로 '프로그램 간의 관계'(program relationships)에 관심을 둔다는 사상(Kurtz 등의 정의)

④ 지역사회조직사업의 철학적 개념은 민주적 과정(democratic process)과 전문가주의(specialism) 간의 실무적 관계(working relationship)를 제공한다는 사상(Lindeman의 정의)

이제 각 사상의 대표적인 정의로서 로스(Ross), 레인(Lane), 커츠(Kurtz), 린데만(Lindeman)의 정의를 소개하면 다음과 같다.

로스는 지역사회조직사업이란 지역사회가 ① 충족되지 않은 욕구나 달성하고자 하는 목표(objectives)를 찾아내고, ② 이들 욕구나 목표의 순위를 정하며, ③ 이들 욕구나 목표를 달성하고자 하는 자신감과 의지를 발전시키고, ④ 이들 욕구와 목표를 성취하는 데 필요한 자원(자체적 혹은 외부로부터의)을 찾아내고, ⑤ 이들 욕구나 목표를 달성하기 위한 실천을 하며, ⑥ 이렇게 함으로써 지역사회 내에 협력적이고 협동적인 태도와 실천력을 증대 · 발전시키는 과정을 의미한다고 정의하고 있다.[5]

1939년에 미국의 사회사업회의에 제출된 레인위원회 보고서(Lane Committee Report to the National Conference of Social Work)[6]는 "지역사회조직사업의 일반적인 목적은 사회복지자원과 사회복지욕구 간에 보다 효과적인 적응을 초래하고 유지하는 것"이라고 정의하고, 지역사회조직사업은 ① 욕구를 발견하고 정의하며, ② 가능한 한 사회적 욕구와 결함을 제거하고 예방하며, ③ 자원과 욕구를 분명히 해서 변화하는

---

5. Murray G. Ross, *Community Organization: Theory and Principles* (New York: Harper & Row, 1955), p. 39.

6. 사회사업가들에 의해 지역사회조직사업에 대한 체계적인 분석이 행해진 최초의 보고서로서 C.O.에 관한 연구와 실무에 있어서 이정표적인 것으로 평가되고 있다.

욕구를 보다 잘 충족시키기 위해 자원을 계속적으로 재조정(readjust)하는 데 관심을 갖는다고 기술하고 있다.[7]

커츠는 "지역사회조직사업은 주로 프로그램 간의 관계를 취급하는 과정으로서 사람을 상대로 하는 개별사회사업과 집단사회사업과는 구별된다"고 전제하고 "기관(agency)과 기관의 관계, 기관과 지역사회의 관계, 또 지역사회와 기관과의 관계는 사회사업 분야에서 모든 활동의 초점이 된다"[8]고 말하고 있다.

마지막으로 린데만은 지역사회조직사업이란 "자신들의 문제를 민주적으로 다루고자 하는 지역사회주민들의 염원과 전문가와 전문기관으로부터 최고의 서비스를 얻고자 하는 염원을 연결시켜 주는 의식적인 노력"[9]이라고 정의하고 있다.

지역사회조직사업에 관한 1950년대까지의 정의와 그것들이 내포하고 있는 사상은 오늘날에도 그 타당성이 인정되고 있다. 그러나 사회복지 환경이 변화되고 사회과학의 이론이 발달하게 됨에 따라 지역사회조직사업의 성격과 그것이 달성하고자 하는 목표도 더욱 복잡하고 다양해지고 있다.

(2) 지역사회조직사업의 목표

현대의 지역사회조직사업이 달성하고자 하는 목적에 대해 대표적인 학자들의 견해를 살펴보면 다음과 같다.

먼저 던햄(Dunham)은 지역사회조직사업은 지역사회구성요소 간의

---

7. Robert P. Lane, "The Field of Community Organization," *Proceedings, National Conference on Social Work*, Buffalo, 1939 (New York: Columbia University Press, 1939), p. 500.
8. Russell H. Kurtz, "The Range of Community Organization," *Proceedings, National Conference on Social Work*, Grand Rapids, 1940 (New York: Columbia University Press, 1940), p. 401.
9. Lindeman, *op. cit.*, p. 173.

상호작용에 의식적인 변화를 추구하는 과정이며 전문사회사업의 한 방법으로 다음과 같은 세 가지 목적을 달성하려고 한다고 말하고 있다.[10]

① 지역사회의 광범한 욕구를 충족하고, 욕구와 자원 간의 조정과 균형을 도모한다.

② 지역주민들의 참여, 자조(self-direction), 협동능력을 개발 · 강화 · 유지하도록 도와 문제에 보다 효과적으로 대처할 수 있게 한다.

③ 지역사회와 집단들 간의 관계와 의사결정권의 분배에 있어서 변화를 초래하려고 한다.

던햄은 이 세 가지 형태의 목표를 각각 '과업중심의 목표'(task goals), '과정중심의 목표'(process goals), '관계중심의 목표'(relationship goals)라고 부르고 있다. 과업중심의 목표란 지역사회의 특정 욕구를 충족시키거나 특정 문제를 해결하기 위해서 취하는 구체적인 과업의 완수에 역점을 두는 것이고, 과정중심의 목표는 지역사회주민들이 문제를 해결할 수 있는 능력을 갖도록 해 주는 것이며, 관계중심의 목표는 지역사회구성요소 간의 사회관계에 있어서 변화를 시도하는 데 역점을 둔다고 설명하고 있다.

로스만(Rothman)도 지역사회조직사업의 목표를 '과업중심의 목표'와 '과정중심의 목표'로 대별하고 있는데, 그의 견해는 다음과 같다.[11]

과업중심의 목표란 구체적인 사업을 완성하거나 지역사회의 기능과 관련된 문제를 해결하는 데 관심을 두는 것으로서, 서비스를 제공하거나 새로운 서비스를 강구하고 특수사회입법을 통과시키는 것 등을 말한다.

---

10. Arthur Dunham, *The New Community Organization* (New York: Thomas Y. Crowell Co., 1970), p. 4.

11. Jack Rothman, "Three Models of Community Organization Practice," in Fred M. Cox, et al. (eds.), *Strategies of Community Organization: A Book of Readings* (Itasca, Illinois: F. E. Peacock Publishers, 1974), pp. 22-39.

과정중심의 목표란 체제의 유지와 기능을 강화하려는 것으로서 그 구체적인 목표는 다음과 같다.

① 지역사회에 있는 여러 집단 간의 협동적인 관계를 수립한다.
② 지역사회문제를 해결하기 위해 자치적인 구조를 창조한다.
③ 지역사회문제를 해결하는 데 필요한 역량기반을 향상시킨다.
④ 지역사회주민들로 하여금 지역사회의 일에 대해 관심을 갖고 참여하도록 자극한다.
⑤ 지역사회의 공동사업에 협력적인 태도와 작업을 북돋아 준다.
⑥ 토착적인 지도력(indigenous leadership)을 증대시킨다.

과정중심의 목표가 지역사회가 장기간에 걸쳐 제 기능을 하도록 일반적인 능력 향상에 관심을 가지는 것이라면, 과업중심의 목표는 지역사회의 한정된 문제의 해결 그 자체에 관심을 가지는 것이다.

로스만은 지역사회조직사업의 세 가지 모델 중 지역사회개발사업은 과정중심의 목표에, 사회계획은 과업중심의 목표에, 그리고 사회행동은 양쪽 모두에 역점을 둔다고 말한다. 이 세 가지 형태의 성격에 대해서는 뒤에 상세히 살펴보기로 한다.

펄먼(Perlman)과 구린(Gurin)은 지역사회조직사업과 계획이 추구하는 중요한 목적에 따라 지역사회조직사업의 실천에 관한 견해를 다음의 네 가지로 분류하여 설명하고 있다.[12]

① 지역사회참여와 통합의 강화: 이는 지역사회에 있는 모든 집단들이 자신들의 의사를 표현하도록 격려하고 효과적인 상호작용을 통해 자신들의 사회환경을 개선하는 방안에 대해 합의하도록 하는 것

12. Robert Perlman and Arnold Gurin, *Community Organization and Social Planning* (New York: John Wiley & Sons, 1972), pp. 37-38.

이다. 여기에서는 집단들과 조직들 간의 적응과 협동적인 관계가 중요한 목적이 된다. 로스(Ross)를 이 견해에 관한 대표적인 학자로 들고 있다.

② 문제대처능력의 고양: 이는 첫 번째 형태를 변형한 것이라 할 수 있다. 그러나 여기에서는 지역사회 혹은 지역사회의 일부(segment)가 환경과 변화에 대처할 수 있는 능력을 갖도록 하기 위해서 소통과 상호작용의 수단을 향상시키는 데 역점을 둔다. 이러한 접근방법을 토대로 지역사회조직사업을 개념화하고 있는 대표적인 학자로는 리피트(Lippitt)[13]를 지목하고 있다.

③ 사회조건과 서비스의 향상: 이 실천의 중심목표는 지역사회의 욕구와 결함(deficiencies)을 찾아내고, 사회문제를 해결하거나 예방하기 위한 효과적인 서비스와 방법을 개발하는 것이다. 여기에는 특정 목표의 설정과 이들 목표를 달성하기 위한 자원의 동원이 포함된다. 이러한 활동을 강조하는 대표적 학자인 모리스(Morris)와 빈스톡(Binstock)은 대부분의 사회계획(즉 사회문제를 해결하고자 하는 노력)은 공공기관의 정책, 업무, 자원할당을 변화시키는 데 역점을 둔다고 본다.[14]

④ 불익집단의 이익증대: 첫 번째 형태의 실무와는 대조적으로 그 주요 목적은 특수집단이 받아야 할 물질적 재화와 서비스의 몫을 증대시킴으로써, 또 지역사회의 주요 결정에서 그들의 역량과 참여를 증대시킴으로써 그들의 이익을 증대시키는 것이다. 이러한 활동을 주창한 학자로는 그로서(Grosser)를 들 수 있는데, "하위계층, 소수집단, 도시슬럼지역의 주민을 위한 지역사회조직사업"[15]에

13. Ronald Lippitt, Jeanne Watson and Bruce Westley, *The Dynamics of Planned Change* (New York: Harcourt Brace, Jovanovich, 1958).

14. Robert Morris and Robert Binstock, *Feasible Planning for Social Change* (New York: Columbia University Press, 1966).

서 이러한 견해를 보이고 있다.

와일(Weil)과 갬블(Gamble)은 지역사회조직사업의 주요 목적을 ① 지역사회주민의 '삶의 질' 향상, ② 지역사회의 이익 옹호(advocacy), ③ 인간적인 사회·경제적 개발(human social and economic development), ④ 서비스와 프로그램 계획, ⑤ 서비스의 통합, ⑥ 사회행동, ⑦ 사회정의의 실현 등 보다 구체적으로 제시하고 있다.[16]

2. 지역사회조직사업의 실천유형

1) 유형의 개괄

앞에서 살펴본 바와 같이 지역사회조직사업이 추구하는 다양한 목적, 이를 추진하는 주관기관(정부 혹은 민간기관 등), 수단, 가치관의 차이 때문에 이를 한 가지 방법론으로 생각하는 것보다는 여러 가지 방법론을 내포하는 개념이라고 보는 것이 타당하다는 견해가 대두되고 있다.

미시간 대학교의 사회사업 교수인 로스만(Rothman)은 지역사회조직사업을 하나의 현상으로 보는 것보다는 세 가지의 다소 독특한 지역사회관계(community interaction)의 형태로 보아야 한다고 주장한다. 그는 지역사회조직사업의 세 가지 유형(models)으로 ① 지역사회개발사업(locality development), ② 사회계획(social planning), ③ 사회행동

15.. Charles F. Grosser, "Community Development Programs Serving the Urban Poor," *Social Work*, Vol. 10, No. 3 (1965), pp. 15-21.

16. Marie Overby Weil and Dorothy N. Gamble, "Community Practice Models," in *Encyclopedia of Social Work,* 19th ed. (New York: National Association of Social Workers, 1995), p. 582.

(social action)을 들고 열두 가지의 실천변수(practice variables)에 따라 살펴본다.[17]

이 로스만의 세 가지 모델 분류는 복잡한 지역사회조직사업의 분야를 가장 잘 기술한 것으로 높이 평가되고 있기 때문에[18] 여기에서 그 내용을 살펴보기로 한다. 다만 이 세 가지 모델은 반드시 지역사회조직사업의 영역이라고 할 수 없기 때문에 '지역사회복지의 실천유형'으로 일반화시켜 논의하기로 한다.

(1) 지역사회개발

지역사회개발이란 지역사회의 변화를 가장 효과적으로 이룩하기 위해서는 광범위한 주민들을 변화를 위한 목표결정과 실천행동에 참여시켜야 한다는 전제에서 나온 지역사회복지사업의 한 형태다. 이의 전형적인 형태는 널리 쓰이고 있는 '지역사회개발'에 관한 문헌에서 찾아볼 수 있다.

지역사회개발에 대한 UN의 정의를 보면, "지역사회개발은 지역사회 주민의 적극적인 참여와 주민들이 가능한 한 최대의 주도권(initiative)을 갖고, 전 지역사회의 경제적 · 사회적 조건을 향상시키기 위한 한 과정"[19]이라고 말하고 있다. 이 지역사회개발에서는 민주적인 절차, 자발적인 협동, 토착적인 지도자의 개발, 교육 등이 특히 강조된다.

지역사회개발사업의 예로서는 도시지역에서 전개되는 지역복지관(community welfare center, settlement houses)의 지역개발사업, 자원봉

---

17. Rothman, *op. cit.*

18. 예를 들면 Friedlander와 Apte는 *Introduction to Social Welfare*의 5판에서 Rothman의 모델을 C.O.의 대표적인 분류형태로 삼고 있다. Friedlander and Apte, *op. cit.*, Chapter 6을 참조할 것.

19. United Nations, *Social Progress through Community Development* (New York: United Nations, 1955), p. 6.

사운동, 새마을운동, 지역사회교육운동 등을 들 수 있다.

(2) 사회계획

사회계획은 비행, 주택, 정신건강과 같은 사회문제를 해결하고자 하는 기술적(technical) 과정을 강조한다. 이 모델에서 중요한 것은 문제해결을 위한 합리적인 계획수립과 통제된 변화다. 지역사회주민의 참여 정도는 문제의 성격과 그 문제에 관여하는 기관들에 따라 광범위할 수도 있고 소수일 수도 있다. 이 방법은 복잡한 산업사회에 있어서 계획된 변화(planned change)는 거대한 관료적인 기관들을 움직일 수 있는 능력을 포함한 고도의 기술을 행사할 수 있는 전문가(expert)가 필요하다고 보는 것이다. 특히 사회복지사로서의 전문가(planner)는 주민들이 필요로 하는 물자와 서비스를 제공하는 데 관심을 갖는다. 이 모델에서는 (지역사회개발에서처럼) 지역사회의 문제해결능력을 배양한다거나 (후술할 사회행동에서처럼) 근본적인 사회변혁을 증진시키려는 것은 중요하지 않다.

사회사업 분야에 있어서는 브랜다이스(Brandeis) 대학교 사회사업대학원(Florence Heller Graduate School for Advanced Studies in Social Welfare)에서 이 모델이 강조되고, 대학의 행정학, 도시계획(city planning), 도시문제(urban affairs) 등의 학과에서 다루어지고 있다. 이 방법을 추진하는 기관으로는 정부(재정경제원을 위시한 각 부처의 기획담당부서 등), 도시계획국, 지역사회복지협의회와 수많은 민간 복지 · 보건 관계기관을 들 수 있다.

(3) 사회행동

사회행동은 지역사회의 불우계층에 처한 주민들(disadvantaged segment)이 사회정의와 민주주의에 입각해서 보다 많은 자원과 향상된

처우를 그 지역사회에 요구하는 행동을 말한다. 이에 참여하는 사회복지사는 지역사회의 기존 제도(교육, 취업, 복지, 보건, 가치관 등)와 현실에 대한 근본적인 변화를 추구한다. 사회복지사들은 권력, 자원, 지역사회 정책결정에 있어서의 역할 등의 재분배를 추구하며, 공공기관의 기본정책에 대한 변화를 추구한다. 이러한 모델을 이용하는 집단들의 예를 들어 보면 소수인종집단, 학생운동, 여성해방 혹은 여권신장운동, 급진정당, 노동조합운동, 복지권운동(welfare rights movement), 랄프 네이더(Ralph Nader)의 소비자보호운동, 환경보호운동 등이 있다.

2) 유형의 속성

(1) 지역사회조직사업의 목표

지역사회조직사업이 성취하고자 하는 두 가지 목표, 즉 '과업중심의 목표'와 '과정중심의 목표' 중에서 지역개발사업은 과정중심의 목표에 더 역점을 둔다. 이 모델은 지역사회가 기능적으로 통합을 이루고, 자조적으로 협동적인 문제해결에 참여하도록 하고, 민주적인 절차를 이용하는 능력 배양에 그 목적을 둔다.

예를 들면 성인교육분야에서는 시민교육을 그 주요 목적으로 삼고 있으며, 집단역학(group dynamics)을 활용하는 전문분야들도 개인이나 지역사회의 성장이라는 견지에서 '내용적인'(substantive) 목표보다 '방법론적인'(methodological) 목표를 더 중시한다. 또 지역사회의 정신건강을 증진시키고자 하는 지역개발 프로그램도 과정중심의 목표를 중시한다. 워커(Walker)는 "지역사회개발이란 본질적으로 지역사회치료(community therapy)의 과정으로, 그 주요 목적의 하나는 지역사회개선이라는 수단을 통해서 보다 성숙한 인간을 개발하는 것이며, 지역사회개발의 이론과 방법은 정신치료(psychiatric therapy)의 이론 및 방법과 동일한 목적을 갖는다"[20]고 하였다. 한국의 새마을운동도 근면 · 자조 · 협동을 강조함으로써 구체적인 과업의 완수보다는 주민들의 태도와 의식 변화라는 과정중심의 목표를 더 중시한다.

사회계획모델에서는 과업의 완수가 더 중요시되며, 주요한 사회문제의 해결을 그 목표로 삼는다. 사회계획을 담당하는 기관과 단체들은 구체적인 사회문제를 해결하도록 특수임무를 지역사회로부터 위임받으며, '도시계획과', '재활협회', '인구보건복지협회'(구 가족계획협회), '여성개발원' 등에서 보는 바와 같이 기관의 공식적인 명칭도 취급하는 사회문제를 의미하는 것이 보통이다.

사회행동은 과업이나 과정, 어느 쪽으로도 그 목표를 삼을 수 있다. 민권운동집단, 복지권운동집단, 그리고 노동조합과 같은 사회운동단체들은 자신들의 권익을 신장하기 위한 특정 입법이나 복지혜택을 추구하기도 하고, 공공기관의 정책을 변경하는 과업을 실천하고자 한다. 이와 동시에 사회행동단체들은 그들이 대표하는 집단 구성원의 정치적 영향력을 증대시키려는 과정중심의 목표에 역점을 두기도 한다.

사회행동에서 추구하는 목표는 소규모적이고 단기적인 문제상황을 해결하는 것보다는 체제 변화에 따른 결과를 중시한다. 소규모 활동이 흔히 추구되지만 이는 현실적으로 실현가능하고 단체를 육성하는 데 도움이 되기 때문일 뿐이다. 예를 들면 우리나라의 여성개발원은 여성의 권익과 관련된 입법, 취업, 교육 등에 있어서 소규모 활동을 전개하지만 궁극적으로는 남성 위주의 사회에서 성적 차별을 제거하려고 하는 것이다.[21]

---

20. Alan M. Walker, "Some Relations between Community Development and Roger's Client-Centered Therapy," *Community Development Review*, Vol. VI, No. 1 (1961), pp. 20-28.
21. 여성개발원은 사회계획기관으로 볼 수도 있고 사회행동기관으로 볼 수도 있다.

(2) 지역사회의 구조와 문제상황에 관한 전제

지역사회개발모델에서는 지역사회주민들은 유익한 인간관계를 맺고, 그들이 안고 있는 문제를 해결할 수 있는 능력과 기술(skill)이 결여되어 있을 뿐만 아니라 주민들이 상호 고립되어 아노미(anomie), 소외, 정신병적인 증상을 갖는다고 본다.

로스(Ross)에 의하면 지역사회는 기술적인 변화로 산업화 · 도시화되었으나 다음과 같이 성원들의 사회적 관계를 결여하고 있다는 것이다.

① 도시화 과정은 지역사회에 대한 주민들의 소속감을 거의 파괴해 버렸다.

② 산업화나 도시화로 공통적인 가치관을 개발 내지는 유지하기가 어렵게 되었다.

③ 지역사회 내에서 자신들의 결속력을 배양하기 위해 비중 있는 소집단(subgroup)을 만들려는 경향 때문에 사회적 긴장을 초래하고 있다.

④ 만약 새로운 생활양식을 충족하기 위해 제도가 개발되지 않으면 민주주의가 파괴되지는 않는다 해도 심히 약화될 것이다.

⑤ 사회변화를 위해 주민들이 적극적으로 참여하는 것을 방해하는 장애요인은 개인적인 발전을 저해할 것이다.[22]

계속해서 로스는 현대의 지역사회상황에 대한 그의 기본적인 전제를 다음과 같이 요약하고 있다: “문제는 주민들이 인간으로서의 존엄성을 상실하고 있다는 데 있다. 분명히 인간은 자기가 어렴풋이 깨닫고 있고, 그의 사회적 역할을 감소시키고, 자기로서는 대처할 수 없는 문제들을 안겨 주는 사회적 조건들(forces)에 의해 압도되고 있다. 이러한 핵심적인 문제는 민주주의 철학을 충분히 표현하기 어렵게 하고, 사회 구성원

---

22. Murray G. Ross, *Community Organization: Theory and Principles* (New York: Harper & Row, 1955), pp. 80-83.

개개인의 정신건강에 위협을 주고 있는 것이다."[23]

또한 지역사회개발모델에서는, 지역사회는 전통을 고수하고 소수의 전통적인 지도자들에 의해 지배되고 있으며, 문제해결의 기술이 없고, 민주적인 과정에 대한 이해가 없는 무지한 주민들로 구성되어 있다고 본다. 후진국에서의 지역사회개발사업은 이러한 전제에서 출발하는 것이 보통이다.

사회계획의 모델에서는 지역사회가 수많은 사회문제(주택, 고용, 보건, 여가활용 등)를 안고 있다고 본다. 워렌(Warren)은 로스의 지역사회 상황에 대한 전제를 수긍하면서 현대에 있어서 미국의 지역사회가 당면하고 있는 사회문제를 다음과 같이 기술하고 있다: "어떤 문제들은 현대의 모든 지역사회에 있어서 보편적 특성이 되고 있음이 분명하다. 이러한 문제들은 대도시지역에서 쉽게 주목되지만 보다 작은 지역사회에도 존재하고 있다. 문제의 양상을 열거해 보면 대도시의 부채 증가, 슬럼 확장, 주택 부족, 경제적 부조를 받아야 할 인구 증가, 학교의 재정적 · 인적 자원 부족, 비행과 범죄 증가, 정신질환자에 대한 서비스 결여, 노인문제, 산업개발의 필요성, 재정적 지원을 위한 기관과 단체들의 갈등, 도심의 교통혼잡 등 셀 수 없을 정도다."[24]

사회행동모델은 지역사회가 혜택(privilege)과 권한의 분배에 따른 계층을 유지하고 있다고 본다. 그래서 억압받고, 박탈당하고, 무시당하고, 무력한 주민들이 정부나 대기업이나 사회의 기존 체제(establishments) 등 억압자(oppressors)들의 부조리와 착취에 의해 고통을 받고 있다고 전제한다.

신좌파(New Left)의 지도자인 기틀린(Gitlin)은 다음과 같이 적고 있

23. *Ibid.*, p. 84.

24. Roland L. Warren, *The Community in America* (Chicago: Rand McNally & Co., 1963), p. 14.

다: "유동성이 강하다고 생각되는 미국 사회에 개인이 누려야 할 정의, 보건, 문화, 교육, 그리고 일상적인 면에 있어서 불균등한 몫을 갖는 계급이 있다. 교도소, 병원의 응급실, 극장, 대학이나 시청을 방문해 보면 … 권한은 그것에 의해 영향을 받게 되는 사람들에게 균등하게 배분되어야 하며, 이를 가능하게 하는 자원이 보장되어야 한다는 것을 알게 될 것이다."[25]

(3) **변화를 위한 기본전략**(strategy)

지역사회개발모델에서의 기본전략은 "함께 모여서 이야기해 보자"(Let's all get together and talk this over)라고 표현할 수 있다. 즉 광범위한 주민들이 참여해서 자신들의 욕구를 결정하고 자신들의 문제를 해결하려는 것이다.

사회계획모델의 기본전략은 "진상을 파악해서 논리적인 조치를 강구하자"(Let's get the facts and take the logical next steps)라고 특징 지을 수 있다. 즉 문제에 관한 적절한 자료를 수집해서 문제해결을 위한 합리적이고 가능한(feasible) 방안을 강구하자는 것이다. 이때 전문가(planner)는 자료를 수집 · 분석하고 적절한 서비스나 프로그램, 사업을 결정하는 데 있어서 중심적인 역할을 수행한다. 이 역할은 전문가 단독으로 할 수도 있고, 주어진 상황이나 그가 소속해 있는 기관의 성격에 따라 다른 사람들이 참여하며 행할 수도 있다.

사회행동모델의 기본전략은 "우리들의 억압자를 분쇄하기 위해 규합하자"(Let's organize to destroy our oppressors)라고 표현될 수 있다. 즉 불리한 처지에 놓여 있는 주민들의 합법적인 적이 누구인가를 찾아내고, 집단행동을 조직하여 선택된 적대집단(enemy targets)에 대해 압

25. Todd Gitlin, "Power and Myth of Progress," in *Toughts of the Young Radicals* (Washington, D.C.: The New Republic, 1960), pp. 20, 22.

력을 가하는 것이다. 이때 적대집단이란 시장과 같은 개인이 될 수도 있고, 기업인들로 구성된 연합회가 될 수도 있다.

(4) **변화를 위한 전술과 기법**(tactics and techniques)

지역사회개발모델에 있어서의 중요 전술은 합의(consensus)이다. 즉 광범위한 개인들, 집단들, 파당들(factions) 간의 의사교환(communication)과 토의가 강조된다.

사회계획모델에서는 사실발견(fact-finding)과 분석상의 기술이 중요시된다. 전문가의 상황분석에 따라 갈등(conflict)이나 합의의 전술이 사용될 수 있다.

사회행동모델에서는 갈등이나 대결(contest)의 전술이 이용되는데 정면대결(confrontation), 직접적인 실력행사 등의 방법이 사용된다. 사회행동에서는 성토(rallies), 시위(marches), 협력거부(boycotts)와 피케팅(picketing) 등의 집단행동이 사용되기 때문에 비교적 다수의 대중을 규합할 수 있는 능력이 요청된다.

(5) **사회복지사**(practitioner)**의 역할**[26]

지역사회개발에서 사회복지사의 특징적인 역할은 '조력자'(enabler)나 '격려자'(encourager)이다. 로스(Ross)에 따르면 조력자의 역할이란 문제해결의 과정을 용이하게 하는 것으로서 주민들로 하여금 그들의 불만을 토로하게 하고, 조직화하도록 하며, 상호관계를 긍정적으로 형성하게 하고, 공통목표를 강조하는 등의 행위를 하는 것을 말한다.[27] 이 역할은 절차상에 역점을 두며, 어떤 특수한 사업목표를 선택하고, 구체적으로

---

26. 지역사회조직사업에서의 사회복지사의 역할에 대해서는 제7장에서 상세히 논의된다.
27. Murray G. Ross, *Community Organization: Theory, Principles, and Practice*, 2nd ed. (New York: Harper & Row, 1967), pp. 214-221.

어떻게 해결할 것인가 등은 문제가 되지 않는다.

비들과 비들(Biddle and Biddle)에 의하면 격려자란 "주민들로 하여금 주도능력(initiative)을 키우도록 하고, 책임감을 갖게 하고, 지식의 적용능력을 갖게 하며, 윤리심을 갖게 하고 민주적 역량을 갖도록 하는 것이다."[28]

지역사회개발모델에서 사회복지사는 과업을 수행할 수 있는 작은 집단(small task-oriented group)을 만드는 것이 보통이고, 협력적으로 문제를 발견하고 해결하는 과정을 계도할 수 있는 기술을 지녀야 한다. 이는 셀즈닉(Selznick)이 말한 '제도적 지도자'(institutional leader)와 같은 것인데, 이 지도자는 "가치를 증진하고 옹호하는 것을 주로 하는 전문가"이고 "인간 상호관계와 소통을 용이하게 하는 일을 한다."[29]

사회계획모델에서는 사실발견, 프로그램의 실시, 여러 관료조직 및 여러 분야의 전문가들과의 관계수립과 같은 보다 기술적이고 전문가적인 역할이 강조된다. 로스(Ross)는 전문가로서의 사회복지사의 역할에 대해서 지역사회진단, 조사기술, 다른 지역사회에 대한 지식, 조직의 방법과 절차에 대한 충고, 기술상의 정보, 평가 등의 능력을 지적하고 있다.

사회행동모델에서 사회복지사는 '옹호자'(advocate)와 '행동가'(activist)의 역할을 수행한다. 옹호자의 역할에 대해서 그로서(Grosser)는 "사회갈등적 상황에서 파당분자(partisan)로서 그의 전문가적 역량(expertise)을 오로지 클라이언트의 이익을 위해서 사용하는 자"[30]라고 규정한다. 사회행동에 있어서 사회복지사는 다원성(pluralistic)을 지닌 지역사회에서 클라이언트의 이익을 대신하여 대중운동을 전개하며, 정

28. William W. Biddle and Loureide Biddle, *The Community Development Process: The Rediscovery of Local Initiative* (New York: Holt, Rinehart and Winston, 1965), p. 82.

29. Philip Selznick, *Leadership in Administration: A Sociological Interpretation* (New York: Harper & Row, 1957), pp. 27-28.

30. Grosser, *op. cit.*, p. 18.

치적인 과정에 영향을 미치려고 한다.

(6) 변화의 매개체(medium)

변화의 매개체 또는 수단은 사회복지사의 역할과 직접적으로 관련되어 있기 때문에 이 실천변수는 사회복지사의 역할과 함께 언급되는 것이 일반적이다. 구체적으로 각각의 모델별로 변화의 매개체를 살펴보면 지역사회개발모델은 변화의 매개체에 대해 과제지향적인 소집단간의 조종(manipulation)을 들고 있다. 즉 이 모델은 과제지향적인 소집단 간의 합리적인 조종을 지역사회주민의 일반적인 복지를 위한 변화의 매개체로 파악하고 있다.

사회계획모델은 공식집단과 자료의 조종을 변화의 매개체로 설명하고 있다. 공식집단은 지역사회의 기관, 정부의 기관 등이 될 수 있으며, 구체적인 자료수집과 자료분석을 통해 변화를 수반할 수 있다고 본다. 그러나 사회행동모델은 대중조직과 정치적 과정의 조종을 변화의 매개체로 설정하고 있다.

(7) 권력구조에 대한 견해

지역사회개발모델은 지역사회 전체를 대상집단(client system)으로 보며, 권력을 쥔 사람들도 전 지역을 향상시키는 목적을 위해 공동의 노력을 기울인다고 본다. 따라서 목표에 대해 상호 의견이 일치될 때만 그 목표를 합법적이며 적절하다고 받아들이고, 의견이 상충되는 목표는 부적절하다고 해서 무시해 버리는 것이다.

사회계획모델에서는 권력의 소재가 전문가의 후원자(sponsor)나 고용기관이라고 본다. 이때 후원자는 협의회나 기관의 이사회가 될 수도 있고 정부의 기관이 될 수도 있다.

사회행동모델에서는, 권력구조는 행동을 전개하는 외부의 표적

(outside target)이라고 본다. 다시 말하면 권력구조는 클라이언트 집단의 밖에 존재하여 이 클라이언트 집단에 대한 반대세력이나 강압세력으로 간주한다. 권력구조에 대한 사회행동가의 태도나 이용하는 방법은 그가 속해 있는 기관에 따라 상당한 차이가 있다. 이들 사회행동가를 지지하고 후원하는 기관의 배경과 구조는 사회행동에 있어서 매우 중요한 요건이 된다. 상당한 자원과 합법성(legitimacy)을 보유하고 있는 현존 관료체제를 공격하기 위해서 사회행동가는 토착세력으로부터 나온 자치적인 활동기반을 가져야 한다.

(8) 지역사회 클라이언트 집단이나 수혜자에 대한 한계 규정

지역사회개발모델은 전 지역사회, 다시 말하면 시 · 군 · 구, 읍 · 면 · 동, 부락 등을 클라이언트 집단으로 본다.

사회계획모델에 있어서 클라이언트 집단은 전 지역사회가 될 수도 있고, 지역사회 내의 특수지역이나 일부계층이 될 수도 있다. 지역사회복지협의회나 시의 도시계획과의 경우는 그들의 클라이언트 집단이 전 지역사회의 이익을 대표한다고 보며, 때로 전문가는 주어진 지역사회나 노인, 청년, 비행자, 정신질환 등을 클라이언트 집단으로 본다.

사회행동에 있어서 클라이언트란 지역사회의 일부로서 광범한 지역사회의 손아귀에서 고통을 당하므로 전문가의 특수한 지원을 요하는 집단으로 간주된다. 사회행동에 있어서 클라이언트는 후원이나 치료의 대상으로서보다는 사회행동가의 동지(fellow partisan)로 여겨지는 것이 보통이다.

(9) 지역사회 구성집단(subparts)들 간의 이해관계에 관한 전제

지역사회개발모델에 있어서는 지역사회 내에 있는 상이한 집단과 계층들의 이해관계가 기본적으로 상호조화를 이룰 수 있다고 보며, 합리적인 설득이나 대화나 상호 간의 호의를 위해 쉽게 규합될 수 있다고 본다. 지역사회 내에 있는 상이한 이해관계에 대해서 비들과 비들(Biddle and Biddle)은 다음과 같이 말하고 있다: "사람들과 집단들 간에는 항상 갈등이 있을 수 있다. 철학적 · 종교적 차이를 파괴하지 않고도 향상을 위한 특정한 조치에 관해 합의에 도달할 수 있다. 그들의 이견(異見)을 자유로이 표현할 수는 없어도 전 지역사회의 이익을 위해 주장을 삼갈 수도 있다. 인간이란 이기심에 호응함과 동시에 이타주의에도 호응하는 것이다."[31]

사회계획모델에서는 지역사회 내의 집단들 간의 갈등적인 이해에 크게 개의치 않는다. 사용하는 방법은 실용적이며 특정 문제의 해결을 위해서만 관심을 갖는다. 모리스(Morris)와 빈스톡(Binstock)은 사회계획의 오리엔테이션에 관해 다음과 같이 언급하고 있다: "계획전문가는 정책변화를 추구하는 복잡한 조직 속에서 분파적인 상황에 동조될 수도 없고, 지배적 분파의 강력한 이익을 의식할 수도 없는 것이다. 계획전문가는 다양한 형태의 조직 속에서의 지배적인 분파와 이익에 대해 사전에 충분한 연구와 분석을 해야 한다."[32]

사회행동모델에서는 지역사회 내의 구성집단 간에 이해관계가 상충되며, 서로 조화를 이룰 수 없다고 본다. 따라서 이들 이해관계가 상호 절충을 이루기 위해서는 입법, 동조 · 거부행위, 정치적 · 사회적 봉기(upheaval) 같은 강한 영향력을 행사해야 한다고 보는 것이다.

(10) 공공의 이익(public interest)에 대한 개념

슈버트(Schubert)는 그의 명저 『공공의 이익』(*The Public Interest*)에서 이 주제에 관해 합리주의적 견해(rationalist view), 이상주의적 견해

31. Biddle and Biddle, *op. cit.*, p. 61.
32. Morris and Binstock, *op. cit.*, p. 112.

(idealist view), 현실주의적 견해(realist view) 등 세 가지 개념을 말하고 있다.[33]

그의 설명에 따르면 합리주의적 견해는 지역사회의 공동이익은 그 지역 내에 있는 여러 이익집단들의 이익을 의도적으로 반영시킴으로써 가능하다고 보며, 공동이익은 다수집단의 이익을 표현함으로써 결정된다고 본다. 국회나 의회는 이런 견해를 상징하는 수단이 되는 것이다.

이상주의적 견해는 공공의 이익은 이에 대한 지식과 정열을 지닌 지도자의 판단과 양심을 실천에 옮김으로써 가장 잘 성취될 수 있다고 본다. 따라서 이를 위해서는 지역사회 내의 많은 사람들과의 대화가 이루어져야 할 필요는 없는 것이며, 소수의 전문가집단이나 정치적인 엘리트들이 과학적인 지식과 지속성 있는 도덕심을 통해 공익을 위한 결정을 하고 실천에 옮기는 것이다.

현실주의적 견해는, 지역사회는 자신의 이익을 위해 끝없이 경쟁하는 수많은 이익집단들이나 갈등상태에 있는 주민들로 구성되어 있다고 보며, 공무원들이란 이들의 압력에 반응하는 것이라고 본다. 따라서 공공의 정책결정은 해당 시기에 있어서의 집단들 간의 힘의 균형을 반영한 것이라고 본다. 따라서 공공의 이익은 이들 집단 간의 갈등을 해소함으로써 나타나는 과도적인 타협으로서만 존재한다고 본다.

마이어슨(Meyerson)과 밴필드(Banfield)는 공익에 대한 견해에 중앙중심적 개념(unitary conception)과 개인주의적 개념(individualist conception)을 덧붙이고 있다.[34] 중앙중심적 개념은 중앙결정을 통해 일단의 목적으로부터 정책의 결과를 만들어 내는 선택과정을 말한다. 이 개념은 입법가와 행정가는 정치체제의 목적을 알고, 경쟁하고 있는

33. Glendon A. Schubert, *The Public Interest* (Glencoe, Illinois: Free Press, 1960).

34. Martin Meyerson and Edward C. Banfield, *Politics, Planning and the Public Interest* (Glencoe, Illinois: Free Press, 1955).

사소한 이익들보다 전체의 공익을 찾아내기 위해 중앙집권적 결정을 내리려 한다고 생각한다. 이에 반해 개인주의적 개념은 보다 사소한 이익들의 타당성을 인정하고, 공익이란 이러한 집단들 간의 '사회적 선택'(social choice)을 위한 상호관계를 통해 나타난다고 보는 것이다. 이 견해는 단독적인 중앙의 결정은 자유롭고 개방적인 복합사회에서는 공통의 선(common good)에 도달할 수는 없다고 본다.

이상에서 살펴본 공익에 대한 다섯 가지 개념을 세 가지 지역사회조직사업의 모델에 적용해 보기로 한다.

먼저 지역사회개발모델은 공익에 대해 합리주의적 · 중앙중심적 개념을 갖는다. 즉 이 모델은 협동적인 결정 과정을 이용해서 주민의 일반적인 복지를 위해 여러 지역사회집단의 이익을 반영한다.

사회계획모델은 이상주의적 · 중앙중심적 견해를 갖는데, 계획전문가는 흔히 사회과학자들과 협의를 통해 지식과 사실, 이론에 입각해서 공익을 대변하며, 개인의 정치적 이익이나 일반의 인기에 좌우되지는 않는다.

또한 사회행동모델은 공익에 대해서 현실주의적 · 개인주의적 견해를 갖는다.

(11) 클라이언트 집단에 대한 개념

지역사회개발모델에서는 클라이언트를 아직 완전히 개발되지 않은 상당한 잠재력을 지닌 정상인으로 보며, 그들이 이 잠재력을 발휘할 수 있도록 전문가로부터 도움을 필요로 한다고 본다.

사회계획모델에서는 클라이언트를 서비스의 혜택을 받는 소비자(consumer)라고 본다. 클라이언트들은 사회계획의 결과로 나오는 프로그램이나 서비스를 이용하거나 받는 자들로서 공공부조의 수혜자, 공공주택 이용자, 레크리에이션 프로그램의 이용자들이 그 예이다. 그래서 모리스(Morris)와 빈스톡(Binstock)은 사회계획에 있어서는 클라이언트라는 말보다 소비자란 말이 더 적절하다고 했다.

사회행동모델에서 클라이언트나 구성원들은 '체제의 희생자'(victims of the system)라고 생각된다. 이때 '체제'란 차별 그 자체도 될 수 있고, 정부나 기업 등 클라이언트 집단에 불이익을 준다고 생각되는 일체의 조직과 제도를 포함한다.

(12) 클라이언트나 구성원의 역할에 대한 견해

지역사회개발에서 클라이언트(지역주민)는 지역사회문제의 해결 과정에 적극적으로 참여한다고 생각된다. 즉 클라이언트는 자기들의 욕구를 표현하고, 바람직한 목표를 결정하며, 적절한 조치를 강구하는 데 참여하는 것이다.

사회계획에서 클라이언트는 서비스에 대한 수혜자(recipients)로 간주된다. 지역사회개발에서와는 달리 정책이나 목표의 결정은 계획전문가에게 귀속되고, 클라이언트는 서비스를 이용하는 소비자로서의 역할을 하는 것이다. 그러나 때로는 지역사회의 집단이 전문가의 정책수립에 참여하는 경우가 있는데, 이들은 그 지역의 엘리트들이거나 지역의 전체 이익을 대표하는 집단들이다.

사회행동모델에 있어서 클라이언트는 혜택을 받는 자(beneficiaries)로 간주될 수도 있고, 노동조합의 활동에서와 같이 회원으로서 적극 참여하는 경우도 있다.

3) 지역사회개발과 지역사회조직사업의 관계

지역사회조직사업에 관한 로스만(Rothman)의 세 가지 모델을 통해서 지역사회개발은 지역사회조직의 한 형태로서 지역사회조직사업의 하위

개념으로 취급하였다. 그러나 이를 정반대의 관계 개념으로 파악하여 지역사회조직사업을 지역사회개발의 수단으로 보는 견해도 있다.[35] 또 선진국에서는 지역사회를 발전시키기 위한 주요 유형으로 지역사회조직사업이 강조되고, 개발도상국에서는 지역사회개발이 보다 강조되고 있다는 견해[36]도 있다.

필자의 견해로는 지역사회개발과 지역사회조직사업의 관계를 상하위의 개념으로, 혹은 별개의 개념으로 상정하여 논의하는 것은 큰 의미가 없는 것으로 생각된다. 그 이유는 두 개념이 상하위 관계를 규명할 수 없을 정도의 많은 공통점과 상이점을 지니고 있을 뿐만 아니라 지역사회의 실제에 있어서 양자의 구별조차 힘든 경우가 많고, 상하관계를 주장할 객관적인 근거도 없고, 그렇게 할 필요성은 더욱 존재하지 않기 때문이다.

여하간 지역사회개발과 지역사회조직은 "다르면서도 밀접히 관련되어 있기 때문에"[37] 여기에서는 그 유사점과 차이점에 대해 간략하게 살펴보기로 한다. 셰라드(Sherrard)는 지역사회개발과 지역사회조직은 다 같이 지역사회문제해결에 관심을 갖는다고 주목하고, 다음과 같은 유사점을 지적하고 있다.[38]

① 양자는 지역사회욕구에 관심을 둔다.

② 양자는 문제해결(problem-solving)에 관심을 둔다.

③ 양자는 주로 주민들과 함께 일하는 데 관심을 두어 개인, 집단, 집

---

35. 권태준 · 김광웅, 『한국의 지역사회개발』(법문사, 1981), p. 59.
36. 김영모, 『한국사회학』(법문사, 1972), p. 324.
37. Dunham, *op. cit.*, p. 175.
38. Thomas D. Sherrard, "Community Development and Community Organization: Common Elements and Major Differences," in *Rural and Urban Community Development in the United States of America*, Report of United States Committee to Eleventh International Conference of Social Work, Rio de Janeiro, 1962 (New York: The Committee, 1962).

단 상호간의 관계를 중시한다.

④ 양자는 많은 동일한 방법을 사용한다.

⑤ 요원(worker)의 역할(반드시 활동은 그러하지 않지만)은 양자가 유사하다.

⑥ 일반적으로 양자 모두 기술적 · 전문적 원조(assistance)를 행한다.

⑦ 미국(그리고 아마도 다른 민주주의 국가들)에서 지역사회개발과 지역사회조직사업은 유사한 철학과 가치관을 갖는다.

지역사회개발과 지역사회조직사업의 차이점은 다음과 같은 몇 가지 측면으로 구분하여 살펴볼 수 있다.

첫째, 취급하는 문제(subject matter) 면에서 지역사회개발은 전 지역사회의 생활과 욕구를 취급하고, 지역사회조직사업은 그 용어가 일반적으로 쓰이는 데서 볼 때 보건과 복지, 혹은 도시개발(urban development), 교육과 시민권(civil rights)과 같은 지역사회생활의 관련 분야에 관심을 둔다. 지역사회개발은 지역사회조직사업보다 지역사회의 기본수요(식량, 주거, 식수문제 등)와 경제생활의 문제를 더 흔히 취급한다.

둘째, 범위(scope)의 측면에서 보면 지역사회개발은 일반적으로 전 지역사회나 근린지역(neighborhood)을 상대로 한다. 이에 반해 지역사회조직사업은 지역사회 전체 혹은 이보다 더 크거나 작은 지역(근린지역, 주, 국가적 혹은 국제적)을 상대로 한다. 지역사회개발은 일반적으로 전 지역주민을 대상으로 하나, 지역사회조직사업은 때로는 전 주민을 대상으로 하지만 때로는 아동, 청년, 노인, 특수인종집단, 비행자, 정신지체인 등 특수집단을 대상으로 하기도 한다.

셋째, 사회변화(social change)에의 관심을 중심으로 보면 지역사회개발은 항상 사회적 변화를 추구한다. 지역사회조직사업은 일반적으로 사회변화를 추구하나, 때로는 현상(existing arrangements)을 개선(서비스 수준의 향상, 기관들 간의 관계조정 등)하는 데 주로 관심을 갖는다.

넷째, 철학(philosophy)의 측면에서 지역사회개발은 본래적으로 자조(self-help)와 민주주의의 이념을 갖는다. 지역사회조직사업은 이 이념을 구현해야 하나 실제에 있어서는 반드시 그렇지만은 않다. 필자의 판단으로는 지역사회조직사업은 전체주의 국가에도 존재할 수 있다고 본다. 국가에 의해서 운영되는 권위주의적인 '지역사회향상'(community improvement) 프로그램이 전체주의 국가에 존재할 수는 있어도 민주이념을 지닌 지역사회개발은 존재할 수 없다.

다섯째, 인사(personnel) 면에서 지역사회개발과 지역사회조직사업 공히 전문가의 활동을 필요로 한다. 그러나 지역사회개발에는 일반적으로 여러 분야가 참여하나(interdisciplinary), 지역사회조직사업은 그렇지 않다. 지역사회조직은 사회사업의 전문형태다. 지역사회개발요원은 지역사회조직(사회사업), 성인교육과 기타 전문분야의 원리를 결합해서 지닌 '일반전문가'(interdisciplinary generalist)라고 보는 것이 더 타당하다.

여섯째, 방법과 기술(methods and skills)에서 보면 정상적으로 지역사회개발은 지역사회조직사업보다 더 광범위한 방법과 기술을 사용한다. 지역사회개발은 사실발견, 분석, 계획, 회의, 조직, 협상, 해설 등 지역사회조직사업의 일반적인 방법도 사용하지만, 또한 성인교육방법을 쓰기도 하고, 때로는 농업, 축산, 공중보건, 토목 등의 직업과 관련된 특수한 방법을 활동하기도 한다.

일곱째, 프로그램의 근원(origin of programs)과 관련하여 살펴보면 지역사회개발에서는 프로그램은 가능한 한 주민들이 느끼고 있는 욕구(felt needs)를 반영하는 것이 바람직한 것으로 생각되나 지역사회조직사업에서는 반드시 그렇지만은 않다. 지역사회조직사업에 있어서의 프로그램은 법의 규정에 따라 정부기관에 의해 착수될 수도 있고, 관심있는 주민집단이나 기존 기관이나 협의회 등에 의해서도 발안될 수 있어서 프로그램은 반드시 주민들의 표명된 욕구에 대한 반응으로서 제기되는 것은 아니다.

여덟째, 합의와 갈등(consensus and conflict) 면에서 지역사회개발은 합의를 중시하고, 갈등은 중요한 특성이 되지 않는다. 지역사회조직사업에서는 합의가 많이 이용되나 이와 함께 갈등도 민주주의의 자연적인 요소로서 수용되며, 논란의 여지가 있는 문제에 관한 결정이 다수의 표결에 의하는 경우도 많이 있다. 지역사회조직사업에 있어서는 특정 집단들이 자신들의 목표를 달성하기 위해 투쟁하는 권리를 인정한다.

아홉째, 참여(participation)라는 차원에서 보면 지역사회개발에서 직접적인 참여의 기회는 정상적으로 이를 원하는 모든 주민에게 열려 있다. 그러나 지역사회조직사업에서는 일반적으로 그렇지가 않다. 대부분의 서비스는 제한된 영향력을 지닌 이사회(일반적으로 주민의 대표들로 구성된 것으로 간주된다)가 있는 기관들, 특별한 자격을 갖춘 전문직원들과 때로는 한정된 수의 자원봉사자들에 의해 제공된다. 지역사회개발이 사업에 있어서 주민들의 직접적인 참여를 강조하는 데 반해 지역사회조직사업은 대표나 위임을 통한 참여를 더 많이 활용한다.

지역사회개발과 지역사회조직사업 간에는 이상과 같은 차이가 있으나 지역사회의 현실에 있어서는 명확한 선을 긋기가 힘들며, 특정 사업의 경우 그것이 '지역사회개발' 인지 '지역사회조직사업' 인지 분간할 수 없는 경우가 있다는 것을 알아야 한다.

제 2 부

지역사회복지의 역사적 배경

지역사회복지는 지역사회를 기반으로 전개되는 복지활동의 총칭이다. 지역사회의 개념은 잠정적이고 조작적인 개념이기 때문에 지역사회의 구조 및 기능의 변화와 함께 시대와 상황에 따라 다양하게 규정된다. 이러한 지역사회를 기반으로 한 복지활동의 전개 역시 가변성과 역동성을 지니고 있다. 따라서 지역사회복지는 사회적 실체로서 역사성을 지니며 발달해 왔다. 여기에서는 사회적 · 이념적 상황, 지역사회조직사업의 기관 및 프로그램, 전문분야에 미친 영향 등을 중심으로 제3장에서는 미국을, 제4장에서는 우리나라 지역사회복지의 역사적 배경을 살펴보기로 한다.

제3장 미국 지역사회복지의 역사

1. 역사분석의 틀

현대 사회복지제도의 생성과 발전이 그러하듯이 지역사회 수준에 개입하여 지역사회주민에게 필요한 서비스를 제공하고 지역사회의 조건을 개선하고자 하는 지역사회복지사업은 해당 시대의 사회문제에 대한 반응으로서 생성되고 발전된다. 미국은 200여 년이라는 비교적 짧은 역사 속에서도 다른 어느 나라에 못지않은 많은 사회문제로 시달렸으며, 이에 대처하기 위해 엄청난 노력을 기울여 왔다. 펄먼(Perlman)과 구린(Gurin)이 주목한 것처럼 "미국 사회가 이룩한 엄청난 발전을 위한 부담은 농토를 일구고, 기계를 돌리고, 도시를 세우는 경제적 · 인종적 · 지역적 집단들 간에 과중하게 불균등하게 지워져 왔다. 그러나 굶주림, 질병, 예속과 슬럼, 착취와 불의에 직면하여 이를 항의하고 문제해결을 위해 조직하고 계획하려는 사람들이 항상 있어 왔다."[1]

한마디로 미국에서의 지역사회복지사업은 불만스러운 지역사회의 조건에 대해서 어떤 형태로든 자구책을 마련해야 된다는 명분을 가진 사

1. Robert Perlman and Arnold Gurin, *Community Organization and Social Planning* (New York: John Wiley & Sons, 1972), p. 14.

회지도자들의 개혁 의지의 표현이라고 할 수 있다.

미국에서의 지역사회복지사업의 발전과정을 다루고 있는 문헌은 많이 있다.[2] 이들 문헌은 공통적으로 ① 미국에서 지역사회복지사업이 출현한 시기를 남북전쟁(Civil War)이 종식된 이후로 보고 있으며, ② 자선조직협회운동과 인보관운동이 지역사회복지사업의 전문화에 원동력이 되었다는 점을 지적한다.

먼저 콕스(Cox)와 가빈(Garvin)은 지역사회복지사업의 발전 과정을 4단계로 나누고 있는데, 제1단계는 남북전쟁이 끝난 1865년부터 제1차 세계대전이 시작되는 1914년까지, 제2단계는 1914년부터 대공황이 시작되는 1929년까지, 제3단계는 1929년부터 대법원이 공립학교에서 인종차별 금지 판결을 내린 1954년까지, 그리고 제4단계는 1954년부터 1973년까지로 구분하고 있다.

한편 크레이머(Kramer)와 스펙트(Specht)도 지역사회조직의 역사적 전개과정을 네 단계로 보고 있는데, 콕스와 가빈이 했던 것처럼 사회적 문제상황에 따른 구분보다는 전문분야의 활동에 따른 구분을 하고 있다. 즉 제1단계는 자선조직협회운동과 인보관활동이 전개된 시기, 제2단계는 지역공동모금활동과 지역복지협의회가 활동하던 시기, 제3단계는 지역사회조직사업의 전문화를 추진하던 시기, 그리고 제4단계는 사회개혁, 신개척자정신, 위대한 사회건설이 주창되던 시기로 구분하고 있다.

본 장에서는 크레이머와 스펙트의 주요 활동을 중심으로 한 단계구분과 콕스와 가빈의 시기별 단계구분을 종합하여 ① 자선조직화운동시

---

2. 예를 들면 Fred M. Cox and Charles Garvin, "Community Organization Practice: 1865-1973," in Cox, et al. (eds.), *Strategies of Community Organization*, 2nd ed. (Itasca, Illinois: F. E. Peacock, 1974): Ralph M. Kramer and Harry Specht, *Readings in Community Organization Practice* (Englewood Cliffs, New Jersey: Prentice-Hall, 1975), pp. 12-19; Perlman and Gurin, *op. cit.*, Chapter 2.

기(1865-1914), ② 지역공동모금과 협의회 발전시기(1914-1929), ③ 공공복지사업의 발전시기(1929-1954), ④ 지역사회조직사업의 정착시기(1955-1980), ⑤ 민간자조조직의 활성화시기(1980-현재)로 구분하여 논의하기로 한다. 분석내용은 각 시기의 사회적 · 이념적 상황, 지역사회조직기관과 사업, 이러한 상황적 조건들이 전문교육에 미친 영향을 중심으로 한다.

2. 자선조직화운동시기(1865-1914)

1) 사회적 상황

남북전쟁이 끝나고 제1차 세계대전이 시작되는 약 반세기 동안에 미국에서는 사회복지에 영향을 미치는 수많은 사회적인 사건들이 나타났다. 이러한 사회적인 사건으로서는 산업화, 도시화, 이민문제, 흑인문제 등을 들 수 있다.

(1) 산업화

기술의 발전과 산업의 집중화 현상은 노동시간, 작업조건, 안전, 아동노동 등 광범위한 사회문제를 야기했다.

(2) 도시화

급속한 산업화에 따라 수많은 농촌인구가 도시로 이주하게 되었다. 농촌지역과 특히 남부지방과 유럽으로부터 온 미숙련노동자들이 도시의 가장 오래되고 인구가 밀집된 지역에 주거를 마련했는데, 이 지역은 위생상태나 건물상태가 부적절했을 뿐만 아니라 시당국이 이들에게 제공하는 사회복지서비스도 미흡하기 이를 데 없었다. 초창기에 미국 사회사업계의 지도자였던 애덤스(Addams)는 시카고의 헐 하우스(Hull House)에서 일하면서 관찰했던 당시의 도시환경을 다음과 같이 묘사하고 있다: "길은 표현할 수 없을 정도로 더러웠고, 학교는 형편없었으며, 위생 관련 법규가 제대로 시행되지 않았고, 가로등 시설이 엉망이었고, 도로포장이 안 되었으며, 골목길도 전혀 마련되어 있지 않았다. 수많은 가옥들이 하수구와 연결되지 않아 오물을 길에다 방출하였다."[3]

(3) 이민문제

19세기 초반에 북서부 유럽으로부터 온 이민들은 전국 각지에 흩어져 주로 땅을 경작하였다. 그리고 남부와 동부 유럽에서 미국에 건너온 이민들은 제1차 세계대전 직후 이민을 억제하기 위한 법이 통과되기 전까지 도시에 남아 있었다. 적은 수이긴 하나 멕시코 인과 동양인들이 서부와 남서부 지방으로 건너오고, 푸에르토리코 인과 쿠바 인들은 동부에 정착하게 되었다.

이들 이민들은 그들 나라로부터 사회적 · 종교적 제도뿐 아니라 여러 가지 형태의 사회문제까지도 갖고 들어왔다. 농부 출신인 대부분의 이민들은 농촌에 정착하기를 원했으나 그들이 처음 발을 들여놓았던 도시를 벗어날 수가 없었다. 이들은 빈곤과 질병에 시달리면서 생계를 유지하기 위해 그들이 할 수 있는 일이면 무슨 일이든 하지 않을 수 없었다. 그들은 과거의 생활방식에 집착했으며, 이 때문에 미국의 생활관습을 터득한 자녀들과 갈등을 빚기도 했다.[4]

---

3. Jane Addams, *Twenty Years at Hull House* (New York: The Macmillan Co., 1910), pp. 97-100.
4. Oscar Handlin, *The Uprooted* (New York: Grossett & Dunlap, Inc., 1951).

(4) 남북전쟁 이후의 흑인문제

전후의 복구기간에 흑인들은 자신들의 권익을 옹호하기 위해 온갖 노력을 했다. 그러나 대법원이 1875년의 민권법(Civil Rights Act)이 위헌이라는 판결을 내리자 흑인의 권리를 보호하는 책임이 연방정부로부터 주정부로 옮겨 가게 되어 흑인들은 난처한 입장에 놓이게 되었다. 당시 남부의 대중영합주의 운동(Populist Movement)은 흑인들의 지지를 얻으려는 주요 정치세력이었으나 대중당원들이 1892년 선거에서 패배하자 흑인들과 함께하려는 정치적인 노력도 사라져 버렸다.

이 당시 흑인사회의 가장 큰 관심사는 교육문제였는데, 특히 직업교육과 고등교육상의 결함을 해결하려는 것이었다. 이와 관련하여 1881년에 흑인을 위한 교육기관인 터스키기 학원(Tuskegee Institute)이 설립된 것은 획기적인 일이었다. 그러나 흑인에 대한 폭력행위가 성행하여 1900년을 전후해서 수천 명의 흑인이 목숨을 잃어야만 했다.[5]

이 기간은 유럽으로부터의 대거 이민이 종결되고 전쟁산업의 확장에 따라 북부지방에 있는 수많은 기업들이 흑인들에게 취업의 기회를 제공해 줌으로써 끝나게 되었다.

2) 이념적 상황

이 당시 미국 사회의 지배적 이데올로기로서 지역사회조직사업에 직접, 간섭으로 영향을 준 사상은 사회신화주의(social Darwinism), 급진주의(radicalism), 실용주의(pragmatism)와 자유주의(liberalism)를 들 수 있다. 이제 앞에서 주목한 사회적인 문제와 이데올로기가 지역사회조직활동에 어떤 영향을 미쳤는지 살펴보기로 한다. 그러나 먼저 이들 이데올

---

5. Leslie H. Fishel, Jr. and Benjamin Quarles, *The Negro American: A Documentary History* (Glenview, Illinois: Scott, Foresman and Company, 1967), p. 358.

로기에 대해 간단히 살펴본다.

(1) 사회진화주의

환경에 잘 적응하는 자만이 생존할 수 있고, 그렇지 못한 자는 도태되는 것이 자연의 법칙이라는 사회진화주의는 개인이 사회적으로 실패하는 것은 그의 타고난 열등성에 기인하므로 그러한 자들에게 도움을 주는 것은 자연법을 범하는 것이라는 견해를 나타냈다. 이는 당시 미국의 경제사상을 대표했던 '철저한 개인주의'(rugged individualism)와 맥을 같이했다. 이러한 철학은 또한 최소한의 정부(minimum government)를 주장했고, 이에 따라 정부의 역할은 재산을 보호하고 계약이 이행되도록 하는 것일 뿐 계약조건에 대해서는 어떤 식으로든 간섭해서는 안 된다는 견해를 가졌다.

(2) 급진주의

사회진화주의가 고위층과 경제적으로 안정된 사람들의 이익에 부합된 반면, 급진적 이데올로기는 '적합치 못한'(unfit) 사람들의 운명을 변화시키고자 하는 사람들의 노력에 합리성을 부여했다. 러너(Lerner)에 따르면 당시 미국의 대표적인 급진주의자였던 헨리 조지(Henry George)는 "사회질서를 진화의 결과로 보는 진화론을 재구성해서 이를 강자뿐 아니라 약자를 위하는 인간적인 노력에 의도적으로 활용해야 한다"[6]고 주장했다. 이 시대의 급진주의 사상을 가장 잘 대표한 사람들은 노조운동가들이었다. 그리하여 1876년에 사회노동당(Socialist Labor Party; SLP)이 조직되었으며, 여기에는 마르크스주의자들과 다른 급진주의자들이 가담했다. 사회노동당은 "모든 기업은 가능한 한 빠른 시일 내에 정

---

6. Max Lerner, *America as a Civilization: Life and Thought in the United States Today* (New York: Simon & Schuster, Inc., 1957), p. 726.

부의 통제하에 놓여야 하며, 모든 사람의 복지를 위해 자유로운 협동조합에 의해 운영되어야 한다"[7]고 주장했다. 노동당을 위시한 여러 급진주의 세력이 규합하여 1900년에는 사회당이 창설되었다.

이상의 설명은 미국 노동사에 대한 설명으로는 불충분하지만 한 가지 분명한 것은 지역사회조직사업이 사회의 '열패자'(underdog)들의 복지를 위해 활동했던 것은 이 급진주의 운동의 영향을 받았다는 사실이다. 사상적인 면에서 노동조합운동은 흑인의 생존권 투쟁과 함께 오늘날의 말단지역단위(grass-roots)에서의 복지활동에 상당한 영향을 주었다.

(3) 실용주의

19세기 말에 피어스(Charies S. Pierce)와 제임스(William James)에 의해 주장되고, 20세기 초반에 듀이(John Dewey)와 미드(George Mead)에 의해 구체화된 미국의 실용주의 철학은 사회개선을 위한 노력의 토대는 사회과학이라고 생각했다. 실용주의의 성격에 관한 러너의 설명을 인용해 보면, "실용주의 철학자들에게서 공통적으로 발견되는 것은 형식주의(formalism)와 고정된 원리나 규칙에 대한 반항이다. 즉 실용주의는 진실이란 절대적인 것이나 기계적인 공식 속에 있는 것이 아니고, 개인의 성장과 사회적 활동이라는 전반적인 생활 맥락에서 찾을 수 있다는 견해를 갖는다. 어떤 의미에서 이 사상은 유럽에서 마르크스주의나 진화과정(evolutionary process)을 사회적 사고에 적용하려고 노력했던 역사학파들에 비견할 만한 미국적 사상(American counterpart)이라 할 수 있다. 이러한 지적인 토대에서 시어도어 루스벨트(Theodore Roosevelt)로부터 프랭클린 루스벨트(Franklin Roosevelt)에 이르는 정치적 개혁

7. John R. Commons, *History of Labor in the United States*, Vol. II (New York: The Macmillan Co., 1935), p. 270.

운동이 가능했던 것이다."[8]

(4) 자유주의

마지막으로 지적할 수 있는 이념은 자유주의 사상이다. 이 사상에 대해서 러너는 "그것의 정신은 전진이며, 그것의 감정은 낙관적이고, 인간의 본성을 합리적이고 유연한 것으로 생각하며, 재산권보다 인권을 목표로 삼으며, 이를 달성하는 수단으로 사회적 조치(social action)를 강조한다"[9]고 설명하고 "아무리 위약하다 하더라도 자유주의는 미국의 민주주의에 대한 중심적인 표현"[10]이라고 결론을 내리고 있다.

자유주의 사상은 하층계급의 권리가 의회에서 청취되도록 권력계층의 지지를 얻어내는 데 중요한 구실을 했고, 궁극적으로는 정부가 그들에게 혜택을 베풀게 하는 데 이바지했다고 할 수 있다.

3) 자선조직협회운동

남북전쟁과 제1차 세계대전 동안에 전개된 지역사회복지활동은 크게 두 범주로 나눌 수 있다. 그 첫째 범주에 속한 활동으로는 오늘날의 사회복지활동에 직접적인 영향을 미친 자선조직협회(Charity Organization Society; C.O.S.), 인보관(social settlements), 도시연맹(urban leagues)을 들 수 있다. 두 번째 범주의 활동은 지역사회복지사업에 직접적인 영향을 미치지는 않았으나 많은 지역사회활동가들의 관심영역이 된 활동으로서 정치집단, 인종집단 및 특정 지역이나 특정 목적을 위한 사회행동집단을 들 수 있다. 여기에서는 먼저 현대의 지역사회복지사업의

8. Lerner, *op. cit.*, pp. 722-723.
9. *Ibid.*, p. 729.
10. *Ibid.*, p. 730.

발전에 지대한 영향을 미친 자선조직협회의 활동을 중심으로 살펴보기로 한다.

앞에서 살펴본 여러 가지 사회적 조건과 이데올로기적 상황은 1869년에 영국에서 처음 만들어진 자선조직협회를 본받아 1873년까지는 미국에서도 분위기가 조성되어 1877년에 버펄로에서 최초의 자선조직협회가 창설되었다. 원래 자선조직협회는 당시 빈민을 구호하기 위해 존재했던 수많은 민간단체들의 업무를 조정하기 위해서 창설되었으나 점차 업무조정뿐 아니라 직접적인 구호와 서비스도 제공하기 시작했다.[11]

머피(Murphy)는 자선조직협회의 활동을 다음과 같이 요약하고 있다.[12]

① 참여기관들로부터 구호를 받고 있는 것으로 알려진 개인이나 '케이스들'의 명단을 열거한 이른바 사회복지사업지표(social service indexes or exchanges)를 만들었다.

② '케이스분석회의'(case conference)를 만들었는데, 같은 케이스나 같은 가정에 관심을 가진 수많은 사회복지기관들, 예컨대 인보관, 구빈기관, 아동수용기관, 아동의 학대를 예방하기 위한 서비스 기관, 방문간호사협회(visiting nurse association)와 기타 기관들의 직원들이 모여 '케이스'에 대한 원조방안을 모색하였다.

③ 자선조직협회는 사회적 · 경제적 문제에 관한 광범한 연구 · 분석을 하여 특정 조치를 건의하기도 했다.

앞에서 살펴보았던 사회적 상황은 자선조직협회운동의 발전에 여러 가지 방법으로 영향을 미쳤다. 산업화에 따른 농촌인구의 도시이동과 해외로부터의 이민의 빈곤, 주택문제, 질병 등의 사회문제를 야기했다.

11. 직접적인 서비스는 현대의 케이스워크(casework)의 발전에 중요한 영향을 미친 것으로 알려지고 있다. 여기에서는 지역사회조직사업(C.O.)과 직접 관련된 활동만을 취급하기로 한다.

12. Campbell G. Murphy, *Community Organization Practice* (Boston: Houghton Mifflin Co., 1954), p. 35.

이러한 문제들에 대한 인도주의적인 양심과 절망상태에 있는 빈민들이 사회질서를 파괴할지도 모른다는 공포심에서 그들의 처지를 개선하려는 사회복지기관들이 많이 설립되었다. 어떤 점에서 이는 보다 급진적인 이데올로기에 대처하기 위한 노력이었다고 할 수 있다.

사회복지기관과는 별도로 다양한 근린지역과 관련을 맺고 있던 집단, 인종집단, 종교집단들도 구빈활동을 전개하고 있었다. 이와 같이 구빈을 위한 기관과 단체들이 대거 나타나게 되자 다음과 같은 여러 가지 어려운 점이 대두되었다.

① 여러 사회복지기관으로부터의 재정적 지원요청이 소수의 사회지도층 인사들에게 집중적으로 쇄도하게 되자 이들 기관들은 기부금의 요청을 보다 효율화하여 소수 인사에게 지나치게 의존하는 것을 지양하는 방안을 강구해야 했다.

② 여러 기관으로부터 이중·삼중의 구호를 받는 수혜자들이 많이 생겨나게 되었다. 그래서 기부자들은 무차별적인 구호에서 생겨날 수밖에 없는 빈민들의 고질적인 구걸근성(pauperization)을 예방할 방안을 찾아야만 했다.

③ 당시에 발달되고 있는 실용주의 철학에 영향을 받은 유급의 구호담당 직원들이 나타나 그들의 활동을 합리화시킬 수 있는 방안을 찾으려고 했다.

④ 일부 자선조직단체들은 필요한 서비스를 제공하기 위한 재원이 불충분하여 새로운 재원을 모색하기 위한 끊임없는 노력을 하지 않을 수 없었다.

이 시기에 자선조직협회를 이끌어 가던 지도자들은 구빈을 위한 정부의 활동은 빈민의 재활에 도움이 되지 않는다는 생각을 갖고 있었다. 정부의 구빈활동에 대한 그들의 견해는 사회진화주의와 쾌락주의적(hedonistic) 동기 이론의 영향을 받고 있었다. 사회진화주의는 구호는 자연법의 운용을 간섭하는 것으로 간주했고, 쾌락주의[13]는 빈민계층이 열심히 일하는 것은 굶주림과 헐벗음에 대한 두려움에서 나온다고 주장했다. 이러한 사상은 인도주의적 충동과 다소 조화를 이루었다.

이러하여 자선조직협회는 빈민을 구호를 받을 '가치가 있는'(worthy) 빈민과 '가치가 없는'(unworthy) 빈민으로 구분하여 가치가 있는 빈민, 즉 어쩔 수 없는 이유로 자립할 수 없고 협회의 '우애방문원'(friendly visitors)들의 도덕심을 본받아 빈곤으로부터 벗어날 소지가 있는 빈민에게만 원조를 주게 되었다. 그리고 나머지의 악성적인 빈민은 정부 구빈기관에 맡겨 그 지역사회의 최저임금 수준 이하의 원조를 받게 함으로써 자립을 위해 계속적인 노력을 하게 했다.

자선조직협회는 다양한 사회문제의 개선과 해결을 위해서 자선기관들과 협력적인 계획을 모색하고, 또 새로운 사회복지기관을 설립하고 낡은 기관을 개혁하는 활동도 전개했다. 이와 관련하여 자선조직협회의 지도자들이 적극적으로 참여했던 활동으로는 임대주택법의 개정, 결핵퇴치협회의 설립, 소년법원과 교정요원을 위한 입법활동, 보호가 필요한 아동을 위한 기관과 사업의 설립, 걸인과 유랑자 단속을 위한 경찰과의 협력, 집을 떠난 아버지(absent fathers)에게 자녀의 부양의무를 과하는 입법의 지지 등을 들 수 있다.[14]

자선조직협회가 지역사회복지사업에 끼친 가장 의미 있는 공헌 가운데 하나로 지적할 수 있는 것은 지역사회계획 전문기관을 탄생하게 했고, 사회조사(social survey) 기술을 발전시켰다는 것이다. 초기에 행해졌던 사회조사 중에서 가장 대표적인 것으로는 1907-1908년에 행해진

---

13. 쾌락주의는 쾌락을 가장 가치 있는 인생의 목적이라 생각하고, 모든 행동과 의무의 기준으로 보는 윤리학의 입장이다. 이는 후에 Bentham에 와서 최대 다수의 최대 행복이라는 공리주의 사상에 영향을 주었다.

14. 이들 활동의 구체적인 내용에 대해서는 Frank D. Watson, *The Charity Organization Movement in the United States* (New York: The Macmillan Co., 1922), pp. 288-323을 참조할 것.

'피츠버그 서베이'(Pittsburgh Survey)[15]를 들 수 있다. 피츠버그 서베이를 토대로 해서 사회복지기관협의회(Council of Social Agencies)가 만들어졌는데, 이 협의회는 조사에서 건의된 사항을 실천에 옮기고, 또 계속적인 연구와 개혁을 행하는 책임을 맡았다.

4) 인보관운동

미국의 인보관운동(social settlement movement)은 자선조직협회보다 15년 뒤에 시작되었다.[16] 1886년에 코이트(Stanton Coit)는 1884년 런던 동부의 슬럼가에 바네트(Samuel Barnett)가 세운 토인비 홀(Toynbee Hall)을 방문하고 뉴욕으로 돌아와 Neighborhood Guild(5년 후에 University Settlement로 불림)를 세웠다. 애덤스(Jane Addams) 역시 1888년에 토인비 홀을 방문하고 돌아와 다음해 시카고에 유명한 헐 하우스(Hull House)를 설립하였다.

자선조직협회와 인보관운동은 당시의 동일한 사회문제에 대처하기 위해 시작되었으나 산업화, 도시화, 이민 등으로 야기된 사회문제에 대한 분석이 달랐고, 이에 대처하기 위한 목적과 사업내용도 판이하였다. 영국 국교의 목사인 바네트(Barnett)는 기독교 사회주의자들(Christian Socialists)과 러스킨(John Ruskin)의 영향을 받아 사회계급 간의 간격을 좁히려 했고, 물질주의에 지배된 사회에서 인간의 가치를 회복하려고

15. 이 조사는 Paul Kellog을 비롯한 일단의 경제학 및 사회사업가들이 Russel Sage Foundation의 재정적 지원을 받아서 이루어진 것으로 그 결과는 1916년에 전 6권으로 출판되었다. 이 조사는 미국에서 처음으로 지역사회에 관한 조사 · 연구에 체계적인 조사방법을 적용한 것이다. 이 조사에 관한 내용과 공헌에 대해서는 윤종주, 『사회조사』(개문사, 1980), pp. 16-17을 참조할 것.

16. 최초의 주단위 C.O.S.는 1872년 뉴욕에 설립된 State Charities Aid Association(후에 State Communities Aid Association으로 개칭)이고, 시단위 C.O.S.는 1877년의 버펄로 C.O.S.이다.

했다. 애들러(Feliz Adler)와 '윤리문화연구회'(Society of Ethical Culture)의 영향을 받은 코이트는 도시생활에서는 철저하게 도덕적이고 지성적인 르네상스가 필요하다고 믿었다. 코이트는 이를 위해서는 각계 각층의 주민이 이익이나 연령, 사회적 계급, 정치적 · 종교적 차이 등에 따른 장애를 제거하기 위한 공동노력에 참여해야 한다고 생각했다.

인보관운동의 성격과 활동내용을 자선조직협회와 비교하여 살펴보면 다음과 같다.

① 사회문제의 근원에 있어서 자선조직협회는 개인적인 속성(individual character)에서 문제가 파생된다고 전제한 데 반해 인보관운동에서는 환경적인 요소를 사회문제의 근원으로 보았다.

② 이데올로기 측면에서 볼 때 자선조직협회가 사회진화주의적 사상에 동조하는 반면 인보관운동은 자유주의와 당시의 급진주의 사상에 동조하는 경향을 보였다.

③ 이 두 운동에 참여했던 사람들의 유형에도 상당한 차이가 있었다. 즉 자선조직협회의 지도자들이 사회의 상류층에 속하거나 상류층과 가까이 지낸 사람들이었던 반면에, 인보관운동에 참여했던 사람들은 교육을 받은 중류 출신들이 대부분이었다.

④ 이러한 출신성분의 차이는 사회문제의 접근방법에 있어서도 차이를 가져왔다. 즉 자선조직협회의 지도자들은 빈민을 개조하거나 그들이 처한 상황의 역기능적인 면을 수정하려 했던 데 반해 인보관운동가들은 빈민들과 함께 거주하면서 그들의 생활을 어느 정도 동정하고, 기존의 사회질서에 대해서 신랄하게 비판했다.

⑤ 사회문제의 해결에 있어서 인보관운동은 실용주의적 성격을 띠었다. 자선조직협회와는 달리 인보관운동은 사회문제를 해결하기 위한 미리 정해진 방안을 갖고 있지 않았다. 실제로 그들이 당면한 문제에 대해서 일관성 있는 분석을 하지도 않고 단지 산업화,

도시화, 이민 등의 사회현상이 주는 영향에 대해 관심을 갖고 실현 가능하고 효과적인 해답을 구하려고 했다.

⑥ 자선조직협회가 기관들 간의 서비스 조정에 역점을 둔 반면 인보관운동은 서비스 제공에 역점을 두어 유치원, 아동을 위한 클럽, 오락 프로그램, 야간성인학교, 공중목욕탕, 전시회 등의 활동을 추진하였다.[17]

⑦ 인보관운동은 사회개혁적인 면을 강조했다. 초기의 인보관운동가들은 사회개혁을 통해 지구상에 하느님의 왕국을 건설한다는 신교의 사회복음화운동과 긴밀한 연결을 갖고, 슬럼지역에 뛰어들어 주민들과 함께 생활하면서 그들의 복지에 장애가 되는 환경과 제도를 개혁하려고 했다. 사회개혁적인 노력은 새로운 서비스를 강구하고, 기존의 서비스를 향상시키고자 하는 것뿐 아니라 지방·주·연방정부 수준에서의 입법과 행정적 혁신까지도 포함했다. 인보관운동이 전개한 구체적인 사회개혁활동은 다음과 같다.

- 공립학교에서 탁아사업, 급식(hot lunch programs), 심신 장애인을 위한 특수교육뿐 아니라 직업교육과 지도를 하도록 요구
- 지역마다 공원을 조성하고, 주택법규를 개선하고, 도시계획을 통해 밀집주거지역현상을 해소하며, 공립학교를 지역사회센터로 활용하는 것 등을 요구
- 해외이민들의 사회적응을 돕기 위해 이민보호연맹(Immigrant Protective League) 조직
- 근로여성을 보호하고 아동노동을 폐지하기 위한 입법을 위해 투쟁하고, 전국아동노동위원회(National Child Labor Committee)와

17. 현대의 집단사회사업(group work)의 기원도 이러한 인보관운동에서 찾을 수 있다.

여성노조(National Women's Trade League) 등의 결성에 참여

• 시와 구 단위의 개혁활동 및 1912년에 창당된 진보당(Progressive Party)의 정강의 작성과 조직에 참여

지금까지 살펴본 인보관운동의 서비스와 개혁에서 강조한 것은 참여와 민주주의라고 말할 수 있다. 즉, 그들의 서비스 활동은 지역주민과 인보관운동가들 간에 대화를 토대로 하여 주민들의 욕구와 필요한 서비스를 찾아내는 것이었다. 또 주민 상호 간의 관계를 저해하는 온갖 요인을 제거하려고 했다.

끝으로 인보관은 주민들이 그들의 잠재능력을 최고도로 발휘하도록 하기 위해 모든 종류의 교육에 역점을 두었다. 그들이 아동의 노동을 반대하는 주요 이유도 그것이 아동의 성장에 미치는 부정적인 효과 때문이었다. 또 시 단위의 개혁은 지역사회로 하여금 그들의 문제를 보다 효과적으로 대처할 수 있는 능력을 배양하는 과정이라고 생각했다.

이와 같은 인보관운동은 전국의 도시로 급속히 확산되어, 1891년에 6개이던 인보관이 1910년까지는 400개를 넘어섰다. 그리고 대부분의 인보관은 동부와 중서부의 주요 공업도시에 설립되었고, 남부와 서부에는 별로 없었다.

5) 전문분야와 전문교육

이 기간 동안 지역사회조직사업은 사회사업의 전문분야로서의 정체성을 갖지는 못했다. 많은 사람들이 자선기관의 활동을 조직화하고, 인보관을 세우고, 인종문제에 대한 관심을 가졌으나 이들 간에는 전문가로서의 공감대가 형성되지 않았다.

1898년에 뉴욕 자선조직협회가 하계훈련 과정을 세워 전문인력에 대한 훈련을 시작해 수년 뒤에 이 과정은 1년 과정으로 확장되었다. 제1차

세계대전까지는 미국과 캐나다에 17개의 사회사업대학원이 설립되었으나 교육은 지역사회조직사업보다 개별사회사업에 더 역점을 두었다.

3. 지역공동모금과 협의회 발전시기(1914-1929)

1) 사회적 상황과 이념

제1차 세계대전의 종식과 대공황으로 이어지는 이 기간 동안 앞에서 살펴본 사회적 상황, 즉 산업화와 도시화 현상, 그리고 인종 간의 대립과 갈등은 더욱 가속화되고 심화되는 양상을 보였다. 1920년까지는 전 국민의 반 이상이 도시에 거주하게 되었고, 세계대전으로 인해 생산품의 수요가 증대됨에 따라 산업도 크게 신장되고 있었다.

이 기간 동안에 흑인들은 자신들의 생활을 향상시키고자 온갖 노력을 기울였으나 백인들의 박해도 더욱 가중되어 힘들게 생활해야만 했다. 피셸(Fishel)과 쿠알라스(Quarlas)가 보고한 바에 의하면 1919년에 76명의 흑인이 폭행당했고, 시카고에서의 심한 인종폭동(race riot)으로 15명의 백인과 23명의 흑인이 피살되고 537명이 부상을 당했다.[18] 그러나 이 기간 동안 흑인의 생활도 어느 정도 진전을 보여, 참전했던 흑인들에게 붙여진 '새로운 흑인'(New Negro)이라는 호칭은 1920년대에 유행어가 되어 흑인들에게 자긍심을 심어 주기도 했다. 또 흑인들의 취학률도 1910년에 취학적령인구의 45%에서 1930년에는 60%로 상승하였다. 실로 흑인의 '단합된 힘'(black power)과 흑인의 정체성(black identity)이라는 오늘날의 움직임은 이 당시의 이데올로기로부터 영향을

18. Fishel and Quarles, *op. cit.*, pp. 403-405.

받은 것이라고 할 수 있다.

1920년대는 경제에 있어서 자신에 넘치는 10년이라고 할 수 있었다. 러너(Lerner)가 주목한 대로 "1920년대의 대기업들은 영속적인 성장의 비결을 찾았다는 확신에서 경제계뿐 아니라 정부의 정책결정에 있어서도 강력한 권한을 행사했다."[19]

그러나 아이러니컬하게도 이 기간은 시민의 자유에는 위기가 감돌았다. 제1차 세계대전 이후 전쟁 재발에 대한 위기의식이 감돌았고, 러시아혁명으로 인해 세계의 힘의 균형이 파괴되어 미국의 생존이 위태롭다는 불안이 팽배했다. 또 이 시기에는 극우적인 백인비밀결사인 '케이케이케이단'(Ku Klux Klan)[20]의 흑인과 유대인 등 인종적 · 민족적 · 종교적 소수집단에 대한 적대행동이 격화되기도 했다.

이념적인 면에 있어서 이 시기는 지난 시기에 비해 큰 차이가 없었다. 다만 경제적 성장과 풍요 속에서 낙관론에 대한 다소의 비판적인 사상들이 제기되었는데, 그 대표적인 것으로서 정신분석(psychoanalysis)과 반지성주의(anti-intellectualism)를 들 수 있다.

정신분석을 이데올로기로 간주하기는 곤란하지만 당시의 사회적 상황은 사회사업에 있어서 정신분석을 주요한 지적 세력으로 등장하게 했다. 이 시기는 풍요의 시대로서 사회환경은 사람들에게 충분한 기회를 제공한다고 믿었고, 문제란 개인의 실패에서 파생된다고 생각했다. 따

---

19. Lerner, *op. cit.*, p. 279.

20. 1866년에 테네시 주에서 생겨났다. 남북전쟁(1861-1865)에서 남부가 패배한 후 연방의회를 장악한 공화당 급진파들은 해방된 흑인들을 정치세력으로 끌어들임으로써 내전 이전의 백인들의 권력구조를 분쇄하려고 기도했다. 이에 반발한 남부 백인들의 지하 저항세력의 중추조직이 바로 이 KKK단이었다. 철저한 위계질서를 지키며, 준종교적 의식을 올리고, 얼굴을 흰 두건으로 가린 무시무시한 이 비밀결사는 흑인과 이들에 동조하는 백인들에게 끔찍한 테러를 자행했다. 이 같은 행위가 걷잡을 수 없게 되자 그들의 폭력을 단속하기 위한 연방법이 제정되었고, 흔히 '마왕'으로 불리는 KKK단 지도자는 1869년에 조직의 해체를 명했었다. 그러나 1915년에 조지아 주에서 다시 고개를 들기 시작한 KKK단은 '백인지배' 원리를 내세우면서 인종적 · 종교적 · 민족적 소수집단 모두를 적대시하는 활동을 재개했다.

라서 정신분석도 체제의 변화보다도 개인의 변화에 역점을 두었다. 사회사업은 이러한 정신분석의 이론과 성격을 받아들여 사회조건을 개선하려는 개혁적인 노력보다는 개인을 치료하여 사회환경에 보다 잘 적응케 하려고 했다. 루보브(Lubove)가 말한 대로 "사회사업가는 자선으로부터 이탈하여 정신분석가로 다시 태어난 것이다."[21]

2) 지역공동모금제도

도시화가 가속됨에 따라 도시빈민의 문제를 다루는 사회복지기관들이 계속 늘어났고, 이들 기관들은 재정난에 허덕이게 되었다. 한편 제1차 세계대전이 진행되는 동안 "약 300개에 달하는 지역사회가 사회복지기관들의 지원요구를 충족키 위해 전시모금기구(war chests)를 설립하였다."[22]

사회복지기관들의 지원요구가 증가하게 되자 자선가들과 전문가들은 구호방법을 개선할 필요성을 절감하게 되었다. 그러나 이 두 집단의 이익은 일치되는 것은 아니어서 별개의, 그러나 상호 밀접한 관계를 갖는 기관이 설립되게 되었다. 즉 자선금을 희사하는 사람들의 이익을 위해서 지역공동모금제(community chest and united fund)가 생겨나고, 사회복지기관 간의 효과적인 업무조정의 필요에 따라 지역복지협의회(community welfare councils)가 생겨난 것이다.

자선가들은 그들의 지원금이 효율적으로 사용되기를 원했고, 또 끊임없는 지원요청으로부터 벗어나기를 원했다. 이러한 목적을 달성하기 위해 재정적 지원을 위한 공동호소제(united appeals)가 생겨났는데,

---

21. Roy Lubove, *The Professional Altruist: The Emergence of Social Work as a Cause, 1880-1930* (Cambridge, Mass.: Harvard University Press, 1965), p. 89.
22. *Ibid.*, p. 189.

그 기원으로는 1895년 보스턴에 설립된 유대인모금회(United Jewish Appeal)를 들 수 있다.

지역공동모금제가 창설된 방법에는 몇 가지 다른 점을 발견할 수가 있다. 첫째는 사회복지기관들이 단독으로 하는 것보다 공동으로 하는 것이 더 많은 모금을 할 수 있다는 생각에서 공동모금제를 실시한 경우다. 예를 들면 1887년에 덴버 자선조직협회의 23개 회원기관 중 15개 기관이 공동모금을 했는데, 재정적으로 큰 성과를 거두었다.[23]

둘째는 공동모금제가 사회복지기관협의회에 의해 조직된 경우다. 신시네티 사회복지기관협의회(Cincinnati's Council of Agencies)는 그 창설 2년 만인 1915년에 12개 회원기관이 공동으로 모금활동을 전개했으며, 1927년까지는 세인트루이스, 미네아폴리스, 콜럼버스, 뉴해븐, 디트로이트에 있는 협의회들이 공동모금제를 채택했다.[24]

셋째는 가장 일반적인 형태로 거액의 기부자들에 의해 지역공동모금제가 실시된 경우다. 이들은 첫 단계로서 '자선보증기구'(charity endorsement bureau)를 세우고 후에 지역공동모금으로 이를 재조직하였다. 대부분 실업인들인 기부자들은 복지사업도 공공의 서비스처럼 일반국민에게 책임질 수 있게 집행되어야 한다고 생각했다. 그러나 이들은 지원을 요청한 기관들에 대해 조사를 할 시간이 없었기 때문에 지역의 상공회의소가 자선보증기구를 세워 ① 사회복지기관의 기준을 설정하고, ② 이 기준에 따라 각 기관의 활동능력을 평가한 다음, ③ 심사에 통과된 기관을 추천케 하고, ④ 인정을 받은 기관에 대해서 회원들과 일반시민이 지원을 하도록 했다.

그러나 자선보증기구의 활동에 대한 비판이 없지는 않았다. 먼저 자

23. William J. Norton, *The Cooperative Movement in Social Work* (New York: The Macmillan Co., 1927), pp. 50-54.
24. *Ibid.*, pp. 93-99.

선보증기구는 주로 대기업이나 재벌 기부자를 대표했기 때문에 독선적이고, 사회복지기관의 자치성을 위협한다고 생각되었다. 더구나 사회복지기관들은 이 자선보증기구가 기부자들의 자선 의욕을 저하시킬 수 있다고 생각하였다. 여하간에 소수의 기부자들에 대한 지원요청은 여전히 막대하였다.

이러한 사태를 타개하기 위한 최초의 주요 노력이 클리블랜드의 상공회의소에 의해서 취해졌다. 상공회의소는 1907년에 이러한 문제들에 대한 연구를 하여 1913년에 '자선연합회'(Federation for Charity and Philanthropy)를 세웠는데, 이는 미국의 지역공동모금 역사상 가장 획기적인 것으로 꼽힌다.[25]

지역공동모금회는 기부자(특히 거액을 희사한 사람들), 모금활동을 돕는 사람(소기업자, 기업의 중견간부, 서비스 클럽 회원 등), 기금의 지원을 받는 보건 · 복지 · 오락단체를 대표하는 '단체장' 등 세 종류의 회원들로 구성되었다. 이들 회원들은 정책결정을 이사회에 위임하고, 이사회는 사무국장(executive)을 임명하였다. 초기에 지역공동모금회의 업무는 대부분 자원봉사자들에 의해 수행되었고, 오늘날에도 이들의 역할은 매우 중요하다.

제1차 세계대전은 공동모금제의 발전에 촉진제로 작용했다. 해외에서 구호와 전쟁으로 인해 야기된 복지수요는 거의 400개의 '전시모금회'(war chests)를 탄생시켰다. 1920년대에 지역공동모금제도를 가진 지역사회 수는 353개에 달했다.[26]

25. *Ibid*., pp. 68-71.

26. Lyman S. Ford, "Federal Financing," in *Encyclopedia of Social Work* (New York: National Association of Social Workers, Inc., 1965), pp. 327-328.

3) 사회복지기관협의회

20세기에 접어들면서 빈민을 돕는 사람들이 점차 전문성(professionalism)을 갖추기 시작했다. 그 증거로는 첫째, 우애방문원이 유급 직원으로 대체되었다. 둘째, 자선조직협회들이 자선학교(schools of philanthropy)를 세웠는데, 이것이 후에 사회사업대학원(graduate schools of social work)이 되었다. 셋째, 사회계획에 필요한 자료를 얻기 위해 행해진 사회조사도 사회사업의 전문화를 나타내는 것이었다.

간단히 말해서 수많은 복지전문가들이 자선단체들의 이사로 활약하고 있는 '자원봉사자' 들의 협력을 얻어 지역사회의 복지욕구에 합리적이고 체계적인 접근을 하려 했고, 지역사회서비스 간의 부족을 보완하려 했으며, 지역사회가 당면한 문제와 앞으로의 욕구를 미리 찾아내려고 했다. 전문가들의 이러한 관심으로부터 사회복지기관협의회가 생겨난 것이다.

앞에서 살펴본 대로 복지서비스의 조정과 계획에 관심을 가졌던 자선조직협회가 사회복지기관협의회의 제도적 선구자였다. 수많은 지역에서 자선조직협회의 지도자들이 다른 복지전문가들과 함께 협의회를 조직하는 데 직접적으로 관여했다. 사회사업지도자들이 협의회를 조직하고자 한 이유는 사회복지사업을 합리적으로 조직화하고 지역공동모금회의 모금 능력을 강화하여, 자신들과 사회사업기관의 자치성을 보호하기 위해서였다.

최초의 협의회가 1909년에 밀워키와 피츠버그에서 설립되었으며, 1926년까지는 시카고, 보스턴, 세인트루이스, 로스앤젤레스, 디트로이트, 신시내티, 콜럼버스와 뉴욕에 설립되었다.[27]

---

27. Norton, *op. cit.*, p. 37.

사회복지기관협의회의 일차적인 목적은 지역사회의 문제와 욕구를 충족하기 위해서 복지사업을 계획하고 조정하는 것이다. 이러한 목적을 달성하기 위해서 협의회는 다음과 같은 활동을 한다.

① 일반시민과 전문가로 구성된 사회복지서비스에 관한 각종 위원회를 만들어 지역사회문제를 연구하고 해결방안을 계획 · 실천하게 한다.

② 시범사업(demonstrations)을 전개하고, 새로운 서비스를 제공하며, 기존의 사업을 개선한다.

③ 이러한 목적을 달성하기 위해서 시민의 지지를 구하고 정부의 조직을 촉구한다.

④ 복지기관에서 일할 전문가와 자원봉사자를 선발하고 훈련한다.

⑤ 사회복지기관과 단체의 명부를 발간한다.

⑥ 기타 여러 가지 관련 활동을 추진한다.[28]

초기의 사회복지기관협의회가 당면했던 문제는 지역공동모금과의 관계와 회원기관들(constituents)과의 관계로 나누어 살펴볼 수 있다.

먼저 협의회는 흔히 공동모금회의 계획기능을 담당하는 조직으로 생각되어 공적으로 지원하는 보건 · 복지기관들과의 관계를 난처하게 했다. 공동모금회로부터 어느 정도의 독립을 유지한 협의회는 그들이 마련한 계획이 채택되는 데 필요한 지지를 얻기가 힘들었고, 공동모금회에 의해 심한 영향을 받은 협의회는 공동모금을 통해 모금된 돈을 분배하는 책임을 맡았다.

회원기관들과의 관계에 있어서 처음에 대부분의 협의회는 주로 공동모금에 의해 지원을 받는 복지기관들의 연합체의 성격을 가졌다. 이러한 연합체적인 구조 속에서는 복지계획을 마련하는 데 주도권을 갖고

28. Cox and Garvin, *op. cit.*, p. 49.

있는 회원기관들에게 불리한 강력한 조치를 취하는 것은 매우 곤란한 일이었다. 협의회가 점차 전문화되어 감에 따라 협의회는 복지문제와 서비스에 관심을 갖는 시민들의 협의회로 재구성되기도 했다. 이러한 변화 때문에 '사회복지기관협의회'의 명칭이 '지역복지협의회'(community welfare councils)로 바뀌게 된 것이다. 협의회는 영향력 있는 인사를 회원으로 영입하고, 정책결정에 있어서도 사회복지기관의 의견보다 전문계획가나 비전문회원들의 의견을 점차 반영해 나갔다. 그럼에도 불구하고 지역복지협의회는 효과적인 계획수립기능에 있어서 인정을 받지는 못했다.

4) 전문분야의 발전

20세기에 접어들어 처음 20년 동안 사회사업의 훈련을 받은 사람들은 대부분 개별사회사업가가 되고자 하는 이들이었다. 그러나 1925년에 스타이너(Steiner)에 의해 *Community Organization*이라는 최초의 교과서가 나왔고, 1930년까지는 적어도 다섯 권의 지역사회조직사업에 관한 책들이 쓰여졌다.[29]

앞에서 주목한 대로 이 당시 사회의 지배적인 이데올로기나 새로 등장한 정신분석의 이론에 영향을 받은 사회사업은 사회문제해결에 있어서 환경적인 변화보다는 개인적인 치료를 더 중시하여 개별사회사업이 사회사업의 본류를 차지하고 있었다. 인보관운동에 참여했던 사람들이나 흑인지역사회의 복지를 위해 일한 사람들의 경우에는 사회문제의 원인을 개인적인 면에서보다는 환경적인 면까지 찾으려는 경향을 보이고는 있었다. 그러나 인보관에서 일한 사람들까지도 자신을 교육자, 레크

29. Meyer Schwartz, "Community Organization," in *Encyclopedia of Social Work*, p. 177.

리에이션 지도자나 집단사회사업가로 생각했으며, 지역사회조직사업가라고는 생각지 않았다.

4. 공공복지사업의 발전시기(1929-1954)

1) 사회적 상황과 이념

이 시기는 대공황과 제2차 세계대전이라는 역사적 사건으로 말미암아 사회사업 분야뿐 아니라 모든 사회제도에서 큰 변화를 경험했던 시기라고 할 수 있다. 여기에서는 지역사회복지사업에 영향을 미친 사회적 상황을 몇 가지로 나누어 살펴보기로 한다.

첫째, 대공황을 들 수 있는데, 실업이 급증하고 은행과 증권시장이 도산하고 집과 농장과 영세사업체를 잃는 국민이 속출하게 되었다.

둘째, 대공황을 타개하기 위해서 경제와 사회 분야에 있어서 정부의 개입이 크게 확대되었다. 정부에 의해서 착수된 사업의 종류와 규모와 예산이 확대되었을 뿐 아니라 경제활동 전반에 걸친 정부의 통제도 전례를 찾을 수 없을 정도로 증가되었다. 사회복지분야에 있어서도 정부의 역할이 증대되어, 미국 역사상 처음으로 연방정부가 사회보장법(Social Security Act, 1935)과 최저임금법 등을 제정하여 공적 부조사업을 포함한 여러 가지 사회복지 프로그램을 계획하고 시행하게 되었다.

셋째, 대공황은 또한 노동조합운동을 활성화시켰다. 1935년에 노사관계법(National Labor Relations Act)이 제정되고 정부가 노동조합의 활동을 용이하게 함으로써 정부가 기업의 이익을 보호한다는 종래의 비난이 상당히 완화되었다. 자동차, 제철, 전력 등의 산업에서 결성된 사업별 노조는 초창기 미국 노조운동의 발전에 커다란 공헌을 했다.

넷째, 당시 국제적인 상황으로서는 소련 공산당이 확고한 기반을 갖게 되었고, 스페인, 이탈리아, 독일 등에 '파시스트' 정부가 정권을 장악하게 되었다. 이러한 영향을 받아 미국에서도 공산당이 조직되어, 특히 노조활동에 영향을 미쳤다.

이러한 국제적인 상황은 미국의 국제관계에 어려움을 안겨 주었으며, 세계대전을 준비하고 참전함으로써 경제공황으로부터 완전히 탈피할 수 있게 되었다.

다섯째, 뉴딜(New Deal) 정책으로 말미암아 흑인들에 대한 취업의 기회와 복지혜택은 상당히 신장되었으나 지방에 따라서는 흑인에 대한 차별이 여전히 계속되었다. 그러나 이 시기에 과거 백인에 의해서 점유되었던 정부 요직에 흑인들이 진출할 수 있는 기회가 눈에 띄게 늘어났다. 1941년에 방위산업 분야의 취업기회를 개선하기 위해 루스벨트 대통령에 의해 설치된 '공평고용위원회'(Committee on Fair Employment Practice)는 흑인의 취업기회를 증대시키는 중요한 계기가 되었다. 또 1948년에 트루먼 대통령은 법무성에 민권담당과를 신설했고, 군복무에 있어서 대우와 기회의 평등을 위한 대통령특별위원회(President's Committee on Equality of Treatment and Opportunity in the Armed Service)를 설치하였다. 한편 대법원은 주택입주 및 시외버스 승차에 있어서의 흑인차별을 불법화함으로써 흑인의 사회적 지위가 어느 정도 향상되는 계기가 되었다.

이념적인 면에서도 이 시기는 대공황의 영향을 받지 않을 수 없었다. 과거 인간의 운명에 대한 책임이 개인에 있다는 사고는 1930년대의 대량의 실업과 빈곤상황에서는 정당화될 수 없었다. 이 당시에 나타난 문헌들은 사회질서가 개인의 생활에 미치는 영향을 강조했고, 미국인들이 겪고 있는 정신적 · 사회적 문제들을 해결하기 위해서는 사회질서를 수정해야 한다는 주장을 내세웠다.

또한 많은 사람들이 보다 나은 사회를 건설하기 위해서는 사기업보다는 정부의 역할이 증대되어야 한다고 생각하게 되었다. 그러나 소수 집단의 일부를 제외하고는 국민 모두가 기존의 정치과정에 따라 정부가 기능하기를 원했고, 정부의 강력한 통제하에서 자본주의 경제체제를 유지해야 한다고 믿고 있었다.

2) 공공복지사업의 출현

지역사회조직사업은 물론 전반적인 사회사업 분야는 대공황으로 인해 파생된 대량의 복지수요를 충족하기에는 불충분했다. 이러한 상황 속에서 과거에 민간복지단체를 중심으로 행해졌던 구빈과 이에 관련된 활동이 정부기관으로 이양되었으며, 지방 중심의 사업이 지역적 혹은 국가적 차원으로 확대되었다.

물론 지역사회의 민간복지단체들은 그들의 사업을 확장해서 확대된 복지수요에 대처하고 긴급구호활동을 전개하기도 했다. 또 그들은 사회문제의 진상을 파악하고, 문제의 심각성에 대해 일반의 관심을 환기시키며, 사업용도에 필요한 지침서를 만들어 내고, 서비스를 조정하는 등의 활동을 전개했다.

그러나 연방정부는 정부기관을 통해 사회계획의 역할을 수행했다. 처음에는 '연방긴급구호청'(Federal Emergency Relief Administration, 1933-1936)을 통해서, 후에는 '연방보장기관'(Federal Security Agency)을 통해서 복지업무의 기준을 설정하고 서비스의 조정, 사회문제의 실태파악, 공교육에 대한 계획 등의 활동을 전개했다.

제2차 세계대전으로 군 관계 노동자와 군인의 수가 급격히 증가하게 되자 이들을 위한 복지서비스의 수요가 늘어나게 되었다. 이로 인해 과거에 지방 중심으로 행해졌던 공 · 사기관의 지역사회계획업무가 국가적인 차원에서 이루어지는 경향을 보이기 시작했다. 그 하나의 예로서 연방보장기관에 '지역사회전쟁구호사무소'(Office of Community War Service)가 설치되어 전쟁으로 인해 영향을 받은 지역을 위한 오락과 공중보건사업에 관한 계획업무를 취급했다.

이 시기에 사회복지 분야의 특기할 만한 사건으로는 1935년의 사회보장법, 1942년부터 1947년까지의 '전시복지기금'(National War Fund), 연방보장기관(1939-1953)을 계승해서 1953년에 보건 · 교육 · 복지부(U.S. Department of Health, Education and Welfare; HEW)가 설립되는 것 등을 들 수 있다.

이 당시 UN의 복지 관계 사건과 기구로는 ① United Nations Relief and Rehabilitation Administration(UNRRA, 1943-1948), ② UN Economic and Social Council(ECOSOC, 1945), ③ UN 사무국에 Department of Social Affairs의 설립(1946), ④ UN 총회에서의 '세계인권선언' 채택(1948), ⑤ UN 사무국에 '지역사회조직 및 개발과'(1952, 현재의 Regional and Community Development Section)의 설치 등을 들 수 있다.

3) 전문분야와 전문교육

앞에서 살펴본 대로 이 기간에는 지역사회조직사업에 관한 종래의 관심이 지방에서 국가적인 차원으로 확대된 것 이외에는 사업과 활동 면에서 획기적인 변화는 없었다. 그러나 지역사회조직사업의 성격을 개념화하려는 전문분야의 노력은 활발했다.

지역사회조직사업에 관해 연구했던 당시의 학자들이 가졌던 관심에 대해서 슈워츠(Schwartz)는 다음의 세 가지를 지적하고 있다.

① 지역사회조직사업과 사회사업의 관계에 관해 학자들 중에는 지역사회조직사업이 사회사업의 합법적인 형태가 아니라고 주장하는가 하면, 어떤 학자들은 지역사회조직사업이 사회사업의 기본적인 가치와 관심에 가까운 특성을 지니고 있다고 주장하였다.

② 지역사회조직사업의 목표에 관한 것이었는데 사회사업가들은 산업혁명이 개인적인 인간관계를 파괴했기 때문에 지역사회조직사업는 지역사회의 결속력을 강화하는 데 목표를 두어야 한다고 주장했다. 동시에 이들은 당시의 수많은 사회문제에 직면하여 지역사회조직사업는 사회문제를 예방하고 최소한 개선하는 데 역점을 두어야 한다고 주장하기도 했다.

③ 사회사업가들은 지역사회조직사업 워커의 적절한 역할이 무엇인지를 규정하기 위해 노력했다. 이들은 지역사회가 지향하는 목표를 달성하기 위해서는 전문가의 도움을 필요로 한다고 생각했다. 그러나 전문가는 자기의 의견을 강요해서는 안 되고, 도움을 주는 것과 자기결정능력을 향상하는 데에 균형을 유지해야 한다고 주장했다.[30]

이 시기에 지역사회조직사업의 전문화에 영향을 미친 주목할 만한 사건으로는 ① 1930년 『사회사업연감』(*Social Work Year Book*)이 출판되었고, ② 1939년 레인(Robert P. Lane) 위원회가 전국사회사업회의에 「지역사회조직사업의 분야」(The Field of Community Organization)라는 보고서를 제출했고, ③ 1945년에 지역사회조직사업 기관에 관한 최초의 교과서라 할 수 있는 웨인 맥밀런(Wayne McMillen)의 『사회복지를 위한 지역사회조직사업』(*Community Organization for Social Welfare*)이 출간되었고, ④ 지역사회조직사업에 관한 연구협회

30. *Ibid.*, pp. 177-190.

(Association for the Study of Community Organization, 1946-1955)가 조직되었다.

5. 지역사회조직사업의 정착시기(1954-1980)

1) 사회적 상황과 이념

이 시기는 '매카시즘'(MaCarthyism)[31] 선풍이 끝나고 학교에서 흑백차별을 금지(school desegregation)하는 대법원의 결정이 내려짐과 동시에 시작된다. 이 시기에 있었던 특기할 만한 사건으로는 민권운동, 학생운동, 연방정부의 사회개혁 프로그램, 월남전 등을 들 수 있다.

(1) 민권운동

학교에서 흑백분리를 금지하는 1954년의 대법원 결정을 계기로 흑인들의 기회 불평등을 종식시키고자 하는 기존 단체들에 활력을 불어넣었고, 또 수많은 단체가 결성되었다. 1955년 12월 몽고메리에서는 흑인들이 차별에 항의하여 버스 승차를 거부했는데, 이것이 계기가 되어 마틴 루터 킹(Martin Luther King, Jr.)과 남부기독교지도자회의(Southern Christian Leadership Conference)가 흑인의 민권투쟁에 앞장서게 되었다.[32] 이리하여 1943년에 결성되었던 인권평등의회(Congress of Racial Equality)는 연좌농성, 침묵시위 등 비폭력적 항거를 했고,[33] 그 외에 수

---

31. 매카시즘은 1950년에서 1954년까지 당시 위스콘신 주 상원의원이던 Joseph R. McCarthy가 "국무성 안에 205명의 공산주의자가 있다"는 폭탄적인 선언을 한 이래 미국을 휩쓴 일련의 반공산주의 선풍이다.
32. Martin Luther King, Jr., *Stride toward Freedom* (New York: Ballantine Books, Inc., 1958).
33. James Peck, *Freedom Ride* (New York: Simon & Schuster, Inc., 1962).

많은 흑인단체들이 민권운동에 참여했다. 흑인들이 점차 자부심과 자신들의 능력에 대한 확신을 얻게 되자 교육과 경제에 대한 자치성을 요구하게 되었다.

흑인들의 민권운동에 자극되어 멕시코에서 온 치카노들(Chicanos)과 뉴욕에 살고 있는 푸에르토리코 인, 인디언(American Indians) 등 여러 소수집단들이 민권투쟁에 가담했다.

이러한 일련의 흑인민권운동의 결과로 흑인단체들이 대거 생겨났는데, 예를 들면 흑인에 의한 학교운영, 흑인기업, 흑인전문가협회, 흑인이 주도하는 모델도시(model cities) 건설 프로그램 등의 활동과 전국복지권단체(National Welfare Rights Organization), 흑인노조 같은 막강한 조직들이 결성되었다.

1960년대 말과 1970년대 초에 접어들면서 다른 문제집단까지도 그들의 권익을 신장시키기 위한 조직적인 활동을 전개했다. 예를 들면 동성애자들(homosexuals)은 그들의 처지를 동조하는 사람들과 함께 그들의 행위를 인정해 줄 것을 요구함과 동시에 취업과 주택에 있어서의 차별을 없애기 위한 투쟁을 전개했다. 대마초 사용자들은 대마초의 판매와 사용을 허용하는 법을 요구했다. 또 여성들은 인공임신중절을 합법화하기 위한 로비활동을 전개하기도 했다.

(2) 학생운동

민권운동에 참여했던 학생들의 활동에 자극받아 상당수의 흑인 대학생은 물론 백인 대학생들도 정치활동에 가담했다. 또 학생운동가들 중에는 사회사업 분야와 특히 지역사회복지 분야에서 자기가 세운 목표에 맞는 일을 하려고 하는 사람이 많았다. 1960년대 중반에 사회사업대학원에 입학한 학생들은 민주사회학생회(Students for Democratic Society)가 실시한 지역사회조직사업 프로젝트에 영향을 받은 사람들이 많았다. 학생들 중에는 평화봉사단이나 미국내봉사단(Volunteers in Service to America; VISTA)에 가담해서 지역사회조직사업 활동에 적합한 경험을 가진 사람들도 많았다.

지역사회조직사업을 포함한 사회사업이나 기타 전문대학원에 많은 흑인학생들이 입학했으며, 푸에르토리코 · 멕시코 · 중국 · 일본계 학생들도 사회사업 분야에 대거 진출하는 경향을 보였다.

(3) 사회개혁을 위한 연방정부사업

전 기간을 통해 사회문제를 해결하는 데 있어서 연방정부의 역할이 크게 증가되었는데, 주로 주정부와 지방정부에 대한 보조금(grants-in-aid) 지급형식으로 행해졌다. 이는 지역사회조직사업의 실제에 상당한 영향을 미쳤다.

예를 들면 1950년대 말에 연방정부는 정신건강 분야의 조사연구 · 전문훈련 · 병원설립을 위한 예산을 크게 늘렸으며, 1970년대에는 지역사회조직사업의 기술을 요하는 지역사회정신건강(community mental health) 분야에서 정신병의 예방과 치료를 위해 많은 예산을 투입했다. 정신지체, 신체장애, 알코올중독 분야에서도 연방정부는 병원과 보건시설의 건립과 함께 주단위의 계획활동을 위한 지원을 했다.

슬럼지역의 철거, 도시재개발, 지역개발, 주택보조, 지역계획(regional planning) 등의 프로그램이 연방정부의 보조로 신설되고 확장되었다. 이와 유사한 변화가 교육과 아동복지 분야에서도 일어났다. 이러한 일련의 프로그램은 지역사회조직사업의 지식과 기술에 대한 수요를 더욱 자극하게 되었다.

사회복지문제에 대한 연방정부의 책임은 케네디와 존슨 행정부의 산물인 '빈곤과의 전쟁'(War on Poverty)에 의해 더욱 확대되었다. 이 프로그램은 많은 지역사회복지사들의 관심을 불러일으켰는데, 그 구체적인 사업으로는 Head Start, VISTA, Neighborhood Youth Corps, Job Corps, 직업훈련, 성인교육, 농촌주민에 대한 부조, 그리고 법률구조(legal aid), 보건 · 주택 · 소비자 교육 등에서 지역사회의 자치적 활동을 권장하는 '지역사회개혁 프로그램'(Community Action Program; CAP) 등을 들 수 있다. 이러한 프로그램들에서 논란을 일으켰던 것은 프로그램의 결정에 있어서 서비스 수혜자를 "가능한 한 최대한으로 참여(Maximum feasible participation)시킨다"는 원칙이었는데 참여의 방법과 장소와 이유, 이 모든 것이 전문가와 시민들에게 많은 혼동을 주었다.[34]

닉슨 행정부는 민주당 정부가 이른바 '신개척자'(New Frontiers)와 '위대한 사회'(Great Society)라는 구호 아래에 펼쳤던 연방정부의 복지 프로그램에 대한 재정적 지원을 삭감하기 시작했다. '빈곤과의 전쟁'을 수행했던 경제활동기회촉진법(Economuc Opportunity Act, 1964)에 의해 설립된 경제활동기회촉진청(Office of Economic Opportunity; OEO)의 많은 프로그램에 대한 예산은 노동부와 법무부의 프로그램이 확대됨으로써 줄어들게 되었다. 노동자의 인력훈련과 취업촉진 프로그램, 그리고 법무부의 범죄억제대책에 대한 연방정부의 지원이 확대되었다.

1970년대에 악화되고 있는 도시문제를 해결하기 위해서 '모델도시계획 프로그램'(Model Cities Program)이 생겨났는데, 이는 도시 내의 특정 저소득층지역을 대표하는 자들의 집단에게 재정적 지원을 하여 그들의 문제를 해결하는 데 필요한 사업을 추진하거나 새로운 기관을 만들도록 하는 것이었다.

그러나 연방정부에 의한 1960년대의 각종 복지 프로그램들도 1970년대에 들어서면서 심한 인플레이션과 석유파동 등으로 축소되어 가는 양

34. Daniel P. Moynihan, *Maximum Feasible Misunderstanding* (New York: Free Press, 1970)을 참조할 것.

상을 보이게 되었다. 이념적인 면에서 이 시기는 과거에 C.O.에 대한 온갖 사상들이 다시 고개를 드는 그러한 시기라고 특징 지을 수 있다. 한편에 있어서는 미국인들은 복지문제를 해결하는 데 있어서 새로이 대두된 연방정부의 막강한 책임에 대해서 지지를 보냈다. 그러나 다른 한편으로는 참여적 민주주의(participatory democracy)를 재강조하는 경향도 엿볼 수 있었다. 즉 지역단위조직의 출현, 흑인세력, 지역사회통제, '가능한 한 최대한의 참여' 등과 같은 개념들이 상당한 호응을 얻는 시기이기도 했다.

또한 이 시기에는 사회변화의 성격에 대해서 갈등적인 주장이 대두되었다. 예를 들면 흑인사회에서는 흑인들 중심의 독자적인 자본주의 체제를 창출하자는 주장과 현 체제의 테두리 내에서 변화를 추구하자는 강경파와 온건파의 주장이 대두되었다. 또 이러한 변화를 평화적인 수단과 폭력적인 수단 중 어느 것을 통해 성취할 것이냐에 대한 갈등도 존재했다.

한편 지역사회조직사업은 1960년대부터 전개되어 온 지역사회 내에 존재하고 있는 여러 가지 사회문제에 대한 대응은 큰 반향을 일으켰지만 1970년대 후반부터 밀려오기 시작한 반복지주의적 물결, 즉 레이거노믹스로 불리는 신보수주의의 세력화 과정에서 사회복지에 대한 정부지원이 축소되는 경향을 보여 왔다. 따라서 1970년대 후반 이후 복지계획에 반대하는 경향이 짙었으며, 레이건 행정부에 들어와서는 복지에 대한 보수주의적 시각이 지배적이었다. 그 후 '작은 정부'의 지향과 함께 복지에 대해 연방정부의 책임 아래에서 지방, 민간기업, 가족에 중심을 두는 방향으로 바뀌게 되었다.

2) 전문분야의 발전

사회사업에 있어서 지역사회조직사업 계통에 종사할 사람들에 대한 교육이 대학원 수와 학생 수에 있어 현저한 증가를 나타냈다. 지역사회조직사업을 가르치는 사회사업대학원은 1965년에 36개에서 1969년에 48개로 늘어났다.[35] 사회사업대학원의 석사과정에서 지역사회조직사업을 주전공으로 한 학생의 수는 1960년에 85명으로 전체 학생의 1.5%이던 것이 1969년에는 1,125명으로 전체 학생의 9%로 늘어났다.[36]

이와 같은 양적인 성장과 병행하여 지역사회조직사업의 성격을 명확히 하고, 지역사회조직사업 워커가 알아야 할 것이 무엇인가를 찾아내고, 지역사회조직사업을 사회사업의 전문분야로서 인정하려는 노력들이 있었다. 1950년대 말에 사회사업교육협의회가 실시한 사회사업대학원의 교과과정에 대한 연구에서 지역사회조직사업이 독자적인 전문영역으로 취급되었다.[37] 그리하여 1962년에 사회사업교육협의회는 지역사회조직을 개별사회사업, 집단사회사업과 함께 사회사업의 방법으로서 공식적으로 인정하게 되었다.[38]

이와 병행하여 사회복지사협회에서도 지역사회조직사업위원회(Committee on Community Organization)를 구성하여 지역사회조직사업에 관한 지식을 집대성하고 지역사회조직사업을 사회사업의 전문영역으로 인정하기 위한 연구자료를 준비하게 했다.[39]

---

35. Arnold Gurin, *Community Organization Curriculum in Graduate Social Work Education: Report and Recommendations* (New York: Council on Social Work Education, 1970), p. 10.
36. *Ibid*., p. 195.
37. Harry L. Lurie (ed.), *The Community Organization Method in Social Work Education*, Vol. IV (New York: Council on Social Work Education, 1959).
38. Council on Social Work Education, *Official Statement of Curriculum Policy for the Master's Degree Program in Graduate Professional Schools of Social Work* (New York, 1962).

결론적으로 지역사회의 복지문제를 해결하고자 하는 지역사회조직사업은 19세기 말의 자선조직화운동과 인보관운동을 기점으로 하여 발전해 왔고, 이론적인 면에 있어서는 1960년대에 들어와서야 사회사업의 전문분야로서의 위치를 확고히 했다고 할 수 있다.

그리고 지역사회복지의 내용도 기존의 지역사회조직사업을 근간으로 하는 구제 및 부조라는 전통적인 범위를 넘어서 보건, 지역사회 정신건강, 교육, 주택 등에 관심이 확대되고 지역사회 내의 복지서비스 대상자 중심으로 그 활동범위를 넓혀 가고 있다. 그리하여 지역사회조직사업의 내용도 지역사회주민의 참가를 통한 지역사회의 강화와 통합을 추구하는 것에서 더 나아가 지역사회 자원의 합리적 배분과 지역사회의 변화까지 포함하는 것으로 변화해 갔다.[40]

이 시기에 미국의 지역사회조직사업 분야는 실제와 이론과 기술 면에서 더욱 복잡성을 띠어 가고 있다. 그러나 이 시기의 경향은 다음의 네 가지로 그 특성을 지적할 수 있다.

① 지역 중심의 지역사회조직사업에 있어서 외부의 영향력이 증대되고 있다는 사실이다. 즉 광범한 연방정부의 복지 프로그램과 국가적 규모의 민간단체 또 주정부의 프로그램이 지방의 지역사회조직사업 활동에 큰 영향력을 행사하고 있다.

② 사회계획과 사회행동을 위한 센터들이 늘고 있다.

③ 사회사업의 다른 분야와는 달리 민간기관의 사업보다는 정부기관의 사업이 활발해지고 있다.

④ 지역사회복지에 있어서 개인의 적응력을 증대시키기보다는 사회변화를 추구하는 경향이 엿보인다.

---

39. National Association of Social Workers, *Defining Community Organization* (New York, 1962).

40. Samuel H. Taylor and R. W. Roberts, *Theory and Practice of Community Social Work* (New York: Columbia University Press), 1985.

6. 민간자조조직의 활성화시기(1980-현재)

1) 사회적 상황과 이념

이 시기는 1970년대 초, 유류파동(oil shock)에 따른 복지국가의 위기(welfare state crisis)의 재편 과정이 본격화된 시기로부터 시작된다. 1980년대 이후 사회복지에 영향을 미친 사회적 조건들로서는 사회복지의 민영화, 정보화 사회의 출현, 세계경제화의 가속, 경제력의 분산화 등을 들 수 있다.

(1) 사회복지의 민영화

복지국가의 위기에서 나타난 문제들을 해결하기 위해 서양에서 추진한 공통적인 전략 가운데 하나가 민영화 혹은 사영화(privatization)로서 공공부문의 사회복지를 민간부문으로 이양해야 한다는 것이다. 즉 사회복지에 대한 공공부문의 지나친 부담으로 생기는 여러 가지의 경제적 비효율성의 문제들, 정부재정의 적자, 그리고 궁극적으로 정부에 대한 신뢰감의 상실 등의 문제를 해결하기 위해서는 사회복지 서비스나 재화를 민간부문에서 제공하는 것이 바람직하다는 것이다.[41] 이와 같이 민영화를 통해 복지국가의 위기를 재편하려는 상황에서, 1930년대부터 확대일로에 있던 미국의 공공복지는 크게 위축되었고, 복지의 책임이 연방정부에서 지방정부로, 정부에서 시장과 가족 그리고 민간부문으로 옮겨가는 경향을 띠게 되었다.

---

41. 김태성 · 성경륭, 『복지국가론』(나남, 1993), p. 265.

(2) 정보화사회의 출현

정보화사회가 등장함에 따라 종래의 직업구조에 커다란 변화가 일어나게 되었는데, 1980년 말에까지 미국 전체 근로자의 60% 이상이 정보화 관련 업무(프로그래머, 교사, 금융 관련 업무 등)에 종사하게 되었다.[42]

(3) 세계경제화의 가속

세계경제화가 가속화됨에 따라 과거 세계경제를 지배했던 미국의 역할이 크게 위축되게 되었다. 미국 시장에는 외국상품이 범람하게 되었으며, 특히 일본, 한국 등의 첨단제품, 브라질과 스페인의 선박, 중국의 직물산업제품 등이 미국 시장을 석권하게 되었다. 이러한 현상은 기업의 투자행태, 기관 간의 관계가 범세계적으로 확대되어 미국의 경제 발전에 상당한 영향을 미치게 되었다.[43]

(4) 경제력의 분산화

세계경제화로 인해 외견상으로는 경제력이 다국적 기업에 집중될 것으로 생각되었으나 실제로는 경제력이 분산되는 경향이 나타났다. 네이스비트(Naisbitt)는 "미국 산업의 쇠퇴나 정보산업의 등장은 경제력을 집중시키려는 압력을 둔화시켰고 경제력을 분산시키게 되었다"고 지적하고, 대표적인 예로서 케이블 TV 방송국의 확산, 중앙정부에 비해 주정부의 역할 증대, 근린지역 조직들(neighborhood organizations)의 엄청난 증가, 지역잡지에 대한 관심, 농촌과 소도시로의 인구이동 등을 들고 있다.[44]

---

42. John Naisbitt, *Megatrends: Ten New Directions Transforming Our Lives* (New York: Warner Books, 1982). p. 14.
43. *Ibid.*, p. 20.
44. *Ibid.*, pp. 98-99.

2) 지역사회복지 분야의 발전상

1980년대 들어 지역사회복지 분야의 가장 큰 변화는 지역사회복지기관에 대한 연방정부의 재정지원이 대폭 삭감되고 지역사회 중심의 연방프로그램들이 종결되었다는 점이다. 이러한 결과로 주 정부와 지방정부의 책임이 증대되었다. 앞에서 주목한 대로 이러한 현상은 1970년대 후반부터 나타나게 되어, 펄먼(Perlman)에 따르면 민간 자조조직의 연합체인 전국지방조직협회(National Commission on Neighborhoods)에 8,000개의 자조조직이 활동을 전개하고 있고, 주택도시개발부(U.S. Department of Housing and Urban Development; HUD)도 4,000개의 자조조직들에게 정보제공(clearinghouse)의 역할을 맡고 있으며, 이에 더하여 1975년에 전국자원봉사연맹(Alliance for Volunteerism) 산하에 600만 개의 자원봉사조직들이 있고, 뉴욕 시에만 약 1만 개의 봉사동아리(block club)가 있다고 보고하고 있다.[45]

또 많은 민간의 지방조직들이 지역적 혹은 전국적 조직에 속해서 활동하는 것도 주목할 만한데, 대표적인 조직으로는 Association of Community Organization for Reform Now(ACORN), National Peoples Action, Massachusetts Fair Share 등을 들 수 있다.[46] 또 풀뿌리 조직들에 대한 운영적 · 기술적 지원을 제공하기 위한 조직들도 나타났는데, 예를 들면 Center for Community Change, National Center for Ethnic Affairs, National People's Action, National Association of Neighborhoods 등을 들 수 있다.

---

45. Janice E. Perlman, "Grassroots Participation from Neighborhood to Nation," in Stuart Langton, *Citizen Participation in America* (Lexington, MA: D.C. Heath, 1978), p. 67.
46. Charles D. Garvin and Fred M. Cox, "A History of Community Organizing Since the Civil War with Special Reference to Oppressed Communities," in Jack Rothman et al. (eds.), *Promoting Innovation and Change in Organizations and Communities: A Planning Manual* (New York: John Wiley & Sons, 1976), p. 96.

이 시기의 자원(자조)조직들과 과거 시대의 자원조직들 간의 가장 중요한 차이점은 이들 조직들이 연방정부의 재정적 지원에서 벗어나 재정적 지원을 다변화하게 되었다는 점이다. 즉 주정부와 지방정부로부터의 보조금은 물론 자발적인 성금, 모금활동, 노조, 교회, 기업 등 다양한 지원자들에게 의존하게 되었다는 점이다.

이들 자원조직들의 역점 사업으로는 주택, 협동조합의 창설, 지역사회 건강보호, 소비자 보호와 같은 특정 이슈에 관련된 것으로, 거의 모든 인종밀집지역(ethnic community)과 사회 · 경제적 집단에 존재하고 있다.

3) 전문직과 전문교육

최근 지역사회조직사업의 전문직에 있어서의 가장 큰 변화는 지역사회조직사업의 활동을 각종 조직과 사회적인 수준에 개입하는 '거시적'(macro) 실천으로 간주하게 되었다는 것이다. 이는 사회변화가 때로는 단일 기관, 때로는 지역사회, 때로는 사회 전체에 역점을 두는 일련의 활동들을 통해서 일어난다는 것을 인식한 데서 비롯되었기 때문에 매우 의미 있는 변화라 할 수 있다.

이러한 활동에 참여하는 사회복지사의 전문적인 기술도 개입 수준(기관, 지역사회, 사회 등)에 따라 때로는 차이가 있지만, 공통적인 것으로는 욕구사정, 집단지도력, 예산편성, 계급옹호(class advocacy) 등 다양하다. 이 같은 기술을 활용하는 거시적 수준에서의 교육은 기관경영(organization management), 지역사회조직화, 정책개발과 실천에 관한 것들로서 사회복지(사업)행정과 사회복지정책과의 구분이 어려운 양상을 띠고 있다. 지역사회조직사업뿐 아니라 모든 사회복지사들이 미시적 · 거시적 실천을 통합하려는 생각은 사회복지 분야에 체계지향적

(systems-oriented)이고 생태체계적(ecological)인 사고가 확산됨에 따라 일어난 현상이라고 할 수 있을 것이다. 이러한 현상에 대해 가빈(Garvin)과 콕스(Cox)는 다음과 같이 우려하고 있다: "아마도 모든 사회복지사들이 체제변화와 이러한 변화에 사회복지서비스 수혜자들의 참여가 필요하다는 것을 깨닫게 될 것이다. 이러한 상황의 부정적인 측면은 사회복지학도와 실무자들이 자신들의 발전(career advancement)에 연연하여 자기의 목표(career goal)에 있어서 사회변화보다는 치료(therapy)에 높은 관심을 갖는 경향이 있다는 것이다."[47]

47. *Ibid*., p. 97.

제4장 한국 지역사회복지의 역사

1. 개요

현대적인 의미의 사회복지와 이에 포함되는 지역사회복지, 지역사회개발과 조직 등의 용어가 사용된 것은 주로 서양에서는 20세기 이후이고, 우리나라의 경우에는 1940년대에 들어와서부터라고 볼 수 있다. 그러나 우리나라에 있어서도 지역사회복지에 대한 현대적인 개념, 원리와 방법이 도입되기 훨씬 전부터 부락단위 혹은 국가적인 차원에서 지역주민과 일반국민이 당면하고 있는 사회 · 경제적 문제를 해결하려는 공동의 노력은 존재해 왔다. 이규태는 우리나라의 역사에 비친 복지사업과 활동이 다음과 같은 문제를 가진 사람에게 베풀어졌음을 지적하고 있다.[1]

① 생활이 빈궁한 자

② 병들고 곤궁한 자

③ 부양할 사람이 없는 어린아이

④ 신체장애자로 곤궁한 자

1. 이규태, 「한국사에 있어서의 복지관」, 『복지사회의 이념과 방향』(아산사회복지사업재단, 1979), p. 33.

⑤ 곤궁해서 시집 못 간 처녀나 살기 어려운 과부, 홀아비
⑥ 노인
⑦ 재해에 대한 갱생
⑧ 저소득층의 경제보호

한편 사회복지가 이상과 같은 특수한 문제를 가진 개인이나 가정에 대해 시혜를 베푸는 것에 국한되지 않고, 지역사회의 일반적인 조건을 향상하기 위한 공동의 노력을 포함한다고 보았을 때 그것의 역사는 촌락공동체의 역사만큼 오래된다고 주장할 수도 있다. 이와 관련해서 권태준과 김광웅 교수는 "사람들의 지연적인 생활공동체는 인류가 정착생활을 시작함에 따라 형성한 촌락공동체에서 비롯되고 이 촌락공동체에 몸을 담은 사람들은 끊임없이 보다 나은 발전을 위한 변화를 의도적으로 추진해 왔기 때문에 우리나라에서 지역사회개발의 역사는 고대의 씨족 중심의 촌락사회로부터 시작되었다고 보아야 한다"[2]고 주장한다.

그러나 전문사회사업과 사회복지의 관점에서 볼 때 고대 전통사회에 존재했던 사회복지의 제도와 관행들이 오늘날의 제도 및 방법과 어느 정도의 관련성이 있는지에 대해서는 의문의 여지가 있다. 다시 말하면 현재 우리나라의 사회복지제도는 일본의 법과 제도를 모방한 경우가 많고, 전문사회사업의 실무에 있어서는 미국적인 방법론을 거의 무비판적으로 도입했기 때문에 오늘날의 복지제도의 기원을 전통사회의 복지관행과 이념에서 찾으려는 것은 상당한 무리가 있을 수 있다는 것이다.

1970년대 후반부터 우리나라에 거세게 일어난 이른바 '민족주체의식의 확립' 이라는 주장에 따라 사회의 제 영역에서 우리 민족의 전통성에 입각한 제도를 발전시킬 필요가 있다는 주장이 대두되었다. 이에 따라 사회복지 분야에 있어서도 효도사상, 경로사상, 인보정신 등 우리의 미

2. 권태준 · 김광웅, 『한국의 지역사회개발』(법문사, 1981), p. 144.

풍양속에 근거한 복지제도를 발전시켜야 한다는 주장이 있었고, 또 현재 제도의 기원을 전통적인 제도에서 찾으려는 노력들이 끈질기게 대두되었다. 이것의 대표적인 예인 새마을운동은 후진국을 위해 선진국들이 제시한 지역사회개발의 맥락보다는 우리의 고유한 역사 속에서 그 운동의 이념을 찾으려는 경향이 뚜렷이 나타나고 있고,[3] 이를 우리 국가와 민족의 특유한 개발운동이라고 주장하는 것 등에서 엿볼 수 있다.[4]

여하간에 오늘날의 사회복지제도는 그 형체에 있어서 일본과 서양의 틀을 답습 혹은 모방했다고 하더라도, 그 제도가 운용되는 내용에 있어서는 우리의 독특성과 전통성을 지니고 있을 것이기 때문에 특히 해방 이전의 제도에 대해 살펴보는 것은 의의 있는 일일 것이다.

일반적으로 지역사회복지의 역사를 고찰함에 있어서는 편년체로 할 수도 있고 또 그 사업의 분야별로 할 수도 있으며, 복지사업이 베풀어진 단위, 즉 촌락단위, 군현단위, 국가단위로 구별할 수 있으나[5] 여기에서는 일제시대 이전의 협동사업, 일제시대의 지역사회복지활동, 해방 이후의 지역사회복지활동 등으로 나누어 개략적으로 살펴보기로 한다.

2. 일제시대 이전의 지역사회복지

1) 민속적인 부락협동관행

우리 민족이 한반도에 부락공동체를 형성한 이후 현대적인 의미의 사회

3. 이에 관한 대표적인 논문으로서는 박성수, 「한국사 발전과정에 있어서의 새마을운동」, 『새마을운동 이론체계정립』 (I)(새마을운동중앙본부 지역개발조사연구단, 1984), pp. 91-129를 들 수 있다.
4. 전도일, 「선진조국창조와 새마을운동」, 『새마을운동 이론체계정립』 (I), p. 18.
5. 이규태, 앞의 논문, p. 33.

복지제도가 도입되기 전까지 우리나라의 전통적인 지역사회복지활동은 국가나 군현단위의 행정적인 복지사업과 부락단위의 민속적인 협동관행으로 크게 나눌 수 있다. 국가단위의 지역복지사업은 의창, 상평창, 진휼청 등 상설복지기구를 통해서 주로 시행되었고, 촌락단위의 복지사업은 두레, 계(契), 품앗이, 사창(社倉), 향약(鄕約), 공굴(共屈), 부근(附近), 향도(香徒), 고지(雇只), 부조 등 민속적 관행을 통해서 전개되었다.[6] 그러나 한국의 전통사회에서 한국인이 복지혜택을 가장 많이 받고 또 효과를 누렸던 복지사업은 국가나 군현단위의 행정적인 복지사업이었다기보다는 촌락단위의 자주적인 복지관행에 의해서였다. 이 촌락단위의 복지는 농촌공동체로서 자연발생한 민속적인 관행과 유교문화의 교화로 이루어진 문화적인 관행으로 대별할 수 있으나, 이 민속성과 문화성은 서로 영향을 미치고 복합적 · 상호보완적 관계에 있었다. 따라서 여기에서는 전국적으로 널리 행해진 두레, 품앗이, 계, 향약 등에 대해 살펴보고, 지역적으로 존재했던 특수한 단체관행들에 대해 설명한다.

(1) 두레(농사)[7]

두레란 옛날부터 우리나라 각지에 있던 단순한 형태의 민간협동체 가운데 하나로, 촌락단위에 조직된 농민들의 상호협동체를 말한다. 두레의 조직은 원시공동체에서 유래한 유풍, 유제로 인식되며 자연발생적으로 생긴 소박하고 원시적인 농촌의 농민 중심의 협동체라고 할 수 있다. 두레는 촌락공동체의 내부질서, 즉 공동방어, 공동노동, 공동예배, 공동유흥, 상호관찰, 상호부조 및 심지어 토지소유제도의 변천 후에도 오랫동안 공동소유의 기반 위에 협동조직체로서 우리 민족의 촌락자치질서를 이끌어 온 모체였다.

---

6. 위의 책.
7. 권태준 · 김광웅, 앞의 책, pp. 147-149.

이와 같은 두레 조직은 농촌에 대한 외부경제의 침투과정에서 농촌의 내부질서가 해체되고, 구조와 계층의 분화가 이루어짐에 따라 숙명적으로 쇠퇴하지 않을 수 없었다. 그 구체적인 이유로는 ① 농지소유관계의 분화로 인한 이해관계의 불일치 또는 대립, ② 농민의 생활가치의식의 변화, ③ 토지소유제의 확립과 농지개혁으로 촌락의 공유재산이 없어짐에 따른 두레의 경제적 기반 상실, ④ 두레가 지닌 내재적 제약성과 그 폐단 등을 들 수 있다. 두레의 조직은 사라졌지만 그 숙명적 공동주의 정신은 무의식화된 심적 구조로 남아 아직도 농촌사회의 자치와 협동의 제 영역에 걸쳐 잠재적인 역할을 미치고 있고, 그 노동형식은 전래의 부역노동형식과 함께 지금도 농촌개발을 위한 제 사업에 영향을 미치고 있는 것으로 짐작된다.

(2) 계(契)

우리나라 역사상 계 조직의 유래와 연대가 정확하지는 않으나 문헌상에 나타난 최초의 것은 신라 초기 유리왕 때 시작된 가배계(嘉俳契)라고 한다.[8] 또한 신라시대의 화랑도에서 유래된 향도계(香徒契)는 남성으로 조직된 최초의 계였다. 본래 원시사회에서 같은 부족 간의 인보상조의 정신을 기본으로 한 공동생활의 표현에서 출발한 계는 시대의 흐름에 따라 발전하여 오늘에까지 이르고 있다. 다시 말해서 계는 한국 사회 특유의 조합적 성질을 지닌 협동조직으로서 전통적 생활구조의 사회·경제적 측면을 집약적으로 반영한 동시에 우리 사회의 전통적인 모든 자생적 조직의 실체적 구조였다는 점에서 특별한 의의를 갖는다.[9] 자생적 조직으로서의 계는 계원의 수, 목적, 기능에 따라 다양한 형태와 종

8. 홍승직, 「한국인의 가치관 연구」, 『한국사회과학연구총서』 (II) (고려대학교 아세아문제연구소, 1969), p. 428.
9. 권태준 · 김광웅, 앞의 책, p. 150.

류가 한국 농촌사회에 존재해 왔으며, 이것은 순수한 농민집단으로 그들의 공통욕구와 이익을 추구하고 있다.[10]

계 조직은 대부분 부락주민들의 전통적 빈곤을 극복하기 위해서 자생적으로 생성되었지만 주민들이 평소에 혈연적인 공동체의식이 크게 작용하기 때문에 유지될 수 있었다. 이러한 사실로 미루어 볼 때 계는 경제적인 기능뿐 아니라 사회적인 기능도 수행해 왔음을 알 수 있다.

우리 전통사회에 있어서 계의 목적은 공익을 위한 것, 산업을 위한 것, 영리를 위한 것, 친목을 위한 것, 공제를 위한 것 등으로 대별할 수 있다. 복지와 관련된 공제를 위한 계의 종류로는 혼상계, 군포계, 종계, 학계, 양로계, 동방계를 들 수 있다.[11] 이 중에서도 혼상계가 가장 많이 조직 · 운영되었는데,[12] 이는 혼상에는 많은 돈이 들기 때문에 주로 이를 감당할 수 없는 저소득층의 뜻 있는 사람끼리 계를 맺고 공제를 했으며, 보부상 등 직업단체의 부수사업으로 보급되기도 했다.

중인과 상인에게 부과된 병역의무가 영조 26년에 미전대납으로 군대 복무를 연기 또는 면제해 주는 제도로 바뀌었다. 병역 대신에 납부하는 곡식(전포곡)을 군포 또는 휴식포라 하였다. 그런데 탐관오리들은 이 군포를 죽은 사람에게도 부과하고(백골포), 갓난 사내아이에게까지 부과했으며(황구포), 군포를 부과할 대상자가 행방불명되었거나 죽고 없을 경우 그 가족이나 그 마을에 공동부과(족징 · 인징)시키는 가렴주구의 폐단이 상습화되었다. 이 주구에 대한 촌락의 자조의식적인 공동담보조직이 바로 군포계였다.

종계는 씨족계로서 종족의 단체행사에 필요한 비용을 염출하기 위한 것이나 씨족 가운데 고과(孤寡)나 빈곤, 병, 재앙, 길흉사 등으로 도움을

---

10. 최재석, 『한국농촌사회연구』(일지사, 1976), p. 325.
11. 이규태, 앞의 책, pp. 35-36.
12. 김상규 외, 『사회복지론』(형설출판사, 1982), p. 84.

받지 않으면 안 될 사람이 생기면 공제하기도 했다. 다시 말하면 혈연복지의 전형적인 형태라고 할 수 있다.

학계는 종계에서 파생된 것으로 종계의 자손이면 학비가 없어도 다닐 수 있게 한다는 점에서 공제성을 띠었다. 이 종족학계가 부락학계로 발전하여 마을에 돈이 없어 서당에 다니지 못하는 아이에게 배움의 길을 터주는 공제계로 보편화되었다.

양로계는 계원들의 노부모에게 정기적으로 경로 · 양로의 잔치나 선물을 베푸는 계와 계원뿐 아니라 마을의 노인들을 보살피는 두 가지 종류가 있었다.

동방계는 각종 과학시험에 동기로 합격한 사람들끼리 맺는 계로서, 종계 이상으로 계원의 재앙이나 불행이나 빈곤에 공제를 하였다. 계원의 아들들은 다른 계원에게도 아버지라 부르고 아버지와 똑같은 대우를 하는 습속이 있었을 만큼 그 결속이 강했다.

이처럼 계는 다방면에 걸쳐서 운용되어 왔으며, 우리 생활과 밀접한 관계를 가지며 계속 성장 · 발전되어 왔다. 일제시대에 들어와서 총독부는 계에 대해서 처음에는 방임정책을 취하다가 일부 지방의 금융계의 부정사건을 이유로 단속을 강화하였다.[13]

(3) 품앗이

'품앗이'의 '품'은 노동을 가리키는 말이며, '앗이'는 공용한다는 의미를 지닌 말이다. 품앗이는 부락 내 농민들이 노동력을 서로 차용 또는 교환하는 조직으로, 우리나라 농촌의 가장 대표적인 노동협력의 양식이다.[14] 또 소농의 농촌구조로부터 오는 당연한 귀결이지만 이는 노동협

13. 권태준 · 김광웅, 앞의 책, p. 151.
14. 최재석, 앞의 책, pp. 320-322.

력 이상의 정신적 교환의 의미도 내포한다.[15] 이것은 사회윤리적 원리와 사회공리적 질서의 조화를 의미함과 동시에 임의적 · 비타산적 협력에 구속적 · 이익적 성질을 부여한 것으로 그 동인은 소농구조하의 농민사회가 자조적인 복지향상을 이룩하려는 협동체제라고 볼 수 있다.

그래서 두레와 품앗이 간에는 노동조직의 규모나 노동의 성질에 있어서 현저한 차이가 있다.[16] 두레의 공동작업이나 공동노동이 공동사회적(Gemeinschaft) 성격을 지니고 있는 반면에 품앗이의 노동은 이익사회적(Gesellschaft) 성격을 띤다고 할 수 있다.

품앗이의 습속은 시대적 상황에 따라 변화하고 있는데, 한 연구조사에 따르면 자가노동력과 머슴노동력을 제외한 농번기의 집중적인 노동수요는 산간부락에서는 그 전통적인 모습을 찾아볼 수 있으나 평야부락에서는 작업반 조직으로, 근교부락에서는 일용형태로 대부분 대체되고 있는 실정이다.[17]

(4) 향약(鄕約)

향약이란 지역사회의 발전과 지역주민들의 순화, 덕화, 교화 등을 목적으로 한 지식인들 간의 자치적인 협동조직이라고 정의할 수 있다.[18] 향약은 유교의 영향을 받아 일어난 순전히 민간자치적인 상부상조의 활동이었다는 점에 있어서 이것은 현대의 지역사회복지의 정신과 상통할 수 있는 철학을 가지고 있었다고 보인다.

향약은 중국의 송대에 서안부라는 현(縣)에 있는 남전지역의 여씨

---

15. 배항달 · 이남구, 「농촌자치조직에 관한 연구」, 『안동교육대학논문집』(안동교육대학, 1974), pp. 21-22.
16. 홍승직, 앞의 논문, p. 358.
17. 김일철 · 정영일, 「한국 영세농에 관한 사회경제적 연구」, 『사회과학연구보고』 (I)(서울대학교 사회과학연구소, 1977), pp. 177-178.
18. 권태준 · 김광웅, 앞의 책, p. 152.

4형제에 의해 처음 만들어졌다고 전하며,[19] 이는 이른바 남전여씨향약(藍田呂氏鄕約)이라는 고유명사를 줄인 것이다.[20] 이와 같은 중국의 여씨향약은 주자학의 전래와 함께 우리나라에 도입되었는데, 처음 실시된 것은 성종 25년(1494)에서 연산군 4년(1498)까지의 5년 사이에 안음현감(安陰縣監)으로 있던 유학자 정여창(鄭汝昌)이 향약을 베풀었다고 한다. 그러나 향약을 베풀었다는 기록만 있을 뿐 구체적인 향약의 내용에 대한 기록이 남아 있지 않아 그 19년 후인 중종 11년에 김안국(金安國)이 경상도 관찰사로서 진해여씨향약을 관내에 시행하도록 한 것을 우리나라 향약의 시초로 삼는 것이 통설로 되어 왔다.

그 후 약 50년이 경과한 후 향약은 이퇴계와 이율곡 선생의 노력에 의해 우리나라의 실정에 맞도록 보완되어 주로 충청도, 경상도, 황해도 지방에서 실시되었다. 이러한 향약은 모두 여씨향약에다 다소의 창의성을 첨가한 것이나 당시의 시대적 요청을 반영하여 교화 외에도 상호구호에 주력했는데, 여기에 향약의 특색이 있다.[21]

여씨향약은 화민성속(化民成俗)이라는 기본목적하에 4대 강목을 바탕으로 세부적인 덕목과 규제내용 등을 설정하고 있다.[22] 4대 강목은 모든 향약에 공통된 것이라고 할 수 있는데, 그것은 덕업상권(德業相勸), 과실상규(過失相規), 예속상교(禮俗相交), 환난상휼(患難相恤)이다.

이 강목(혹은 약정) 중에서 환난상휼이 촌락단위의 복지성 약정이라고 볼 수 있다. 이 향약은 국가에서의 장려사항이었을 뿐 의무사항은 아니었기 때문에 전 촌락에 보급되지는 않았지만 주자학에 뜻있는 학자나 선비가 있는 마을, 고을에서는 제각기 현지 사정에 맞춰 약간씩 변

19. 김유혁, 「새마을운동과 지역사회개발」, 『새마을운동 이론체계정립』, p. 330.
20. 이규태, 앞의 논문, p. 38.
21. 문병집, 『지역사회개발론』(법문사, 1978), p. 326.
22. 김유혁, 앞의 논문, p. 330.

경시키면서 실천했다.

향약 중에서 가장 대표적이고 영향을 많이 미친 이율곡의 해주향약 가운데 환난상휼을 예시해 보면 다음과 같다.[23]

① 불이 났을 때의 약정: 큰 불이 나서 그 재산을 모조리 소진당했을 때는 쌀 5두를 급여한다(하인은 반으로 줄임). 향약의 계원은 각기 장정 한 명씩 차출, 짚 석 다발, 촌목 한 그루, 새끼 열 발, 그리고 각기 저 먹을 양식을 갖고 복구에 무료 · 봉사한다.

② 도둑을 맞았을 때의 약정: 도둑을 만나면 모두 가서 구제하고 도둑을 쫓아가 잡는다. 도둑 맞은 재물은 그 순에 따라 의논해서 등분의 곡식을 급여한다.

③ 병자가 중환일 때의 약정: 약과 의원을 향약의 기금으로 대 주고 일가가 모두 앓아 눕거나 농사 지을 사람이 없을 경우는 계원이 농사를 대신 지어 준다.

④ 억울한 죄를 받고 있을 때의 약정: 계원이 연서명, 관에 알려 구해를 한다.

⑤ 계원 가족 가운데 연만한 처녀가 가난해서 시집을 가지 못하고 있을 때의 약정: 관에 알려 혼자를 지급받도록 청원하고 계원은 의정하여 부조를 한다.

⑥ 절량하여 굶고 있을 때의 약정: 서로 의논하여 부조(扶助)를 한다.

⑦ 계원이 상을 입었을 때의 약정: 본인상에는 쌀 6두, 부모상에는 쌀 4두를 급여하고, 처가는 동거한 처부모의 상에는 쌀 2두를 급여한다. 장시에는 각각 장정 2명을 차출하여 횃불 하나, 초 한 자루씩 들고 가 밤샘하고 장사를 돕는다.

이 같은 환난상휼 약정의 이행 여부에 따라 선적에 올려 상벌 · 차상

23. 이규태, 앞의 논문, p. 39.

벌 · 중벌 · 차중벌 · 하벌의 벌칙으로 응징했다.

우리나라의 문헌상 향약은 고종 광무 8년(1904)에 단절되었으나 이 같은 근 400년의 향약 전통이 관습화되어 구체적인 향약의 약정이나 집행이 없더라도 향약이 정한 환난상휼의 조목은 습속화되어 현대까지도 남아 있음을 알 수 있다.[24]

(5) 사창(社倉)

사창은 재앙이나 흉년을 대비하여 미리 향민에게 곡식을 징수 또는 기증받아 저장해 두는 촌락단위의 구휼제도로서, 의창 · 상평창과 더불어 삼창(三倉)의 하나였다.

향약과 마찬가지로 사창제도도 중국 송나라의 주자가 의창을 본받아 실시한 제도인데, 우리나라에는 이이가 면원향약과 해주향약을 실시했을 때 병행해서 베푼 것이 최초이고, 이이의 학통을 이어받은 송시열과 윤선도가 그들의 향촌에서 사창제도를 실시했다. 또 현종 7년(1644)에는 후에 좌의정에 오른 이단하(李端夏)가 그의 향리에서 사창을 실시해 본 결과 크게 이로웠다는 사실을 들어 전국적으로 확대할 것을 상소했고, 당시 영의정이던 허적(許積)이 이를 받아들여 '사창조목'(社倉條目)을 정해 각 도에 시달하고 이를 실시하도록 장려했다.[25]

숙종 10년(1684)에 이단하는 삼창의 연혁과 장단점을 들어 사창에 네 가지 이점이 있음을 상소했는데 ① 의창이나 상평창처럼 원거리에 있지 않고 한 마을에 있어 구제의 효과가 빠르고, ② 마을사정을 잘 알기 때문에 적절한 구제가 가능하며, ③ 관리들의 개입 없이 스스로 운영하기 때문에 정실이나 수탈이 없으며, ④ 비단 구난뿐만 아니라 수시로 대여를 하여 구난할 수 있다는 것이었다.

---

24. 위의 논문, p. 40.
25. 같은 곳.

이 상소가 받아들여져 진휼청으로 하여금 시행하도록 했으며, 이 촌락단위의 사창은 고종 4년까지 문헌상에 잔존하고 있다. 그러나 선조 이후 대체로 논의는 자주 있었으나 그 실천은 소수 부락에 그쳤으며 그 효과는 의심스러울 정도로 보편화되지는 못했다.

사창조목의 요지는 다음과 같았다. 즉 ① 이민(里民) 100호를 1사로 하고 사창을 설립할 것, ② 사창은 이민이 공동저곡할 것, ③ 사민(社民)이 공동출력하여 창고를 지을 것, ④ 사민은 매년 응분의 곡물을 갹출하여 사창에 공동 저축할 것, ⑤ 사곡(社穀)은 매년 그 반을 사창에 거치하고 대여된 반은 가을에 사창에 환급하고 거치곡물은 매년 새로운 곡물로 바꿀 것, ⑥ 거치곡물은 형편에 의하여 사내빈민에게 대부하되 이식(利息)은 연 2분으로 할 것, ⑦ 대부를 받은 자가 재난을 당하거나 사망하여 회수할 수 없을 때에는 사민이 분담하여 원본을 보충해 둘 것, ⑧ 사(社)에는 사수와 검교를 두되 민선으로 할 것, ⑨ 사창은 지방관의 감독을 받고 호조에 관속될 것 등이다.[26]

이러한 조목으로 미루어 볼 때 사창은 흉년을 대비하고 수시로 빈민을 구제하는 이중의 복지기능을 가졌음을 알 수 있다. 또한 사창이 촌락단위에서 자치적으로 행해지면서도 국가의 지도와 감독을 받는다는 점에서 오늘날의 민간지역사회복지활동과 유사한 점이 있다.

(6) 기타의 민속적인 협동관행

우리나라에서 부락의 주민들이 모여 단체로 협동한 민속적인 관행으로서 이상에서 살펴본 것 외에 공굴, 부근, 향도, 고지 등이 있다.[27]

공굴(共屈)은 마을 안에 중병자나 불구자, 과부, 그리고 초상을 당한

26. 지윤, 「한국사회복지제도에 관한 연구」, 『사회사업학회지』 특집호(한국사회사업학회, 1980), pp. 29-30.
27. 이규태, 앞의 논문, pp. 34-35.

사람의 농사를 같은 마을 사람들이 공동으로 지어 주는 민속을 일컫는다. 물론 무보수 봉사를 원칙으로 하여 각자 점심을 갖고 와서 일을 해 주나 그 마을의 유력자 또는 부자가 공굴날 주식을 부담하는 관례도 있다.

비단 이상과 같은 농사를 지을 수 없는 사정이 있는 사람 이외에도 졸지에 농사의 적기를 놓치는 불행한 일을 당한 사람도 공굴의 혜택을 받는다. 이런 경우는 대체로 수혜자가 주식(酒食)으로 보답을 한다.

부근(附近)은 주로 북한 지방에서 널리 행해지던 풍습으로 공굴보다 봉사범위가 넓어 농사일뿐만 아니라 동네사람이 집을 신축할 때, 10세 미만의 아이가 죽었을 때의 장사, 그 밖에 부근 조직의 우두머리인 존위(尊位)가 도와줄 필요가 있다고 인정했을 때 동원봉사를 한다.

향도(香徒)는 상여 메는 사람을 향도라 한 것과 연관이 있는 이름이다. 향도의 집회는 마을에 흉사가 있을 때만 무보수로 봉사한다는 점에서 부근과 다르다.

고지(雇只)는 궁핍한 마을 사람들끼리 일단이 되어 연대책임으로 농업경영자와 노동청부의 계약을 맺고 양식이 떨어진 춘궁기에 노임으로서 양식을 선불받아 그것으로 춘궁기를 나고 농번기에 계약된 노동을 제공한다. 고지풍습은 노동으로 대가를 치른다는 점에서 복지습속이 아니라고 할 수 있으나 춘궁기를 날 수 없는 빈민들의 간청에 의해 이루어지고 또 고지를 놓는 사람도 타산을 하지 않는다는 점에서 복지습속 가운데 하나라고 할 수 있다.

부조는 지금도 대사를 치른 집에서 금품공여를 부조라 하여 성행하고 있으나 우리 전통사회에서 부조의 범위는 보다 넓었다. 마을에서 누군가가 집을 지을 때 일할 도구와 점심을 들고 가서 도와주는 것도 부조라 하고, 농사를 짓지 않은 사람이나 과부, 홀아비, 노인만 사는 집의 지붕을 이을 때 짚단을 무료로 공여하거나 노력동원을 하는 것도 부조라 했다. 또한 불난 집의 뒤치다꺼리와 재건에 물자와 노력을 무상으로 제공하는 것도 부조라 했다.

2) 정부에 의한 인보제도

지금까지 살펴본 촌락단위의 주민자치적인 인보복지의 관행 외에 정부(군현 혹은 국가단위)에 의한 다양한 복지제도가 고려시대와 이조시대에 존재했다. 먼저 군현단위에서는 입법 · 행정 · 사법의 삼권을 쥐고 있었던 지방장관인 수령은 관할구역 내의 백성에게 다음과 같은 복지시책을 베풀 의무가 있었다. 그러나 이러한 복지시책은 성문법으로 규정된 것이 아니라 관습적인 규범으로 강제성을 띤 것이라기보다는 당위성을 띤 재량권적인 시책이라고 할 수 있었다.

『목민심서』에 애민육조(愛民六條)로 표현되고 있는 여섯 가지 복지시책은 ① 노인을 대상으로 하는 양로(養老), ② 고아를 대상으로 하는 보호, ③ 지극히 가난하여 상을 치를 수 없는 사람을 대상으로 하는 애상(哀喪), ④ 남의 힘에 의존하지 않고는 살 수 없는 사람들을 대상으로 하는 진궁(振窮), ⑤ 불치의 환자나 위독한 병자를 대상으로 하는 관질(寬疾), ⑥ 수재 · 화재 · 기근 등 재앙을 당한 사람들을 대상으로 하는 구재(救災)가 그것이었다.[28]

(1) 오가통

특히 정부에 의해 어느 정도 강제성을 지닌 인보제도로서 중요한 것으로는 오가통제도(五家統制度)를 들 수 있다. 이 제도는 각 하급 지방행정구획을 일정 수의 호수(戶數) 또는 지역을 표준으로 다수의 지구로

28. 위의 논문, pp. 41-42.

세분하여 그 구역 내에 거주하는 모든 성원이 인보상조와 연대책임의 관념으로 자기 지역 내의 치안을 유지하고 복리를 증진하고 교화를 향상하여 지방행정의 운영을 돕게 하는 지방자치제도였다.[29] 이것은 동양에서 발달한 독특한 제도로서 일찍이 중국에서 시작되어 중국의 각조(各朝)와 우리나라 또는 일본까지도 실시되었으며, 자치제 및 민생구휼 사업의 진전에도 많은 공헌을 했다.

이러한 인보제도의 목적과 편성방식은 시대와 지역에 따라서 다소 상이한 점이 있으나 대체로 경찰, 군대, 부역, 근농, 소송 및 교화 등 6개 또는 몇 개 항목만을 목적으로 했고, 최하급단위를 5가 또는 10가로 하는 것이 보통이었다.

우리나라에서 중국의 인보제도를 본받아 오가통제도를 최초로 실시한 것은 세조 때로, 향약보다 약 100년이 앞섰다. 이후 시대의 변천에 따라 여러 차례 흥폐와 변천을 겪었으며, 이조 말엽인 고종 때의 개정(1가를 1단으로 함)이 있기까지는 5가로서 1단을, 그 후로는 10가로서 1단, 즉 통을 조직하여 단체원에게 인보감찰과 공동담보의 의무를 지게 했다.

이 제도는 가구원의 수, 재력의 빈부에 관계없이 반드시 인접해 있는 다섯 가구로 1통을 편성함을 원칙으로 하고 남는 가구가 있을 때에는 적당히 인접한 통에 첨부시켰다. 5가 중에서 지위나 연령이 높은 사람 1인을 뽑아 통수로 삼아 통 내의 사무를 관장하게 했다. 그리고 통은 리에, 리는 면에 속하였다.

각 통에는 통비를 만들게 하고, 통비에는 각 호마다의 남정(젊은 남자), 노인, 어린이, 부녀의 수, 직업 및 문실의 수 등을 기재하여, 계절마다 각 통은 리로, 리는 수령에게 보고하게 하였다. 통 내의 거주자가 타읍으로 이주하려고 할 때는 반드시 그 사유와 이주지명을 갖추어 통·

29. 구자헌, 『한국사회복지사』(한국사회복지연구소, 1970), pp. 151-154.

리를 거쳐서 관청에 허가를 신청하고, 허가 없이는 이주를 하지 못하게 했다. 새로 이주해 온 자의 경우에도 전거주지의 관허를 받은 이문(移文)을 조사 · 대조한 후 비로소 이를 허용하는 규정이 있었다. 여기에는 호구조사의 효과를 거두려는 목적도 있었던 것 같다.

조합원(통원)은 인보공제의 의무로서 농사일을 돕고[耕耘相助], 출입자를 살피고[出入相守], 병자를 돕는[疾病相救] 일 외에 혼상, 환난, 권선징악 등 선량한 시민이 되도록 서로 돕는 의무를 가졌다. 또 통 내에 불효, 형제 간의 불화, 주인에 대한 배반, 살인, 질서의 문란[傷風 · 悖俗], 도적, 부도덕 등이 발생했을 때에는 이를 리 · 면에 신고하여 처벌받게 하고, 통 내에 수상한 자가 들어왔을 때에도 이를 즉시 고발하게 되어 있었다. 만약 이러한 의무를 태만히 하거나 사실을 감추거나 거짓을 할 경우에는 통 내의 조합원이 공동책임으로 처벌을 당하게 되어 있었다.

이상에서 살펴본 바와 같이 오가통제도는 인보복지의 성격을 갖고 있었으나 지역의 질서유지, 주민의 동태파악 등 오늘날의 반 · 통 조직과 유사한 점이 많아 지방행정의 편의를 도모하는 데 공헌한 것으로 생각된다.

(2) 국가단위의 상설복지기구

국가단위에서 주민의 복지를 증진시키기 위한 상설복지기구로는 의창(義倉), 상평창(常平倉), 진휼청(賑恤廳), 동서대비원(東西大悲院), 활인서(活人署), 혜민서(惠民署), 기노소(耆老所) 등을 들 수 있다.[30] 여기에서는 인보사업에 속한다고 할 수 있는 의창, 상평창 그리고 진휼청에 대해서 살펴보기로 한다.

---

30. 이규태, 앞의 논문, pp. 47-49.

의창은 흉년이 든 해에 기민을 구제하기 위하여 양곡을 저장 · 보관해 두는 제도이다. 문헌상으로 의창에 대한 최초의 기록은 신라 남해왕 15년(서기 18)으로 서울의 기민들에게 창곡을 풀어 구제했고, 탈해왕 19년(서기 75)에도 크게 흉년이 들어 기민들에게 창을 풀어 진급했다. 이 같은 의창에 의한 구제제도는 고려 태조가 '흑창'(黑倉)이란 이름으로 답습했고, 이 흑창제도를 성종 6년 7월에 의창으로 개명하여 본격적으로 제도화되었다. 이 의창은 그 후 상평창의 기능과 통합 · 분리되어 가면서 조선왕조 고종조까지 지속되었다. 이 의창제도는 빈민에 대해 정부가 무상의 구제를 했다는 점에서 오늘날의 생활보호사업과 그 기본 성격이 같았다고 할 수 있다.

의창이 무상구제라면 상평창은 빈민에 대해 곡물을 대여하고 상환의 의무가 주어졌다는 점에서 의창보다는 발전적인 제도라고 할 수 있다.

상평제도가 최초로 문헌에 나타난 것은 고구려 고국천왕 16년(916)으로, 매년 3월에서 7월에 이르기까지 창곡을 풀어 어려운 정도에 따라 진대를 해 주고 10월에 이르러 이를 환납시키는 제도로 시작되었다.

고려시대에 의창을 창설한 성종은 그 의창을 제도화한 지 7년 후인 성종 13년에 상평창을 상설했는데, 풍년 때 거둬들였다가 흉년에 풀어 먹임으로써 풍흉을 고르게 했다는 뜻에서 상평이란 이름이 붙은 것 같다. 조선왕조에 들어와서 상평제도는 진휼의 복지적 의미가 조금씩 탈색하는 대신 백성에게 봄에 곡식을 대여하고 가을에 거두는 환곡과 세곡을 관장하는 직사로 바뀌었다. 물론 구호의 의미도 내포되었지만 상평제와 진휼제로 나누어 계정했던 것으로 미루어 상평제도는 이식(利息)을 위한 제도로 탈바꿈해 갔던 것 같다.

진휼청은 의창이나 상평창과 같이 흉년에 빈민을 구제하는 국가기관이었는데, 조선왕조에 들어와 상평창에 진휼보다는 이곡(利穀)에 치중하게 되면서 생겨난 제도였다. 조선왕조에서 최초로 진휼사무 관리기관을 설치한 것은 태종 5년으로 호조 내에 판적사를 둔 데서 비롯되었다. 그 후 세종 때에 호조에서 이 진휼사무를 떼어 내어 구황청을 신설하고, 인조 4년에 이르러서는 구황청을 진휼청으로 개칭하였다. 이 해에 상평사무와 진휼사무를 합쳐 진휼을 할 때만 진휼청이라 호칭하고 일이 끝나면 상평청으로 호칭하였다.

3. 일제시대의 지역사회복지

1) 배경

일제시대의 구호사업은 근대적인 복지이념에 의해 시행되었다기보다는 그들의 식민정책의 일부로서 시혜 또는 자선으로서 우리 민족이 그들에 충성을 하게끔 하려는 정치적인 의미가 컸었다.[31] 일제시대의 지역사회복지도 같은 맥락에서 생각할 수 있을 것이다.

일제시대는 근대적 의미의 지역사회복지사업이 싹트기 시작한 시기라 할 수 있다. 근대적 의미의 사회복지사업은 근대 자본주의 사회가 낳은 사회문제와 국민의 사회적 자각에 따라 우리나라에도 개화 이후 점차 도입되어 일제하에 현저한 진전을 보였지만 사회복지사업 자체는 결코 근대문화의 발달을 기다려서 돌연히 일어난 것은 아니었다. 적어도 소위 사회적 약자가 존재하는 한은 시대의 고금을 막론하고 어떠한 형태로든 그 보호구제가 행해졌던 것을 생각하면 사회복지사업의 역사는 인류의 역사와 그 기원을 같이할 정도로 오랜 것이다. 우리나라에도 고래로 앞에서 살펴본 바와 같은 복지제도가 있었으나 이조 말엽부터는

31. 하상락, 「일제시대의 사회보장」, 『의료보험』(의료보험조직연합회, 1984), p. 27.

구미제국의 자선구제사업을 수입하여 새로운 사회복지사업의 소지를 만들었으며, 특히 제1차 세계대전 이래 각국 공통의 경제적 · 사회적 변동이 급격히 나타나서 산업혁명의 진행과 더불어 사회문제가 또한 많이 일어나 이 때문에 비로소 근대적 의의의 사회복지사업의 발달을 보게 된 것이다.[32]

일제는 조선 말기의 침투와 강점의 과정에서 자국의 이익을 위해 한국 농업을 식민지적 구조로 변경하기에 광분했는데, 그러기 위해서 우선 일차적으로 자소작농을 파괴할 필요가 있었다. 그에 대한 조치가 봉건적 지주와 결탁하여 행해진 토지조사사업으로 지칭되던 한국 농업의 식민지적 재편성 작업이었다. 이러한 작업의 주된 이유 중의 하나가 쌀의 수탈이었다. 러일전쟁 후 일본의 산업구조가 독점자본주의 단계로 들어감에 따라 그들의 공업성장을 위해서는 노동자의 저임유지가 필요했는데, 그러기 위해서는 값싼 외국미의 수입이 불가피했기 때문이었다. 이에 따라 한국 농업은 미작 중심의 단일경작(monoculture) 체제로 변화되었으며, 몇 차례에 걸친 산미증산계획은 바로 그러한 이유 때문이었다.[33]

이러한 한국 농업의 구조적 재편성 과정에서 그 주역을 담당한 것이 일부 매판지주들과 결탁된 관제협동조합인 금융조합, 농회, 산업조합 등이었으며, 따라서 재래적 민간협동단체는 자연 붕괴의 과정을 밟지 않을 수 없었다. 그러나 한국 농업의 근대화 과정에서 중핵을 담당해 오던 자소작농층의 강압적이고 철저한 해체는 식민지 근대화 정책에서도 새로운 모순을 제기하고 있었다.

한편 이러한 일제의 식민지 정책은 과거 1천 년 이상의 세월에 걸쳐 유지 · 존속되어 온 재래의 민간협동체인 계를 위시한 모든 조직과 단체

32. 구자헌, 앞의 책, p. 188.
33. 권태준 · 김광웅, 앞의 책, p. 153.

에도 큰 타격을 주었다. 그것은 각종 신제도의 실시에 상충되거나 혹은 실효성이 쇠퇴함에 따라 점차로 소멸될 수밖에 없는 숙명적인 것이기는 하나, 그러한 재래의 민간협동단체가 한민족의 민족적 단결을 촉구하는 것이기 때문에 일제는 의식적으로 그것들을 붕괴시켰던 것이다.

부락의 자치단체였던 동리계는 읍면제도 등 새로운 행정제도의 실시와 행정기구의 정비로 자연 해체되기에 이르렀으며, 교육사업체였던 학계 및 향계 등도 학교교육제도의 실시로 서당이 폐지되면서 소멸했다. 또한 이자계와 같은 금융을 목적으로 했던 각종 협동체는 은행과 금융기관의 발달로 도태 또는 위축되었고, 혈족단체인 종계 또는 화수계는 개인주의 사상의 침투로 붕괴되었으며, 산업을 목적으로 하는 계는 농회, 수리조합 등 새로운 각종 산업단체의 발달로 소멸되어 갔던 것이다.

일제하 우리나라의 지역사회복지는 농촌지역을 중심으로 한 협동조합운동과 인보관운동 및 사회복지협의체로 크게 나눌 수 있다. 인보관운동은 우리나라에서 근대적 의미의 지역사회복지의 시작이라 할 수 있다.

2) 협동조합운동[34]

일제의 식민정책은 전래의 민간협동체에 커다란 타격을 주었는데 그것은 각종 신제도의 실시와 상충되거나 혹은 실효성이 쇠퇴됨에 따라 점차 소멸될 수밖에 없는 운명의 것이기는 했으나, 한민족의 민족적 단결을 붕괴시키기 위한 식민지배자들의 의식적 노력의 결과로 촉진되었던 것이 사실이다. 예를 들어 1926년의 계의 취제에 관한 규제는 계의 설

34. 위의 책, pp. 154-158.

립을 경찰서장의 허가사항으로 규정하고 있는데, 이것은 어디까지나 우리 민족의 단결과 민족자본육성을 저지하려는 식민정책의 일환이었던 것이다.

그러나 일정의 강압하에서도 민중운동은 꾸준히 전개되었으며, 지역개발과 관련된 이와 같은 운동의 예는 민간협동조직운동이라 할 수 있다. 당시의 민간 주도 협동조합운동은 주창자에 따라서 크게 세 계통으로 구분할 수 있는데 유학계, 천도교계, 기독교계 등이다.

당시의 일본 유학생들은 학생인 동시에 선각자요, 사회의 지도자들이었다. 그들은 우리 경제가 총체적으로 파멸상태에 빠져 있고 농민이 극도로 빈곤한 처지에 놓여 있음을 보고 이를 구제하기 위해 협동조직운동을 전개하기로 하여 1926년에 협동조합운동사(協同組合運動社)를 결성하였다. 그 후 1928년에는 이에 호응하여 충청남도, 경상남북도 지방에 25개의 협동조합이 조직된 바 있고 전국에 파급되는 양상을 띠었으나 일정의 감시와 탄압을 받게 되고 자금부족, 기술결여 등 자체 내의 약점 등으로 인하여 7, 8년간의 단명으로 그치고 말았다.

한편 천도교 지도자들도 교도의 생활향상과 교세 확장이라는 이중 목적으로 1925년경부터 농민사(農民社)를 조직하고 그 사업으로서 지방교도들을 조합원으로 하는 농민공생조합, 소비조합, 생산조합, 신용조합 등을 설치했으나 경영의 미숙에서 오는 자연소멸과 정치 색채를 띠었다는 이유로 인한 강제 해산 등으로 충분히 발달하지 못했다.

또한 기독교는 원래 협동정신이 강하고 일찍부터 경제적 문제에 유의하여 교도 간에 협동조합의 경영을 장려해 오고 있었는데, 이는 YMCA를 중심으로 전개되어 왔으나 이와 같은 민간 주도의 협동조합은 일제에 의해 강제 해산당하는 등 정치적인 외적 이유와 운영자금난과 사업경영의 기술부족이라는 내적 이유로 인해서 크게 발전할 수가 없었다.

일제는 이같이 자발적이고 민간주체적인 협동조합이나 농촌운동을 억제하면서 관제조합이나 농촌진흥운동을 시행해 왔다. 물론 이들이 내세운 목적은 어떤 것이었든 간에 어디까지나 침략과 약탈의 수단으로 이용하고자 했던 것은 지극히 당연한 것이었다.

원래 협동조합이란 자본주의의 산물로서 일반적으로 상부상조를 통해 조합원의 경제적 · 사회적 지위를 향상하고자 하는 자기방어적 자주조직임이 상례이다. 따라서 농민을 위한 조직도 상부상조와 자조자립을 위한 자주적인 협동체로서 조직되어야 하는데 우리나라의 농민조직은 일제의 자본주의를 부식시키고 성장시키기 위한 관제로 도입한 데에 문제가 있다고 하겠다.

3) 일제하의 사회복지사업

(1) 사회복지 지도기관[35]

한일합방 당시 사회복지사업의 업무는 총독부 내무부 지방국 지방과에서 휼구 및 자선사업에 관한 사항으로서 맡게 되었고, 1912년(명치 45년) 3월에 내무부 지방국에 제1과 및 제2과를 두고 사회복지사업에 관한 사무를 제2과에서 관장하게 했다. 1919년에 각부를 폐합에 따라 내무부 지방국이 내무국으로 고쳐졌고, 1921년부터는 내무국 제2과에서 한반도의 사회복지사업의 지도 · 통제를 담당하게 했다.

그 후 1932년(소화 7년) 2월에 일반적 행정정리에 따라 사회과를 업무국으로 이관하여 사회복지사업의 업무와 종래의 업무과 소관이던 사회교육에 관한 사무 및 종교과의 소관이던 종교, 고적 등의 사무를 합하여 관장하게 되었다.

35. 구자헌, 앞의 책, pp. 195-198.

다음 각 도에서는 1921년 총독부에 사회과를 설치한 것을 본받아 내무국에 사회과를 신설하여 도내 사회복지사업을 지도 · 통제했으며, 1924년에는 그 사무가 다시 내무부 지방과로 귀속되었다. 경성부에는 종래 내무과에 사회계를 두고 있었으나 사회복지사업의 발전과 그 중요성을 인정하여 1932년 6월에는 사회과를 신설했다.

이 밖에 사설의 사회복지사업의 연락 · 조사 연구기관으로 1921년 4월에 조선사회사업연구회가 관계자 간에 조직되었는데, 1929년 4월에는 이를 재단법인 조선사회사업협회로 개칭 · 확대하고, 총독부 사회과 내에다 사무실을 두고 회장에는 정무총감, 부회장에는 사무국장, 간사에는 사회과장에 있는 자로 하고, 각 도에도 순차적으로 지부를 두고 활동을 개시했다. 그 주요한 사업을 살펴보면 다음과 같은 것이 있었다.

① 사회사업 상호의 연락 · 통일을 도모한다.
② 사회사업의 조사연구를 한다.
③ 사회사업의 장려 · 원조를 한다.
④ 사회사업 관계자 및 일반 독지가의 간친(懇親) 및 지식의 교환을 도모하고 사회사업에 대한 관심을 진작시킨다.
⑤ 강습회, 강연회 등을 개최한다.
⑥ 사회사업에 관하여 공로가 있는 자의 표창을 한다.
⑦ 기관지를 발행하고 사업에 관한 도서를 출판한다.
⑧ 필요에 의해 본 협회 스스로 사업을 경영한다.
⑨ 기타 본 협회의 목적을 달성하는 데 필요한 사업을 한다.

이 협회는 오늘날의 사회복지협의회와 유사한 업무를 가진 협의체이나 그 조직이 관에 의해 통제되고 있었다는 점에서 정부기관으로 간주하는 것이 타당할 것이다.

(2) 구호법의 실시

우리나라에도 제1차 세계대전으로 말미암아 빈곤은 반드시 개인의 책임이 아니라 사회적·경제적 변동에 의해 필연적으로 발생되는 것이어서 개인의 힘으로는 어쩔 수 없다는 사실이 일반적으로 인식되기에 이르렀다.

일본은 이러한 사회 정세하에서 1929년(소화 4년)에 벌써 구호법을 제정·공포했으나 국가재정 형편으로 1932년에야 일본 본토에서 이 법의 실시를 보게 되었다. 우리나라에서는 이로부터 12년이 지난 1944년(소화 29년) 3월 1일에 이르러서야 비로소 이것의 전문 33조를 그대로 가져다가 조선구호령으로 공포·실시되었다. 이 구호령은 해방 후 1961년에 생활보호법이 제정되기 전까지 우리나라의 공적 부조를 맡아온 기본법으로서 그 역사적 의의가 있는 것이다.

(3) 사회복지시설과 사업

일제하에서 특이할 만한 사회복지시설로는 육아시설(전국 22개소), 임산부상담소(5개소), 탁아시설(4개소), 영아건강상담소(5개소), 빈궁아교육기관(9개소), 불량아 감화시설(5개소), 맹아아 보호시설(2개소), 육아협회 등 각종 어린이 보호시설이 1934년까지는 전국적으로 설립·경영되기에 이르렀다.[36]

어린이 보호사업 이외에도 1918년에 공설일용품시장, 1912년에 인사상담소, 같은 해에 경성부립도서관 등을 개설했고, 1927년에는 방면사업, 1929년에 공익전당포 등을 설치하여 구빈뿐 아니라 방빈사업(防貧事業)을 위한 시설을 갖추게 되었다.[37]

한편 1937년에 중일전쟁이 시작되자 인보, 상부상조와 국민 자각을

---

36. 위의 책, p. 191.
37. 위의 책, pp. 193-194.

향상시킨다는 명목으로 1938년에 서부인보관, 39년에 용강인보관, 1940년에 성동인보관, 1941년에 영등포인보관을 개설하였다.[38] 또한 1941년에 방면위원제도를 전면적으로 개편하여 경성부 내에 8개의 방면에 총 250명의 위원을 위촉하여 요보호자들에 대한 보호, 구제, 직업알선 등의 '케이스워크'의 업무를 담당하게 했다.

(4) 지역사회복지에 관한 연구활동

일제시대의 학문적 업적으로서 연구활동은 사회사업에 관한 각종 문헌 발간, 사회사업강습회 실시, 사회사업협회 설치 등의 면에서 활발히 이루어졌던 것으로 보인다.[39] 지역사회복지에 관한 연구활동도 이에 준하여 생각해 볼 수 있다.

첫째, 연구문헌 면에 있어서는 일반사회사업 종사자뿐만 아니라 학생들까지도 사회사업에 대한 연구를 활발히 하고 있었다. 그 예로서 학자들의 사회사업관계 저술 문헌이 그 당시 조선총독부 도서관과 기타 대학 도서관 등에 20편 가까이 소장되어 있었다. 이들 문헌은 1920년 이후에 주로 나타나고 있다.

둘째, 당시 대학에 독립된 사회사업학과가 설치된 바는 없으며, 조선사회사업연구소에서 1922년 9월에 일주일 동안 사회사업강습회를 개최한 바 있었다. 그 후 강습회는 중단되었다가 1933년 8월 22일에 다시 10일간 개최되었는데, 이때 강좌로서 '사회사업일반', '조선사회사업개요' 등이 들어 있었다.

38. 위의 책, p. 194. 우리나라 민간에 의한 인보관(사회관)사업의 역사와 내용에 대해서는 제10장을 참조하기 바란다.
39. 김상규 외, 앞의 책, p. 86.

4. 해방 이후 1980년대까지의 지역사회복지

1) 개관

1945년 해방과 더불어 1940년 이후의 제2차 세계대전의 혼란을 극복하지 못한 정치 · 사회 · 경제적 불안정이 국토의 남북분단과 6 · 25전쟁으로 격화되어 사회적 불안이 1960년대까지 지속되었다. 이와 같은 20년간에 걸친 혼란과 불안은 사회사업에도 예외가 될 수 없었다. 서양의 사회사업 개념은 1900년대 초기부터 주로 외국 선교사의 선교활동의 일환으로 소개되었다. 1919년의 3 · 1운동 이후에는 한국인의 자각적인 노력으로 현대적 사회사업이 창조되면서부터 조선총독부의 문화운동의 한 방편이 되긴 했지만 그나마 현대적 사회사업의 40년에 걸쳐 닦아 온 얇은 바탕이 8 · 15해방과 6 · 25전쟁으로 완전히 소실된 바탕 위에서 한국의 현대적 사회사업이 새롭게 정립되기 시작한 것이 오늘날의 한국 사회사업이라 할 수 있다.[40] 해방 이후의 우리나라의 지역사회복지도 위와 같은 맥락 속에서 파악해야 할 것이다.

해방 이후 우리나라의 지역사회복지의 사적 발달을 이해하기 위해서는 사회복지협의회, 사회복지공동모금회, 사회복지관, 외원기관과 지역사회복지의 관계 및 지역사회개발 등으로 나누어 살펴봐야 할 것이며, 대학을 중심으로 한 전문사회사업교육, 특히 지역사회조직론의 교육으로 전문 지역사회조직가를 양성 · 배출한 점에 초점을 맞추어야 할 것이다.

40. 김덕준 외, 『신사회사업개론』(한국사회복지연구소, 1970), p. 65.

2) 초기의 공동모금활동

6·25전쟁 이후 일제치하에서 설립된 수많은 사회복지시설과 특히 피난민과 고아, 부랑인들을 구호하기 위한 수많은 시설들은 그 운영에 큰 어려움을 겪고 있었다. 1961년에 생활보호법이 제정되고, 이듬해 아동복리법이 제정되어 빈민과 빈곤아동에 대한 공적 구호를 천명했으나 당시 열악한 국가재정으로는 감당하기가 힘들었다.

이에 따라 사회복지공동모금의 필요성이 대두되어 1971년에 사회복지법인 한국사회복지공동모금회가 설립되었으나 그 활동이 지지부진하여 마침내 1983년 사회복지사업법의 개정 당시 폐지되어 버렸다. 당시 사회복지공동모금회는 시민과 사회복지기관의 협동조직으로서 그 주요 기능으로는 다음 두 가지였다. 하나는 지역사회 전체를 주 대상으로 하여 가맹기관을 위한 자금을 수집하고 체계적인 예산을 편성한 후 가맹기관에 분배하는 것이고, 다른 하나는 지역사회의 복지와 보건 및 오락사업의 협동적인 계획, 조정 및 관리를 추진하는 것이었다.

당시 우리나라에서 가장 잘 알려져 있는 공동모금은 '백만인 걷기 운동'이었는데, 이것은 1973년 양친회가 시작한 라자로돕기회, 한국봉사회 등이 백만인 걷기 모금운동 준비위원회를 조직하여 시작한 것으로 일반인들의 큰 호응을 얻었다. 이 외에도 대한적십자사에 의한 모금, 언론사들에 의한 수재민구호기금, 우편 및 극장모금, 구세군에 의한 자선냄비, 대한결핵협회에 의한 크리스마스 실 등이 1960년대부터 오늘날까지 모금활동의 전통을 이어오고 있다.

1980년대 들어서는 주요 사회복지기관들〔선명회(현 월드비전), 한국복지재단 등〕에 의해서 독립적으로 모금활동을 전개하게 되었다. 이후 한국사회복지협의회, 전국경제인연합회, 언론사 등이 정부의 지원하에 불우이웃돕기성금을 실시했으며, 1990년대 말에 사회복지공동모금제도

가 실시됨에 따라 흡수되게 되었다.[41]

3) 외원기관과 지역사회복지

6·25전쟁 중인 1952년 7개 기관이 모여 외국민간원조단체 한국연합회(Korean Association of Voluntary Agencies; KAVA)가 조직되었으며, 1954년에 한미재단으로부터 25,000달러의 기부금을 받아 재정적으로 확고한 기반을 세워 다음해인 1955년에 사무국을 두어 비로소 연합회로서의 기능을 갖추게 되었다.

1964년에 이르러 KAVA의 회원단체는 70여 기관으로 늘어났고, 이 중 28개 단체는 교육, 보건, 사회복지, 구호 및 지역사회개발의 사업 등에 직접적인 유대를 가진 기관들이었고, 42개 단체들은 주로 기독교 복음전파의 사명과 목적을 갖고 종교사업에 치중하면서 부수적으로 교육, 구호, 보건, 사회복지 분야에서 사업활동을 전개해 왔으나 외원의 축소로 회원단체가 축소일로에 있는 실정이다.[42]

KAVA는 각 기관들이 한국인에 대한 기여와 봉사를 증대·강화하기 위해 회원 간의 상호협의에 의한 보건, 교육, 사회복지, 구호 및 지역사회개발 등의 분야에서 정부기관과 유대를 갖고 효과적으로 협조·통합된 단체로서의 사회복지활동에 대한 교량적 역할을 했다.[43]

민간단체가 주체가 되어 활동하고 있는 외원사업은 1950년의 6·25전쟁으로 말미암아 자유우방국의 많은 민간구호단체가 전재난민 및 고아들을 돕기 위해서 구호사업을 시작하면서부터 보건사업, 교육사업, 지역사회개발사업과 나아가서는 전문사회복지사업이 전개되고 있다.[44]

---

41. 사회복지공동모금회에 대해서 제12장에서 자세히 설명될 것이다.
42. Korea Association of Voluntary Agencies, KAVA Directory (1964), p. 1.
43. 한국사회복지협의회·한국사회복지연구소 편, 『한국사회복지연감』(1972), p. 357.

특히 이와 같은 민간단체의 외원사업은 전쟁고아를 돕기 위한 시설보호사업이 주종을 이루었고, 정부의 연간 원조 내용과 활동 및 전문성과 비교해 볼 때 외원사업이 우리나라의 사회복지부분에서 점하고 있는 위치는 대단히 높이 평가될 만하여 이의 변화는 우리나라의 사회복지사업에 커다란 영향을 미치고 있다.

그리고 이들 외원단체들은 지역사회조직사업 등 전문화된 사회복지사업을 가능한 한 실천으로 보여 주고, 상호 정보교환을 통해 원조의 중복을 피함과 동시에 상호 간의 전문지식을 얻을 수 있는 기회를 제공하고 있다. 뿐만 아니라 이들 외원기관들은 한때 우리나라의 민간사회복지사업의 주축을 이루었으며, 우리나라에 사회사업이라는 새로운 학문을 도입하도록 자극했으며, 도입 후에는 그것을 익힐 수 있도록 모든 지도와 후원을 행하였고, 더 나아가서는 그것을 다시 전문화하는 데에 많은 공헌을 했다.[45]

그러나 1970년대 후반부터 많은 외원기관이 대표자를 한국인으로 교체하여 한국인에 의한 사업을 전개했으며, 한국의 경제발전에 따라 많은 구호단체가 철수하게 되었다.

이상에서 본 바처럼 외원기관은 우리나라 사회사업의 전문화에 많은 공헌을 했으며, 특히 지역사회조직 등 지역사회복지를 위한 활동에도 많은 영향을 주었다.

4) 지역사회개발사업

전통적인 농촌사회가 자본주의 발달의 여파로 점차 변화되면서 그 과정을 국민경제의 입장에서 바람직한 방향으로 촉진하기 위해 제2차 세계

44. 한국사회복지협의회, 『한국사회복지총람』(1977), p. 240.
45. 위의 책, p. 245.

대전 이후 독립된 신생제국에서 대두된 정책수단이 지역사회개발사업이었으며, UN과 미국에서 후진국개발사업의 하나로 채택되었다.[46]

우리나라에서도 여러 가지 근대화를 위한 사업이 시도되었으나 어떤 것은 의욕과잉으로 졸속 시도되어 농민에게 실망만을 안겨 주었고, 어떤 경우에는 모형을 그대로 직수입하여 형식에 그치기도 했으며, 또는 개발지도자의 비능률로 실효를 거두지 못한 예도 있었다. 그러던 중 1950년대 후반에 지역사회개발사업이 농촌지도사업과 함께 농촌개발을 위한 미국 원조사업의 하나로 착수하게 되었던 것이다.

우리나라에서 본격적인 체제를 갖추고 지역사회개발사업이 시작된 것은 1958년 9월 지역사회개발위원회 규정이 공포되면서부터라고 하겠다. 그러나 지역사회개발사업을 추진해 나가기 위한 움직임은 이미 그 이전부터 활발히 전개되고 있었다.[47]

1957년 6월 21일 한미합동경제위원회는 한국에 있어서 지역사회개발사업의 필요성과 그 실시방안을 연구하기 위해 보건사회부, 문교부, 부흥부, 상공부, 내무부의 각 대표들과 미국 측에서 경제협력처(OEC)의 관계 분야 전문가로 한미합동실무반을 구성하였다. 이 실무반은 경기도 광주군을 표본으로 선정하여 지역사회개발사업을 실시할 수 있는가에 대한 가능성과 그 실시방안 및 실시시기 등을 결정하기 위해 사회조사를 실시하였다. 여기에서 얻은 결론을 요약하면, ① 한국의 농민들은 자력으로 부락을 개선할 수 있으며, ② 한국의 농촌지역사회는 개발사업을 위하여 외부에서 다소의 물질적 · 기술적 지원과 지도가 필요하다는 것이었다.[48]

한미합동조사반의 건의에 따라 1958년 7월 국무회의에서 지역사회개

---

46. 농촌진흥청, 『한국농촌지도사업발전과정』(1979), pp. 69-72.
47. 정지웅 · 최상호, 『지역사회개발론』(선일문화사, 1983), p. 371.
48. 농촌진흥청, 앞의 책, p. 70.

발요강을 채택하였다. 이러한 준비단계를 거쳐 1958년 9월 지역사회개발위원회가 정식으로 발족했는데 중앙에는 부흥부에, 각 도에는 도위원회, 각 시범군에는 군위원회, 각 시범부락에는 부락개발계를 설치하도록 하고, 우선 시범적으로 5개 군 12개 부락을 대상으로 하였다.

1958년 9월 2일 대통령령 제1384호로서 공포된 지역사회개발위원회 규정에 따라 부흥부 장관 산하에 설치되었던 지역사회개발 중앙위원회는 5 · 16 직후 각령 제90호에 의한 정부조직기구 개편에 따라 건설부 지역사회국으로 편입되어 기획 · 감사와 지방지도과, 공보훈련과, 지도원 수련소가 설치되었으며, 동년 7월 22일 정부조직법 중 법률개정 제660호에 의해 건설부 지역사회국은 다시 농촌부로 이관되었고, 동년 10월 정부조직 개편 시에는 각 도 산업국 내에 지역사회과가 신설되었다.

1961년 7월 22일 이후 농촌부 지역사회국에서 관장하던 지역사회개발사업은 농촌지도사업 일원화를 위한 농촌진흥법의 제정(1962. 3. 21, 법률 제1039호)에 따라 종전 농사원에서 관장하던 농촌지도사업과 통합하였다.[49] 그 결과 1962년 4월 1일부터 농촌진흥청 지도국 사회지도과로 이관되었으며, 각 도의 산업국 지역사회과는 도 농촌진흥원 지도과로 편입되었다.

그 후 1965년 5월 농촌진흥청 지도국의 사회지도과가 지역사회개발과와 청소년과로 분리 · 설치되어 시범농촌건설사업(1962-1968), 주재지역개발(1969-1972), 새마을 소득증대시범지역 육성사업이라는 명칭하에 지역사회개발개념의 사업을 추진하게 되었다.[50] 이상과 같은 기구상의 변천과 함께 선진국의 지역사회개발의 이념과 전략이 우리나라에 토착화할 만한 여건이 조성되지 못한 채 행정체계와 농촌 여건에 대한 깊은 고려가 없이 도입 · 이식되어 여러 가지 문제점을 가져 왔다.[51]

---

49. 위의 책, p. 75.
50. 같은 곳.

이와 같은 우리나라의 지역사회개발사업은 다음에서 상세히 기술할 새마을운동과 함께 민간의 자주적인 협동노력이 아니라 관주도의 반강제적 운동이라는 점에서 지역사회복지를 위한 노력의 일환으로서 분명한 한계를 갖는다고 본다.

5) 지역사회개발사업으로서의 새마을운동

우리나라의 지역사회복지 역사상 그 조직과 사업의 규모, 그리고 이를 수행하고자 하는 집념과 열기에 있어서 새마을운동만큼이나 막대한 변화를 준 운동(사업)은 없다. 새마을운동을 추진하는 데는 정부와 민간의 엄청난 인적·물적 자원이 투입되었고, 그 운동의 실태, 이론정립, 전개방안 등에 관한 조사와 연구는 그 종류와 규모에 있어서 다른 어느 분야의 조사와 연구의 추종을 불허하고 있다. 새마을운동이 우리나라의 국가발전, 특히 지역사회의 복지증진에 기여한 성과에 대해서는 헤아릴 수 없을 만큼 많은 글이 쓰여졌기 때문에 여기에서는 이를 되풀이하기보다는 사실 중심으로 이 운동의 발전과정과 내용을 다루고자 한다.[52]

(1) 1970년대의 사업전개

1970년 4월 22일 박정희 대통령이 전국 지방장관회의에서 행한 "우리 스스로가 우리 마을은 우리 손으로 가꾸어 나간다는 자조·자립정신을 불러일으켜 땀 흘려 일한다면 모든 마을이 멀지 않아 잘 살고 아담한 마을로 그 모습이 바꾸어지리라고 확신한다"는 요지의 유시에 따라서 1970년 10월부터 전국 33,000여 개의 자연부락에서 '새마을 가꾸기 운

51. 정지웅·최상호, 앞의 책, p. 273.
52. 이의 내용은 내무부, 『새마을운동』(1987), 〈새마을운동 연표〉에 나타난 사실을 중심으로 엮은 것이다.

동'을 전개한 것을 시작으로 새마을운동이 공식적으로 전개되었다.

1971년에는 전국 33,267개 행정 리 · 동에 시멘트 335포대씩을 균일하게 지원하고, 새마을 가꾸기 예시사업으로서 마을 진입로 · 소하천 · 소류지의 정비, 공동우물 · 공동빨래터 · 퇴비장의 설치, 마을 식수 공급 등의 사업을 중점적으로 추진했다. 같은 해 7월 박 대통령은 '새마을 가꾸기 운동'을 통한 주민의 소득증대와 정신계발을 강조했고, 9월에는 '근면 · 자조 · 협동'을 새마을정신으로 규정했다.

같은 해 8월에 정부는 내무부에 새마을운동을 전담할 부서인 지역개발담당관, 도시개발관, 농촌개발관, 주택개량관실을 신설했고, 9월에는 새마을 가꾸기 운동의 평가를 위한 전국 시장 · 군수 비교행정회의를 개최했다.

1972년에는 전국 34,665개 마을 중 22,708개 마을이 새마을운동에 참여했는데 이 가운데 16,000개 마을은 정부의 지원하에, 그리고 6,108개 마을은 자진 참여하였다. 지원 마을에 대해서는 시멘트 500포대와 철근 1톤이 균일하게 지원되었고, 중점사업으로 안길, 농로, 간이급수 등이 추가되었다. 동년 3월 7일에는 관계 부처의 차관급으로 구성된 '새마을운동중앙협의회'가 설치되었고, 7월 2일에는 새마을지도자연수원이 개설되었다.

1973년에는 전국 34,665개의 모든 마을이 참여했는데, 이들 마을은 발전 수준에 따라 기초마을(18,415개), 자조마을(13,943개), 자립마을(2,307개)로 나누었다. 또한 이해의 특기할 사항으로는 1월 8일에 농수산부, 상공부, 문교부 및 농협에 새마을사업을 전담할 부서가 신설되었고, 1월 25일에 상훈법에 새마을훈장을 신설했고, 2월 1일에는 시 · 도와 시 · 군 · 읍에 새마을지도과가 신설된 것 등을 지적할 수 있다.

이에 따라서 1974년에는 전국의 모든 마을과 직장(5,253개), 학교, 단체 등이 새마을운동에 참여하게 되었다. 이해의 역점 시책으로는 새마을소득, 새마을교육, 도시새마을운동을 들 수 있다. 이에 따라 동년 7월 21일부터 경제, 언론, 종교, 학계 등 사회지도층에 대한 새마을교육이 시작되었다.

1974년에 있었던 이른바 석유파동으로 인한 경제난국을 타개하기 위해 1975년의 새마을운동은 증산운동, 근검운동, 인보운동이라는 3대 운동에 역점을 두게 되었다. 1975년 1월 1일에 전국 138개 군에 새마을 담당 부군수제가 신설되었고, 5월 30일에는 새마을운동중앙협의회가 종래의 15개 부처에서 22개 부처로 그 기능을 강화했으며, 6월 30일에는 11개 시 · 도 및 33개 시에 '민간단체새마을운동협의회'가 구성되어 민간이 주도하는 도시새마을운동의 계기를 삼았다.

1976년에 들어서는 도시새마을운동이 본격화되었다. 특히 도시에서는 매월 25일로 정해진 반상회를 통해 새마을운동을 심화하게 되었고, 직장과 단체를 통한 새마을운동도 강조되었다.

1977년에는 '새마음이야말로 새마을운동의 기초철학'이라는 대통령의 연두기자회견 내용에 따라 새마을운동의 정신적인 측면이 강조되었다. 이해의 특기할 사항으로는 2월 21일에 공장새마을운동추진본부가 설립되었고, 10월 15일에는 새마을운동의 일환으로 자연보호운동을 전개한 것을 들 수 있다.

1978년에는 물량적 근대화와 정신적 근대화가 추구되어야 한다는 방침에 따라 이른바 '3대 질서운동'이 강조되었다. 또 농촌의 주택을 개량하기 위한 농촌주택개량사업 추진기구가 내무부 및 지방정부에 설치되었다. 동년 10월 5일에는 자연보호헌장이 선포되었다.

1979년에 들어와서는 소비절약운동이 '제2의 새마을운동'으로서 특히 강조되었다. 또한 '기업주와 종업원은 노사일체감 조성에 서로 노력하여 공존 공영하는 한국적 노사협조체제를 정립해 가기 위한' 공장새마을운동이 강조되었다. 이해의 특기할 만한 사항은 발전 수준에 따라

마을의 구분을 자립 · 자조 · 기초마을에서 복지 · 자영 · 자립마을로 재정립하였다는 것이다. 또 전국 137개 군에 새마을과가 신설되었고, 새마을금고, 중앙교육원이 신축을 위한 기공을 하였다.

(2) 1980년대의 사업전개

10 · 26 사태 이후의 정치적인 격동 속에서 1980년의 새마을운동은 4월 22일에 '새마을운동 10주년 기념행사'가 있었을 뿐 거의 10개월 동안 그 이름조차도 거론되지 않는 공백기를 겪었다. 그러나 1980년 10월 14일에 전 대통령이 "새마을운동은 정권적 차원을 떠나 국민운동의 차원에서 지속적으로 발전시켜 나가고, 사회정화운동과 연계하여 끊임없이 추진할 것"을 강조함에 따라 재기하게 되었다. 1980년 말에 획기적인 사건으로는 새마을운동을 민간주도로 전환한다는 정부의 방침에 따라 12월 1일에 새마을운동중앙본부가 창립되고, 13일에 새마을운동 조직육성법이 제정된 것을 들 수 있다.

1981년에 들어서 새마을운동은 '제2도약'을 내걸고, 이른바 '민주주의 실천운동, 범국민적 생활운동, 국민정신 개혁운동'으로서 국민화합의 토대가 되는 운동으로 강조되었다. 이해 특기할 만한 사건은 3월 5일에 전국 243개소의 새마을협동유아원이 설치되었다는 것이다. 또 9월 30일에는 새마을운동중앙본부 시 · 도지부가 설치되었다.

1982년에 들어서 새마을운동은 민간주도적인 운동으로서 그 추진계획을 정립하는 한편 '선진조국창조'를 위한 기본적인 운동으로서 주민정신과 자립정신을 크게 강조했다. 사회복지 분야와 관련해서 특기할 만한 사건은 동년 1월 25일에 새마을 유아원과 어린이 집이 통합 · 운영되었다는 것이다.

1983년에 들어와서는 선진조국 창조의 원천으로서 새마을운동이 강조되고, '88서울올림픽에 대비한 이른바 '올림픽새마을운동'이 대두되었다. 이해의 특기할 만한 사건으로는 새마을금고법 시행(1월 1일), 새마을지도자연수원 준공(성남시, 4월 26일), 새마을운동중앙본부 시·군·구지회 설치(10월 1일) 등을 들 수 있다.

1984년에 들어서 새마을운동은 '선진조국 창조의 주도적 운동, 국력신장운동으로 국민의 의식과 생활을 개혁하는 국민운동'으로서 강조되었다. 이에 따라 새마을운동에 대한 대대적인 캠페인과 교육이 실시되었는데, 예를 들어 보면 전국 직장 새마을운동 전진대회(3월 15일), 재일거류민단 간부 새마을교육(6월 4일), 전국 대학생 새마을교육(7월 23일), 전국 새마을 유아원 관계자 세미나(9월 13일), 외국인 새마을교육(9월 24일) 등을 들 수 있다.

1985년에는 새마을운동을 통한 선진의식 함양과 복지문화의 기반을 구축하는 것을 주요내용으로 하고 있다. 특히 새마을운동을 선진의식 함양과 연결시켜 강조한 점은 IBRD/IMF 등 국제행사에 대비하기 위한 것이었다. 이해의 주요사항을 보면, 범국민 손님맞이 새마을운동 추진 지침 시달(3월 9일), 전국 공장새마을운동 전진대회(3월 20일), 범국민 소비절약 새마을운동 추진 지침시달(7월 16일) 등을 들 수 있다.

1986년에 들어서는 도시새마을운동의 활성화를 중점시책으로 설정하고, 자율참여를 통한 복지기반의 확충과 아시아경기대회 성공적 완수에 역점을 두었다. 그리하여 도시 새마을 활성화 지침 시달(1월 24일). 손님맞이 환경미화봉사단 발대식 거행(4월 8일), 직장새마을운동 비교 평가대회(8월 28일)가 개최되었다.

1987년에는 새마을운동을 통한 국민적 화합과 서울올림픽의 성공적 개최의 지원을 강조한 것이 특징이라 할 수 있다. 예컨대 올림픽 새마을운동 추진계획 시달(3월 31일), 올림픽 새마을운동 실천다짐대회 중앙 행사(5월 2일), 올림픽 새마을운동 대상 제정(7월 8일) 등이 특기할 만한 내용이었다.

그러나 1988년 제6공화국이 들어서면서부터 새마을운동은 원래 추구했던 이념과 목표와는 달리 정치적 목적과 연관되거나 관변운동이라는 비판을 받았다. 그럼에도 불구하고 새마을운동을 "순수한 민간주도"로 전환 · 추진하기 위한 노력은 계속되어, 1989년 4월에는 새마을운동 중앙협의회로 명칭을 바꾸었다.

(3) 1990년대 이후의 사업전개

1990년대 초기는 이른바 민주화 · 개방화의 흐름에 따라 한국 사회는 자기 몫을 챙기겠다는 지나친 이기주의와 탈법 · 불법, 무질서 과소비가 극에 달하면서 사회적 갈등이 일어나는 시기였다. 이 시기 한국 사회에는 두 개의 키워드가 유행되었는데, 하나는 '한국병'이고 다른 하나는 '3D현상'이라는 것이었다. 한국병이란 대충 대충하는 적당주의, 왜곡된 교육열, 무조건 쓰고 보자는 과소비, 일확천금을 꿈꾸는 한탕주의, 빨리빨리 하자는 조급증 등을 총칭해서 일컫는 것이고, 3D현상이란 근로자들이 힘든(difficult) 일, 궂은(dirty)일, 위험한(dangerous) 일을 기피하는 풍조를 일컫는 것이었다.

이와 같은 상황에서 새마을운동은 건강한 사회건설을 위한 국민의식 개혁운동, 환경보전운동, 농어촌 가꾸기 운동, 이웃사랑운동 등에 중점을 두게 되었다. 주요사업에 있어서는 도덕성 회복을 위한 사치, 향락, 과소비 추방, 땀 흘려 일하는 사회분위기를 만들기 위한 30분 일 더하기를 대대적으로 전개했고, 환경운동 차원에서 재활용품 수집 운동과 쓰레기 분리수거, 음식물쓰레기 안 남기기, 소하천 살리기 운동을 펼쳐 나갔다.

1997년에는 IMF사태를 전후하여 경제살리기 국민저축운동, 나라사랑 금모으기 운동을 통해 국가경제 위기극복에 참여했으며, 1998년 이후에는 더불어 살아가는 공동체사회 만들기를 이념으로 '제2의 새마을운동

추진' 을 선언하였다. 특이할 만한 것은 민간사회안전망 구성에 참여하게 된 것이다. 즉 1999년 4월 시민 · 사회 · 직능단체들과 함께 민간사회안전망운동 범국민협의회를 결성하는 데 주도적 역할을 하기도 했다. 그러나 민간사회안전망운동은 일반 사회, 시민단체의 지원을 얻지 못하는 가운데 새마을운동이 2000년대에 접어들어 '희망저금통' 운동, '사랑의 집 고쳐주기' 운동, '사랑의 김장 담가주기' 운동, '사랑의 쌀 나누기' 운동 등을 전개하고 있다.

2000년대에 들어 새마을운동이 전개하고 있는 사업 분야는 ① 생활 · 의식개혁운동, ② 민간사회안전망 운동, ③ 환경보전운동, ④ 지역활성화운동, ⑤ 통일 및 국제화운동으로 대별할 수 있다. 2000년 2월에 새마을운동중앙회로 개칭하여 오늘에 이르고 있으며, 회원단체로는 새마을지도자중앙협의회, 새마을문고중앙회, 새마을금고연합회가 가입되어 있다.

지난 30여 년 동안 새마을운동은 정부주도에서 순수한 민간주도로 전환하기 위한 노력을 계속해 오고 있고, 한국의 지역사회복지, 특히 지역사회개발 분야에서 많은 활동을 펼쳐 왔으나, 수많은 유사목적을 지닌 NGO들의 질시와 비판의 대상이 되고 있음도 간과할 수는 없다.

5. 1990년대 이후의 지역사회복지

1980년대 후반부터 지역사회복지 분야는 정부정책, 사회복지실천 그리고 사회복지교육 면에서 괄목할 만한 변화와 발전이 있었다. 이의 배경으로는 ① 정치적 민주화, ② '88서울올림픽을 계기로 자원봉사활동의 확대, ③ 저소득지역을 중심으로 한 (지역)사회복지관의 대폭 증설설치, ④ NGO를 중심으로 한 사회행동 모델의 확산, ⑤ 지방자치제의 정착,

⑥ IMF 경제위기에 따른 민간사회안전망의 활동, ⑦ 지방화와 국가균형발전에 따른 지역사회중심의 전달체계 개편 등을 들 수 있다.

1) 정치적 민주화와 공공복지제도의 변화

근 30년간의 군사독재체제가 붕괴되어 한국은 정치, 경제, 사회 전반에 걸쳐 엄청난 변화를 경험하게 되었다. 사회복지 분야에도 적지 않은 변화가 있었는데, 특히 저소득층 주민, 근로자, 기타 소외계층들의 억압된 각종 욕구가 분출되고, 이에 대한 정부 및 정치권에서의 '채찍과 당근'의 대책들이 대거 등장하게 되었다. 예를 들면, 1998년 10인 이상 사업장에 종사하는 근로자를 대상으로 국민연금제도가 시작되었고, 2000년부터 국민건강보험제도가 중앙 집중관리방식(통합방식)으로 변경 실시되었으며, 1995년의 고용보험제도, 2000년 10월의 국민기초생활보호제도의 실시 등 사회보장 부문에 큰 변화가 있었다.

2) 자원봉사활동의 확대

우리나라에서의 자원봉사활동은 대한적십자사의 봉사활동, 대학생들의 농촌봉사활동, 새마을운동을 통한 자원봉사활동 등 상당한 역사를 지니고 있으나, 자원봉사활동이 사회복지 부문에서 제도화된 시기는 한국사회복지협의회가 1978년에 사회봉사센터를 부설기관으로 설립한 것으로부터 비롯되었다 할 수 있다. 이후 1984년 한국여성개발원이 '여성자원활동인력은행'을 운영하기 시작했으며, 1992년에 당시 정부 제2장관실(1998년에 여성특별위원회로, 2001년에는 여성부로 승격되었다가, 2005년에는 여성가족부로 개칭)이 주관하여 정부 차원의 자원봉사활동이 시작되었다.

우리 국민들 사이에 자원봉사가 확산된 것은 '88서울올림픽 때 올림픽 자원봉사자를 모집한 것이 계기가 되었다. 미국에서 '84 LA올림픽이 대규모의 자원봉사자를 활용하여, 비용절감은 물론 시민의 참여라는 올림픽의 새로운 장을 열었던 것을 본받은 것이다. 국가적 차원에서의 자원봉사자 동원은 이후 2002년 월드컵을 계기로 더욱 활성화되기도 했다.

한편 민간부분에서는 1992년에 '한국자원봉사단체협의회'가 설립되어 사회복지계, 자원봉사 관련 단체, 일반 자원봉사단체들 등이 상호연계하고 협의 · 조정하는 계기를 마련하였다.

정부가 공공행정체계에 자원봉사를 본격적으로 장려하기 시작한 것은 1994년 12월 30일 확대경제장관회의에서 "사회봉사활동은 복지 차원에서 뿐만 아니라 사회 전반의 분위기를 개선하는 효과가 있으므로 확대해야 한다"는 대통령의 지시가 내려진 이후이다. 그 결과 1996년 7월 9일에는 당시 내무부(1988년 2월에 행정자치부로 개편)가 산하에 '지역종합자원봉사센터'를 설치하라는 지침을 시달하였다. 이어서 자치단체들은 관련 조례를 속속 만들었다.

1995년 5월 31일에는 교육부가 교육개혁 조치와 함께, 중 · 고교생들을 자원봉사활동에 의무적으로 참여하도록 했다. 이후 현재까지 각 시 · 도에는 청소년 자원봉사센터와 시 · 군 · 구의 자원봉사센터가 병존하고 있다. 1996년 7월에는 대학교 총장들의 모임인 '한국대학사회봉사협의회'가 미국의 '캠퍼스 콤팩트'(Campus Compact)를 본받아 창립됨으로써 현재 전국의 상당수 대학이 학생들에게 사회(자원)봉사를 의무적으로 부과하고 있다.

특히 민간부문의 자원봉사 지원활동으로서 괄목할 만한 것은 언론기관으로서 중앙일보, 대기업으로서 삼성 등이 자원봉사활동을 지원하는 사업을 전개하여 '자원봉사 대축제' 등을 매년 개최하고 있다. 또 자원봉사 중견지도자들의 모임인 '한국자원봉사포럼' 연구단체로서 '볼런티어 21', 자원봉사 연구자들의 모임인 '한국자원봉사학회'(2004) 등이 자원봉사 확산을 위해 노력하고 있다.

이상에 살펴본 1990년대의 '자원봉사 붐'이 결실을 맺어 2005년 5월 30일 국회는 자원봉사계의 숙원이던 '자원봉사활동기본법'을 통과시키기에 이르렀다. 이 법의 주요 내용은 ① 자원봉사활동에 대한 국가 및 지방자치단체의 책무, ② 사회복지 및 보건증진 활동을 위시한 15개 자원봉사 범위 명시, ③ 주요 정책 심의기구로서 국무총리 산하에 관계부처 및 민간전문가로 구성된 자원봉사진흥위원회 설치, ④ 자원봉사활동의 진흥에 관한 국가 기본계획의 수립, ⑤ 학교 · 직장 등의 자원봉사활동 장려, ⑥ 자원봉사자의 날과 자원봉사주간 설정, ⑦ 자원봉사자의 보호, ⑧ 한국자원봉사협의회의 설립, ⑨ 자원봉사센터의 설치 및 운영 등이다.

3) 지역사회복지관의 대폭적인 설립

지역사회복지를 위한 대표적인 직접 서비스기관으로서의 사회복지관은 1990년을 기점으로 하여 대폭적으로 설립되고 그 추진하는 사업도 더욱 다양화되고 심화되었다. 한국사회복지관협회의 자료에 따르면 1990년에 58개소였던 사회복지관이 1995년도에는 261개소로, 2000년에는 338개소였으며, 2006년 1월 말 현재 394개소에 이르고 있다. 사회복지관의 사업도 가족복지사업, 지역사회보호사업, 지역사회조직사업, 자활지원사업, 교육 · 문화사업 등 다양하며, 이들 사업을 통해 지역사회의 모든 연령 계층의 대상자가 직접 서비스 대상이 되고 있다.[53]

---

53. 사회복지관의 주요사업에 대해서는 한국사회복지관협회, 『2004 사회복지관 백서』(한국사회복지관협회, 2005)를, 사회복지관의 실태에 대해서는 제10장을 참조할 것.

4) 사회행동모델의 확산

지역사회복지의 대표적인 모델인 지역사회개발사업은 1980년대 중반이후 우리나라의 정치 · 경제 · 사회적인 변화에 따라 다소 퇴조하는 경향을 보였고, 지역사회행동모델(지역사회복지운동)이 점차 확대되는 경향을 띠기 시작했다.

그 이전부터 주민운동의 표출로 이러한 경향을 보였지만, 보다 직접적으로 구체화된 시점은 '민주화운동'과 더불어 생활권 보장이라는 차원에서 전개되는 사회운동과 연관되면서 구체화되었다. 따라서 지역사회행동은 사회공간적 상황에 따라 다양한 양상으로 발생하게 되었다. 예컨대 1980년대 후반에 들어 각 민간단체들을 중심으로 하는 '바른 삶 실천운동'(YMCA), 공해추방운동, 경제정의실천운동(경실련), 복지권 실천운동(참여연대) 등이 복지이슈와 관련된 사회운동을 전개했는데, 이러한 운동의 특성은 이슈중심적 접근이었기 때문에 지역사회와 구체적으로 연계된 측면은 약하다고 볼 수 있다. 그러나 저소득층 지역사회의 재개발 반대운동, 핵발전소 설치 반대운동 등 주민운동은 지역적 근거를 지닌 사회행동의 일환으로 평가할 수 있다.

이러한 예들을 통해 기존의 지역사회개발모델을 넘어서 복지와 관련된 이슈 또는 지역사회의 문제해결을 위해 사회행동모델이 지역사회복지 중심모델로 자리잡아 가고 있다. 우리가 제3장의 미국의 지역사회복지 역사에서 1980년대부터 민간자조활동이 폭발적으로 증가했다는 사실을 주목했는데, 우리나라도 유사한 경향을 보이고 있다는 것은 흥미로운 일이 아닐 수 없다.

5) 지방자치제의 정착

1995년 6월에 실시된 지방자치제는 정치적 · 행정적인 면에서 엄청난 변화를 가져오게 되었다. 특히 사회복지 일반과 지역사회복지에 미친 영향은 심대할 수밖에 없는데, 지방자치제가 실시된 지 10년이 지난 현재까지도 중앙정부와 지방정부의 역할분담, 지역 간의 자원과 욕구의 격차해소, 지역이기주의, 주민의 참여 등 극복해야 할 수많은 과제를 안고 있다.

6) 민간사회안전망운동 대두

1997년에 터진 외화위기는 우리의 경제를 일시적이나마 국제통화기금(IMF)관리체제하로 편입시켰다. 경제위기 상황에서 대량의 실업자, 노숙자가 발생하게 되었고 기존의 공식적인 사회안전망(social safety-net)인 사회보험과 기초생활보장제도로서는 이들의 문제를 해결할 수 없게 되자 긴급구호와 함께 민간사회안전망을 구축할 필요성이 대두되게 되었다. 그 결과 1998년 10월 '실직자 가정 돕기 범국민캠페인본부'(중앙 84개 단체와 지방 3080개 단체)에서 10만 '실직자 가정 돕기 겨울나기 사업'을 추진하게 되었고, 1999년 3월 '실업극복국민운동위원회'가 새마을운동중앙협의회, 한국시민단체협의회와 공동으로 "민간사회안전망을 위한 세미나"를 개최했다. 그리고 이 세미나에서 제안한 대로 4월에는 사회복지 · 시민 · 직능단체 대표자가 모여 민간사회안전망운동범국민협의회를 구성하여 읍 · 면 · 동 단위에 민간단체, 주민, 기업 등으로 구성된 추진 위원회를 통해 긴급구호, 일자리 만들기, 성금(품)모집, 자원봉사자 모집 등의 활동을 전개했다. 1999년 말까지 시민 · 사회단체, 복지시설, 종교단체, 직능단체, 새마을단체, 언론기관, 실업극복국민운동 등 140여 개 단체가 참여하게 되었다.

1년여 동안 지속되던 '민간사회안전망운동범국민협의회'는 초기의 열기와 참여 규모에도 불구하고 2000년대에 접어들면서 경제위기가 차츰 회복되자 그 명분을 잃게 되었다. 그러나 2001년부터는 새마을운동본부만이 자체사업으로 추진하게 되어 대부분의 시민단체, 종교단체, 직능단체, 사회복지단체 등의 참여가 중단되기에 이르렀다.[54] 그러다가 2005년 4월 서울 '사랑의 교회'에서 300여 명의 지역활동가가 참여하여 '민간사회안전망 출범식'을 갖고 사단법인 '나눔과 기쁨'을 결성하여 '0.2%나눔운동', '사이버 나눔 난장', '자원뱅크 활동' 등을 전개하고 있다. 이외에도 크고 작은 시민단체, 자원봉사센터, 기초자치단체, 종교기관들을 중심으로 민간사회안전망운동이 전개되고 있다.

7) 지방화와 지역사회중심의 전달체계 개편

2003년에 집권한 노무현 대통령의 참여정부가 12대 국정과제의 하나로 "지방분권과 국가균형발전"정책을 추진함에 따라 사회복지 분야에도 많은 변화들이 일어나게 되었다. 지방분권화를 통해 그간 획일적으로 전개되던 복지서비스가 지역사회의 요구에 맞게 제공됨으로써 지역복지의 활성화와 지역주민의 복지를 향상시킬 것이라는 기대가 일게 되었다. 특히 참여정부는 사회복지서비스의 분권화를 위해 2003년 7월 사회복지사업법을 개정하고 2004년 7월 31일부터 효력을 발생하게 했는데, 이 개정으로 지방정부 수준에서 사회복지서비스 공급이 이루어지는 제도적인 환경에 획기적인 변화가 진행되고 있다.[55]

54. 최일섭, 「민간사회안전망의 의의와 과제」, 『교회지도자를 위한 민안망교육자료』(사단법인 나눔과 기쁨, 2006), pp. 5-20.

55. 감정기, 「사회복지서비스의 분권화: 내용과 의미」, 『계간 사회복지』 통권165호(한국사회복

지방분권화에 따른 사회복지계의 변화는 사회복지사무의 지방이양과 재정분권화, 지역복지협의체의 구성, 사회복지전달체계의 개선 등을 들 수 있다. 이에 대한 자세한 내용은 제13장에서 설명할 것이다.

지협의회, 2005), pp. 6-19.

제 3 부

지역사회복지의 과정

지역사회복지사업은 지역사회의 당면 문제와 충족되지 않은 욕구를 발견하여 효과적인 대책을 수립하고 실천하는 일련의 과정에 의해 이루어진다. 지역사회복지를 증진시키기 위한 기관, 분야, 인력은 다양하지만 이를 위해서는 과학적인 지식과 기술을 필요로 한다. 이를 위해서 제5장에서는 지역사회조직사업 원칙을 살펴보고, 제6장에서는 문제발견, 프로그램 개발, 프로그램 실천, 평가로 이루어지는 지역사회문제해결의 과정에 대한 세부적인 내용을 알아본다. 그리고 제7장에서는 지역사회조직사업의 모델에 따라 사회복지사의 역할은 무엇이며, 제8장에서는 사회행동의 전략과 전술에 대해 살펴본다.

제5장 지역사회조직사업의 원칙

1. 개요

지역사회조직사업의 원칙이란 "지역사회조직사업을 수행하는 데 있어서의 '올바른 행동에 관한 규칙'(rule of right action), 즉 무엇이 '건전하고' '좋은' 지역사회조직이냐에 관한 가치판단을 의미한다."[1] 지역사회조직사업은 민주주의 국가와 사회에 있어서 시민들에 의한 조직적인 복지노력을 의미하는 것이므로, 그것의 원칙도 민주적인 이념과 가치체계에 합당한 것이어야 함은 두말할 나위도 없다.

지역사회조직사업을 이론적으로 체계화하려고 했던 수많은 학자들이 지역사회조직사업을 수행하는 데 지침이 될 수 있는 원칙들을 정립하기 위해 노력했다. 예를 들면 지역사회조직사업이 사회사업의 방법으로 공인되기 훨씬 전인 1920년대에 맥클레나한(McClenahan)[2]과 스타이너(Steiner)[3]가 지역사회조직사업의 원칙을 설정하려고 시도한 바 있다.

---

1. Ernest B. Harper and Arthur Dunham (eds.), *Community Organization in Action* (New York: Association Press, 1959), p. 104.
2. Bessie A. McClenahan, *Organizing the Community* (New York: Century Company, 1925), Chapters V and VIII.
3. Jesse F. Steiner, *Community Organization* (New York: Century Company, 1929), Chapter XXII.

1940년에는 캐시디(Florence G. Cassidy)가 전국사회사업회의에 제출한 지역사회조직연구위원회의 보고서에서 지역사회조직의 원칙에 관해 설명했는데, 이것은 후에 학자들의 이론정립에 상당한 영향을 미친 것으로 평가되고 있다.[4]

1950년대부터 지역사회조직사업에 대한 원칙이 여러 학자들과 전문기관에 의해 제시되었는데, 이들 중에는 ① 지역사회조직사업의 사회복지와의 관계에 관한 원칙, ② 지역사회조직사업의 일반적 성격에 관한 원칙, ③ 근린지역협의회(neighborhood)에 관한 원칙, ④ 지역사회개발에 관한 원칙, ⑤ 지역사회조직사업의 실제에 관한 원칙 등이 있다.

여기에서는 지역사회조직사업의 일반적인 원칙과 지역사회조직사업의 실제에 관한 원칙으로 나누어 살펴보기로 한다.

2. 지역사회조직사업의 일반적 원칙

1) 맥닐의 견해

사회복지를 위한 지역사회조직사업의 원칙에 대해서 맥닐(McNeil)은 다음과 같은 7개 원칙을 제시하고 있다.[5]

① 사회복지를 위해서 지역사회조직사업은 사람들과 그들의 욕구에 관심을 갖는다. 지역사회조직사업의 목표는 사회복지자원과 사회복지욕구 간의 보다 효과적인 적응을 초래하고 유지함으로써 인간생활을 풍요하게 하는 것이다.

4. Harper and Dunham, *op. cit.*, p. 104.
5. C. F. McNeil, "Community Organization for Social Welfare," in *Social Work Year Book 1954* (New York: American Association of Social Workers, 1954), p. 123.

② 사회복지를 위한 지역사회조직사업에 있어서 일차적인 클라이언트는 지역사회이다. 지역사회는 근린지역, 시, 읍, 도(주), 국가가 될 수도 있고, 국제사회(international community)일 수도 있다. 사람들과 집단들이 함께 살고 일하는 상호의존성으로부터 지역사회조직사업이 관심을 갖는 문제가 파생되며, 그러한 상호의존성으로부터 문제해결에 필요한 동기와 힘이 나오는 것이다.

③ 지역사회는 있는 그대로 이해되고 수용되어야 한다는 것이 지역사회조직사업의 철칙이다. 지역사회조직사업 과정이 전개되는 환경(climate)을 이해해야만 그 과정이 성과를 거둘 수 있는 것이다. 사회복지를 위해 지역사회조직사업 워커는 마치 '케이스워커' 가 개인의 기본적인 성격구조를 개조하려고 하는 것처럼 지역사회의 성격(personality)을 변화시키는 데 관심을 갖는다. 이 두 전문분야는 '퍼스낼리티' 에 대한 본래의 가치를 인식하고 이를 최대한으로 개발하는 데 역점을 둔다. 이를 위해서 현존자원을 온전히 그리고 건설적으로 활용해야 한다.

④ 지역사회의 모든 사람은 보건과 복지서비스에 관심을 갖는다. 이들의 적극적인 참여는 각계각층의 이익을 대표할 뿐 아니라 지역사회조직사업의 주요 목표가 되는 것이다.

⑤ 인간의 욕구는 계속 변한다는 사실과 사람들과 집단들 간의 관계도 계속 변한다는 현실은 지역사회조직사업 과정에 있어서 인식되어야 한다. 목적을 향한 변화(purposeful change)는 지역사회조직사업에 있어서 기본적인 목표가 되어야 한다.

⑥ 모든 사회복지기관과 단체는 상호 의존적이다. 어떤 기관도 고립해서 존재할 수 없으며 다른 기관과의 관계 속에서 맡은 바 기능을 수행하는 것이다.

⑦ 과정으로서 지역사회조직사업은 일반적인 사회사업의 한 분야이

다. 방법상의 지식과 이를 적용하는 기술은 인간의 욕구를 충족시키고자 하는 일체의 지역사회의 노력을 발전시키는 데 필요하다. 사회복지에 있어서 지역사회조직사업을 위한 전문적인 교육은 사회사업복지대학원을 통해서 가장 잘 제공될 수 있다.

2) 존스와 디마치의 견해

존스(Johns)와 디마치(Demarche)는 지역사회조직사업의 일반적인 원칙에 대해서 다음과 같은 견해를 제시하고 있다.[6]

① 지역사회조직사업은 수단(means)이며 목적(end)이 아니다. '케이스워크'나 '그룹워크'에서와 마찬가지로 지역사회조직사업은 개인의 생활을 풍요하게 하고자 한다. 개인은 지역사회조직사업의 존재 이유다. 기관, 직원, 사업, 지식, 기술은 수단에 불과하며, 인간의 복지와 성장이 목적이다.

② 개인과 집단처럼 지역사회도 상이하다. 각 지역사회는 특유의 성격과 문제, 욕구를 갖고 있다. 따라서 지역사회를 효과적으로 돕기 위해서는 개별화해야 한다.

③ 지역사회는 개인과 마찬가지로 자기결정(self-determination)의 권리를 갖는다. 지역사회조직사업에 있어서 사회복지사는 지역사회가 자체를 위한 정책, 계획, 사업을 개발하도록 도우며 강요해서는 안 된다.

④ 사회적 욕구는 지역사회조직사업의 토대이다. 지역사회조직사업의 개시, 지속, 수정, 종결을 결정하는 요소는 욕구인 것이다.

⑤ 사회복지기관 자체의 이익보다 지역사회복지가 사업선정에서 맨

---

6. Ray Johns and David F. Demarche, *Community Organization and Agency Responsibility* (New York: Association Press, 1951), pp. 235-239.

먼저 고려되어야 한다. 사회복지기관의 사업은 다른 기관의 사업 내용 및 지역사회의 욕구와 관련해서 결정되어야 한다. 사회복지기관은 자체의 자원으로 해결할 수 없을 정도로 많은 사회문제나 지역을 취급함으로써 유사한 목적을 가진 다른 기관의 발전을 저해해서는 안 된다.

⑥ 조정(coordination)이란 성장을 위한 과정이다. 권위적인 압력이나 억압에 의한 조정은 민주적인 원칙에 위배된다. 조정은 공통의 이익과 목표에 대한 지적인 인식에서 이루어져야 한다. 효과적인 사회계획은 '실천을 통한 학습'의 결과다. 그러므로 사회복지기관 협의체는 사회계획이 성립되는 실험실인 것이다.

⑦ 지역사회조직사업을 수행하기 위한 구조는 가능한 한 단순해야 한다. 너무 복잡한 구조는 지역사회의 복지욕구를 효과적으로 충족시키기 위해 필요한 집단 간의 관계를 맺어 주는 과정에 오히려 방해가 된다.

⑧ 지역사회의 서비스는 공평하게 분배되어 모든 사람들이 차별 없이 평등하게 이용할 수 있어야 한다.

⑨ 문제해결의 접근방법에 있어서 다양성이 존중되어야 한다. 접근방법을 결정짓는 요소는 지역사회의 욕구여야 한다.

⑩ 복지기관협의체에는 광범한 집단의 이익이 반영되어야 한다. 각 집단들은 자기네들의 이익을 솔직하게 개진할 수 있는 기회를 가져야 한다.

⑪ 지역사회복지기관의 효과적인 운영과 사업을 위해서는 집중(centralization)과 분산(decentralization) 간의 균형이 있어야 한다. 다시 말하면 사회복지기관들이 재정적인 지원을 위해 모금단체에 참여하거나 공통의 목표를 위해 협의회에 가담한다고 해도, 그들 자체의 이익이나 사업은 유지되어야 한다.

⑫ 지역사회 내에 존재하는 집단들 간의 의사소통을 가로막는 장애는 제거되어야 한다. 지역사회조직사업은 지역사회에 있는 상이한 집단들 간에 보다 자유로운 접촉이 일어나도록 힘써야 한다. 전 지역사회의 복지에 대한 관심은 개인이나 집단을 새롭고 보다 광범한 문제에 접하게 하고 공동의 사업을 위해 함께 일하도록 함으로써 더욱 발전될 수 있다. 지역사회생활에 있어서 차이가 많으면 많을수록 다른 사회집단의 문제와 공헌을 이해할 필요성은 더욱 커진다.

⑬ 지역사회는 전문가의 도움을 필요로 한다. 전문가의 역할은 지역사회로 하여금 사회복지의 욕구를 발견하고, 규명하고, 충족할 수 있도록 돕는 것이다. 지역사회조직사업의 성공은 사회복지사가 공통의 목표달성에 주민들을 자발적으로 참여시킬 수 있느냐에 달려 있는 것이다.

여러 학자들의 견해를 토대로 정리한 지역사회조직사업의 원칙

① 지역사회조직사업은 지역사회주민의 욕구를 충족시키고자 하는 사회사업의 한 과정이다. 이 욕구는 주민들 스스로의 욕구여야 하며, 사회복지기관의 이익을 위해서 조작되거나 강요되는 욕구여서는 안 된다.

② 지역사회의 문제해결에는 주민의 광범한 참여가 있어야 한다. 참여는 자발적으로 일어나야 하며, 전 지역주민 개개인이 아니라 각계각층의 대표와 정치, 경제, 사회, 종교 등의 대표를 통해서 이루어져야 한다.

③ 지역사회조직사업은 '케이스워크'나 '그룹워크'에서와 마찬가지로 지역사회를 이해하고 있는 그대로 수용하며 그 특성을 개별화해야 한다.

④ 지역사회의 복지를 증진시키기 위해 결성된 복지기관들의 협의체는 서비스의 조정을 통해서 제한된 복지자원을 효율적으로 활용해야 한다.

3. 지역사회조직과 개발의 실제에 관한 원칙

1) UN의 지역사회개발에 관한 원칙

1955년 11월에 UN이 발간한 『지역사회개발을 통한 사회발전』(*Social Progress Through Community Development*)이라는 보고서는 현재까지 발표된 지역사회개발의 성격과 원칙과 내용을 다룬 가장 중요한 문헌으로 평가되고 있다. UN 보고서는 지역사회개발을 주로 개발도상국의 농촌지역에 적합한 개념으로 보고, 물질적 · 비물질적 불만을 안고 있는 지역사회의 기본적인 생활조건을 개선시키고자 하는 일체의 활동에 역점을 두고 있다.

지역사회개발의 원칙을 설정함에 있어서 UN 보고서는 공중보건, 농업지도사업(agricultural extension), 협동조합, 가정학, 교육, 사회사업 등 제 분야의 이론, 기술, 실제경험을 토대로 하고 있다. 그리하여 '성공적인 지역사회개발사업이 지녀야 할 기본적인 요소'로서 다음의 10개 원칙을 제시하고 있다.

① 지역사회개발사업은 지역사회의 기본적인 욕구에 부합되어야 한다. 특히 최초의 사업(project)은 주민들의 표현된 욕구에 따라 착수되어야 한다.

② 지역의 조건을 향상시키는 일은 각 분야의 독자적인 노력으로도 가능하나, 온전하고 균형 있는 지역사회개발을 이룩하기 위해서는 일치된 행동과 다목적적인 사업을 필요로 한다.

③ 개발의 초기단계에서는 사업을 통해서 물질적인 향상에 못지않게 주민들의 태도 변화를 중요시해야 한다.

④ 지역사회개발의 목적은 주민들이 지역사회의 일에 적극 참여하게 하고, 기존의 지방정부를 활성화시키며, 제 기능을 하지 못하는 지

방행정의 효과를 높이는 데 두어야 한다.

⑤ 지방의 지도력을 발굴하고 격려하고 훈련하는 것은 모든 사업에 있어서 중요시되어야 한다.

⑥ 부녀자와 청소년들을 프로젝트에 참여시킴으로써 개발 프로그램을 활성화할 수 있고 광범한 기반과 장기적인 발전을 이룰 수 있다.

⑦ 지역사회의 자조적인 프로젝트들이 효과를 거두기 위해서는 정부로부터 적극적인 지원을 받아야 한다.

⑧ 국가적 차원에서 지역사회개발을 실시하기 위해서는 일관성 있는 정책의 수립, 특별행정기구의 설립, 담당인력의 선발과 훈련, 지역사회와 국가의 자원동원, 조사, 실험, 평가가 필요하다.

⑨ 지역적 · 국가적 · 국제적 차원의 지역사회개발사업은 자발적인 비정부기관(NGO)의 자원을 최대한으로 활용해야 한다.

⑩ 지역차원의 경제적 · 사회적 발전은 보다 넓은 국가적 차원의 개발과 평행해서 이루어져야 한다.

2) 지역사회조직사업의 실제에 관한 원칙

지역사회조직사업을 전개할 때 실제로 준용할 수 있는 원칙으로 로스(Ross)의 견해가 가장 대표적인 것으로 여겨진다.[7]

제2장에서 살펴본 바와 같이 로스의 지역사회조직사업 접근방법은 '사회계획' 이나 '사회행동' 보다는 '지역사회개발' 의 측면을 강조하고 있음을 알 수 있다.[8] 따라서 로스가 제시하고 있는 '지역사회조직사업

---

7. Murray G. Ross, *Community Organization: Theory, Principles, and Practice*, 2nd ed. (New York: Harper & Row, 1967), Chapters 6 and 7.

8. Dunham도 C.O.에 관한 "Ross의 정의는 C.O.보다는 C.D.에 더 적합하다"고 지적하고 있다. Arthur Dunham, *The New Community Organization* (New York: Thomas Y. Crowell Co., 1970). p. 99.

에 관련되는 원칙'은 도시지역사회에 있어서 사회문제해결을 위해 전문가가 계획을 수립하고 사회복지기관들 간에 서비스와 활동을 조정하는 '사회계획적' 노력이나 계층 간의 불평등한 복지상황을 시정하려고 하는 '사회행동적' 노력에는 적합하다고 볼 수 없다. 차라리 로스의 접근방법은 동질성이 강하고 전통성을 지닌 농촌지역이나 도시 낙후지역의 개발을 위해서 더 적절한 것이라고 생각된다.

지역사회조직사업을 전개하는 주체로서 로스는 어떤 종류의 구조나 사회조직체를 강조하고 있다. 이러한 조직체를 로스는 '추진회'(association)라고 부르고,[9] 지역사회조직사업의 일체의 과정은 이 추진회를 중심으로 전개된다고 본다. 즉 추진회는 지역사회의 문제를 해결하기 위해 지역사회의 회원(주민의 대표)들에 의해 설립된 조직체로서, 이를 통해서 주민들의 욕구가 표현되고 목표가 설정되고 사업이 추진된다는 것이다. 따라서 지역사회조직사업의 목표 달성 여부는 추진회가 어떻게 기능하느냐에 달려 있다는 것이다.

이제 이 추진회를 매개로 하여 전개되는 지역사회조직사업의 제 원칙을 구체적으로 살펴보기로 한다.

(1) 지역사회의 현존 조건에 대한 불만(discontent)으로부터 추진회의 결성이 이루어진다.

지역사회의 공동노력에 참여하는 주민들의 동기는 다양하고 복잡하다. 어떤 이는 정치적 · 경제적 이권을 위해서, 또 어떤 이는 인도주의적 신념에서, 또 어떤 이는 교제를 넓히기 위해서 지역사회 내에 있는 각종

9. Ross는 이러한 목적을 위해서 organization이라는 용어가 일반적으로 쓰이나 community organization이라는 용어와 혼동을 피하기 위해 association이라는 용어를 사용하며, association이라는 말 대신에 committee, council, corporation, commission 등을 사용할 수 있다고 말한다. Association은 흔히 연합회 혹은 협회로 번역되고 있으나 이는 회원들의 이익을 위한 단체의 성격이 내포된 듯하여 여기서는 추진회라고 부르기로 한다.

단체에 참여할 수 있다. 그러나 주민들이 지역사회생활의 어떤 면에 대해서 깊고도 넓은 공통의 불만감을 가질 때 주민들은 지역사회의 문제를 해결하기 위한 추진회를 결성하려고 할 것이다.

주민들이 지역사회의 조건에 대해서 갖는 불만은 정신의학에서의 통증(pain)에 비유될 수 있다. 정신질환자는 현재 경험하고 있는 통증의 정도가 그의 사회생활에 심각한 문제를 야기할 정도로 중한 상태가 아니라면 정신분석이나 약물치료를 거부할 것이다. 즉 그가 겪고 있는 통증이 치료과정에서 겪게 될 고통보다 더 클 때 환자는 치료를 받으려 할 것이다.

이와 마찬가지로 지역사회의 조건이 주민들에게 상당한 정도로 불만을 주지 않는다면 주민들은 그 조건을 개선하기 위한 조직적인 노력에 적극 참여하려고 하지 않을 것이다. 앞서 지적한 대로 주민들이 지역사회의 공동노력에 참여하는 동기는 다양하며, 불만이 유일한 동기라고 말할 수는 없다. 그러나 불만이 주민들로 하여금 보다 적극적으로 참여하게 하는 동인이 될 것이다.

공통된 불만을 해소하기 위한 동기에서 추진회에 참여하는 것은 지역사회조직의 전개 과정에서 당면하게 될 많은 난관들을 극복하는 데 중요한 요건이 아닐 수 없다. 추진회에 참여하는 사람들이란 공동의 이익을 위해서 참여하는 소수의 교우집단도 아니고, 자신들이 입안한 계획을 관철시키려고 하는 소수의 전문가집단도 아니고, 다양한 이해와 신념을 가진 집단들의 대표들이 공동관심사에 대한 해결책을 강구하기 위해 참여하는 것이므로, 지역사회조건에 대해서 공통의 불만을 갖는다는 것은 추진회에 참여하는 사람들의 결속을 위해서 가장 중요한 동기라고 할 수 있다.

이와 같이 이해와 신념을 달리하는 많은 집단들의 대표가 참여하는 추진회에는 긴장과 갈등의 시기가 있을 수 있다. 그러나 그들이 "우리의 지역사회는 무언가 잘못되어 있으니 시정되어야만 한다"는 강한 신념이 있다면 참여집단들은 그들의 활동 과정에서 겪게 될 어려움을 극복할 수 있을 뿐만 아니라, 보다 미지근한 동기에서 참여한 경우보다도 추진회에 더욱 활기를 불어넣을 수 있을 것이다.

여기서 주목해야 할 점은 불만은 결코 인위적으로 유발되어서는 안 된다는 것이다.[10] 불만은 자발적으로 표출될 수도 있고, 주민들로 하여금 자유로이 말하도록 하면 오랫동안 잠자고 있던 불만이 눈을 뜨게 될 것이다. 이러한 불만이 말로 표현되고(verbalized), 합의될 때 지역사회조직의 추진회는 지역사회의 공동문제를 해결하기 위한 주민의 협력을 얻을 수 있는 것이다.

지역사회의 현존 조건에 대한 불만으로부터 지역사회조직을 위한 추진회가 결성되는 사례는 우리가 제3장에서 살펴본 각종 지역사회조직에 관련된 사업과 기관의 생성 · 발전에서 쉽게 찾아볼 수 있다. 예를 들어 각종 구빈기관들은 산업화, 도시화, 이민 등에 의해 야기된 지역사회의 문제 상황에 대한 불만에서 조직되었고, 사회복지기관협의회는 복지욕구를 충족하는 데 있어서 제한된 자원의 비효율적인 사용에 대한 불만에서 추진된 것이라 할 수 있다. 또 우리나라에서 민간기관과 정부에 의해 주도되었던 농촌의 지역사회개발사업이나 새마을운동이 활기를 띨 수 있었던 것은 외부적인 자극도 있었으나, 농촌주민들이 그들의 생활조건에 대해 깊은 불만을 가지고 있었기 때문이라고 할 수 있다.

10. Ross의 이와 같은 견해는 반박의 여지가 많다. 예를 들면 오랜 세월 동안 폐쇄적인 생활을 영위해 오고 있는 낙후지역주민들의 경우, 자신의 불만을 스스로 표출할 수 없는 경우가 있다. 이런 때에는 사회사업가가 그들의 불만을 표출하도록 유도하는 이른바 '의식화'(conscientization) 방법이 필요하다.

(2) 불만은 특정 문제에 관한 계획을 세우고 실천에 옮길 수 있도록 집약(focused)되어야 한다.

불만이 존재한다는 자체만으로는 지역사회조직사업을 추진하기는 곤란하다. 실제적인 활동을 전개하기 위해서는 불만은 집약되고 구체화되어야 한다. 실제로 집약되지 않은 불만은 문제해결을 위한 방안을 강구하고 실천하는 데 오히려 방해가 될 수도 있다. 극단적인 경우에 주민들은 지역사회의 모든 조건과 생활 일반에 대해서 불만을 갖고 그에 대해서 스스로는 아무것도 할 수 없다는 비관적인 태도를 가질 수도 있다. 이러한 경우라면 주민들의 노력을 규합하는 데 어려움이 있겠지만, 그러한 불만을 좀 더 집약하고 구체화할 수 있다면 건설적인 행동을 위해 도움이 될 수도 있을 것이다.

지역사회환경에 대한 일반적인 불만은 주민들 개개인이나 지역사회 전체의 건강과 발전에 도움이 되지 않는다. 겉으로 보기에 구체화될 수 없을 것 같은 막연한 불만도 이를 자세히 분석해 보면 구체화할 소지는 얼마든지 있다. 그러므로 주민들에게 자신들의 불만을 자유스럽게 토로하게 하면, 그것이 '거리의 교통질서'라든지 '식품가격'이라든지 '노인에 대한 복지서비스가 결여된 것'이라든지 '여가시설이 필요하다'는 등 불만을 구체화하고 집약시킬 수 있는 것이다. 불만이 집약되었을 때에 비로소 그 불만을 해소하기 위한 계획을 세우고 그 계획을 실천에 옮길 수 있다.

(3) 지역사회조직사업을 위한 불만은 지역사회주민들에게 널리 인식될 필요가 있다.

불만은 많은 소수집단들, 예컨대 노동자, 특수종교단체, 장애인집단, 저소득계층, 정당 등이 자신들의 권익을 신장시키기 위해 힘을 규합하는 도약대의 역할을 한다. 그러나 지역사회조직사업이란 소수집단에 의해 시도되는 운동이 아니며, 지역사회 내의 소수집단의 욕구나 불만을 충족시켜 주기 위해 추진될 수만은 없다. 그러므로 불만은 지역사회의 대다수 주민과 집단들에 의해 인식되고 이해될 필요가 있는 것이다. 물론 불만은 지역 내의 특수집단에 의해서 더 강하게 의식될 수도 있고, 일부집단에 의해서만 그것을 해소하고자 하는 관심을 엿보일 수도 있다. 그러나 불만이 집약된 문제는 대다수의 주민들이 인식하고 해결하고자 하는 그러한 성질의 것이라야 한다.

지역사회주민들에 의해서 발견된 공동의 문제들은 우선순위가 정해져야 하고, 이를 해결하고자 하는 데 있어서 모든 지역주민이 계획을 세우고 실천하는 데 참여해야 한다. 그 이유는 지역사회의 문제를 해결하는 자체도 중요하지만, 주민들이 이와 유사한 문제들을 해결할 수 있는 능력을 개발하는 것이 더욱 중요하기 때문이다.

불만을 공동문제에 집약시키는 것은 중요하다. 그러나 이렇게 하는 과정에서 소수의 이익집단이 생겨날 가능성은 없지 않으나 지역사회조직사업은 소수집단의 이익에 합당하는 문제보다도 전 지역사회주민이 합의하는 그러한 문제를 해결하고자 해야 한다.

문제에 대한 합의는 주민집단의 모임에서 불만이 집약되고 순위가 결정되는 과정에서 얻어진다. 지역사회가 안고 있는 많은 문제들을 찾아내고 이에 대한 우선순위를 결정하는 과정에서 다양한 주민집단들은 문제해결에 따른 공동목표를 발견하게 되는 것이 보통이다. 추진회가 결성되어 활동하는 초기단계에서는 될 수 있으면 전 주민집단에 의해 완전한 합의가 이루어진 사업을 전개하는 것이 바람직하며, 추진회의 활동이 성숙되어 감에 따라 소수집단을 위한 그러나 다른 집단들의 지지를 얻을 수 있는 그러한 사업도 추진될 수 있다.

불만이 표출되도록 자극하는 것은 중요하지만, 이러한 불만이 집약되어 전 지역주민들의 협동적인 노력을 끌어내는 것은 더욱 중요하다. 그렇기 때문에 사회복지협의회의 경우 소수의 사회복지기관에 의해 규정된 문제보다는 전 회원기관들이 깊은 관심을 갖는 문제에 대해서 계획과 조정업무를 전개하려고 하는 것이다. 근린지역 복지협의회의 경우도 하나 혹은 소수의 주민 클럽이 관심을 갖는 문제보다도 전 주민 클럽의 이해가 걸린 문제를 찾아 해결하려고 한다. 이러한 복지협의회들이 개입해야 할 문제가 발견되었을 때 협의회는 전 지역사회나 근린지역의 공동노력을 유도하기 위해서 참여를 꺼리는 주민들에게 이해를 촉구하고 공동의 문제의식을 갖도록 노력하는 것이다.

(4) 지역사회조직을 위한 추진회에는 지역사회 내에 있는 주요 집단(subgroup)들에 의해 지목되고 수용될 수 있는 지도자(공적 · 비공적)들을 참여시켜야 한다.

지역사회조직사업에는 전 지역주민이 참여해야 한다. 공동의 사업을 위해서 힘을 합해야 하는 것도 주민이요, 변화도 주민에 의해서 기도되어야 하며, 결국 지역사회조직사업의 과정을 통해서 변화되고 성장할 수 있는 능력을 갖게 되는 것도 주민이다.

그러나 분명한 것은 지역사회의 모든 사람이(특히 인구가 많은 경우에) 직접 참여한다는 것은 불가능하다는 사실이다. 그렇기 때문에 대표를 통한 참여방안이 강구되지 않을 수 없다. 이를 위해서는 ① 지역주민들의 다양한 이익을 반영하고 있는 주요 집단들(major groupings)을 찾아내고, ② 이러한 집단을 대표할 수 있는 지도자를 찾아내는 것이 필요하다.

지역사회의 주요 집단을 찾아내기 위해서는 지역사회의 조직구조에 대한 어느 정도의 이해가 있어야 한다. 일반적으로 작은 지역사회(지리적 의미의)에서는 교회, 지방의회, 교육청 같은 공식기관이 있고, 대도시에는 경제인협회, 봉사단체, 복지기관과 같은 공식기관들이 있다. 그러나 중요하면서도 찾아내기 힘든 것은 소규모의 친목단체, 동우회, 향우회, 취미 클럽과 같은 비공식적인 집단들이다. 이러한 공적 · 비공적 집단들을 찾아내는 것은 실제에 있어서 매우 힘든 일이기는 하지만, 지역사회조직사업을 돕는 전문사회복지사는 이를 발견하기 위해 지역사회의 구조분석에 따른 지식과 기술을 활용해야 한다.

지역사회 내에 있는 주요한 집단들을 찾아낸 다음에 중요한 것은 어떻게 이들 집단들이 공통의 문제에 대해 의견을 교환할 수 있게 할 것인가 하는 문제다. 일반적으로 집단 간의 대화는 집단의 지도자들에 의해 가장 효과적으로 이루어질 수 있다. 여기서 말하는 지도자란 그 집단에 의해서 수용되고 유능하다고 지목될 수 있는 지도자이다. 따라서 반드시 그 집단에서 공식적인 위치(회장, 이사, 간사 등)를 차지하고 있느냐가 중요한 것이 아니라, 그 집단의 의사를 충분히 대변할 수 있느냐 하는 점이 중요하다.

지역사회조직사업의 추진회가 주민들의 관심과 소원과 욕구를 찾아내는 공동의 장(forum)이 되고, 주민들 간의 대화를 가능하게 하기 위해서는 주요 집단들에 의해 수용되는 공적 · 비공적 지도자들이 추진체의 구성원이 되어야 한다. 집단을 대표해서 추진회의 구성원이 된 지도자는 자기 본래의 집단과는 상이한 추진회의 환경에서 일하게 되어 이해, 언어, 사고 등에서 서로 차이가 있을 수 있으나 이러한 차이를 단합으로 연결시키는 것이 전문사회복지사의 역할이다.

지역사회조직사업의 추진회에는 공공기관의 장, 교사, 목사 등과 같은 공적 지도자를 참여시키는 것이 중요하다. 이들 중에는 이른바 '권력의 배경'을 가지고 있기 때문에 추진회가 사업추진 과정에서 당면하게 되는 어려움을 극복하는 데 도움이 된다. 이들은 권력을 지니고 있을 뿐만 아니라 다른 공공기관들과의 관계를 용이하게 할 수 있기 때문에 그들을 참여시키면 추진회의 활동에 큰 도움이 될 수 있다. 이와 관련하여 야노비츠(Janowitz)는 지역사회의 공적인 지도자들은 엘리트 집단을 형성하는 경향이 있고, 이들 간에는 상당한 정도의 상호신뢰가 있다고 했다.[11] 모든 공적 지도자를 참여시키는 것은 불가능하고 또 그럴 필요도 없기 때문에 이 같은 '엘리트 집단'에서 인정받는 지도자를 발견하여 추진회에 참여시키는 것은 바람직스러운 것이다.

(5) 추진회는 지역사회주민들로부터 고도의 지지를 받을 수 있는 목표와 운영방법(methods of procedure)을 갖춰야 한다.

추진회에는 지역사회의 다양한 집단이 참여하게 되고, 이들은 독자적인 이익, 태도, 행동양태를 지닌다. 이와 같이 다양한 배경을 지닌 집단과 지도자들을 하나의 추진회로 용해시키는 것은 매우 중요한 일이다. 이러한 과업을 수행하기 위해서는 공통의 목표와 합치된 운영절차를 설정해야 한다.

앞에서 논의한 불만은 추진회가 달성해야 할 목표를 제시할 수 있고, 이러한 목표를 달성하기 위해 일을 하는 과정에서 추진회는 운영에 필요한 절차를 만들어 낼 수도 있다. 그러나 추진회가 장기적으로 활동하기 위해서는 일반적인 목적과 운영절차를 성문화할 필요가 있다.

일반적으로 대부분의 단체들은 조직이 되자마자 정관(constitution)을 만들려는 경향이 있다. 그러나 추진회의 목적과 운영절차에 관한 기술이 모든 회원들에게 의미 있는 것이 되기 위해서는 성급하게 성문화되는 것보다는 실천과 경험과 토의를 통해서 서서히 만들어지는 것이 바람직하다. 대부분의 정관들이 작성은 되었어도 활용되지 않는 것은 그것이 추진체가 활동할 수 있는 준거틀이 되지 못하고 다분히 기계적이고 의미 없는 의식에 불과하기 때문이다. 이스라엘의 많은 집단농장들

11. Morris Janowitz, *The Community Press in an Urban Setting* (New York: The Free Press, 1952).

은 20년 이상이나 운영되어 오면서도 아무런 정관을 가지고 있지 않다. 그럼에도 불구하고 모든 주민들이 부락의 운영, 목표를 달성하는 데 필요한 절차, 그리고 허용될 수 있는 것과 금지되는 것에 대해서 잘 알고 있다.

이러한 점에서 볼 때 목적과 절차는 잘 성문되어 보관되는 것보다 구성원들에게 주지되고 수용되는 것이 더 중요하다. 목적과 절차는 성문 여부에 관계없이 추진회의 운영에 지침이 되는 것이므로 분명히 입안되어 모든 회원들에게 명확하게 전달되고, 활동을 하는 데 준수되어야 하는 것이다.

(6) 추진회의 사업에는 정서적(emotional) 내용을 지닌 활동들이 포함되어야 한다.

개인의 생활과 마찬가지로 조직체의 생활에서도 정서적이고 문화적인 요소는 중요한 의미를 갖는다. 대부분의 조직체는 인간생활이란 오로지 합리적이며 지성적인 이익을 함께하는 것으로 충분한 것처럼 운영되지만, 이는 잘못된 생각이다. 다양한 집단들을 조직화하기 위해서는 공통적인 생각, 감정, 전통 등이 요구된다.

추진회는 흔히 가정과 유사한 방법으로 추진력과 결속력을 발전시킨다. 가정에는 우애, 상부상조, 힘든 일, 유쾌한 시간, 역경, 갈등, 축제 등이 있으며, 일을 할 때도 있고 웃고 즐기는 때도 있다. 이와 마찬가지로 추진회에도 다양한 활동과 힘든 과업이 있지만 자축과 오락을 위한 시간도 갖게 마련이다. 이러한 정서적인 활동은 지역사회의 통합에 필요한 지역정서(community sentiment)를 형성시켜 주기 때문에 우리가 흔히 생각하는 것보다 훨씬 중요한 의미를 갖는다.

추진회는 정서적 내용이 담긴 행사를 통해 회원들 상호 간에 신뢰감과 유대감을 형성하는데, 이는 지역사회의 문제해결에 협력적인 태도를 갖게 할 것이다. 그러므로 지역사회복지를 위한 추진회는 심각한 토의에만 활동을 한정할 것이 아니라 지역사회의 성격에 맞는 각종 문화행사를 주관하거나 후원하는 것이 필요하다.

이와 관련하여 최근 우리나라의 사회복지기관에서도 회원들의 유대나 사기를 진작시키기 위한 각종 정서적이며 문화적인 활동을 전개하는 사례를 볼 수 있다. 예를 들면 한국지역사회교육 중앙협의회에서는 사회교육이라는 목표를 달성하기 위한 과업지향적인 활동에 못지않게 회원들을 위해 관광을 겸한 국내외의 '모범적인 지역사회학교운동의 시찰', 매년 말에 '성가의 밤' 개최 등 정서적인 활동을 전개함으로써 회원들의 협의회에 대한 소속감과 충성심을 더욱 북돋아 주고 있다.

(7) 추진회는 지역사회에 존재하는 현재적(manifest) · 잠재적(latent) 호의를 활용해야 한다.

어떤 지역사회를 막론하고 건설적인 지역사회의 노력에 공헌을 하거나 참여하려는 사람들이 많이 있다. 그러나 이러한 단순한 사실은 지역사회에는 비정과 무관심만 있을 뿐이라고 개탄하는 사람들에게는 흔히 무시되어 버린다.

주민들의 호의를 깨닫지 못하고 활용하지 못하는 사례로서 로스는 다음의 두 가지 흥미 있는 사건을 소개하고 있다.

한 사례는 어느 대도시의 무질서하고 이질적인 주민들로 구성된 영세지역에 관한 현지답사에서 주목된 일이다. 주민들이 서로 모르고 지내며 이웃에 대해 관심이 없는 것으로 알려진 이 지역의 '매우 험악한 노상'에서 어머니들을 상대로, 입원한 어머니를 위해 일주일 동안 애들을 돌보아 줄 수 있겠느냐는 질문을 던졌을 때 거의 모든 어머니들이 기꺼이 돕겠다고 했다. 이는 이웃의 문제를 이해할 때에는 이웃을 도우려는 상당한 호의가 있음을 나타낸다. 얼마 뒤에 똑같은 노상에서 지역공동모금회에서 주민들에게 성금을 구했을 때 그들의 반응은 냉담했다. 주민들에게 있어서 지역공동모금회는 자기들 생활에는 별로 의미가 없는 비정의적인 기관으로 생각된 것이다. 이 사례는 지역공동모금회가 주민들이 지니고 있는 호의를 활용하지 못했음을 보여 준다.

다른 사례는 한 경찰 고위간부가 지역사회복지사들을 상대로 연설하는 데서 발견된 것이다. 이 간부는 경찰관이 하는 일을 소상히 설명하면서 경찰이 관심을 갖는 많은 영역이 사회복지사들의 활동영역과 중복된다고 하고 다음과 같은 말로 그의 연설을 끝맺었다: "여러분들 가운데 아무도 지역사회에 대해서 우리만큼 아는 사람은 없을 겁니다. 여러분들 중 아무도 우리처럼 이 지역의 곳곳을 24시간 봉사하는 사람은 없을 겁니다. 여러분들 중에 아무도 우리만큼이나 건전한 지역사회를 만들려고 애를 쓰는 사람은 없을 겁니다. 그러나 우리는 이 일을 위해 고군분투하고 있으며, 그런 일을 위한 기술도 없습니다. 왜 우리가 서로의 일을 보완해 주지 못하고 있습니까?"

일반적으로 지역사회에는 지역사회의 공동노력을 위해 개발해야 할 호의와 지지원이 얼마든지 있을 수 있다. 이러한 호의가 활용되지 못하는 것은 사회복지사들이 그러한 호의가 존재한다는 것을 깨닫지 못한 때문이거나, 그것을 깨닫는다 해도 이를 끌어내지 못한 때문(앞에서 말한 지역공동모금회의 경우처럼)이다.

지역사회주민들로부터 호의를 얻어내는 방법은 지역사회의 형태, 전통, 이념에 따라 다를 수 있기 때문에 보편타당한 방안을 제시하기는 힘들다. 그러나 다음과 같은 일반적인 방안이 고려될 수 있다.

① 지역사회조직사업의 추진회에 참여하는 집단의 지도자들은 지역사회의 제 집단들과 어떻게 대화를 해야 하고, 어느 수준의 활동이 그들에게 호소력이 있고, 어떻게 그들의 지지를 얻을 수 있는지에 대해서 가장 잘 알고 있다고 할 수 있다. 그러므로 이들의 지혜에

의존하는 것이 바람직한 방법이 될 것이다.

② 주민들에게 지원을 요청할 때는 집단으로보다는 개인적으로 하는 것이 더 효과적이다.

③ 주민들이 부담을 느끼지 않는 수준에서 그들에게 의미 있는 방식으로 지원하고 참여하도록 하는 것이 중요하다. 예를 들면 부인들의 경우 성금을 낼 때 노상보다는 '자선 디너' 같은 곳을 선호하는 경향이 있다.

(8) 추진회는 그 자체 회원 상호 간 및 지역사회와의 활발하고 효과적인 대화통로를 개발해야 한다.

듀이(John Dewey)가 말한 것처럼 지역사회의 요체는 '커뮤니케이션'이다. 커뮤니케이션 없이는 주민들 간에 공동의미, 공동생활, 공동노력을 성립시키는 상호작용이 있을 수 없기 때문이다. 커뮤니케이션이란 단순히 메시지를 주고받는 기계적인 과정만을 의미하는 것이 아니라 이를 통해서 지역사회의 공동이해와 가치의 영역이 넓혀지는 것이다.

이상적으로 말한다면 지역사회조직이란 지역사회에 있는 다양한 집단들을 규합하여 커뮤니케이션을 촉진시킴으로써 '지역사회'를 형성하는 것이라고 말할 수 있다. 그러나 유감스럽게도 이러한 커뮤니케이션 과정은 쉽사리 나타나지도 않고 발전되지도 않는다. 따라서 효과적인 커뮤니케이션을 가능하게 하는 조건들을 찾아내기 위한 연구가 계속되어야만 한다. 효과적인 커뮤니케이션을 위한 조건들에 대해 기존의 연구들이 제시한 바를 간단히 살펴보기로 한다.

첫째, 집단 내 또는 집단 간의 효과적인 커뮤니케이션은 참여하는 사람들의 관계의 질(quality of relationship)에 따라 크게 좌우된다.[12] 즉

12. Harold H. Kelly, "Communication in Experimentally Created Hierarchies," in Dorwin

인간관계에 있어서 적대감, 공포, 공격성, 불신, 멸시가 있는 경우에서는 우정, 상호존중과 신뢰가 있는 경우에 비해 커뮤니케이션이 덜 효과적이라는 것이다. 이는 커뮤니케이션을 허용하고 용이하게 하기 위해서는 우호적인 분위기를 조성하는 것이 중요하다는 것을 의미한다.

이를 가설형식으로 나타내 보면 모임에서의 커뮤니케이션은 사람들이 편안하게 느낄 때 더욱 효과적일 것이고, 다른 사람에 대한 공포와 불안이 없을 때 더욱 효과적일 것이고, 토의에서의 발언이 다른 사람에게서 환영받고 이해된다고 느낄 때 더욱 효과적일 것이다. 만일 이러한 가설이 타당하다면 지역사회조직사업을 위해 추진회가 수행해야 할 주요 과제는 참여자들이 안정감을 갖고 자신들의 의견을 자유로이 개진할 수 있는 분위기를 조성하는 것이라고 말할 수 있을 것이다.

둘째, 커뮤니케이션이 어떻게 구조화되느냐 하는 것도 중요한 조건이다. 여기에는 두 가지 면이 있는데, ① 집단 내에서 사람들과 그들의 관계가 어떻게 구성(arrangement)되어 있느냐와 ② 의미 있는 상호관계를 유지하기 위한 방법이 어떤 것이냐 하는 점이다.

일반적으로 추진회는 40-50명의 이사회나 중앙위원회, 그리고 특수한 과업을 위한 각종 위원회와 소위원회로 구성된다. 여기에서 문제는 거대한 이사회가 비정기적으로 회합을 갖게 될 때 이사들 간에 효과적인 커뮤니케이션이 가능하느냐 하는 것이다. 이사회의 기능을 수행하는데 필요한 효과적인 커뮤니케이션을 위해서 5-6인의 소위원회를 구성하는 것이 바람직하다는 것이 학자들의 견해다. 헤어(Hare)의 연구에 의하면 5인의 소집단은 쉽사리 합의에 도달할 수 있고 12인의 대집단보다 의사를 표시할 기회가 더 많이 주어질 뿐 아니라 소집단에서 더 많은 만족감과 지역사회의 공동의식을 느낄 수 있다고 한다.[13]

Cartwright and Alvin Zander (eds.), *Group Dynamics* (New York: Harper & Row, 1953), pp. 443-461.

과업지향적인 집단의 지도자에 관한 연구에서 바벨라스(Bavelas)는 '중앙집권적' 인 지도자 아래서는 성과가 빨리 나타나고 과오도 적게 나타났지만, 덜 중심적이고 지배적인 지도자집단의 구성원들보다 사기가 낮고 통찰력이 결여되어 있음을 발견할 수 있었다고 보고하고 있다.[14] 이러한 연구들은 5인의 소집단과 민주적인 지도력하에서 커뮤니케이션이 가장 효과적이라는 것을 보여 주고 있으나, 이것이 지역사회조직체의 효율적인 기능을 위해서 어떤 시사점을 주는지에 대해서는 더 많은 실험이 필요하다.

일반적으로 거대한 이사회나 중앙위원회는 업무의 효율성과 법적인 목적을 위해서 필요하다고 생각된다. 그러나 추진회의 기능이 결의안을 통과시키고 구체적인 프로그램을 입안하는 것만이 아니라, 효과적인 커뮤니케이션을 통해 지역사회 내에 화합과 협동의 분위기를 조성하는 것이라고 한다면, 두 기능이 조화를 이룰 수 있는 방안이 마련되어야 한다. 예를 들어 2시간에 걸친 이사회나 중앙위원회의 회의는 다음과 같이 회의시간을 배정할 수 있을 것이다. 즉 ① 15분을 중요한 일반사무의 처리에 사용하고, ② 30분을 결정 내려야 하는 중요 이슈에 대해서 소위원회나 전문가로부터 브리핑을 받는 데 할애하고, ③ 30분 동안 5인의 소집단에서 이 이슈에 대해 논의하게 하고, ④ 45분에 걸쳐 소집단이 그들의 합의사항을 전체회의에 보고하게 하고, 이에 대한 최종결정을 내리는 것이다. 이러한 방안은 때로 시간낭비와 이사회의 생산성을 낮출 가능성도 없지 않으나 회원의 참여를 극대화시키는 효과도 있다.

커뮤니케이션의 구조화와 관련된 또 다른 면은 공통의 이해를 높이기 위해서 공식적인 보고를 문서로 할 것이냐 구두로 할 것이냐 하는 것이다.

---

13. A. Paul Hare, "Interaction and Consensus in Different Sized Groups," *Group Dynamics*, pp. 507-518.
14. Alex Bavelas, "Communication Patterns in Task-oriented Groups," *Group Dynamics*, p. 105.

이것에 관한 일률적인 원칙은 존재할 수 없다. 보고가 문서로 행해지든 구두로 행해지든 간에 메시지가 충분히 전달되는 것이 중요하며, 참여자의 의견이 충분히 반영되어야 한다.

또 한 가지 커뮤니케이션과 관련해서 주목해야 할 것은 이른바 '정보의 홍수'와 '정보의 기아' 현상이다. 너무 많은 정보는 일을 결정하는 데 있어서 혼란을 초래하고, 정보의 부족은 구성원들에게 무력감과 소외감을 갖게 한다. 그러므로 정보의 과잉(overloading)과 정보의 빈곤(starvation)은 피해야 한다.

후진국에 있어서 가장 효과적인 커뮤니케이션 방식으로 알려진 것은 이른바 '시범사업'(pilot project)인데, 이는 문제에 대해서 처음에는 소규모로 접근했다가, 후에 그 사업의 범위를 확대할 것이냐를 결정하는 것이다. 이러한 시범사업은 사업의 운영에 대한 의견, 지식, 기술이나 경험이 없고 커뮤니케이션이 어려운 그러한 지역에서 주민들에게 사업에 대한 직접적인 이해를 높이기 위해서 바람직한 방법이 된다.

이상에서 우리는 커뮤니케이션 과정이 얼마나 복잡한지를 살펴보았다. 끝으로 추진회가 효과적인 커뮤니케이션을 형성할 수 있도록 몇 가지 방안을 제시하면 다음과 같다.

① 거대한 추진회는 문제에 대해서 의견을 교환할 수 있는 많은 과업집단을 갖는 것이 필요하다.

② 집단지도자들은 추진회와 지역사회 간의 커뮤니케이션 매개체로서 일할 수 있는 책임감과 기술을 가질 필요가 있다.

③ 정보의 양보다는 질에 역점을 두는 방향으로 자료를 처리해야 한다.

④ 지역사회에 있는 커뮤니케이션 매체(신문이나 방송의 편집인 등)를 잘 활용해야 한다.

⑤ 커뮤니케이션을 잘할 수 있는 사람을 발굴하고 이들을 지역사회와의 관계에 활용해야 한다.

(9) 추진회는 협동적인 노력을 위해 참여하고 있는 여러 집단들을 지원하고 강화해야 한다.

추진회는 결국 지역사회에 존재하는 하나의 조직이며, 여기에는 수많은 집단들이 바람직한 목표를 달성하기 위해서 그들의 대표를 파견한 것이다. 그러므로 추진회는 이들의 집단들과 무관할 수 없으며, 이들 집단들의 '공동생활'을 나타내는 것이다.

추진회는 구성인자들의 합보다 더 강할 수는 없다. 만일 추진회가 비조직적이고 불화에 차 있고 냉담한 집단들로 구성된다면, 추진회는 협동적인 노력을 위한 확고한 지지와 참여기반을 구축할 수가 없는 것이다. 취약한 집단의 지도자는 자기의 집단을 추진회의 공동노력에 관여시키는 데 어려움을 갖게 될 것이다. 예를 들면 근린지역추진회가 마을 청소를 위해 회원 클럽들을 소집했을 때 약한 집단의 참여는 극히 저조하고, 강한 집단은 부지런히 참여하는 모습을 볼 수 있다. 마찬가지로 회합과 회의에 있어서도 강한 집단은 대표를 파견하여 적극적으로 자신들의 의견을 주장하는 반면, 약한 집단은 참석마저도 소홀히 하는 경향을 발견할 수 있다.

그러므로 추진회가 막강한 조직이 되기 위해서는 이를 구성하는 개개집단들이 결속력이 강한 집단이 되어야 한다. 이를 위해서 추진회는 회원집단들을 격려하고 필요한 지원을 제공해야 한다. 그 구체적인 방법은 다음과 같다.

① 모든 참여집단이 받아들여진다고 느끼고, 비판을 받지 않으며 공동목표를 달성하는 데 도움이 된다고 느낄 수 있는 분위기를 조성해야 한다.

② 집단들 간에 의견을 교환할 수 있는 기회를 제공해서, 약한 집단들이 강한 집단들의 난관극복의 경험을 배우게 할 수 있다.

③ 전문직원에 의한 연구, 지도자의 훈련, 지원 등 직접적인 도움을

줄 수도 있다.

(10) 추진회는 정상적인 업무상의 결정 과정을 해치지 않는 범위 내에서 절차상에 있어서 융통성을 지녀야 한다.

추진회가 설립되면 효과적이고 효율적인 기관운영을 위해 구성원들에게 수용될 수 있는 지침과 절차를 갖는 것은 중요하다. 융통성(flexibility)을 지녀야 한다는 것은 이와 같은 확립된 절차를 깨뜨리자는 것이 결코 아니다. 구성원들의 활발한 관심과 참여가 유지되기 위해서는 중요한 업무결정과 관련된 절차는 오히려 확고하게 준수될 필요가 있다. 그러나 이러한 확립된 절차의 범위 내에서 다양한 방법을 활용할 기회는 존재해야 하는 것이다.

때에 따라서는 외부 전문가의 자문을 구해야 할 때도 있고, 지역사회에 있는 학자들을 초빙해야 될 때도 있고, 어떤 특정 문제에 대해 깊은 관심을 갖고 있는 한 참여집단의 회원들을 초청하여 도움을 청할 수도 있고, 위원회의 심의를 위해 공식적인 모임을 휴회해야 할 때도 있고, 연구, 시찰, 특별위원회의 구성 등이 필요할 때도 있을 것이며, 특정 안건을 취급하기 위해서 주말에 타지에서 회합을 가질 수도 있는 것이다.

사업에 필요한 자료를 수집하고 합의를 구하기 위해서는 업무결정에 따른 책임을 기피하지 않는 범위 내에서 다양한 방법을 융통성 있게 활용하는 것이 바람직하다.

(11) 추진회는 지역사회의 현존 조건에 따라 수행하는 사업의 보조를 맞추어야 한다.

보조(pace)라는 개념에는 두 가지 의미가 함축되어 있다. 그 하나는 추진회가 자체의 활동을 추진하는 보조이고, 다른 하나는 지역사회생활의 보조로서 지역사회조직사업의 추진속도를 결정짓는 보조를 말한다.

지역사회조직사업의 추진회는 회원들이 함께 일하고, 업무절차가 성립되고 임무에 대한 합의가 이루어지면 자체의 업무추진보조를 갖게 된다. 예를 들면 어떤 위원회는 일주일에 한 번, 어떤 위원회는 한 달에 한 번 회합을 가질 수도 있고, 또 어떤 위원회는 회합 때마다 소위원회의 보고를 청취하고, 어떤 위원회는 연별보고서로 대신할 수도 있다. 어떤 위원회는 회원인 자원봉사자들에게 많은 업무책임을 부과하는 반면에, 어떤 위원회는 전문직원에게 중한 책임을 부과하고 위원회로서는 오로지 정책결정에만 관여하기도 한다.

업무수행의 보조와 책임이 어떠하든 간에 그것은 추진회 전체에게 충분히 납득되어야 한다. 이러한 보조가 확립되어 있지 않으면 업무를 수행할 때 혼란을 야기하고 업무의 능률과 성과를 저하시키게 된다.

추진회에 따라서는 동시에 많은 사업을 전개하기도 하고, 어떤 추진회에서는 한 사업을 마무리하고 다른 사업으로 옮겨가는 경우도 있다. 어떠한 경우에 있어서든 추진회 구성원들의 관심과 열의가 식지 않는 보조를 취하는 것이 필요하다.

지역사회가 공동의 사업을 수행하는 데 따른 보조를 이해하는 것은 대단히 중요하다. 지역사회의 현장에서 일하는 전문가들은 사업의 성취에 너무 집착한 나머지 지역사회의 능력을 무시한 채 성급하게 사업을 추진하고 변화를 보고자 하는 경향이 있다. 개별지도사업에 있어서는 클라이언트가 따라갈 수 있는 보조에 맞추어 치료방법을 적용하는 것을 중요한 원칙으로 삼고 있다. 이와 똑같은 원칙이 지역사회조직사업에도 적용되어야 한다.

동일한 사업이라 하더라도 지역사회에 따라 그것을 수용하고 추진해 나가는 데 있어서 많은 차이를 보인다. 이는 지역사회가 갖고 있는 전통과 문화가 다르고, 주민들이 공동의 노력에 참여했던 경험 등에 있어서 차이가 있기 때문이다. 그러므로 지역사회조직사업가가 지역사회를 상대로 진단을 하는 경우에 지역사회의 제반 실태와 특성을 파악하는 것이 중요하며, 여기에는 반드시 공동노력을 전개할 수 있는 지역사회의 보조를 파악하는 것이 포함되어야 한다.

공동사업을 추진하는 데 있어서 보조는 지역사회마다 차이가 있지만, 동일 지역사회라 할지라도 사업이 진행되어 감에 따라 그 보조에 차이가 나타난다. 처음에는 빠른 속도로 사업을 추진해 가다가도 주민들의 관심이 약화되어 진행속도가 완만해질 수도 있다. 그러나 일반적으로 주민들 간에 협동적인 태도가 형성되어 감에 따라 사업의 추진속도는 빨라진다. 어떠한 경우이든 간에 추진회와 전문사회사업가는 지역사회가 갖고 있는 사업추진능력에 따라 사업의 보조를 맞추는 것이 필요하다.

지역사회의 보조에 맞춘다는 것은 사회사업에 있어서의 보편적인 가치인 이해(understanding), 수용(acceptance), 개별화(individualization) 그리고 자기결정(self-determination)의 원리를 적용하는 것을 의미한다고 할 수 있다. 지역사회조직사업을 통해서 궁극적으로 추구하는 것은 지역사회를 바람직한 목표를 향해 변화시키는 것이므로, 이를 달성하고자 하는 추진회나 전문사회사업가의 의도와 능력보다는 지역사회의 변화에 대한 수용태세(readiness)가 중요한 것이다.

지역사회의 보조에 맞추어 사업을 추진하는 것은 정부기관보다는 민간기관이 훨씬 유리하다는 것은 익히 경험한 바이다. 일반적으로 정부기관은 막강한 행정력을 동원해서 사업을 수행하는 데 여러 가지 장점이 있는 반면에 단기간에 걸쳐 소기의 성과를 거두려는 경향 때문에 지역사회의 욕구나 보조보다는 정부기관의 실적에 치중하여 사업상 무리를 빚는 경우가 흔히 있다. 이에 반해 민간기관은 주민의 능력과 보조에 대한 치밀한 분석과 계획을 통해 사업을 추진함으로써 성과가 다소 늦게 나타나기는 해도 더 항구적인 효과(lasting impact)를 얻을 수 있다.

(12) 추진회는 효과적인 지도자를 개발하는 데 힘써야 한다.

여기서 말하는 효과적인 지도자란 지역사회조직사업의 과정을 용이하게 하고, 지역사회조직사업의 추진회가 성과를 거둘 수 있도록 도움을 주고, 추진회와 지역사회의 사기를 진작시킬 수 있는 그러한 지도자를 말한다.[15]

흔히 사람들은 집단에는 한 명의 '중심인물'(central figure)이 있다고 생각하는 경향이 있으나, 집단역학에 관심을 갖는 학자들의 연구에 따르면, 모든 집단은 최소한 1인의 중심적 인물 외에도 집단의 지도력에 공헌을 하는 많은 지도자들이 있음을 지적하고 있다. 베일스(Bales)는 아주 작은 과업집단에 있어서도 '인기 있는 지도자'(popular leader)와 '과업상의 지도자'(task leader)가 있어야 한다고 지적하고 있다.[16] 과업상의 지도자는 집단이 과업에 참여하도록 압력을 가하지만, 그의 계속적인 압력 때문에 구성원의 불만을 야기하고 집단의 단합을 해칠 염려가 있는 반면에, '인기 있는 지도자'는 집단의 단합을 유지하고 회복시키며 구성원을 즐겁게 한다는 것이다. 베일스는 이 두 지도자의 기능을 한 사람에게서 발견하기는 힘들다고 말하고 있다. 따라서 집단에 두 종류의 지도자가 있어서 서로의 역할과 활동을 인식하고 수용한다면 그 집단은 강한 지도력을 갖는 집단이 될 것이다.

집단으로서 추진회에도 다양한 지도자를 가질 필요가 있다. 회원들 중에는 특정 업무의 내용과 관련해서 지도력을 발휘할 수 있고, 또 어떤 사람들은 사업의 추진 과정에서 지도력을 발휘할 수 있으며, 또 어떤 사람은 내용과 과정 양면에서 지도자적인 기능을 수행할 수도 있다. 이는 집단에 있어서 중심적인 지도자가 필요없다는 것은 아니다. 그러나

---

15. 이 주제에 관해서는 Cecil A. Gibb, "Leadership," in Gardner Lindzey (ed.), *Handbook of Social Psychology* (New York: Addison-Wesley, 1954), pp. 877-921.

16. R. F. Bales, *Quarterly Report* (New York: Carneigie Corporation, October, 1953), p. 1.

그는 모든 지도자적 기능을 혼자 떠맡을 수 없으며, 이를 행사함에 있어서 다른 사람들의 보완적인 역할이 있어야 한다는 것이다.

지도력이 회원들에게 분산된다고 하더라도, 중심적인 지도자(회장 혹은 공식대표)는 구성원들로부터 수용되고 지지를 얻을 때에 집단의 생산성을 높일 수 있다. 공식적인 지도자가 회원들의 지지를 받는 집단과 그렇지 못한 13개 집단들에 대한 참여관찰조사에서 그로스(Gross), 마틴(Martin), 달리(Darley)는 다음과 같이 그 차이가 있음을 설명하고 있다: "참여관찰자들의 평점에 의해서 측정된 효과적인 집단기능에 관한 모든 기준에 있어서, 강력한 공식지도자를 가진 집단의 평균등위는 참여의 양, 제안들의 유용성, 참여의 정도, 협동의 정도, 책임감에 있어서 최소한 두 등위가 높았다."[17]

여기서 주목해야 할 것은 유능한 지도자는 집단의 결속력과 생산력을 높이지만, 이러한 지도자는 효과적인 집단에 의해서 만들어진다는 사실이다. 그러므로 지역사회의 공동이익을 위해 결성된 추진회는 그 구성원들이 지도력을 배양하고 발휘할 수 있는 기회를 제공하는 것이 매우 중요한 것이다.

일반적으로 효과적인 지도자가 갖추어야 할 요건은 업무를 수행할 수 있는 지식과 기술이라는 전문적인 자질(professional competence)과 집단성원들과 협력적인 관계를 유지할 수 있는 능력이라고 말할 수 있다. 적어도 지도자는 그를 따르는 집단 구성원들에 비해 과제를 처리할 수 있는 능력이 뛰어나야 하고, 장래에 대한 비전이 있어야 하며, 과업을 수행할 수 있는 의지와 용기가 앞서야 하며, 구성원들의 존경을 받을 수 있는 성품을 지녀야 한다.

---

17. Neal Gross, William E. Martin, and John G. Darley, "Studies of Group Behavior: Leadership Structures in Small Organized Groups," *The Journal of Abnormal and Social Psychology*, Vol. 48, No. 3 (July, 1953), p. 431.

(13) 추진회는 지역사회 내의 지도자들을 참여시킬 수 있고, 어려운 문제를 해결할 수 있는 능력을 가져야 하며, 안정성을 갖추고 지역사회로부터 신망을 얻어야 한다.

지역사회조직사업은 지역사회의 집단들이 공동사업을 수행하는 데 있어서 협동심을 갖도록 하는 과정이다. 이것은 미묘하고도 막연한 개념으로서 지역사회에 보다 의미 있는 구체적인 개념이 되어야 한다. 이는 추진회가 과업을 성공적으로 추진하고, 주민들에게 계속적으로 과업의 필요성을 역설하고, 지역사회로부터 신망을 얻음으로써 성취될 수 있는 개념이다.

한마디로 추진회는 지역사회에 있어서 협동의 상징이 되어야 한다. 추진회의 구성원과 추진회의 구성방식은 지역사회의 많은 사람들의 의사를 반영해야 한다. 이를 위해서 지역사회 내의 지도자들을 참여시키고 어려운 지역사회문제를 해결하는 데 있어서 역량(strength)을 지녀야 한다. 이를 통해 추진회는 주민의 참여와 지지를 얻을 수 있고, 지역사회의 협동을 대표하고 유도하는 상징이 될 수 있는 것이다.

여기서 주목해야 할 것은 추진회는 그것을 구성하는 집단과 어떤 경우에서건 경쟁적인 관계를 가져서는 안 된다는 점이다. 즉 지역사회 내의 다른 기관에 의해 추진되고 있는 사업을 떠맡는다거나 제한된 자원을 얻어내기 위해 경쟁을 벌인다면 그들로부터 지지와 협동을 얻어내기는 그만큼 힘들 것이다. 지역사회조직사업의 추진체가 갖는 중요한 기능의 하나는 지역사회 내에 있는 여러 복지기관의 기능을 강화시키고, 기관들 간에 효과적인 관계가 유지되도록 조정을 모색하는 것이므로, 타 기관의 이익을 침해하고 운영을 방해하는 일은 없어야 한다.

제6장 지역사회문제해결의 과정

1. 개요

지역사회조직사업이란 지역사회의 당면 문제와 충족되지 않은 욕구를 발견하여 효과적인 대응책을 수립하고, 이를 실천에 옮기는 일련의 과정이라 할 수 있다. 지역사회의 복지를 증진시키기 위해 노력하는 기관과 분야, 인력은 다양하지만 이들이 목적하는 바를 효율적이고 효과적으로 달성하기 위해서는 과학적인 지식과 기술을 토대로 하여, 합리적이고 체계적이며 의도적인 접근을 해야 한다.

본 장에서는 전문 사회복지사가 지역사회의 문제를 해결하는 데 있어서 밟아야 할 제 과정과 각 과정에서 수행해야 할 주요 과제가 무엇인지 살펴보기로 한다.

지역사회의 문제해결 과정에 대해서 수많은 학자들이 나름대로의 '모델'을 제시하고 있다. 이 모델들은 다양한 구분과 특유의 용어들을 사용하고 있으나 던햄(Dunham)이 주목한 대로 "기본적인 골격은 같으면서 매우 다른 옷을 입고 있다"[1]고 할 수 있다. 대표적인 학자들의 모

---

1. Arthur Dunham, *The New Community Organization* (New York: Thomas Y. Crowell Co., 1970), p. 278.

델에 대해서 잠깐 살펴보기로 하자.

먼저 던햄은 '문제해결 과정'(problem-solving process)을 ① 문제의 인식(recognition), ② 문제의 분석(때로는 진단 혹은 사실발견), ③ 계획(planning), ④ 조치(action), ⑤ 평가, ⑥ 다음 단계(next steps) 등 6단계로 구분하고 있다.[2]

리피트(Lippitt)와 그의 동료들은 '변화매개자'(change agent)가 '계획된 변화'(planned change)를 성취하기 위해서 수행해야 하는 과정을 다음의 7단계로 구분하고 있다.[3]

① 변화의 필요성 개발(unfreezing)
② 변화관계의 수립
③ '클라이언트 시스템'의 문제 규명 혹은 진단
④ 대안(alternative routes)과 목표의 검토: 목표와 조치 의도의 설정
⑤ 의도의 변화 노력에로의 전환
⑥ 변화의 일반화와 정착화(stabilization)
⑦ 종료관계(terminal relationship)의 달성

칸(Kahn)은 '계획 과정'(planning process)이라는 제목하에 다음의 6단계를 제시하고 있다.[4]

① 계획의 선동(planning instigators)
② 탐색(explorations)
③ 계획과업의 결정(definition)

---

2. *Ibid*., pp. 279-280.
3. Ronald Lippitt, et al., *The Dynamics of Planned Change: A Comparative Study of Principles and Techniques* (New York: Harcourt, Brace, Jovanovich, 1958), pp. 129-143.
4. Alfred J. Kahn, *Theory and Practice of Social Planning* (New York: Russell Sage Foundation, 1969), p. 61.

④ 정책형성(policy formulation)

⑤ 프로그램화(programming)

⑥ 평가와 환류(feedback)

길버트(Gilbert)와 스펙트(Specht)는 '정책형성 과정'으로 다음의 8단계를 제시하고 있다.[5]

① 문제의 발견

② 분석

③ 대중홍보(informing the public)

④ 정책목표의 설정

⑤ 일반의 지지와 합법성(legitimation) 구축

⑥ 프로그램 설계

⑦ 실천

⑧ 평가와 사정(assessment)

펄먼(Perlman)과 구린(Gurin)은 '사회문제해결의 모델'이 다음 여섯 지 국면(aspects or phases)으로 구성된다고 한다.[6]

① 문제에 대한 정의

② 문제를 개진할 구조와 커뮤니케이션의 구축

③ 정책대안의 분석과 정책의 채택

④ 정책계획(program plan)의 개발과 실시

⑤ 반응조사와 환류(monitoring and feedback)

---

5. Neil Gilbert and Harry Specht, *Dimensions of Social Welfare Policy* (Englewood Cliffs, New Jersey: Prentice-Hall, 1974), pp. 16-20.
6. Robert Perlman and Arnold Gurin, *Community Organization and Social Planning* (New York: John Wiley & Sons, 1972), pp. 61-74.

이 외에도 지역사회문제해결의 과정 혹은 이와 유사한 '지역사회조직사업의 단계'를 제시한 학자들로서는 워렌(Warren),[7] 린데만(Lindeman),[8] 샌더스(Sanders)[9] 등을 들 수 있다.

이상에서 열거한 여러 학자들의 모델은 그 구분과 용어가 다양한 것처럼, 그 강조하는 바에 있어서도 다소 차이가 있다. 어떤 모델은 도시지역에서 사회복지협의회를 위시한 사회계획을 주업무로 하는 보건 및 사회복지기관의 활동에 적합하고, 또 어떤 모델은 모든 지역사회조직사업에 적용할 수 있는 것이 있는가 하면, 또 어떤 모델은 사회복지정책을 수립하고 실시하는 데 적합한 것도 있다. 또 이러한 모델들은 고도의 산업화와 도시화를 경험하고 있는 이른바 선진국(특히 미국)의 지역사회의 실정, 가치관, 전문성을 전제로 하고 있기 때문에 문화적 배경과 사회구조가 판이한 다른 나라들에 일률적으로 적용하는 데는 문제점이 있다. 그러나 사회구조나 사회발전 정도의 차이에 관계없이, 사회문제를 해결하는 데 있어서의 접근논리는 문제의 발견, 해결방안의 강구, 해결을 위한 실천이라는 과정(sequences)을 밟는 것이기 때문에, 이 '미국적인' 모델들도 다른 나라의 지역사회 상황에 맞게 수정하여 적용될 수 있을 것이다.

이제 다음 절에서는 지역사회문제해결의 과정을 문제발견 및 분석, 정책 및 프로그램의 개발, 프로그램의 실천, 평가의 4단계로 나누어 살펴보기로 한다.

---

7. Roland L. Warren, *The Community in America* (Chicago: Rand McNally & Co., 1963), pp. 307-323.
8. Eduard C. Lindeman, *The Community* (New York: Association Press, 1921), pp. 119-128.
9. Irwin T. Sanders, *The Community: An Introduction to a Social System* (New York: Ronald Press, 1966), pp. 504-506.

2. 지역사회문제해결의 과정

1) 문제의 발견과 분석

(1) 문제규정의 중요성

지역사회문제해결의 과정에서 그 첫 단계는 지역사회의 충족되지 않은 욕구나 해결을 필요로 하는 문제를 찾아내는 일이다. 이러한 문제가 존재한다는 것은 사회복지사 또는 지역사회의 주민들에 의해서 감지되고 인지될 수 있다. 그러나 우리가 앞 장에서 주목한 것처럼 불만 혹은 충족되지 않은 욕구가 존재한다는 것만으로는 문제해결을 위한 충분한 전제조건이 될 수 없다. 다시 말하면, 그러한 문제들은 이를 해결하기 위한 방안을 수립하고 실천에 옮겨질 수 있도록 집약되고 분명하게 규정되어야 한다.

문제를 어떻게 규정하느냐 하는 것은 다음에 있을 문제해결의 과정에서 그 문제가 어떻게 취급되느냐 하는 데에 큰 영향을 미친다. 예를 들면 지역사회의 '건강문제'(poor health)라는 겉으로 보기에 아주 간단한 문제도 여러 가지 방법으로 해석될 수 있다.[10] 그 하나의 방법은 소득이 적절치 못해서 불량주택에 거주하게 되고 충분한 영양을 섭취하지 못해 문제가 파생되었다고 볼 수 있다. 혹은 주민들이 쉽사리 이용할 수 있는 의료서비스의 부족에서 비롯되었다고 볼 수도 있으며, 또 다른 경우에는 주민들이 보건에 대한 의식과 지식이 결여되어 있는 것과 밀접한 관련이 있다고 해석할 수도 있다.

만일 건강문제를 소득부족과 이로 인한 불량주거 및 영양부족 차원에서 규정한다면 이를 위한 해결방안도 소득보장이라는 방향으로 수립

10. Perlman and Gurin, *op. cit.*, p. 62.

될 가능성이 많다. 또 의료서비스의 부족이 그 원인이라고 한다면 의료서비스를 확충하는 데 역점을 두게 될 것이며, 주민들의 건강에 대한 의식과 지식이 결핍되어 문제가 파생되었다고 해석한다면 보건교육을 실시 · 강화하는 방향으로 정책이 입안될 가능성이 높아질 것이다.

또 모든 인류사회에 보편적으로 존재하는 빈곤문제도 그 원인과 현상을 어떻게 보느냐에 따라 판이하게 정의될 수 있다. 먼저 빈곤을 미시적인 차원의 문제로 볼 때는 그것이 개인의 결함이나 불운 혹은 개인이 사회환경에 원만히 적응하지 못한 데서 기인된다고 보며, 거시적인 차원에서는 개인보다는 사회구조적인 면에서 사회제도가 제 기능을 하지 못하는 데서 나오는 문제라고 볼 수 있다.[11] 또한 빈곤은 절대적인 기준을 사용하여 "국가나 해당 사회가 가정의 최저생활을 보장하기 위해 설정한 최소한의 소득수준 이하에 있는 가정과 개인을 빈민"이라고 볼 수도 있고, 상대적인 개념을 빌려 "일반사회의 소득분배에 있어 하위에 있는 가정들과 비교적 윤택한 위치를 차지하고 있는 가정의 수입을 비교함으로써" 빈곤상황을 파악할 수도 있다.[12]

또 펄(Pearl)은 빈곤을 임상적(clinical) · 구조적(structural) 문제로 보고 전자가 '개인을 치료'하여 빈곤을 해결하려고 하는 반면 후자는 '기본적인 체제, 특히 고용과 복지제도를 개조함으로써' 빈곤을 해결하려고 한다고 주장하고 있다.[13]

---

11. Il-sub Choi, *Microscopic Vs. Macroscopic Orientations of Korean Social Workers Regarding the Problem of Poverty: A Descriptive Study*, Ph.D. Dissertation (Cleveland, Ohio: Case Western Reserve University, June 1977).

12. 최일섭, 「빈곤도측정을 위한 사회과학적 방법론」, 『사회복지』 제5집(한국사회복지연구소, 1977), pp. 127-137.

13. Arthur Pearl, "Poverty: Strategies for Reduction," in Robert Morris (ed.), *Encyclopedia of Social Work*, Vol. 2 (New York: National Association of Social Workers, Inc., 1971), pp. 921-928. 이 외에 빈곤 개념의 차이가 정책대안에 미치는 영향에 대해서는 Peter Townsend (ed.), *The Concept of Poverty: Working Papers on Methods of Investigation and Life-Styles of the Poor in Different Countries* (London: Heineman Educational Books, 1970)과 최일섭 · 김광억, 「한국사회에 있어서 빈곤문제연구의 성과와 과제」, 『사

이상의 예에서 볼 수 있는 바와 같이 문제를 어떻게 개념화하느냐에 따라 정책수립을 위한 구상이 달라지고, 그에 따른 구체적인 해결방안과 실천전략이 달라지는 것이다.

(2) 사회문제와 가치관

문제발견 단계에서 고려해야 할 가장 중요한 점은 문제의 개념에 대해서 현존의 서비스, 기관, 전문분야나 이익집단이 규정하고 있는 것을 그대로 수용할 것이냐, 그렇지 않으면 문제상황을 다소 적절하게 기술하고 있어서 그대로 개입을 하는 데 보다 나은 지침이 될 수 있는 일단의 자료를 토대로 보다 '객관적'으로 규정할 것이냐 하는 점이다.[14] 이는 다시 말하면 계획에 참여하고 있는 사회복지사가 문제를 규정할 때 어느 정도의 재량권을 갖느냐 하는 점이다. 전문인으로서 사회복지사는 클라이언트와의 관계에 있어서 다른 전문분야(의사, 변호사 등)와 마찬가지로 지식과 기술을 적용하는 데 따른 자율성을 갖는 것이 사실이지만, 또한 그가 속해 있는 사회환경과 특히 그가 일하고 있는 기관의 견해와는 상충되는 결정을 할 수 없다는 제약을 갖는다.

여기서 우리는 사회문제라는 것이 본래 '가치판단'(value judgement)에 지배되며, 집단에 따라 그 규정이 다르다는 사실에 주목할 필요가 있다.

사회문제에 대한 '사회사업의 접근방법'(social work approach)을 제안하면서, 코헨(Cohen)은 가치의 중요성에 대해서 다음과 같이 기술하고 있다: "개인과 그의 환경에 관한 지식만으로 사회문제를 규정할 수 없다. 사회문제란 상대적인 개념으로서 그에 대한 평가는 사람의 가치

회과학과 정책연구』 제IV권 제2호(서울대학교 사회과학연구소, 1982), pp. 293-310을 참고할 것.

14. Perlman and Gurin, *op. cit.*, p. 63.

체계에 따라 다를 수밖에 없다. 그래서 관찰될 수 있는 동일한 사회적 조건도 이것에 의해 직접적으로 영향을 받는 사람들에 따라서, 그러한 문제를 다루는 전문분야에 따라서, 또 사회문제를 다루는 데 있어서 자원의 할당을 결정할 책임이 있는 '정책결정자'에 따라서 그 견해가 다를 수 있는 것이다."[15]

또한 스퍼겔(Spergel)도 비행문제에 대한 사례분석을 하면서, 가치의 중요성에 대해 다음과 같이 기술하고 있다: "지역사회문제해결이란 … 사람의 행위에 개입하고 영향을 미치는 일단의 윤리적 원칙(ethical principles)의 지배를 받는다. 이러한 원칙은 전문분야와 전문복지기관의 가치정향(value orientation)의 함수(functions)다. 다시 말하면 문제해결이란 가치중립적인 조치의 단계나 국면을 의미하는 것이 아니다. 목적이나 목표에 대한 선호관(preferences)이 모든 절차와 단계에 반영되어 있는 것이다. 가치와 조치(action)는 분석적으로는 구별될 수 있을지 모르나 현실적으로는 분리될 수 없는 것이다."[16]

그러므로 문제를 규정하고 분석하는 데 있어서 사회복지사는 해결하고자 하는 문제와 관련된 가치관에 대한 면밀히 배려해야 한다.

첫째, 누가 주어진 문제를 '문제'로 보며, 누가 그것을 '문제'로 보지 않는가에 대해 분석을 해야 한다. 사회문제란 일반적으로 모든 사람이 해결되기를 바라는 것처럼 생각하지만, 그것이 존속되기를 바라는 사람들이 있다는 사실을 간과해서는 안 된다.[17] 다시 말하면 특정 사회문제의 존속으로 이익을 보는 집단과 계층이 있다는 것이다. 기능주의 사회

15. Nathan E. Cohen (ed.), *Social Work and Social Problems* (New York: National Association of Social Workers, 1964), p. 363.

16. Irving A. Spergel, *Community Problem Solving, The Delinquency Example* (Chicago: The University of Chicago Press, 1969), p. 8.

17. Paul B. Horton and Gerald R. Leslie, *The Sociology of Social Problems*, 5th ed. (Englewood Cliffs, New Jersey: Prentice-Hall, 1974), p. 8.

학자들은 사회문제란 역기능적(malfunctional or defunctional)인 면만 있는 것이 아니고 기능적(functional or eufunctional)인 면이 있다는 사실을 지적하고 있다.[18]

둘째, 사회의 어떠한 가치관과 제도가 문제를 파생시키며 존속시키고 있는가에 대한 분석을 해야 한다. 다시 기능주의 사회학자들 관점에 따르면 모든 사회문제는 해당 사회가 바람직한 가치관과 제도로서 소중히 여기는 바로 그 가치관과 제도 때문에 파생된다는 것이다.[19]

예를 들면 '이혼' 이라는 사회문제는 일부일처제의 소산일 수 있으며, '도박' 이라는 사회문제는 자립심과 경쟁심을 미덕으로 삼는 사회가치관에서 그 근원을 찾을 수 있고, '알코올중독' 은 사교와 여가, 음주의식을 중요시하는 사회에서 흔히 나타날 수 있는 현상이라고 볼 수 있다. 그러므로 사회복지사가 해결하고자 하는 문제를 분석할 때는 그 문제를 야기하는 가치관과 사회제도에 대해 검토해야 한다.

셋째, 특정 사회문제에 대해 사회의 지배계층이 어떻게 생각하고 있는가를 분석할 필요가 있다. 여기서 말하는 지배계층이란 정치인, 기업인 등 문제해결에 필요한 자원을 통제할 수 있고 정책을 결정할 힘을 가지고 있는 계층을 의미한다. 이는 사회문제의 우선순위(priority)와도 밀접한 관계를 갖는다. 지배계층에 있는 사람들이 특정 사회문제에 대해서 갖는 견해는 전문가나 일반인이 갖는 견해와 일치한다고 보기는 힘들다. 특정 사회문제가 해결되느냐 혹은 해결되지 않은 채 남아 있느냐 하는 것은 정치인이나 기업인들의 이해와 밀접한 관계가 있을 수 있다.

예를 들면 노동자문제나 노인의 복지와 관련된 문제들이 정치인이나

18. 예를 들면 Herbert J. Gans는 그의 논문 "The Positive Functions of Poverty," *American Journal of Sociology*, Vol. 78, No. 2 (1972)에서 빈곤이 갖는 기능적인 점을 열네 가지나 들고 있다.

19. Robert K. Merton and Robert Nisbet (eds.), *Contemporary Social Problems*, 3rd ed. (New York: Harcourt, Brace, Jovanovich, 1971), p. vii.

기업인에게 주는 의미는, 아동이나 심신장애인의 복지와 관련된 문제가 그들에게 주는 의미와는 상당한 차이가 있을 수 있다. 주지하는 바와 같이 총선거를 앞두고 있는 정치인들의 경우 선거권이 없는 아동보다는 유권자인 노인이나 노동자, 빈민에 대한 복지에 더 많은 관심을 갖는 경향이 있다. 또 정당에 따라서 사회문제에 대한 견해에도 차이를 보인다. 미국의 경우 전통적으로 보수주의(conservatism) 성향이 강한 공화당은 실업인이나 상류층의 이익에 부합하는 정책노선을 취하는 반면에 자유주의(liberalism) 성향이 강한 민주당은 노동자나 흑인 등의 복지에 더 많은 관심을 갖는 경향이 있다. 정치인들이 갖는 이와 같은 계층에 대한 이익과 사회문제에 대한 우선순위가 다르다는 사실은 전문가인 사회복지사의 문제분석에 중요한 의미를 갖는다.

넷째, 사회문제에 대해서 사회복지사가 속해 있는 기관이나 단체가 갖고 있는 견해를 분석할 필요가 있다. 이러한 이해는 공적 기관이냐 민간단체이냐에 따라서 상당한 차이가 있을 수 있고, 민간단체의 경우에도 대표자나 이사회의 구성에 따라 동일한 문제에 대한 견해에 상당한 차이가 있을 수 있다. 사회복지사의 존재 이유가 클라이언트의 복지를 향상시키는 것이라 하더라도 그를 고용하고 후원하는 단체의 정책이나 방침에 어긋나는 행동노선을 취할 수는 없기 때문에, 고용기관이 사회문제에 갖는 견해에 대한 충분한 이해가 있어야 하는 것이다.

다섯째, 사회문제에 대해서 전문분야가 갖는 견해와 가치에 대해서 분석할 필요가 있다. 동일한 사회문제에 대한 견해는 전문분야에 따라 상이하며, 동일 전문분야의 경우에도 사회적 상황과 시대에 따라서 차이가 있을 수 있다.[20]

---

20. 한국의 사회복지사들이 사회문제에 대해서 갖고 있는 이념관에 대해서는 Il-sub Choi, *Microscopic Vs. Macroscopic Orientations of Korean Social Workers Regarding the Problem of Poverty: A Descriptive Study*, Ph.D. Dissertation을 참조할 것.

(3) 사회문제와 관련 이론

지금까지 우리는 문제발견과 분석에 있어서 사회복지사가 활동하고 있는 사회환경의 주요 가치관이 갖는 역할에 대해서 살펴보았다. 그러나 전문 사회복지사의 문제분석에 따른 작업은 오로지 가치관에 의해서만 결정될 수 없고, 또 결정되어서도 안 된다. 사회복지사는 계획전문가(planning specialist or planner)로서 사회문제와 관련된 객관적인 자료를 수집하고 분석해야 한다. 이에 대해서 칸(Kahn)은 사회복지사는 "응용분야에 있어서 조사연구에 대한 체계적인 검토와 평가"[21]를 해야 한다고 말하고 있다.

사회문제의 분석에 필요한 자료를 수집하기 위해서 계획전문가가 고려해야 할 점에 대해서 살펴보기로 한다.

첫째, 문제와 관련된 특수집단과 지역에 대한 특성을 기술한 통계자료, 실태조사보고서 등을 분석해야 한다. 이러한 자료가 존재하지 않을 때 직접적으로 조사를 행하는 것은 물론 중요하다.

통계자료를 토대로 해서 문제를 개념화한 가장 대표적인 예로 오셴스키(Orshansky)의 미국에서의 빈곤문제에 관한 분석을 들 수 있다.[22] 그녀는 정부가 산출한 '경제적인 음식비'에 지역적(농가와 비농가) 물가의 격차, 가구주의 형태(남성 혹은 여성, 취업 혹은 실직 등), 가구 내의 자녀 수 등을 감안하고, 이 음식비에 3배를 하여(1950년대에 실시한 연구조사에서 저소득 가정의 생활비 중 3분의 1이 음식비에 쓰이고 있다는 사실에 근거하여) 가족의 크기에 따른 빈곤선(poverty line)을 책정했다.

---

21. Kahn, *op. cit.*, p. 79.
22. Mollie Orshansky, "Counting the Poor: Another Look at the Poverty Profile," in Louis A. Ferman, et al. (ed.), *Poverty in America* (Ann Arbor, Michigan: University of Michigan Press, 1968), pp. 67-84.

둘째, 특정 사회문제와 관련된 사회과학이론을 활용해야 한다. 이런 이론들은 '사회행동'(social behavior)과 '제도분석'(institutional analysis)으로 나눌 수 있다.[23] 전자는 사회제도와 관련된 인간의 행동을 다루는 것으로서 역할이론, 집단역학, 소집단행동, 커뮤니케이션, 결정이론 등 심리학, 사회심리학, 인류학, 미시사회학에서 연구된 이론들을 말한다. 제도분석과 관련된 사회과학이론은 거시사회학, 경제학, 정치학 등에서 성립된 것으로 지역사회분석, 조직이론, 사회계층, 권력구조 등에 관한 이론을 그 내용으로 한다.

여기에서 우리가 주의해야 할 점은 사회문제를 근본적으로 해결하는 데 지침이 될 수 있는 이른바 '대이론'(grand theory)이 존재하지 않는다는 사실이다. 예컨대 사회의 모든 현실에 대해서 설명을 시도하려고 했던 고전적인 마르크스이론이나 막스 베버(Max Weber)와 프로이트(Freud)의 이론 등은 사회문제의 기원과 존속에 대해 많은 설명을 해주지만 문제해결에 따른 실제적인 과업을 수행하는 데는 그 유용성이 상당히 제한되어 있다고 할 수 있다.

다른 한편으로 사회문제와 관련된 구체적인 모델들, 예컨대 '소외'(alienation), '기회구조'(opportunity structure), '빈곤문화'(culture of poverty) 등은 복잡한 사회현상을 설명해 주기에는 한계가 있어서 사회복지사의 문제분석 영역과 해결방안 모색에 상당한 제약을 줄 수 있다.

결국 지역사회조직사업에 있어서 '문제해결'이라는 것은 문자 그대로 '문제를 근본적으로 해결하는 것'이 아니라 상황적(situational) 수준에의 개입이라고 한다면, 다양한 이론과 모델을 분별 있게(sensibly) 활용할 수밖에 없다.

23. Perlman and Gurin, *op. cit.*, p. 64.

(4) 사회문제의 조작화

사회문제의 구체적인 해결방안을 찾아 실제적인 조치를 취하기 위해 사회문제는 좀 더 구체적으로 조직화(operationalization)되어야 한다. 사회문제를 조작화한다는 것은 그 개념을 측정할 수 있고 실천할 수 있으며 평가할 수 있도록 구체화하는 것을 말한다. 예컨대 빈곤을 정의할 때 "빈곤이란 한 개인과 가정의 소득이 가정의 기본적 욕구를 충족하기에 충분치 못하고, 해당 사회가 허용하는 문화적인 활동에 참여하는 데 필요한 자원이 결핍된 상태"라는 정의는 사전적인 정의로서 빈곤을 해결하기 위한 조치를 강구하는 데는 미흡하다고 할 수 있다. 이에 반해 앞에서 예시된 것처럼 오센스키의 빈곤에 대한 정의는 구체적인 빈곤선을 제시할 정도로 조작화되어 미국의 공공부조에 있어서 부조자격요건(eligibility)을 결정하는 기준이 된 것이다.

2) 정책 및 프로그램의 개발

해결을 필요로 하는 문제가 분석되고 조작적으로 정의된 다음에 거쳐야 할 단계는 정책을 수립하고 실천하기 위한 프로그램을 개발하는 일이다. 여기서 정책이란 맨검(Mangum)이 기술한 것처럼 "다양한 대안 중에서 선택된 확고한 행동노선이며, 주어진 상황에 비추어 현재와 장래의 결정을 인도하고 가능하게 해 주는 것"[24]이고 칸(Kahn)이 주목한 대로 장래의 결정에 대한 일반적인 지침이라 할 수 있는 '기본계획'(standing plans)[25]을 말한다.

이러한 의미에서 볼 때 정책수립은 문제해결을 위해 취하고자 하는

24. Garth Mangum, *Emergence of Manpower Policy* (New York: Holt, Rinehart and Winston, 1969), p. 130.
25. Kahn, *op. cit.*, p. 130.

조치와 프로그램의 방향을 결정하는 것이라고 할 수 있다.

문제를 보는 관점이 다양한 것처럼 주어진 문제를 해결하는 데 있어서의 목표와 방향도 다양할 수 있다. 그러므로 정책을 수립하는 것은 다양한 해결대안 중에서 가장 효과적이고 효율적인 방안을 찾아내는 '정책선택'(policy choice)이라고 할 수 있다.

정책을 수립할 때 고려해야 할 요건으로 라인(Rein)은 이념관(ideology), 실현가능성(feasibility), 합리성(rationality)을 들고 있다.[26]

우리가 '문제의 정의' 단계에서 지적했던 것과 마찬가지로 정책을 선택하는 데 있어서도 사회복지사는 그를 둘러싼 환경의 가치관에 상당한 영향을 받는다. 다시 말하면 주어진 문제와 직접·간접으로 관련되어 있는 행동체계(action system)가 문제의 해결에 대해서 어떤 견해를 갖느냐는 것이 중요한 요건이 된다는 것이다.

행동체계는 일반적으로 ① 정부기관, ② 사회복지사가 속해 있는 사회복지기관, ③ 문제로 인해 직접적인 영향을 받는 클라이언트 집단, 그리고 ④ 문제해결과 이해관계에 있는 정치인, 기업인, 전문분야 등의 관련 집단으로 구성된다. 행동체계를 구성하는 각각의 인자(因子)는 문제의 해결을 위한 목표와 전략, 전술 등에 있어서 서로 다른 견해를 갖는 것이 보통이다.

여기에서 대표적인 실례를 들어 보자. 1970년대 초 미국의 여러 시에서는 신체장애인의 복지를 증진시키는 방안의 하나로 이른바 '공공건물에 있어서의 건축장애를 제거'(elimination of architectural barriers in public buildings)하자는 대대적인 사회운동이 전개되었다.[27] 이 운동은 당시 재향군인병원(veterans administration hospitals)에 입원해 있던

26. Martin Rein, "Social Planning: Welfare Planning," in *International Encyclopedia of the Social Sciences* (New York: The Macmillan Co. and Free Press, 1968), pp. 142-154.

27. Il-sub Choi, "Elimination of Architectural Barriers of Public Buildings in the City of Cleveland: A Social Action Case" (Unpublished Mimeograph, 1975).

환자들과 이들을 돌보던 사회복지사들이 중심이 되어 일어났는데, 이들이 선택했던 단기적인 목표(immediate objectives) 가운데 하나는 시민들(장애인 자신을 포함한)의 세금에 의해 지어진 공공건물(정부, 공립학교, 공공 서비스기관 등의 건물)을 장애인이 쉽사리 접근할 수 있도록 개조하는 것이었다. 이들은 이와 같은 일단계의 목표가 달성되면 이를 지역사회 내의 모든 공·사 건물에까지 확대시키겠다는 장기적인 목표를 갖고 있었다.

이들이 취한 구체적인 전략은 자기들의 동조세력을 규합하고, 일반시민의 관심을 환기시키며, 건축에 관련된 시의 법령(city ordinances)을 개정하는 것이었다. 이러한 목적을 관철시키기 위해서 사회복지사는 행동체계로서 ① 지역사회에 거주하는 모든 '장애인'(심신장애인과 그의 가족, 임신부, 비만증환자 등), ② 공공건물의 관리책임자(이 경우 정부의 공무원), ③ 이해관계집단(정치인, 건축가협회, 장애자복지기관, 의사협회, 사회복지사협회) 등을 포함시켰다. 그러나 이들이 운동목표를 설정함에 있어서 행동체계들 간에 우선순위가 다르고 사용하고자 하는 전략과 전술에 있어서도 상당한 차이가 있음을 발견했다. 여기에서 사회복지사는 각 집단 간의 갈등적인 이데올로기를 분석·비교하여 타협적인 정책목표를 설정할 수밖에 없다.

이 실례에서 우리가 생각해야 할 점은 정책을 선택할 때 사회복지사의 역할이 무엇인가 하는 점이다. 즉 사회복지사는 클라이언트의 이익을 대변하는 대변자(advocate)의 역할을 수행할 것이냐, 그렇지 않으면 여러 가지 대안과 결과를 검토해서 클라이언트 집단에 제시하는 분석가(analyst)의 역할을 수행할 것이냐 하는 점이다. 정책의 목표설정과 관련해서 딕먼(Dyckman)[28]과 데이비도프(Davidoff)[29]는 대변자의 역할을

28. John W. Dyckman, "Societal Goals and Planned Societies," in H. Wentworth Eldredge (ed.), *Taming Megapolis*, Vol. I (Garden City, New York: Anchor Books, Doubleday &

강조하고, 라이너(Reiner)[30]는 분석가의 역할을 강조하고 있다.[31] 한편 웨버(Webber)는 정책결정에 있어서 상호작용, 상호적응(mutual adaptation)과 계속적인 분석을 강조하는 발전적 견해를 제시하고 있다.[32]

정책목표를 수립할 때 사회복지사는 자기가 바람직하다고 생각하는 행동방향과 활용가능한 대안들을 어떻게 '혼합'(mix)할 것인가? 여기에 작용하는 요인으로서는 ① 특정 문제의 원인과 해결에 관한 지식상태, ② 사회복지사의 활동을 지원하는 후원자와 기관의 성격, ③ 사회복지사와 함께 일하는 여러 집단들의 가치에 대한 견해의 일치 혹은 불일치의 정도를 들 수 있는데, 이러한 요소들을 근거로 하여 체계적인 정책을 수립하기 위한 지침은 아직도 미흡한 상태에 있다.[33]

문제해결을 위한 정책목표를 설정할 때 사회복지사가 고려해야 할 점은 그 정책이 실현 가능하냐 하는 것이다. 아무리 이상적인 정책목표도 그 실천을 뒷받침해 줄 수 있는 자원(물적 · 인적)과 지식 및 기술이 충분히 개발되어 있지 못하다면 달성될 가능성은 그만큼 적어진다. 또 정치적 · 사회적 분위기가 그러한 목표를 달성하고자 하는 노력에 어느 정도 긍정적인가도 정책의 실현가능성에 지대한 영향을 미친다.

정책목표를 설정할 때 고려해야 할 또 다른 점은 과업지향적인 목표와 과정중심적인 목표 중 어느 것에 더 역점을 두어야 할 것이냐 하는 점이다. 제2장에서 살펴본 대로, 지역사회문제해결의 성격이 사회계획적

Co., 1967).

29. Paul Davidoff, "Advocacy and Pluralism in Planning," *Journal of the American Institute of Planners*, Vol. 31, No. 4 (November 1965), pp. 331-339.

30. Thomas A. Reiner, "The Planner as Value Technician: Two Classes of Utopian Constructs and Their Impacts on Planning," in H. Wentworth Eldredge (ed.), *Taming Megapolis* (Garden city, New York: Anchor Books, 1967).

31. 지역사회조직사업에서의 사회사업가의 역할은 제7장에서 상세히 설명됨.

32. Melvin M. Webber, "Systems Planning for Social Policy," in Ralph M. Kramer and Harry Specht (eds.), *Readings in Community Organization Practice* (Englewood Cliffs, New Jersey: Prentice-Hall, Inc., 1969), p. 424.

33. Perman and Gurin, *op. cit.*, p. 72.

인 측면일 때는 과업지향적인 목표에, 또 지역개발적인 측면일 때는 과정중심적인 목표에 더 역점을 둔다고 일반적으로 말할 수 있다. 그러나 현실적인 정책목표의 설정에서는 두 목표가 역점의 정도에는 차이가 있어도 동시에 존재할 수 있다는 사실도 간과해서는 안 된다.

정책이 수립된 후에는 이를 실천에 옮길 수 있는 프로그램을 개발해야 한다. 프로그램의 개발(development of program 혹은 programming)은 목표를 향한 광범한 정책을 실천하기 위한 조치들을 구체적으로 표현하는 것이다.[34] 여기에서 중요시되는 것은 결과를 추구함에 있어서의 효과성과 효율성으로서, 펄먼과 구린은 다음의 세 가지 요소가 고려되어야 한다고 기술하고 있다.

① 업무의 내용(해야 할 일에 관한 명세): 어떤 종류의 활동, 프로그램, 서비스를, 어떤 순서로 얼마만큼의 양을, 어떤 전달체계(physical arrangements)를 통해서 제공할 것인가.

② 자원(여러 가지 활동을 전개하는 데 필요한): 자본설비(capital facilities), 필요한 인력과 자격 및 재원은 현재 어디에 있으며, 누가 통제하고 있으며, 어떻게 동원할 수 있을 것인가.

③ 가능성(feasibility): 자원의 활용가능성은 어느 정도인가. 정책목표를 달성하기 위해 필요한 변화, 자원의 분배, 새로운 자원의 개발은 어떻게 할 것인가. 프로그램의 수행에 어느 정도의 수용 혹은 저항이 존재하는가. 필요한 변화를 시도하기 위해 어떠한 전략(갈등, 협상, 타협 등)을 사용할 것인가.[35]

34. *Ibid*., p. 73.
35. *Ibid*., p. 74.

3) 프로그램의 실천

프로그램의 실천(implementation or action)은 정책목표를 달성하기 위해서 행하게 되는 일련의 활동을 말한다. 활동의 내용과 형태는 문제의 성격에 따라 무한정한 것이기 때문에 일률적으로 논할 수는 없으나 크게 두 가지 범주, 즉 '체제유지 혹은 과정중심적 활동'과 '과업중심적 활동'으로 나눌 수 있다. 체제유지적 활동이란 클라이언트 집단이 문제를 스스로 해결할 수 있도록 능력을 배양해 주는 활동을 말하며, 과업중심적 활동이란 클라이언트 집단이 필요로 하는 서비스를 직접적으로 제공해 주는 활동을 말한다.

구체적인 예를 들어 보자. 대한가족계획협회(현 인구보건복지협회)에서는 UN인구활동기금(United Nations Fund for Population Activities; UNFPA)의 재정적인 지원을 받아 1978년 10월부터 1981년 9월까지 3년간 '새마을부녀회를 통한 도시영세지역의 가족계획사업'이라는 시범사업을 전개했다.[36] 이 사업의 장기목표는 도시영세지역의 가임연령층에서 가족계획에 대한 지식, 태도, 실천을 향상시키는 것이었고, 단기목표는 ① 새마을부녀회를 대상 집단의 가족계획 실천을 돕기 위한 홍보·계몽 채널(family planning communication channel)로 활용하기 위한 모델을 개발하고, ② 가족계획사업을 부녀회의 지역개발사업으로 통합시키며, ③ 자원봉사자를 가족계획의 변화매개자로 활용할 수 있는 가능성을 평가하는 것이었다.

이와 같은 목표를 달성하기 위해 계획되고 추진된 활동들을 구체적으로 열거해 보면, ① 사업지역에 대한 실태조사(주민의 생활실태, 인구·사회학적 특성, 가족계획에 관한 지식·태도·실천 등의 사항

36. 대한가족계획협회, 「새마을부녀회를 통한 도시영세지역 가족계획사업계획서」(미발행문서, 1978), 본 저자는 당시 이 협회의 기획자문위원으로서 사업계획서 작성에 직접 참여했다.

포함), ② 새마을부녀회장의 자질평가조사(새마을부녀회의 구성과 사업, 부녀회장의 가족계획에 관한 지식 · 태도 · 실천 등의 사항 포함), ③ 새마을부녀회장에 대한 훈련, ④ 부녀회 월례회의 지원, ⑤ 정부보건소요원에 대한 훈련, ⑥ 가정건강기록부의 활용, ⑦ 가족계획에 관한 가두캠페인의 전개, ⑧ 피임약제의 공급과 피임시술 서비스 제공, ⑨ 우수새마을부녀회에 대한 표창, ⑩ 평가조사 등이었다.

이상의 활동 중에서 체제유지적 활동으로는 조사, 훈련, 표본, 평가조사 등을 들 수 있고, 과업중심적 활동으로는 ⑥, ⑦, ⑧ 등을 지적할 수 있다. 그러나 이 사업의 성격상 조사와 훈련은 체제유지적 활동이라기보다는 과업중심적 활동이라고 볼 수도 있을 것이다.

일반적으로 프로그램의 실천 과정에서는 사업을 추진하는 기관이 여러 관련 집단과 협력적인 활동을 전개하는 것이 보통이다.[37] 위에서 예시한 시범사업을 추진함에 있어서 가족계획협회는 동사무소, 구 보건소 등을 '운영위원회'에 참여시키고 그들을 정기적인 평가회의에 참석시킴으로써 사업의 효율성을 높이려고 하고 있다.

프로그램이 실천되는 과정에서 새로운 문제가 발생될 수 있으며, 이 경우 원래의 계획에 수정(adjustments)을 가해야 할 필요가 생긴다.[38] 이러한 문제는 사업 외부적인 요인(홍수 · 가뭄 등 천재의 발생, 시당국에 의한 사업지역에 재개발사업의 실시 등)에서 발생될 수도 있고, 사업의 행동체계 내의 변화(교육대상자의 불참, 관계기관의 비협조) 등에서 비롯될 수도 있다. 극단적인 상황에서는 사업계획 자체가 백지화될 경우도 있고, 계획에 대폭적인 수정을 가해야 할 경우도 발생할 수 있다. 사업의 추진기간이 길면 길수록 변화가 발생할 가능성은 그만큼 증대되어, 원래의 계획에 수정을 가해야 할 필요성도 커진다. 그러나 전문 사

37. Dunham, *op. cit.*, p. 280.
38. *Ibid.*, p. 280.

회복지사는 계획의 단계에서 변화를 예측할 수 있는 통찰력이 있어야 하고, 변화가 발생했을 때 즉각적으로 대처할 수 있는 능력과 기술이 있어야 한다.

4) 평가

문제해결 과정의 마지막 단계인 평가는 두 가지 목적을 갖는다. 그 하나는 프로그램의 실천 과정에서 수집된 정보를 입수해서(monitoring), 실천에 반영하여(feedback), 실천의 궤도를 수정하는 경우다. 이러한 의미에서는 평가가 문제해결 과정의 마지막 단계라고 볼 수는 없고 문제 설정, 목표수립, 프로그램의 개발, 프로그램의 실천이라는 전 과정에 영향을 주는 계속적인 활동이라고 보는 것이 타당하다.[39]

원래 '모니터링'과 '피드백'은 커뮤니케이션 분야에서 널리 쓰이는 개념으로서 대중매체(mass media)를 통해 전달된 '메시지'에 대한 청중과 독자들의 반응을 수집해서 '메시지'의 내용을 수정함으로써 매체의 효과를 극대화시키려는 수단인 것이다. 지역사회조직기관이 대중매체에 비유될 수 있다면, 그 기관에 의해서 계획되고 실시되는 사업은 메시지에 비유될 수 있을 것이다. 메시지를 통해서 얻어진 반응과 성과는 대중매체가 원래 기대했던 바와는 상당한 차이가 있을 수 있다. 마찬가지로 사회복지기관이 설계했던 프로그램은 의도했던 효과를 가져오지 못할 수도 있다. 그러므로 문제해결의 전 과정에서 필요한 정보를 청취하여 적절한 수정과 보완을 하는 것은 매우 중요한 일이다.

이를 위해서 흔히 사용하는 방법은 행동체계를 구성하는 사람들의 대표로 위원회를 조직해서 정기 혹은 비정기적인 평가회의를 개최하여,

---

39. Perlman and Gurin, *op. cit.*, p. 74.

프로그램의 추진상황을 면밀히 검토하는 일이다. 또 모니터를 선정해서 사업대상지역의 클라이언트들로부터 프로그램에 대한 반응을 수집케 할 수도 있다. 어떤 경우에는 간단한 중간평가조사(interim evaluation survey)를 실시하여, 사업의 추진효과를 좀 더 객관적으로 평가할 수도 있다.

평가의 두 번째 목적은 문제해결의 전 과정이 이룩한 결과와 최종 산물을 평가하는 것이다.[40] 이러한 평가는 일반적으로 프로그램을 통해서 성취하고자 하는 목표가 어느 정도 달성되었는지, 즉 프로그램의 효과성(effectiveness)과 영향(impact)을 측정하는 것이다.

프로그램의 효과를 평가하는 방법으로서 가장 흔히 쓰이는 방법은 실험조사방법(experimental survey)이다. 실험조사의 형태는 다양하나 지역사회조직사업과 관련해서 가장 많이 쓰이는 형태는 '후 측정실험방법' (after-only experiments)과 '전 · 후 측정실험방법' (before-after experiments)이다.[41] 전자는 프로그램을 실시한 연후에 변화를 측정하는 것이고, 후자는 먼저 기초조사(benchmark survey)를 하고, 프로그램을 실시한 후에 다시 조사하여, 두 조사의 결과를 비교함으로써 변화를 측정하는 것이다. 앞에서 예시했던 '도시영세지역의 가족계획사업' 에서는 전 · 후 측정실험설계를 이용하여 프로그램에 대한 효과를 평가했다.

프로그램의 결과와 효과에 관해 수집된 자료는 문제해결을 위해 수립된 정책이나 프로그램을 계속할 것인지, 중단할 것인지, 혹은 수정할 것인지를 결정하는 데 쓰인다.[42] 던햄(Dunham)은 평가가 있은 뒤에 행하는 '다음 단계' (next steps)에는 다음의 다섯 가지 경우가 포함된다고

---

40. *Ibid.*, p. 74.
41. 실험조사의 설계는 모든 '사회조사방법론' 교과서에서 자세히 취급되고 있다. 국내의 대표적인 것으로는 윤종주, 『사회조사』(개문사, 1980), pp. 168-177을 들 수 있다.
42. Perlman and Gurin, *op. cit.*, pp. 74-75.

했다[43]: ① 취했던 조치가 원래의 문제를 해결한 것으로 받아들이는 경우, ② 문제를 재설정해야 하는 경우, ③ 새로운 문제를 발견하는 경우, ④ 변경을 하지 않거나 수정하여 조치를 계속하기로 결정하는 경우, ⑤ 최소한 당분간은 그 문제를 해결하려는 노력을 포기해 버리는 경우. 여기서 ②와 ③은 새로운 문제가 발생했기 때문에 지역사회조직의 과정, 즉 지금까지 논의한 지역사회문제해결의 과정을 다시 시작해야 하는 경우라고 할 수 있다.

끝으로 앞에서 예시했던 도시영세지역의 가족계획사업은 3년간의 시범사업기간에 단기목표에서 지적했던 '모델개발'이 성취된 것으로 평가하고,[44] 던햄이 지적한 '다음 단계' ④의 경우처럼 약간의 수정을 하여 시범지역에 사업을 계속하는 한편, 그 모델을 다른 도시영세지역에 확산·보급하기로 결정했다.

3. 지역사회문제해결을 위한 지침

본 절에서는 지역사회조직사업 분야에서 일하는 사회복지사들이 지역사회의 문제상황을 분석하고, 문제해결에 따른 조치(action)를 강구함에 있어서 참고할 수 있는 지침을 살펴보기로 한다.

다음에 제시한 지침은 미국의 미시간대학교 사회사업대학원에서 개발된 것으로,[45] 우리나라의 실정에 맞게 수정·보완된 것이다. 이 지침은

43. Dunham, *op. cit.*, p. 280.
44. 최일섭, 「새마을부녀회의 가족계획사업 — 도시영세민지역의 시범사업을 중심으로」, 『서울대 새마을운동종합연구』 제1권 제1호(서울대학교 새마을운동종합연구소, 1981), pp. 33-53을 참조할 것.
45. Fred M. Cox, et al. (eds.), *Strategies of Community Organization*, 2nd ed. (Itasca, Illinois: R. E. Peacock Publishers, 1974), pp. 371-375.

문제해결 과정에서 당면하게 되는 요소들을 순서적으로 기술하고 있는데, 모든 지역사회의 상황에 일률적으로 적용할 수는 없고, 다소 융통성을 갖고 활용해야 한다고 저자들은 권고하고 있다. 또 이 지침은 사회복지사가 분명한 목표(identifiable objectives)와 조치를 갖춘 사회복지기관에서 일하고 있는 경우를 전제로 하고 있다.

1. 사전에 고려해야 할 사항

1) 임무의 개요: 사회복지기관으로부터 부과된 임무와 그 배경을 기술한다.
2) 사회복지사가 속한 기관에 관한 사항
   ① 정관과 목적(기관의 목적과 운영에 따른 공식적인 기술과 비공식적인 '이해사항')
   ② 구성(기관을 움직이는 사람들의)과 자원(재정적 · 전문적 자원과 이들의 사회적 특성)
   ③ 공식 · 비공식 구조(공식적인 행정체계, 타 기관과의 관계, 외부로부터의 신망과 사회적 지위)
3) 사회복지사(주어진 문제에 관한 일을 하도록 기관으로부터 고용된 사람)
   ① 부과된 과업을 수행하는 데 따른 동기, 능력 등에 관한 사항
   ② 역할의 모호성, 갈등, 긴장의 존재 여부

2. 문제

1) 문제분석(사회복지사의 견해)
   ① 문제의 성격
   ② 문제의 소재: 지리적 · 사회적 · 심리적 · 제도적 측면
   ③ 문제의 범위: 문제에 의해 영향을 받는 사람들과 집단
   ④ 문제의 정도: 문제가 미치는 영향의 심각성 분석
2) 문제해결을 위한 과거의 노력
   ① 누구에 의해서 시도되었는가?
   ② 얼마나 효과적이었는가?
   ③ 성공 혹은 실패의 이유는 무엇인가?

3) 문제에 대한 외부(개인들, 집단들과 기관들)의 견해

① 누가 문제를 사회복지사와 동일하게 생각하는가?

② 누가 문제를 사회복지사와 달리 파악하고 있는가?

3. 문제의 사회적 맥락

1) 문제의 근원

2) 문제의 구조 · 기능적 분석

① 문제를 지속시키거나, 증가 또는 감소시키는 사회구조

- 사회 전반, 지역, 도, 부락, 동네 등
- 공식기관, 민간조직, 일차집단
- 권력구조, 인구 · 사회학적 요인, 생태학적 · 경제적 요인, 문화적 · 기술적 요인

② 사회문제가 사회구조에 미치는 영향

- 누가 이익을 보고 누가 피해를 입는가?
- 문제와 관련된 집단에 대해서 문제가 어떤 식으로 기능적 혹은 역기능적인가?

4. 클라이언트(사회복지사의 노력에 의해서 일차적으로 혜택을 받는 인구와 집단들)

1) 지리적 소재, 크기

2) 사회적 · 경제적 · 정치적 · 인구학적 특성

3) 클라이언트를 위한 공식기구 및 조직

4) 클라이언트 내부의 불화와 갈등

5) 외부 사회구조와의 유의미한 관계

6) 상기사항에 대한 변화(시간의 흐름에 따른)

5. 목표

1) 문제해결과 관련된 목표의 우선순위(priority)

① 기관의 우선순위

② 클라이언트의 우선순위

③ 중요 외부기관, 집단들의 우선순위

2) 상기 사항에 비추어 사회복지사가 생각하는 목표의 우선순위
   ① 과업중심적 목표(사회문제해결을 위한 과업의 성취와 관련된 목표)
   ② 과정중심적 목표(체제의 유지와 발전을 위한 목표: 사회관계, 문제해결의 구조 및 과정)

6. 전략(바람직하다고 생각하는 목표와 우선순위에 따라서 2개 혹은 3개의 가능한 전략을 다음과 같은 요건에 비추어 고려한다)

1) 성공을 위해 필요한 최소한의 과업
2) 행동체계: 선택된 전략의 수행에 필요한 기관내부, 클라이언트 및 외부로부터의 자원과 지원세력의 발견
3) 저항(반대)과 간섭(마찰, 방해)을 하는 세력
   ① 반대집단과 그들이 취할 수 있는 행동과 이것이 주는 어려움을 찾는다.
   ② 선택된 전략이 이러한 저항과 반대에 어떻게 대응할 것인지를 모색한다.
4) 전략을 활용할 수 있는 사회복지사의 능력 평가
   ① 최소한의 과업이 수행되고 유지될 수 있는가?
   ② 필요한 자원과 지원집단들이 동원될 수 있고, 그들의 결속력과 목표를 성취하고자 하는 행동이 지속될 수 있는가?
5) 선택된 전략: 고려된 전략 중에서 하나를 선택하고 선택한 근거를 제시한다.

7. 전술(tactics)

1) 초기의 지원 획득 전술
   ① 개시(entry): 어디서, 누구와 함께 일을 시작할 것인가?
   ② 수단(leverage): 전략을 가장 잘 지속시킬 수 있는 초기 행동은 무엇인가?
2) 행동체계의 참여와 조직화를 위한 전술
   ① 문제에 관한 적절한 자료를 수집하고 해설함으로써 문제를 분명히 한다.
   ② 목표와 전략을 분명히 한다.
   ③ 행동체계 내에 있는 변화매개자, 기관, 기타 집단들의 역할기대를 분명히 한다.
   ④ 계약 혹은 기본적 합의사항의 설정(사회복지사와 행동체계를 구성하는 사람들 간)

3) 실천

① 행동체계에 대한 훈련과 지원의 제공

② 조치일정의 설정

③ 가용자원의 활용

④ '조치-반응-조치' 유형의 활용

⑤ 필요하다면 반대에 대한 대응(대결, 협상, 적법성의 논쟁 등)

8. 평가

1) 문제해결에 있어서 전략의 성공

2) 전술의 효과성

9. 조치의 수정, 종결 혹은 이전

1) 새로운 목표, 전략 혹은 전술의 설정

2) 사회복지사의 활동을 종결하거나 수정

① 사회복지사를 행동체계에서 물러나게 한다.

② 새로 사회복지사에게 임무를 이양시킨다.

③ 변화노력을 유지하거나 제도화한다.

④ 최종목표를 위해 행동체계를 활성화한다.

제7장 지역사회조직사업에서 사회복지사의 역할

1. 개요

이 장에서는 전문 사회복지사가 지역사회의 현장에서 문제해결과 관련하여 수행하는 역할에 대해서 살펴보기로 한다. 사회복지사나 기타 지역사회문제를 해결하기 위해 여러 분야의 전문가들이 수행하게 되는 역할은 여러 가지 사회적 조건에 의해서 영향을 받을 수 있으며, 특히 추진하고자 하는 사업의 목적과 형태에 따라 역할의 내용이 달라진다.

우리는 제2장에서 지역사회조직사업의 양대 목표로서 지역사회의 서비스를 향상시키기 위한 '과업중심의 목표'와 지역사회주민의 문제해결능력을 강화시키기 위한 '과정중심의 목표'를 살펴보았다. 또 지역사회조직을 통해서 성취하려는 구체적인 목표로서 ① 지역사회주민의 참여와 통합을 강화시키려는 목표, ② 클라이언트 집단(전 지역사회주민 혹은 일부)의 환경에의 대처능력을 강화시키려는 목표, ③ 사회적 조건과 서비스를 개선하고자 하는 목표, 그리고 ④ 특정 불이익집단의 이익을 신장시키고자 하는 목표가 있음에 주목했다. 또 지역사회조직사업이라는 개념 속에 내포되어 있는 이러한 다양한 목표 때문에 '지역사회개발', '사회계획', '사회행동'과 같은 독특한 사업유형(모델)이 존재하고

〈표 7-1〉 C.O.모델에 따른 사회복지사의 역할에 관한 대표적인 학자들의 분류

지역사회개발모델		사회계획모델		사회행동모델	
Ross[a)]	Lippitt[b)]	Morris & Binstock[c)]	Sanders[d)]	Grosser[e)]	Grossman[f)]
안내자 (guide) 조력자 (enabler) 전문가 (expert) 치료자 (therapist)	촉매자 (catalyst) 전문가 (expert) 실천가 (implementer) 조사자 (researcher)	계획가 (planner)	분석가 (analyst) 계획가 (planner) 조직가 (organizer) 행정가 (program administrator)	조력자 (enabler) 중개자 (broker) 옹호자 (advocate) 행동가 (activist)	행동조직가 (organizer)

a) Murray G. Ross, *Community Organization: Theory, Principles, and Practice*, 2nd ed. (New York: Harper & Row, 1967), Chapter 8.

b) Ronald Lippitt, et al., *The Dynamics of Planned Change: A Comparative Study of Principles and Techniques* (New York: Harcourt, Brace, Jovanovich, 1958).

c) Robert Morris and Robert Binstock, *Feasible Planning for Social Change* (New York: Columbia University Press, 1966).

d) Irwin T. Sanders, "Professional Roles in Planned Change," in Ralph M. Kramer and Harry Specht (eds.), *Readings in Community Organization Practice* (Englewood Cliffs, New Jersey: Prentice-Hall, 1969), Chapter 19.

e) Charles F. Grosser, "Community Development Programs Serving the Urban Poor," *Social Work*, Vol. 10, No. 3 (1965), Chapter 22.

f) Lawrence Grossman, "Program Action Issues and Action Organizing Tasks," *Readings in Community Organization Practice*, Chapter 24.

있음도 주목했다.

일반적으로 지역사회조직에 있어서 전문 사회복지사는 이상에서 열거한 목표 중의 하나 혹은 둘을 성취하기 위해, 세 가지 사업유형 중의 하나에 참여하는 것이다. 또 사회복지사를 고용하고 있는 사회복지기관도 세 가지 사업유형 중 어느 하나를 그 주 기능으로 삼는 것이 보통이다. 따라서 전문 사회복지사의 역할은 그가 속해 있는 기관이 세 가지 사업유형 중에서 어느 것을 그 주 기능으로 삼느냐에 따라서 달라질 수밖에 없다.

전문 사회복지사가 수행하는 역할은 〈표 7-1〉에서 예시된 바와 같이

사업의 유형에 따라 가지각색이며, 한 유형 안에서도 구체적인 사업의 성격이나 진행 과정에 따라 역할이 여러 가지로 규정될 수 있다. 여기서 우리가 주의해야 할 점은 각 유형 간의 역할이 서로 배타적이라고 할 수는 없고, 다만 강조하는 바가 다르다는 것이다. 예를 들면 지역사회개발에 있어서의 조력자(enabler)의 역할과 사회행동에 있어서의 조력자의 역할은 그 의미하는 바는 동일하나 그 기본전제에 있어서는 차이가 있다. 이에 대해서 그로서(Grosser)의 주장을 인용해 보면 "조력자로서의 지역사회복지사(community organizer)의 역할에 대한 전통적인 관점은 두 가지 전제, 즉 타당한(valid) 것과 타당치 않은(invalid) 전제에 근거하고 있다. 지역사회가 자체의 욕구 분석을 토대로 하여 스스로 선정해서 추진해서 선정한 사업(self-imposed actions)이 외부로부터 부과된 사업보다 가치가 있고 지속성이 있다는 전제는 타당하다. 그러나 조력자의 역할을 통해서만 이와 같은 바람직한 결과가 초래된다는 전제는 타당치 않다.[1]

또 지역사회개발모델에서의 로스(Ross)가 말하는 '전문가'(expert)의 역할이나 리피트(Lippitt)가 말하는 '전문가', '조사자'(researcher)의 역할은 사회계획모델에서의 샌더스(Sanders)가 말하는 제 역할과 유사한 점이 많다. 그러나 이 두 모델에서 '전문가적' 역할이 차지하는 비중에는 상당한 차이가 있다. 또 동일 모델 중에서도 그 명칭은 달라도 수행하는 내용은 거의 동일한 경우도 있다. 즉 로스의 조력자로서의 역할과 리피트의 촉매자(catalyst)의 역할은 명칭은 달라도 내용은 유사하다.[2]

이제 지역사회조직사업의 각 모델에 있어서 사회복지사의 역할을 각

1. Charles F. Grosser, "Community Development Programs Serving the Urban Poor," Social Work, Vol. 10, No. 3 (July, 1965), p. 296.
2. Robert Perlman and Arnold Gurin, *Community Organization and Social Planning* (New York: John Wiley & Sons, 1972), p. 41.

모델의 대표자적인 학자로 지칭되고 있는[3] 로스,[4] 샌더스, 그리고 그로스와 그로스만의 견해를 빌려 살펴보기로 한다. 특히 로스의 역할에 대한 견해는 우리나라 지역사회복지 분야의 현실에 시사하는 바가 크다고 생각하여 더욱 비중을 두어 취급됨을 밝혀 두고자 한다.

2. 지역사회개발모델에서의 역할

로스는 지역사회조직사업에 있어서 전문사회복지사(professional worker)는 ① 안내자(guide), ② 조력자(enabler), ③ 전문가(expert), 그리고 ④ 치료자(therapist)로서의 역할을 수행해야 한다고 말하고 있다. 이제 각 역할의 의미와 이 역할하에서 사회복지사가 다루는 구체적인 활동을 살펴보기로 한다.

1) 안내자로서의 역할

(1) 일차적 역할(primary role)

지역사회조직사업에 있어서 전문 사회복지사의 일차적 역할은 지역사회로 하여금 문제해결에 따른 목표를 설정하고, 이를 해결하는 방도를 강구하도록 도와주는 것이다. 여기에서 사회복지사는 주민들이 여러 가지 요소를 감안해서 올바른 방향으로 목표를 설정하도록 도와주는 것이다. 그러나 문제해결을 위한 방향과 방도를 선택하는 것은 어디까지나 지역사회 자체의 노력이어야 하며, 이 경우 사회복지사는 자기의 목적을

---

3. 제2장 제2 · 3절의 본문과 주를 참조할 것.
4. 로스는 자기의 지역사회조직이론이 지역사회개발과 사회계획모델을 포괄하는 것같이 전개하고 있으나, 지역사회개발모델에 더 적합하다는 것이 일반적인 견해이다.

위해 지역사회의 주민을 이용 또는 조종(manipulate)하거나, 조치를 강요(coerce)해서는 안 된다.

물론 사회복지사는 문제를 해결하기 위해서 무엇을, 어떻게 해야 하는지에 대해 자신의 견해(biases)를 가질 수는 있다. 즉 지역사회의 개발을 위해 어떤 사업이 필요하다는 것에 대해 확신을 가질 수 있다. 그러나 사회복지사는 자신의 의견을 강요해서는 안 되며, 자기가 타당하다고 생각하는 사업에 대해서 주민들이 긴요성을 갖도록 자극하고, 토의하도록 격려하며, 그 이익을 설명해 줄 수는 있다.

지역사회조직사업에 있어서의 사회복지사는 '케이스워크'의 치료과정에서 '케이스워커'가 자신을 의식(self-awareness)하여 통제하는 것처럼, 자신의 편견을 의식하고 통제하며 주민들이 문제해결에 따른 준비(readiness)를 갖도록 해야 한다. 주민들이 자신들의 욕구를 발견하는 과정 자체가 주민들이 문제를 인식하고 해결하는 능력을 점진적으로 개발하는 과정이라는 사실을 깨달아야 하는 것이다.

여기서 구체적인 예를 들어 보자. 한 영국 식민지의 관리는 어느 부락에 가서 주민들에게 수확을 높일 수 있는 새 품종을 채택하게 하라는 상부의 명령을 받았다. 그는 주민들에게 새 품종의 이점에 대해서 설명해 주고 이를 받아들이도록 권고했다. 그러나 주민들은 새 품종을 채택하는 것보다는 상수도 시설을 갖추는 것이 더 시급하며 품종을 바꿀 필요성이 없다는 의견을 내놓았다. 이 관리는 현재의 상수도 시설은 적절하며 새 품종의 도입이 긴요하다고 판단했다. 또 무엇보다 중요한 것은 만일 주민들이 새 품종을 도입하지 않는다면 상부에서 매우 불만스럽게 생각할 것이라는 사실이었다. 그는 주민들과의 이와 같은 갈등상황에서 결국 주민들의 의견을 따르기로 하고, 주민들이 상수도 시설을 마련하는 데 힘을 합하도록 했다. 이 일이 주민들의 성원으로 성공을 거두자 다음해에 주민들은 이 관리의 도움을 받아 새 품종을 도입해 높은 수확을 거두고 있는 다른 부락을 견학하는 시찰단을 구성했다. 시찰에서 돌아온 주민들은 자기 부락에서도 새 품종을 채택하여 성과를 거두었으며, 이것이 계기가 되어 그 후에도 부락의 다른 문제를 해결할 수 있는 능력을 갖추게 되었다.

이 예에서 우리가 주목할 것은 관리가 자기의 의견을 관철시킬 수 있는 권한도 있고 또 그럴 의무가 있었음에도 불구하고 자기의 의견을 고집하지 않고 주민 스스로의 의견을 받아들여 사업을 추진했다는 사실이다. 따라서 사회복지사는 주민들 스스로 자신들의 불만을 찾아내도록 도와야 하며, 적절한 불만과 이를 해소하는 방향에 대해서 제안을 할 수는 있어도 자기의 의견을 고집해서는 안 된다는 것이다.

(2) 주도능력(initiative)

안내자로서의 역할은 결코 자유방임적인 것은 아니며, 수동적인 자세를 취하는 것도 아니다. 전통적으로 의사는 환자가 도움을 요청할 때 치료에 임하지만 지역사회조직사업에 있어서의 사회복지사는 도움을 청하지 않은 지역사회에 접근하는 데 있어서뿐 아니라 문제해결 과정에서 여러 가지 면에 주도권을 발휘해야 한다.

사회복지사가 당면하게 되는 가장 어려운 점은 아마도 지역사회가 냉담하고(apathetic), 무질서하고(disorganized), 퇴보적(degenerate)인 경우일 것이다. 즉 이러한 지역사회는 현상에 만족하고 변화를 원치 않으며, 변화 가능성에 대해 완강히 저항하기도 한다. 이러한 상황에서 사회복지사는 도움을 주거나, 긴박감을 자극하고, 현존하는 문제가 주는 '고통'(pain)을 일깨워 주고 보다 이익이 될 수 있는 대안들을 제시하는 데 있어서 주도적인 역량을 발휘해야 한다.

흔히 지역사회의 욕구불만의 근원을 파헤치고, 불만이나 욕구를 자극하고, 변화를 선동하는 것은 지역사회의 안정을 해친다고 말한다. 물론 이러한 일은 지역사회에 긴장을 낳고 불안을 조성하는 것이 사실이나 주민들이 자기의 처지를 개선하기 위해서는 그러한 '위기'를 경험하지 않을 수 없다. 다시 말하면 이러한 상황에서만이 주민들은 지역사회의 조건을 성찰하게 되고, 이를 개선하기 위한 대안을 찾게 되며, 방안을 실천하기 위해 노력을 하게 될 것이기 때문이다.

이러한 점에서 볼 때 사회복지사는 불만을 선동하는 데 있어서 주도권을 행사해야 한다. 그러나 선동을 하기 위해서는 지역사회의 문화에 대한 충분한 지식이 있어야 하고, 그들의 잠재능력을 파악해야 하며, 변화 후의 장래가 어떻게 될 것인지에 대해 어느 정도 확신이 있어야 한다. 사회복지사는 잠재해 있을지 모르는 문제를 깨닫도록 자극하고, 이를 겉으로 드러내 보이게 하고 보다 긍정적인 결과를 얻는 전제조건으로서 부정적인 감정을 표출케 하는 등에 있어서 주도력을 발휘해야 한다. 그러나 이러한 경우에 있어서도 사회복지사는 자기의 견해를 강요해서는 안 된다.

사회복지사가 이러한 주도적 역량을 발휘해야 할 필요성은 '문제가 많은' 지역사회에만 해당되는 것은 아니고 '건전한'(healthy) 지역사회에도 필요하다고 할 수 있다. 앞의 예에서 살펴본 바와 같이 그 식민지 관리는 주민의 판단을 받아들였으나 주민들이 오랜 세월 동안 문제로 생각지 않았고, 또 문제로 인정하고자 원하지도 않은 문제를 고려하도록 종용하는 일을 그만두지는 않았다. 이러한 점에서 사회복지사는 주도력을 발휘할 수 있다. 다만 자기의 견해와 방안을 고집하지 않을 뿐 주민들에게 질문하고, 의견을 교환하고, 자기의 입장을 설명하고, 새로운 사실을 소개해 주는 등의 활동을 하는 것이다.

(3) 객관적인 입장(objectivity)

사회복지사는 지역사회의 조건에 대해서 객관적인 입장을 취해야 한다.

이는 마치 케이스워커나 정신과 의사가 클라이언트의 증상과 그 원인을 파악해서 치료하는 데 관심을 가질 뿐 그의 행동을 인정하거나 부인하지 않는 것과 마찬가지라고 할 것이다. 한마디로 사회복지사는 지역사회를 '있는 그대로'(as it is)로 수용해야 한다. 사회복지사는 자기가 마치 우월한 처지에 있는 지역사회나 집단에서 온 것처럼 비판을 가한다거나, 다른 지역사회와 비교를 한다거나, 행동을 함으로써 지역사회의 사기를 저하시켜서는 안 된다. 즉 사회복지사는 지역사회에 현존하는 무지, 고루한 관습이나 전통, 갈등이나 적대감, 모순된 행위 등을 으레 존재할 수 있는 것으로 받아들여야 하는 것이다.

지역사회조직사업의 초기단계에서 사회복지사는 지역사회의 조건에 대해서 칭찬하거나 비난하는 등의 감정을 표현해서는 안 된다. 이는 지역사회생활에 있어서 민감한 부분을 건드려, 사회복지사 자신의 유용성을 파괴해 버릴지 모르기 때문이다. 그러나 사업을 전개해 가는 과정에서 사회복지사가 지역사회의 성격을 이해하고 주민들을 알게 됨으로써, 그가 수용할 수 없는 점에 대해서 주민들이 토의하여 개선하도록 점차적으로 자극을 주는 것이 필요하다. 그러나 이렇게 하는 데 있어서 적절한 시기(timing)를 찾는 것은 대단히 중요한 일이다. 어떤 문제에 대해서는 오랜 기간 동안 언급할 수 없는 것이 있고, 어떤 문제는 가까운 장래에 토의에 부치도록 할 수 있는 것이다.

(4) 지역사회와의 동일시(identification)

지역사회조직에 있어서 사회복지사는 언제나 지역사회 전체와 함께해야 하며, 지역사회 내의 일부나 특정 집단과 함께 일해서는 안 된다. 사회복지사가 지역사회에 있는 집단, 특히 그의 입장에 대해 의심을 품거나 그를 거부하려는 집단과 좋은 관계를 맺는 것은 필요하다. 그렇다고 해서 특수계층이나 집단의 이익에 관계되는 편파성을 갖는 것은 금물이다.

예를 들면 상류계층이나 하류계층의 이익을 옹호한다거나, 좌파 혹은 우파에 편승한다거나, 의료서비스의 사회화를 주장한다거나, 보건 분야의 사영화(私營化)를 주장하는 등의 편파적인 입장을 취해서는 안 되는 것이다.

사회복지사는 자신을 지역사회 전체에 동일시하고, 민주적인 토의방식, 지역사회조직사업의 추진회가 합의한 문제나 사업에 동일시해야 한다. 그의 역할은 특정 사업에 대해 찬성과 반대를 하는 것이 아니라 주민들이 협력적인 결정을 내릴 수 있는 과정들을 찾아내고 활용하는 데 도움을 주는 것이다.

어떠한 경우에 있어서도 사회복지사는 어느 특정 사업이나 집단의 이익을 대표하는 '파당분자'(partisan)가 되어서는 안 된다.

(5) 자기 역할의 수용

지역사회조직사업에 있어서 사회복지사는 자기의 역할을 수용하고 그것에 만족하는 것을 익힐 필요가 있다. 사회복지사는 자기의 행동을 자제할 수 있어야 하고, 자기가 맡은 바를 원만하게 수행할 수 있는 능력을 길러야 하며, 그렇지 못할 때는 자기의 임무를 계속해서는 안 된다.

지역사회와 함께 일하는 과정에서 사회복지사는 자기의 전문적 역할에 반하는 역할을 수행해 주기를 요청받는 경우에 허다하게 직면하게 된다. 즉 주민들로부터 그들이 해야 할 일에 대해 직접적인 해결책을 제시해 달라는 요청을 받을 수도 있고, 그들이 추진해야 할 사업에 대해서 직접적인 지시를 해 달라는 요청을 받을 수도 있다. 이러한 경우에 사회복지사는 판단을 내려 준다거나 어떤 방향으로 행동해야 한다고 지시를 내려서는 안 된다.

사회복지사가 해야 할 일은 주민들이 스스로 판단을 내릴 수 있도록 자료를 제시해 준다거나, 다양한 견해를 요약하고 설명해 준다거나, 여러 대안들이 주는 시사점을 지적해 준다거나, 경우에 따라서는 과거에 전혀 고려치 않았던 대안에 대해서 검토하도록 제시할 수는 있다. 그러나 특정한 행동노선을 권고한다거나 강요해서는 안 된다. 사회복지사가 지역사회를 위해 문제의 해결책을 제시해 주는 것은 주민들이 스스로의 노력에 의해 합의점을 찾아내는 과정에서 성장할 수 있다는 사회사업의 기본원칙에 역행되는 것이라 할 것이다.

또 흔히 당면할 수 있는 경우로서 주민들은 정부당국의 도움을 얻어내기 위해 대표단을 구성하고, 사회복지사로 하여금 '단장'의 역할을 맡아 달라고 요청할 때가 있다. 이 경우 사회복지사로서 거절하기는 매우 힘든 일이나 특별한 경우가 아니라면 마땅히 거절해야 한다. 다만 사회복지사는 대표단의 일원이 될 수 있고, 준비를 도와줄 수도 있고, 그들의 움직임을 여러 가지로 지원해 줄 수는 있다. 그러나 사회복지사의 주된 기능은 지역사회가 스스로의 책임을 수용하고 떠맡도록 도와주는 일이어야 한다.

(6) 역할에 대한 설명(interpretation)

사회복지사는 자기의 역할이 지역사회에 이해되도록 설명해 주어야 한다. 지역사회가 사회복지사의 역할을 이해하고 수용하는 데는 상당한 기간이 소요될 것이다. 즉 사회복지사가 자기의 역할에 대해서 설명해 주고 임무를 일관성 있게 또 성공적으로 수행해야만 그의 역할이 충분히 이해될 수 있는 것이다. 우리가 앞에서 주목한 '대표단의 지도자'를 맡아 달라는 주민들의 요청이 있을 경우 사회복지사는 왜 자신이 지도자가 될 수 없고, 결정을 내려 줄 수 없으며, 올바른 행동노선을 제시할 수 없는지를 설명해 주어야 하며, 이러한 결정과 행동에 있어서 주민들 스스로가 책임을 지는 것이 지역사회를 위해서 중요하다는 것을 설명해 주어야 한다.

2) 조력자로서의 역할

일반적인 의미에서 조력자(enabler)의 역할이란 지역사회조직의 과정을 용이하게 하는 사회복지사의 역할을 말한다. 이 역할은 사회복지사가 처한 상황에 따라 다양하고 복잡하나 다음과 같이 일반화할 수 있다.

(1) 불만을 집약하는 일

사회복지사는 지역사회조건에 대한 불만을 일깨우고 집약함으로써 지역사회를 돕는다. 어떤 사람들은 불만이 내면화되어 표현할 수 없는 경우도 있고, 또 어떤 사람들은 불만을 타인에게 발사해 버리는 경우도 있다. 이러한 경우 사회복지사는 그들이 불만을 말로 표현할 수 있도록 도와주어야 한다. 일반적으로 불만이 말로 표현될 경우 외부집단에 대한 적대적인 형식을 취하는 경우가 많다. 이런 경우에 사회복지사는 부정적이고 적대적인 감정을 표출하게 해야 한다. 이는 보다 긍정적인 표출을 위한 전제조건이 될 수 있기 때문이다. 또 어떤 이들은 자기가 안고 있는 문제가 '개인적인 문제' 라고 체념해 버리는 경우도 있다. 이러한 경우 사회복지사는 그들의 문제가 '개인적' 인 것이 아니고 '사회적' 인 것으로 받아들일 수 있게 도와주어야 한다. 예를 들면 만일 지역사회에 자기가 일을 할 동안에 애를 돌보아 줄 사람이 없어 고민하는 어머니가 한 사람 있다면 이는 개인적인 문제이지만 그러한 어머니가 스무 명 정도 있다면 이는 지역사회의 문제인 것이다.

조력자로서의 역할은 또한 촉매자(catalytic agent)의 역할이라 할 수 있다. 즉 사회복지사는 여러 집단들의 표출된 불만을 서로 연결시켜 주는 역할을 한다는 것이다. 이를 위해 사회복지사는 다음과 같은 표현을 할 수 있다: "사람들 중에는 이 동네에 어린이들이 안전하게 놀 수 있는 운동장을 만들었으면 좋겠다고 하는데, 당신의 생각은 어떠합니까?"

그리하여 점차적으로 주민들의 불만이 집약되면 그들이 이들 문제에 관해 토의할 수 있게 소집시키는 것이다. 촉매자로서 사회복지사는 자기의 계획을 파는 판매원이 아니라 주민들이 자신을 성찰하고, 지역사회 생활에 대한 그들의 깊은 불만을 요구하게 하고, 이것을 해결하기 위해 공동의 노력을 할 수 있도록 도와주는 것이다.

이러한 역할을 수행할 때 사회복지사가 경계해야 할 점은 지역사회가 문제를 쉽게 해결할 수 있으리라는 근거 없는 낙관을 갖게 해서는 안 된다는 것이다. 이는 케이스 워커가 클라이언트에게 "곧 좋아질 터이니 염려하지 말라"는 지지적인 보장(assurance)을 주어서는 안 되는 것과 마찬가지다. 사회복지사는 주민들이 불만을 현실적으로 받아들이도록 해야 하며, 불필요한 약속으로 쉽사리 실망해 버리는 일이 없도록 주의해야 한다.

(2) 조직화를 격려하는 일

조력자로서 사회복지사가 수행해야 할 가장 중요한 과제는 지역사회의 주민들 대부분이 예리하게 느끼고 있는 불만을 찾아내는 과정을 주도하고 용이하게 하는 것이다. 이를 토대로 사회복지사는 지역사회주민들이 자신들의 불만에 대해 서로 논의하고, 불만의 우선순위를 결정하고 이를 해결하기 위한 조직을 결성하도록 도움을 주는 것이다.

그러나 모든 것이 잘 준비된 경우라도 지역사회에 따라서 조직을 결성하는 데 상당한 어려움을 겪는 경우가 있다. 개인이나 집단에 따라서는 자신감이 결여될 수도 있고, 다른 사람이나 집단과 관계를 맺는 데 두려움을 갖기도 하고, 새로운 계획이나 조직체가 기존의 생활방식을 위협한다고 느낄 수도 있다. 다시 말하면 개인이나 집단은 새로운 상황이 현재보다 훨씬 나으리라는 확신이 있어야만 조직체에 참여하려고 할 것이다. 주민들이 조직체에 참여할 준비가 어느 정도 되어 있는가는 사회복지사가 그들과 얼마나 믿음직스런 관계를 유지하고 있는가와 밀접한 관련이 있다.

사회복지사가 주민들과 함께 조직체를 결성할 준비를 충분히 했고, 믿을 만한 관계를 유지했음에도 참여를 주저하는 사람들에게는 상당한 정도의 보증(reassurance)을 해 줄 필요가 있다. 그러나 조력자로서 사회복지사는 어느 정도의 지지를 주고, 어느 정도의 격려를 하고, 어느 정도 불안을 해소해 주어야 하는가에 대해 적절히 판단을 해야 한다.

(3) 좋은 대인관계를 육성하는 일

사회복지사는 주민들이 상호관계를 유지하고 협동적인 일에 참여하는 데 만족감을 갖도록 도와주어야 한다. 이를 위해서 사회복지사는 집단과 지역사회의 모임에 따뜻한 분위기를 조성해야 한다. 그는 주민들에게 친절하고 우호적이어야 하며 '사소한 일'에도 관심을 갖는 사람이어야 한다. 그는 주민들의 모임에 있어서 주민들이 거리낌없이 토의를 할 수 있도록 회의장의 물리적 · 심리적 조건을 갖추어 줄 뿐만 아니라 토의가 우호적인 분위기에서 활발히 진행되도록 도움을 주어야 한다.

지역사회조직의 초기단계에서 사회복지사는 주민들 간에 원만한 관계가 수립될 수 있도록 교량적인 역할을 해야 한다. 주민들이 사회복지사를 좋아하고 신뢰해야만 주민들은 모임에 기꺼이 참여하고, 그를 통해서 다른 사람들과 협력적인 관계를 갖게 된다. 다시 말하면 사회복지사는 주민들 상호 간에 신뢰와 협동을 조성하는 데 자신을 활용해야 하는 것이다. 이는 바로 케이스워커나 정신과 의사가 클라이언트와 친화관계(라포르, rapport)를 형성하여, 클라이언트가 편하게 느끼고 자기의 마음을 털어놓을 수 있게 하는 것과 같다. 사회복지사의 이러한 교량적인 역할은 영속적인 것이 될 수 없고, 사업이 진행됨에 따라 그 책임이 주민들 스스로에게 이양되도록 해야 한다.

사회복지사는 협력적인 활동에 장애가 되는 요인을 제거하는 데 힘을 써야 한다. 즉 사회복지사는 협력적 노력을 저해하는 집단 간의 긴장과 갈등, 이해관계를 이해하고 이를 해소하도록 노력해야 한다. 아주 심한 경우에는 치료자적 역할(후에 설명됨)을 수행해야 할 수도 있으나 일반적인 장애요인일 때는 다음과 같은 보다 간접적이고, 보다 피상적인 방법으로 해결할 수 있을 것이다.

① 공동의 목표나 공동의 가치를 역설하고, 지역사회문제의 성격이 상호 간의 협력이 없이는 해결될 수 없다는 사실을 강조한다.

② 심한 의견의 불일치를 야기하는 쟁점을 명확히 해 줌으로써, 다양한 견해에 대해 모든 사람이 이해할 수 있도록 설명해 줌으로써, 위기상황에서 객관적이고 침착하게 행동함으로써 그리고 모든 사람이 합리적이고 최선의 판단을 내리도록 촉구함으로써 갈등을 해소할 수도 있다.

③ 협력적인 일의 장애요인에 직접적으로 대처할 수도 있다. 예를 들면 사회복지사는 신경질적이고 독선적인 행동으로 말미암아 어떤 집단이나 개인, 혹은 사업 자체에 위협적인 인물을 다루기 위해 그보다 지체가 높은 위치에 있는 사람(high-prestige figure)의 지원을 구할 수도 있고, 다가오는 모임을 위한 공동의 터전을 마련하기 위해 조직체의 문제나 과정, 감정에 관해 개인적으로 만나 상당한 토의를 할 수도 있고, 물러 앉아 침묵을 지키는 회원의 참여를 촉구할 수도 있고, 말이 많은 회원에게 접근하여 곧 열릴 모임에서는 타인에게 참여의 기회를 줄 필요가 있다는 것을 설명해 줄 수도 있고, 성급한 사람에게 침착하도록 한다거나 느린 사람에게 행동을 빨리 하도록 권고하는 등의 활동을 할 수 있다.

(4) 공동목표를 강조하는 일

사회복지사는 지역사회조직사업의 과정에서 모든 일이 효과적인 계획과 지역사회의 능력(capacity)을 개발한다는 양대 목표에 합치되도록 도움을 주어야 한다.

지역사회조직체는 흔히 특정 과업에 지나치게 몰두하여 사업이 달성하려고 하는 궁극적인 목표를 망각하기 쉽다. 사회복지사는 객관적인 입장을 지키면서 주민들에게 장기적인 목표를 일깨워 주고, 일을 추진하는 시기의 적절성, 일과 인간의 관계, 일의 내용 등에 대해 주민들에게 적절하게 질문을 던짐으로써 관심을 촉구해야 한다. 사회복지사는 전 지역사회, 전체의 사업, 전체의 과정을 항상 의식하고 있어야 하며, 주민들이 궁극적인 목표에서 이탈되지 않도록 관심을 환기시켜야 하는 것이다.

3) 전문가로서의 역할

전문가로서 사회복지사의 역할은 자기가 권위 있게 말할 수 있는 분야에 있어서 필요한 자료를 제공하고 직접적인 충고를 하는 것이다. 이는 주로 지역사회의 과정을 용이하게 하는 조력자의 역할과 상반되는 것은 아니다. 전문가로서 사회복지사는 지역사회조직체가 사업을 수행하는데 필요한 조사자료, 기술상의 경험, 자원에 관한 자료, 방법상의 충고 등을 제공한다. 여기에서는 객관적인 자료를 제공하고 충고를 하여 지역사회가 스스로 지적인 판단을 하게 도와주는 것일 뿐 지역사회 혹은 지역사회조직체가 해야 할 일에 대해서 권고하는 것은 아니라는 사실을 명심해야 한다.

전문가로서 사회복지사가 수행하는 기능에 대해서 구체적으로 살펴보자.

(1) 지역사회진단(community diagnosis)

사회복지사는 지역사회를 분석하고 진단하는 데 있어서 '전문가'로서의 역할을 수행할 수 있다. 대부분의 지역사회는 자체의 구조와 특성에 대해서 아는 바가 거의 없다. 그래서 지역사회는 사회복지사에게 공동사업을 추진하는 데 심각한 장애요인이 될 수 있으나 주의를 소홀히 했던 자체의 어떤 특성에 대해서 지적해 주도록 요청할 수도 있으며, 또 사회복지사도 그것을 알 필요가 있는 것이다. 예를 들면 지역사회 내에 있는 비공식적인 사회조직, 지역사회의 집단을 분리시키는 어떤 세력의 성격, 어떤 종교집단의 특정 의식 등은 지역사회의 협력적인 사업을 위해서 파악될 필요가 있다.

(2) 조사기술(research skill)

사회복지사는 조사방법에 대한 지식과 기술을 활용하여 스스로 지역사회가 필요로 하는 조사를 계획하고 행할 수 있어야 한다. 또 사회복지사는 지역에서 행해지는 조사팀에 일원으로 참가할 수도 있다.

(3) 타 지역사회에 관한 정보

사회복지사는 다른 지역사회에서 행해진 조사, 연구, 그리고 시범사업 등에 관해 알고 있어야 한다. 그리하여 지역사회가 자체의 문제를 해결하는 데 필요한 정보를 제공해 주어야 한다.

(4) 방법에 관한 조언

사회복지사는 지역주민들이 조직을 결성하는 방법과 절차에 대해서 전문가적 지식을 가져야 한다. 조직과 절차는 일반적으로 지역사회의 관행에 상당한 정도로 영향을 받지만 사회복지사는 이에 대한 상당한 조언을 줄 수 있다. 예를 들면 조직의 초기단계에 모든 주요 집단이 참여해야 한다는 점, 또 지역사회에 있는 비공식집단의 지도자를 찾아내는 데는 시간이 요한다는 사실 등을 충고해 줄 수 있다.

(5) 기술상의 정보(technical information)

사회복지사는 기술적인 방안(technical plans)에 관한 참고자료를 숙지해서 필요할 때 제공해 줄 수 있어야 한다. 다시 말하면 구상 중인 어떤 사업에 관한 자료를 어디서 어떻게 구할 수 있는지를 알아야 하는 것이다. 이러한 자료는 도서관, 학교, 보건기관, 토목공사, 농업 분야 등에서 구할 수 있을 것이다. 즉 사회복지사는 정부기관, 민간단체, 국제기관의 자원과 이를 이용하는 방법을 숙지하여 이러한 활용 가능한 자원과 그에 대한 지역사회의 욕구를 연결시켜 줄 수 있어야 하는 것이다.

(6) 평가(evaluation)

사회복지사는 수행되고 있는 사업에 대해 평가를 한다거나 그 사업의 과정에 대해서 주민들에게 설명해 줄 수 있어야 한다. 사회복지사는 토의의 내용을 객관적으로 이해할 뿐만 아니라 상호관계의 과정과 이것이 개인과 집단에 미치는 영향에 대해서 알고 있어야 한다. 이러한 것들을 주민들에게 그들의 관계가 손상되지 않도록, 또 상호 간의 이해를 증진시킬 수 있도록 설명해 줄 수 있어야 한다.

4) 사회치료자로서의 역할

사회복지사에 따라서는 지역사회에서 치료자로서의 역할을 수행해야 할 때가 있다. 지역사회에 따라서는 공동의 노력을 심히 저해하는 금기적 사고(taboo ideas)나 전통적인 태도가 있어서 긴장을 조성하고 집단들을 분리시키는 요인으로 작용할 수가 있다. 이러한 경우 사회복지사는 지역사회수준에서 적절한 진단과 치료를 행해야 한다.

적절한 진단을 하기 위해서 사회복지사는 ① 지역사회 전체 혹은 그 일부의 기원과 역사, ② 현재의 믿음이나 관습에 관한 사회적 근원과 믿음과 실제와의 관계, ③ 지역사회의 권력구조, 지역사회 내의 역할과 역할들 간의 관계 등에 대해서 알아야 한다. 진단을 통해서 규명된 성격과 특성을 주민들에게 제시해서 그들의 이해를 도와주어야 한다. 사회복지사의 치료는 주민들이 그러한 성격을 이해해서 긴장을 해소하게 하고, 협력적인 작업을 방해하는 요인을 제거하도록 도와주는 것이다.

3. 사회계획모델에서의 역할

1) 모리스와 빈스톡의 '계획가'

사회복지사의 역할을 사회계획모델의 측면에서 분석한 대표적인 학자로서는 모리스(Morris)와 빈스톡(Binstock), 그리고 샌더스(Sanders)를 들 수 있다. 먼저 모리스와 빈스톡의 견해를 살펴본다.

모리스와 빈스톡은 사회적 서비스를 개선하고 사회문제를 완화시키는 주요 수단은 공공기관의 정책을 고치는 것이며, 이러한 목적을 달성하기 위해서 노력하는 사람을 '계획가'(planner)라고 부르고 있다. 이들은 "계획가와 그를 고용하는 기관을 구별하는 것은 어려운 일인데, 흔히 그들의 관심, 동기, 그리고 수단이 기관의 것이기 때문이다"[5]라고 주목하고 있다.

---

5. Robert Morris and Robert Binstock, *Feasible Planning for Social Change* (New York: Columbia University Press, 1966), p. 17.

계획가는 자기의 모든 결정과 조치의 지침이 되는 '목표'(preference goal)를 선택하기 위해 인과관계에 관한 그의 지식을 활용한다. 즉 계획가는 자신이 원하는 방향으로 변화를 이루어내고 그의 노력을 효율적으로 전개하기 위해서 목적을 성취하는 데 있어서의 자기의 영향력과 그가 변화시키려고 하는 정책을 가진 기관의 저항 간의 관계를 분석하고 계측하는 것이다. 이에 대한 계측을 하기 위해서 계획가는 대상기관 내에 있는 '지배세력'(dominant faction)의 주요 관심사가 무엇인가를 찾아낸다. 지배세력집단을 찾아낸 다음에는 이들에게 영향력이 행사될 수 있는 '길'(pathways)을 검토하게 되는데, 그러한 '길'로서 다음과 같은 것을 들고 있다.

① 책무(obligation)

② 친분관계(friendship)

③ 합리적인 설득(rational persuasion)

④ 견해를 사게 하는 것(selling)

⑤ 압력(coercion)

⑥ 유인(inducement)

계획가는 자기가 영향력을 발휘할 수 있는 자원(sources of influence) 중에서 주어진 상황에 가장 적절한 것을 선택하게 되는데, 그러한 자원에는 다음과 같은 것이 있다.

① 돈과 신용(money and credit)

② 정력(personal energy)

③ 전문성(professional expertise)

④ 인기(popularity)

⑤ 사회적 · 정치적 기반(standing)

⑥ 정보의 통제(control of information)

⑦ 합법성과 적법성(legitimacy and legality)

계획가는 자기가 당면하고 있는 문제에 대한 분석을 토대로 해서 이 같은 자기의 영향력을 앞에 열거한 방도에 맞게 활용하려고 한다. 만약에 이 두 가지가 잘 맞지 않으면 목표나 대상기관을 바꾸거나 자기가 사용하는 자원을 늘리는 방법 중에 하나를 택하게 된다.

이상에서 살펴본 모리스와 빈스톡의 계획가를 중심으로 한 사회계획 전략은 특히 도시지역사회에서 주민들에게 보다 나은 서비스를 제공하기 위해 정부기관을 상대로 하는 전문사회복지기관에서 활용할 수 있는 이상적인 전략이라고 생각된다.

2) 샌더스의 '전문가'

샌더스(Sanders)는 도시지역사회에서 사회복지전문가가 '계획된 변화'(planned change)를 성취하기 위해 수행하는 역할을 분석가(analyst), 계획가(planner), 조직가(organizer), 행정가(program administrator)로 구분하고 있다.[6]

(1) 분석가로서의 역할

사회복지사가 계획된 변화를 이루기 위해서는 사실발견과 분석을 그 전문적인 활동에 있어서 전제조건으로 삼아야 한다. 적절한 자료를 토대로 하지 않은 일체의 계획은 성공적인 결과를 얻을 가능성이 적기 때문이다. 그러므로 전문계획단의 일원으로 활동하게 되는 사회복지사는 조사를 토대로 한 분석가의 역할을 수행해야 한다. 사회복지사가 조사해야 하는 영역으로서는 다음의 네 가지를 들 수 있다.

---

6. Irwin T. Sanders, "Professional Roles in Planned Change," in Ralph M. Kramer and Harry Specht (eds.), *Readings in Community Organization Practice* (Englewood Cliffs, New Jersey: Prentice-Hall, 1969), pp. 269-287.

① 사회문제와 영향을 미치는 요인들에 관한 조사: 사회문제와 원인에 관한 조사는 많은 사회과학자들의 관심영역이다. 그러나 사회문제조사에 있어서 사회복지사가 다른 사회과학자들과 다른 점은 사회문제를 클라이언트의 측면에서 분석하려고 한다는 점과 객관적 · 분석적 접근보다는 개선적(ameliorative) 접근을 시도한다는 것이다. 다시 말하면 사회복지사는 인간의 복지를 향상시키기 위한 목적에서 사회문제에 관한 조사를 한다는 점이다. 물론 사회과학자들도 인간의 복지에 관심을 갖지만, 이것을 조사의 직접적인 목적으로 삼기보다는 그들이 분석한 자료를 다른 응용분야에서 활용하기를 기대하고 조사를 수행한다고 할 수 있다. 샌더스는 "전문 사회사업 교육과 계획기관에서의 직무훈련은 지역사회문제를 연구할 때 냉철하게 분석적이면서도, 개선방안을 강구할 때는 따뜻하게 열성적인 역할로 전환할 수 있는 그러한 전문가를 만들어 내야 한다"[7]고 강조하고 있다.

② 사회변화를 위한 프로그램 과정에 관한 분석: 여기에서는 무엇을 개선할 것이냐 하는 내용보다는 어떻게 변화를 가져올 것이냐 하는 과정에 역점을 둔다. 이러한 과정분석은 특수하고 지역적인 수준에서, 혹은 일반적이고 이론적인 수준에서 수행될 수 있다. 지역적인 차원에서 분석가는 프로그램을 통해서 혜택을 받을 클라이언트 집단과 이러한 대상집단을 효과적으로 다룰 수 있는 중개자(intermediaries)나 변화매개자(change agents)가 누구인가를 찾아내는 것이다. 또 일반적 · 이론적 차원에서 분석가는 계획된 사회변화의 일반적인 특성을 찾아내어 주어진 프로그램에 그것의 타당성을 시험하는 것이다.

7. *Ibid.*, p. 271.

③ 계획수립 과정에 대한 분석: 여기에서는 문제를 해결하기 위한 발상이 어디에서 비롯되었고, 어떠한 과정을 거쳐 결정에 이르게 되는가를 분석하는 것이다.

④ 유도된 변화에 대한 평가: 이는 프로그램의 성과에 대해서 평가를 하는 것을 말한다. 효과적인 평가를 위해서는 기초조사(benchmark survey)를 하고 이를 근거로 프로그램이 목표를 달성하는 데 어느 정도 기여했는가를 평가하는 것이다.

(2) 계획가로서의 역할

계획을 수립하는 데는 기술적인 면, 예컨대 공간적 · 재정적 · 인사적 · 법적 · 건축적 측면이 고려되어야 하지만 그보다는 철학적인 측면이 중시되어야 한다. 계획을 수립하는 데 있어서 사회복지사가 고려해야 할 철학(planning philosophy)으로 다음 네 가지를 지적할 수 있다.

① 사업계획에는 일반적으로 이에 참여하는 사람들의 철학이 반영되기 마련이다. 계획에 따라서는 인간적인 면을 무시하고 물리적이고 물질적인 면을 강조하는 경우를 종종 볼 수 있다. 예를 들면 놀이터나 '레크리에이션 센터'를 계획하는 경우에 재정적인 면을 지나치게 강조하는 나머지 결국 이러한 시설을 이용할 사람들을 생각하지 않는 경우가 그러하다. 어떤 종류의 사업을 계획하든 간에 사회복지사는 인간적인 측면에 관심을 두어야 하는 것이다.

② 모든 사업계획은 목표를 설정해야 한다. 이러한 목표는 장차 사업의 추진에 있어서의 성패를 평가하는 근거가 된다. 사업에 따라서는 정치적인 목표나 경제적인 목표를 추구하는 것도 있고, 또 어떤 사업은 정치적 · 경제적 의미를 지니지만 궁극적으로 인도주의적이고 복지적인 목표를 추구하기도 한다. 어떠한 동기에서 사업이 착수되든 간에 사회복지사는 복지를 증진시키기 위한

목표를 강조해야 하는 것이다.

③ 계획철학은 목표를 성취하기 위한 수단에도 반영된다. 예를 들면 사업지역에서 주민들을 철수시켜 재배치를 해야 할 경우 어떠한 조치를 취할 것인가, 예컨대 보건서비스에서 교육과 계몽에 어느 정도 역점을 둘 것인가, 경찰력이나 사법권의 개입을 어느 정도로 요청할 것인가 등에 대해 사회복지사는 개인과 가정의 복지가 최대한으로 보호될 수 있는 조치를 강구해야 한다.

④ 계획철학은 계획에 관한 행정에 있어서 어느 정도로 중앙집권적 혹은 분권적 결정에 의존할 것이냐 하는 데도 반영된다. 국가와 사회에 따라서는 강력한 중앙집권적 행정을 펴기도 하고 지방분권적인 행정을 강조하기도 한다. 그러나 국가적인 계획에 있어서 목표와 한계는 중앙정부가 설정한다 하더라도 지방차원의 주도권과 책임을 허용하는 것이 바람직한 것이다.

(3) 조직가로서의 역할

조직가로서의 사회복지사의 역할은 계획의 수립과 실천 과정에 지역사회에 있는 행동체계를 적절히 참여시키는 것이다. 지역사회 내에 있는 집단이나 단체들을 계획의 수립과 추진에 참여시키기 위해서 사회복지사는 그들이 해야 할 역할을 분명히 해 주고, 그들이 그러한 역할을 효과적으로 수행할 수 있도록 훈련을 시켜야 한다. 특히 중요한 것은 주민들의 참여의식을 고취시켜 지역사회가 수립된 계획을 '제도화'(institutionalize)하여 스스로 추진해 나갈 수 있게 사기와 능력을 북돋아 주는 것이다.

(4) 행정가로서의 역할

행정가로서의 역할은 계획을 수립하고 지역사회가 이를 수용하게 하는 과정에서도 발휘될 수 있으나 여기서 말하는 행정가의 역할은 프로그램이 실제로 운영되고, 주민들이 이것에 대해 알고 반응을 보이는 단계에서 발휘되는 것이다. 다시 말하면 계획이 추진되는 자체보다는 이 계획을 수행하기 위해 마련된 프로그램이나 기관의 운영에 주로 관심을 갖는 것이다. 행정가는 프로그램이 계획에서 설정한 목표를 효과적이고 효율적으로 달성하게 하기 위해서 모든 인적 · 물적 자원을 적절히 관리해야 한다. 예를 들면 인사문제, 사무실, 물자공급과 수송문제에 관심을 가질 뿐만 아니라 지역사회 내의 다른 공 · 사 조직과 계약을 체결하거나 홍보를 하는 등의 역할을 수행해야 하는 것이다.

행정가로서 특히 유의해야 할 점은 프로그램을 운영하는 규칙과 절차를 적용함에 있어서 항상 그것이 달성하고자 하는 목표를 유념해야 하고, 지나치게 형식적인 면을 강조하지 말고 융통성을 발휘해야 한다는 점이다. 프로그램을 실제로 운영하게 되면 계획 당시에 예상치 못했던 여러 가지 행정적인 문제가 발생할 수 있다. 그러므로 행정가는 이것에 능동적으로 대처할 수 있는 통찰력과 기술이 있어야 한다.

4. 사회행동모델에서의 역할

1) 그로서의 견해

지역사회의 자원분배 메커니즘을 변경하여 지역사회의 불우계층의 이익을 증대시키는 것이 도시 저소득지역의 주민이나 기타 어려운 처지에 놓여 있는 클라이언트 집단(disadvantaged population)의 복지를 위해 일하는 것이 사회복지사의 주된 역할이라는 급진적(radical)인 견해를 갖는 대표적인 학자는 그로서(Grosser)[8]이다. 그는 종래의 지역사회조직사업에서 사회복지사는 서비스의 수혜자(recipients)의 입장보다는 서비스를 제공하는 기관(providers)의 입장에 서서 일하는 경향이 있음을 비판하고, 진정으로 불우계층의 복지를 증진시키기 위해서는 클라이언트의 편에 서서 활동을 전개하는 것이 사회복지사의 역할이어야 한다는 견해를 피력하고 있다.

그는 사회복지사의 역할을 설명하기 위해서는 그가 참여하는 사업의 성격을 이해할 필요가 있다고 하고, 다양한 이해가 혼합되어 있는 도시 저소득지역에서 개발사업의 목표는 "지역사회주민(저소득계층, 소수집단 및 빈민지역 거주자)을 지역사회의 정책결정 과정에 참여시키는 것이며, 이들이 자기의 문제와 이를 해결하기 위한 목표를 스스로 결정하게 함으로써 무관심과 소외를 극복하고 지역사회의 자원을 재조정하는 것이어야 한다"고 주장하고 있다.

그로서는 지역사회의 조건에 영향을 주는 자원(부, 지식, 사회적 지위, 공무원에 대한 접근 등)이 불평등하게 배분되어 있다고 보고, 도시빈민의 이익을 증진시키기 위해서는 두 가지 주요 전략이 필요하다고 주장한다. 그 하나는 정부기관에 의해서 제공되는 물자와 서비스를 보다 많이 얻어내기 위해 힘쓸 뿐만 아니라 이들 서비스의 제공에 따른 불공평을 제거하도록 압력을 가하는 것이고, 다른 하나는 첫 번째 전략을 성취하기 위한 수단으로서 '제도적으로 무관심하고 무기력하게 사회화되어 버린' 주민들을 자극하고 조직화하고, 그들의 집단행동을 위한 적절한 공격목표와 전술이 무엇인가를 교육하는 것이다.

그로서의 사회복지사의 역할은 이러한 전략목표를 달성하기 위해 주민들을 돕는 것이다. 사회복지사의 역할로는 조력자(enabler), 중개자(brokers), 옹호자(advocate), 행동가(acitvist)의 역할을 지적하고 있다.

---

8. Charles F. Grosser, "Community Development Programs Serving the Urban Poor," *op.cit.*, pp. 294-301.

조력자의 역할은 우리가 본 장 제1절에서 인용한 대로 "지역사회주민이 자체의 욕구분석을 토대로 스스로 선정하여 추진한 사업이 외부로부터 부과된 사업보다 가치가 있고 지속성이 있기" 때문에 사회복지사는 이를 가능하게 도와주어야 한다는 것이다. 그러나 그로서의 견해로는 조력자로서의 역할은 제한된 가치를 지닌 소극적인 것이라는 것이다. 그래서 그로서는 중개자로서의 역할이 빈민과 함께 또 그들을 위해서 일하는 데는 특히 중요하다고 보았다.

그로서는 중개자 역할의 필요성은 1958년에 윌렌스키(Willensky)와 레보(Lebeaux)에 의해서 사회사업에 처음으로 소개되었다고 주목하고, 이들의 견해를 다음과 같이 인용하고 있다: "(사회사업에 있어서) 중개적 기능(liaison function)이란 주민들을 그들이 필요로 하는 지역사회 자원에 접할 수 있게 자원의 소재를 밝혀 주는 데에 사회사업활동의 대부분을 할애하는 것이다."[9]

즉 중개자로서 사회복지사는 주민들이 필요로 하는 자원이 어디에 있다는 것을 가르쳐 줌으로써 이에 접근할 수 있게 해 주는 것이다. 이는 우리가 지역사회개발모델에서 주민들이 스스로 자원의 소재를 파악하도록 도와주는 전문가의 역할보다는 훨씬 적극적인 개입이라는 데에 주목할 필요가 있다. 그로서는 이와 같은 중개자의 역할을 '집단적인 중개'(collective brokerage)의 차원으로 확대하고 있는데, 이는 사회복지사가 단독적인 개입보다는 전 주민계급에 영향을 주는 행정과 정책의 변화를 추구하는 것을 말한다.

그로서는 자원의 소재를 알려주는 정도의 중개자의 역할은 불충분한 것(insufficiently directive)으로 보고, 보다 적극적인 옹호자의 역할이 불가피하다고 주장하고 있다. 옹호자의 역할은 사법계에서 사용되는 개

---

9. Harold L. Wilensky and Charles N. Lebeaux, *Industrial Society and Social Welfare* (New York: Free Press, 1965), p. 286.

념을 빌려 온 것으로, 사회복지사는 "필요한 정보를 끌어내고, 주민들 입장의 정당성을 주장하며, 기관의 입장에 도전할 목적으로 지도력과 자원을 제공해야 한다"는 것이다. 이러한 결과로 사회복지사는 사회적 갈등에 있어서 '파당분자'(partisan)가 되며, 그의 "전문적인 역량을 오로지 클라이언트의 이익을 위해서 사용한다"는 것이다. 그래서 "조력자로서의 중립적인 입장(impartiality)과 중개자로서의 기능주의적 입장은 존재하지 않는 것이다."

갈등적인 상황에서의 이와 같은 편파적인 입장은 사회복지사에게 중립적이거나 수동적인 자세를 거부하는 '행동가'의 역할을 수행하게 할 수밖에 없다. 전통적으로 문제를 가진 클라이언트에게 의사를 찾게 하고, 적십자사에 성금을 내게 하고, 학교의 사친회를 지원하도록 권고하던 사회복지사의 중립적인 입장의 허구성을 지적하면서 그로서는 다음과 같은 과격한 주장을 편다: "왜 가스공급을 제대로 받지 못하는 공영주택의 임대주민들이 월세금의 납부를 거부하도록 권고하지 않는가? 왜 학교에 불만을 갖는 학부모들이 학교의 지원을 거부하도록 권고하지 않는가? 왜 당연한 혜택을 받지 못하는 주민들이 정부의 잘못을 시정하게 하기 위한 수단으로 법적인 가두시위를 하도록 권고하지 않는가?"

2) 그로스만의 '조직가'

그로스만(Grossman)은 미국의 동부와 서부 해안지역에 인접해 있는 도시에서 실시되고 있는 20개의 '사회행동지향적인 사업'(social action oriented organizing projects)에 관해 4개월간에 걸친 탐색조사를 실시하고, 사회복지사의 역할에 대한 흥미 있는 결과를 보고하고 있다.[10]

사회복지사의 실제적인 역할을 살펴보기 전에 조사에서 발견된 이들

기관들의 공통적인 목표와 목표를 달성하기 위해 설정한 사회행동 프로그램의 주제(issues)에 대해 살펴보기로 한다.

조사대상기관들이 갖고 있는 공통적인 목표는 다음과 같다.

① 지역사회의 자조능력을 활성화한다.

② 권력구조로 하여금 기존의 업무자세를 버리고, 압력을 가하는 집단(취약계층)의 요구에 보다 잘 부응하는 업무활동을 하도록 하는 사회행동을 강조한다.

③ 이러한 노력을 통해서 지역사회의 취약계층의 영속적 혹은 반영속적 권력기반을 구축한다.

이러한 목표를 달성하기 위해 기관들이 실시하고 있는 사회행동 프로그램의 주제로는 다음과 같은 것들이 있다.

① 사회문제적인 주제(민권, 소비자보호, 교육, 고용, 주택, 경찰과의 관계, 공적 부조, 징집 등)

② 개념적인 주제(보다 나은 생활, 인간의 존엄성, 자신의 향락을 추구할 권리, 권력 등)

③ 자조와 관련된 주제(지역사회서비스의 향상, 경제적 자립, 새로운 사회서비스 등)

④ 개별적인 사회행동(기관에 의한 개인이나 집단의 차별 · 학대)

⑤ 정치적인 주제(선거인 등록과 후보자의 지원)

그로스만은 이러한 주제를 내포하고 있는 프로그램을 성취하기 위한 '조직가'의 과업(역할)을 기술상의 과업과 이데올로기적 성격을 지닌 과업으로 구분했다.

그로스만은 사회행동을 지향하는 기관의 사회복지사들이 실제로 수행하고 있는 과업을 이상과 같이 찾아내고, 기술상의 과업은 거의 모든

---

10. Lawrence Grossman, "Program Action Issues and Action Organizing Tasks," in Kramer and Specht, *op. cit.*, pp. 314-323.

그로스만(Grossman)이 구분한 조직가의 역할

1. 기술의 과업

① 문제집단과 보다 자연스럽게 대화를 나눌 수 있도록 자신의 문을 열어 둔다.
② 문제를 가진 집단과 진지한 토의를 갖는다.
③ 사람들을 회합에 끌어들인다.
④ 집단행동을 조직화한다.
⑤ 빠른 승리를 얻어내려 한다.
⑥ 궁극적인 승리를 도모한다.
⑦ 승리를 거둔 다음에 후속조치를 취한다.
⑧ 사람들로 하여금 장기간에 걸쳐 관심을 잃지 않고 참여하게 한다.
⑨ 사람들의 조직상의 기술과 자신감을 증대시킨다.
⑩ 주민들로 하여금 사회복지기관에 대해 동일시하도록 한다.
⑪ 지역사회로 하여금 기관의 존재를 깨닫게 한다.
⑫ 지역사회가 기관에 대해서 신임을 갖도록 한다.
⑬ 주민들의 조직적인 행동을 장기적인 프로그램에 포함되게 한다.
⑭ 유사한 변화를 추구하고자 하는 다른 집단과의 관계를 용이하게 돕는다.
⑮ 국가적인 사회행동노력이 목적을 성취할 수 있도록 돕는다.
주민들이 그들의 관심사라고 말하는 바를 달성하기 위해 투쟁하도록 한다.
집단구성원들의 생활에 괄목할 만한 변화가 일어나도록 한다.
사회행동을 통해서 주민들에게 정치적인 기술을 가르친다.
남부지방에서 흑인민권운동이 내세웠던 것 같은 '대의'(cause)를 개발하도록 돕는다.

2. 이데올로기적 성격을 지닌 과업

① 체제(system)의 실상을 드러내게 한다. 즉 위선, 이율배반, 엘리트의 지배 등이 계속적으로 노출되게 유도한다.
② 주민들의 사회행동에의 참여가 스스로 유익하게 받아들이도록 한다.
③ 기존의 권력구조를 해치고 불안정하게 한다.
④ 정부에 대해 재정부담을 주어 예산이 과다하게 책정되어 자본주의가 붕괴하

도록 한다.

⑤ 지역사회에 계속적인 긴장을 조성한다.

⑥ 주민들이 체제에 대해서 분노를 갖도록 체제의 운영에 실패를 낳게 한다.

⑦ 주민들의 정치적 의식을 증대시킨다.

⑧ 주민들이 스스로의 생활에 관한 통제능력을 키우도록 한다.

⑨ 사회복지기관의 힘을 키운다.

사회복지사가 수행하고 있으며, 이데올로기적 성격을 띤 과업은 일부의 과격한 사회복지사들이 수행하고 있다고 지적하고 있다.

우리가 그로스만의 '조직가'의 역할을 올바르게 이해하기 위해서는 사업지역이 이데올로기상의 대립이 첨예화되는 흑인집단거주지역과 가난한 여러 인종집단이 함께 거주하는 지역들이라는 점에 유의해야 한다. 또 이러한 사회복지사들의 과격한 역할이 사회복지 분야에서 아직도 논란의 대상이 되고 있다는 사실도 주목할 필요가 있다.

제8장 사회행동의 전략과 전술

1. 개요

우리가 제2장의 제3절에서 살펴보았던 사회행동은 과거 권위주의적이고 보수적인 정치풍토 속에서는 그것을 전개하는 데 상당한 제약이 있었다. 1970년대와 1980년대 중반에 걸쳐 노동자, 학생, 빈민 그리고 일부 복지수혜자들의 생존권과 관련되어 전개되었던 각종 '운동'들은 국가와 사회의 기본체제와 질서를 위협하는 행동으로 간주되어 정부당국에서는 이를 가능한 한 억제하려 했고, 이들 운동에 참여한 사람들은 과격한 행동을 하면서까지 자신들의 주장과 이익을 관철시키려고 했다. 그리하여 도시 저소득지역의 재개발사업이나 산업장에서 전개되었던 각종 사회행동들은 그간의 학생들에 의해 주도되었던 민주화 투쟁과 연계되어 엄청난 탄압을 받았고, 수많은 희생을 낳았을 뿐 실질적인 성과를 거두지는 못했다. 다만 여성의 지위를 향상시키려는 여성운동과 소비자들의 권리를 보호하려는 등의 사회행동만이 보수적인 체제 속에서 허용되는 것이 고작이었다.

그러나 1980년대 후반부터 종래의 이데올로기 중심적인 사회행동과 그에 따른 과격한 행동들은 점차 그 활동영역, 성격, 전략 면에서 많은 변화를 가져오게 되었다. 먼저 활동영역에 있어서 과거 이른바 계급 혹은 계층 중심의 사회행동에서 지역사회 중심 혹은 국가적인 차원의 사회행동으로 그 영역이 확대되었다. 그리하여 원자력발전소 건설과 핵폐기물 저장시설이 지역사회주민의 생존을 위협한다는 이유로 반대운동이 전개되는가 하면, 지역사회주민의 건강과 자녀들의 교육, 쾌적한 환경을 유지하겠다고 전개된 경기도 부천시의 '담배자판기 폐기운동' 등 다양한 운동들이 지역사회를 중심으로 나타나게 되었다.

사회행동의 성격도 이익계층과 불이익계층으로 양분하여 전자의 패배가 곧 후자의 이익이라는 것보다는 기존의 자본주의 체제를 인정하면서 자신들의 권익을 신장시키고자 하는 중도적인 성격을 취하게 되었다. 즉 과거에 극좌 혹은 용공적인 성격을 띤다고 비난받았던 사회행동에서 우적인 요소를 어느 정도 수용하는 중도적인 행동으로 변화를 보이게 되었다. 또 전략 면에 있어서도 일부 학생, 빈민, 노동자들을 규합하여 과격한 폭력도 불사하던 사회행동전략에서 가능한 한 다수의 주민을 참여시켜 온건하고 합법적인 투쟁을 전개하는 전략으로 변화하는 양상을 보이게 되었다. 그리하여 지역사회 내의 기존 사회단체(YMCA, 여성단체 및 시민단체 등)가 중심이 되어 활동을 전개한다거나 새로운 시민조직(위원회)을 만들어 활동하는 사회행동이 나타나게 되었다.

이상과 같이 1980년대 후반부터 우리나라의 지역사회복지사업에 있어서 사회행동이 크게 신장되고 변화되게 된 데에는 몇 가지 중요한 상황변화에서 그 원인을 찾을 수 있다.

첫째, 1987년의 6월 민주항쟁으로 인한 이른바 6·29선언으로 과거 모든 사회행동 노력에 대한 정부당국의 탄압과 통제가 크게 완화되었다는 점이다. 그리하여 노동조합을 통한 노동자들의 사회운동과 빈민, 장애인, 노인 등 복지수급권자들의 사회행동은 물론 학생들에 의해 주도된 이데올로기 중심적인 운동까지도 이들이 사회의 기존 질서를 파괴하지 않는 범위 내에서는 상당히 허용되는 분위기가 조성되었다.

둘째, 세계적으로 소련과 동구의 사회주의 체제의 붕괴 그리고 독일의 통일 등은 과거 이데올로기 중심의 사회행동에 대한 이념적 기반을 약화시키게 되었다는 점이다. 기득권을 가진 집단으로부터의 탄압과 착취를 자본주의 체제의 모순으로 동일시하여 과격한 행동을 일삼았던 과거의 사회운동은 공산주의의 몰락과 함께 점차 동조 내지는 지지 세력을 잃게 된 것이다.

셋째, 지방자치제의 도입이 과거 계급 · 계층집단 중심의 사회행동으로부터 지역사회 중심의 사회행동을 변화시키는 계기가 되었다는 점이다. 이는 오늘날 지역이기주의라는 폐해를 낳고 있다는 비판을 면하기 어려우나 한편으로는 지역사회주민들이 중앙 및 지방정부, 대기업과 전국적인 조직을 상대로 자신들의 권익을 옹호하려는 합법적인 사회운동을 전개할 수 있게 된 것이다.

이상에서 지적한 국내외의 상황변화로 말미암아 우리나라의 지역사회복지에서도 과거의 지역사회개발로부터 사회행동이 일반적인 모델로 크게 부각될 것으로 여겨진다. 따라서 본 장에서는 효과적인 사회행동을 전개하는 데 필요한 기본적인 전략과 전술에 대해서 살펴보기로 한다.

2. 사회행동의 전략

지역사회에 있어서의 사회행동이란 지역사회주민들의 생활에 영향을 미치는 중요한 결정에 대해 주민들의 통제력을 향상시키기 위한 집단적인 노력을 말한다. 정부당국과 대기업, 거대한 공사조직에 의한 결정들은 주민들의 복지에 반하거나 도움을 주지 못한 것일 수가 있다. 이와 같이 막강한 힘을 지닌 집단에 대해서 지역주민들이 단합된 힘을 과시함으로써 그들에게 유리한 결정을 낳도록 영향력을 행사하고자 하는 파당적(partisan)인 행동이 사회행동이다.[1]

효과적인 사회행동을 전개하기 위해서 지역사회조직이 취해야 할 전략상의 문제는 다음과 같다.[2]

① 지역사회조직이 그들의 대상(혹은 적대) 집단을 이겨내기 위해 필요한 힘을 어디에서 얻을 것인가 하는 것이다. 힘의 원천은 다양하나 사회행동을 주도하는 지역사회집단은 특수한 사회행동캠페인을 전개하는 데 있어서 어떠한 것을 사용할 것인가를 찾아내야 한다.

② 사회행동집단이 전개하는 운동이 집단원들과 일반지역주민들에게 합법적인 것으로 보이게 하기 위해 어떻게 목적을 표현하고 전술(tactics)을 선택할 것인가 하는 점이다.

③ 사회행동집단이 지역사회 내의 다른 조직으로부터 협력을 구할 것인가 혹은 단독으로 운동을 전개할 것인가를 결정해야 한다. 즉 다른 조직과 협력 혹은 연계하여 운동을 전개함으로써 얻어지는 이익과 손해를 따져 어느 정도의 협력을 구할 것인가를 결정해야 한다.

④ 사회행동집단이 압력전술, 법적 전술, 시위활동 등 어떤 전술에 주로 의존할 것인가, 혹은 이들 전술을 어떻게 혼합해서 활용할 것인가를 결정해야 한다. 이들 각각의 전술에 대해서는 다음 절 이하에서 상세히 다루기로 한다.

⑤ 사회행동집단이 의미 있는 승리를 최대한으로 거두기 위해 어떻게 협상을 할 것인가를 결정해야 한다.

---

1. H. J. Rubin and I. S. Rubin, *Community Organizing and Development* (Columbus, Ohio: Merril Publishing Co., 1986), p. 209.
2. *Ibid.*, p. 210.

이제 이 다섯 가지 전략의 구체적인 내용에 대해 살펴보기로 하자.

1) 대상집단을 이기기 위해 힘을 갖기 위한 전략

일반적으로 사회행동이란 평등과 정의와 같은 추상적인 주제에 대한 철학적인 논쟁이 아니고 사회행동집단과 대상(반대)집단 간의 힘겨루기라고 할 수 있다. 사회행동에 있어서의 승자란 힘이 있는 편에 서는 것이다. 그리하여 사회행동의 대가인 앨린스키(Alinsky)는 "하나의 시민조직(People's Organization)을 만드는 것은 바로 새로운 권력집단을 조직하는 것"이라고 말한 바 있다.[3]

힘이란 자기의 뜻대로 혹은 반대 없이 자기의 목적을 달성할 수 있는 능력을 말한다. 힘의 원천은 육체적인 완력, 권위, 명예, 지식 등 다양하다. 사회행동을 원숙하게 전개하기 위해서는 어떠한 힘의 원천에 의존해야 할 것인가를 결정하는 것이 매우 중요하다.

사회행동의 토대가 될 수 있는 힘의 원천은 다음의 다섯 가지로 요약할 수 있다.

① 정보력(informational power)인데, 이는 정부당국이나 특히 정치인들에게 현재 일어나고 있는 사태에 관한 지식을 제공할 수 있는 힘을 말한다. 사회행동을 주도하는 집단은 시위나 집회 등을 통해서 일반인들에게 문제의 중요성과 심각성을 주지시키고 정부당국이나 국회(지방의회)에서 이 문제를 논의하여 적절한 결정을 내릴 수 있도록 힘을 과시할 수 있다. 예를 들면 노인이나 장애인 등이 처해 있는 참상에 대한 정보를 공개하여 일반인과 정치인을 자극함으로써 이들을 위한 사회행동의 목적을 관철시킬 수 있다.

3. Saul Alinsky, *Reveille for Radicals* (New York: Random House, 1969), p. 132.

② 사회행동을 주도하는 집단은 자신들의 활동과 결정에 반대를 하는 집단에 대해 불편과 손해를 증가시켜 줌으로써 힘을 과시할 수 있다. 예를 들면 사회행동집단이 원하지 않는 건물이나 시설이 건축되고 있을 때 현장에서 시위를 전개한다거나 법원에 건축 중지 요청을 하는 등의 행동은 공사의 지연을 가져오게 되고 건축주나 시공자에게 막대한 손해를 입힐 수 있다. 이러한 방법은 사회행동에서 가장 많이 사용되는 수법이다.

③ 피해를 입힐 수 있는 잠재력(potential for disruption)도 힘의 원천이 될 수 있다. 실제로 피해를 입히는 것보다 피해를 입힐 수 있는 잠재력이 있다는 것을 상대방에게 주지시키는 것이 종종 효과적인 전술이 될 때가 있다.

④ 상대방의 약점을 들추어내어 수치감을 갖게 하거나 괴롭히는 것도 힘의 원천이 될 수 있다. 업무의 결정과 시행에 힘을 가지고 있는 공무원, 정치인 혹은 기업인들이 지니고 있는 약점을 언론에 노출시킨다거나 그들의 주거지에서 피케팅을 통해 공개하는 행위는 그들을 매우 곤혹스럽게 할 수 있다.

⑤ 집단행동에 많은 사람을 동원할 수 있는 능력은 사회행동에서 가장 중요한 힘의 원천이 된다. 시위에 많은 사람이 참여한다는 것 자체가 정부당국의 정책에 대해 주민의 저항이 강하다는 것을 보여 주며 선거에 의해서 선출되는 정치인들에게는 무시할 수 없는 존재로 인식될 수 있는 것이다.

우리가 여기에서 주목해야 할 것은 사회행동이 힘을 과시하는 것이라고 하더라도 결코 폭력을 행사해서는 안 된다는 것이다. 사회행동은 어디까지나 합법적인 수단을 통해서 목적을 달성하는 민주적인 활동이어야 한다. 폭력은 그 자체로서 정당화될 수 없을 뿐만 아니라 상대방에게 자신의 약점을 제공할 수 있는 근거가 되어 결국 법적인 피해를 가져오고 지역사회의 지지와 동조세력을 잃는 결과를 초래할 수 있기 때문이다.

결국 사회행동조직이 성공을 거두기 위해서는 상대방이 자신들보다 더 강한 위치에 있는 힘을 사용해서는 안 되며, 상대방의 약점을 공략해야 한다. 따라서 사회행동조직은 먼저 자신들의 강점이 무엇인가를 발견하고 상대방의 약점을 공격해야 한다. 상대방의 약점을 분석하기 위해서는 다음과 같은 정보를 가져야 한다.

① 상대집단이 사회행동조직이 요구하는 바를 들어 줄 수 있는 위치에 있는가? 만약 그러한 요구를 수용할 수 있지 않다면 요구하는 자체가 의미가 없다.

② 상대집단이 갖고 있는 자원은 무엇인가? 상대방의 강점이 막대한 재력이라면 전국적 규모의 불매운동 같은 것이 위협적인 전략이 될 수 있을 것이며, 선거에 의해서 약한 지지를 받고 있는 집단이라면 유권자들에게 서명운동을 전개하는 것이 효과적인 전략이 될 수 있을 것이다.

③ 상대집단이 통제할 수 있는 자원을 어느 정도나 활용하려고 하는가? 예를 들면 시위 군중을 체포하기 위해 경찰력을 동원하려고 하는가, 그렇지 않으면 과격한 저항을 피하기 위해 경찰력을 자제하려고 하는가?

④ 상대방이 두려워하는 것이 무엇인가? 정치인들이라면 선거에 패배하는 것을 두려워할 것이며, 정부 관료들은 시행하는 사업에 차질이 올 것을 두려워할 것이다. 또한 기업이나 민간조직의 지도자들도 개인적으로 비난을 받는 것을 두려워할 것이다.

⑤ 상대방이 자신의 지지자들로부터 오는 압력에 대해서 민감한가? 그렇다면 누구로부터의 압력인가? 흔히 지역사회의 기업은 지방정부의 개혁에 대해 지원을 하게 된다. 그래서 만약 지방정부가 사회

행동조직의 요구를 받아 주지 않을 때는 민간기업에게 압력을 가해 이들이 지방정부를 굴복하도록 할 수 있을 것이다.

⑥ 상대방이 어떤 행동을 취할 준비를 하고 있는가? 만약 상대방이 조직에 자체 변호사가 없다면 법적인 대응이 현명한 전략이 될 것이다. 만약 건물이 일반에게 공개되어 있고 보안을 담당하는 직원이 없는 경우에는 연좌데모도 활용할 수 있다.

⑦ 상대방이 도덕적인 설득에 약한가? 예를 들면 종교집단과 정부기관들은 그들 지도자들의 개인 신상에 대한 공격에 쉽게 굴복하는 경향이 있다. 기업들의 경우에는 이상적인 것, 예를 들면 빈민들에게 주거, 음식, 교육을 제공하는 데 도움을 주자는 것에 대해서는 쉽게 반응하지 않을 것이나 그들의 상품시장에 영향을 주는 요구에 대해서는 쉽게 반응할 것이다.

2) 사회행동캠페인의 합법성을 확보하기 위한 전략

사회행동의 전략에 있어서 두 번째로 고려해야 할 사항은 자체의 조직원과 일반주민은 물론 때로는 상대조직에게 일반적으로 수용될 수 있는 전술을 선택하는 일이다. 어떤 전술도 단기적으로는 효력이 있겠지만 장기적인 승리는 사회행동조직 이외의 사람들이 그 조직의 행동에 대해 합법성을 인정하느냐에 달려 있다. 다시 말하면 사회행동캠페인의 영속적인 성공은 지역사회의 지지가 없이는 이룩될 수 없다.

사회행동조직이 사회적인 합법성을 확보하기 위해서는 그 조직의 목적에 맞는 전술을 선택해야 한다. 어떠한 전술도 기존의 법질서를 해치는 것이어서는 안 되는 것이다. 특히 시위나 연좌데모 같은 전술은 그것이 폭력을 낳는 과격한 것이 되지 않도록 유의해야 한다. 과격한 전술은 공격대상집단으로부터 역공격(경찰력의 투입 등)을 자초하여 조직이 추구하는 목표를 무산시키는 결과를 낳을 수 있다. 일반적으로 사회지도층이 적절하다고 인정하는 전술을 택하는 것이 합법성을 확보하는 데 바람직하다.

3) 지역사회의 타 조직과 협력하는 전략

한 사회행동조직이 수적으로 힘을 얻기 위해서는 지역사회 내에 있는 다른 조직들과 함께 일을 하는 것이 필요할 수 있다. 따라서 사회행동조직은 캠페인을 준비하는 단계에서 타 조직과의 협력 여부를 결정해야 한다. 이때 중요한 것은 사회행동조직이 해결하고자 하는 문제와 이슈의 범위를 단독으로 처리할 수 있는 것으로 국한할 것인가, 그렇지 않으면 동조집단을 필요로 할 정도로 확대할 것인가를 결정하는 일이다. 만약 후자의 경우일 때는 자체 조직의 자율성이 위협받지 않도록 어떻게 협력관계를 유지할 것인가를 결정해야 한다.

사회행동조직이 타 조직과 맺을 수 있는 협력적인 관계에는 협조(cooperation), 연합(coalition), 동맹(alliance) 등 세 가지 유형이 있다.

먼저 협조관계는 타 조직과 최소한의 협력을 유지하는 관계유형이다. 이 관계 속에서 각 조직은 자체의 계획대로 운동을 전개하면서 필요에 따라 일시적인 협력을 하는 것이다. 이에 참여하는 조직들은 운동의 효과는 늘리면서 자체의 기본적인 목표나 계획을 바꾸지는 않는다. 예를 들면 몇 개의 상이한 영세민지역의 조직들이 시당국의 영세민지역 서비스에 대해 불만을 갖고 시위를 계획한다고 할 때 각 조직들이 일시에 동일한 장소에서 유사한 슬로건을 내세운 플래카드를 들고 시위를 한다면 각 조직이 단독으로 하는 것보다는 훨씬 많은 군중을 동원할 수 있고, 시당국으로부터 긍정적인 반응을 얻어내기가 훨씬 용이할 것이다. 이러한 협조관계에서 참여하는 조직들은 시위를 위한 일시, 진행로,

연사, 언론과의 접촉 등에 관해 서로 협의하는 정도의 협력관계를 갖는다. 그러나 만일 한 조직이 자신들의 주장을 타 조직에게 지나치게 강요할 경우 협조관계는 단절될 수 있다.

연합관계는 참여하는 조직들 간에 이슈와 전략을 합동으로 선택하는 보다 조직적인 협력관계를 말한다. 만약 어떤 문제가 개별적인 사회행동조직의 노력만으로는 쉽사리 해결될 수 없는 장기적인 성격의 문제일 경우에는 이 같은 연합관계를 맺는 것이 좋다. 이 관계 속에서 참여하는 조직들은 각각 대표자를 선정하여 운영위원회 같은 조직을 구성하고 회의를 소집하여 공동의 관심사에 대해 협의하게 된다. 공동의 관심사가 발견되면 이들 조직들은 하나의 조직처럼 행동을 할 수도 있다. 이 운영위원회는 공동의 노력을 해야 할 문제에 대해 논의를 하고 추진할 전략을 결정하게 된다. 이러한 결정은 다시 각각의 조직에 회부되어 승인을 받아야 한다. 이렇게 함으로써 각 참여조직은 독자적인 통제력을 갖게 되는 것이다.

마지막으로 동맹관계는 가장 고도의 조직적인 협력관계를 맺는 경우이다. 이는 유사한 목적을 지닌 조직들이 영구적이고 전문적인 직원을 둔 대규모의 조직관계망을 갖는 것이다. 이 관계 속에서 각 조직들은 각각의 이슈에 대해서 계속적인 협의를 할 필요가 없으며, 전문직원들이 회원조직을 대표하여 필요한 로비활동을 하게 되고 회원조직들에게 기술적인 지원을 제공하게 된다. 이 같은 동맹관계는 회원조직들의 회원을 훈련하고, 캠페인을 준비하는 등 전문적인 활동을 필요로 하는 경우에 매우 바람직한 협력관계라고 할 수 있다. 그러나 동맹관계가 갖는 문제점도 있을 수 있다. 첫째로 회원조직들이 동맹에 의해 만들어지는 결정과 멀어질 수 있는 가능성이 있다는 점이다. 각 회원조직들은 전국적인 협의회에 대표자를 보내지만 만일 대다수 대표들이 어떤 사항을 지지한다면 그 사항은 통과될 수밖에 없으며, 그 제안에 동의를 하지

〈표 8-1〉 협력관계 유형의 비교

기준	협조관계	연합관계	동맹관계
목적	특정 이슈에 관해 유사한 목표를 가진 조직들의 일시적인 연결	계속적이나 느슨하게 구조화된 협력: 조직적 자율성을 최대화하면서 힘을 증대시킴	기술적인 정보를 제공하고 로비활동에 역점을 두는 전문가를 둔 영속적인 구조
결정절차	임시적 계획이 사안에 따라 만들어짐	선출된 대표들이 정책을 결정하지만 각 개별조직들의 비준이 있어야 함: 각 조직은 모든 행동에 참여할 필요가 없음	회원조직으로부터 승인이 필요하지만 결정할 수 있는 힘은 중앙위원회나 전문직원이 갖게 됨
존속	협력관계는 어느 때고 한쪽에 의해 중단될 수 있음: 협력관계를 유지하기 위해 최소한의 노력이 필요함	참여조직들은 특정 캠페인에 참여 여부를 선택할 수 있으나 협력구조는 지속됨	중앙위원회나 직원에 의해 장기적인 활동이 수행되나 활동 중에는 동맹 자체의 업무를 지속시키기 위한 것이 있을 수 있음

않는 지방의 회원조직은 전국적인 동맹의 결정을 따를 수밖에 없다. 둘째로 전국적인 동맹의 대표들은 지방회원조직과 다소 유리될 가능성이 있으며, 지방조직들은 연맹의 활동으로부터 점차 소외될 수 있다는 점이다. 그래서 어떤 시(市)의 조직들은 도(道)나 중앙의 로비활동에 참여하지 못하게 될 수 있고, 그래서 독자적으로 캠페인을 전개했을 때 느낄 수 있는 성취감을 갖지 못할 수가 있다. 셋째로, 전국적인 동맹은 광범한 이슈에 역점을 두기 때문에 대부분의 지방조직들이 당면하게 되는 일상적인 이슈보다 극적이고 상징적인 활동을 지지하는 경향이 있다는 것이다.

이상의 세 가지 협력관계의 차이점을 그 목적, 결정절차, 존속성이라는 기준에 따라 요약해 보면 〈표 8-1〉과 같다.

4) 캠페인에서 전술을 연결시키는 전략

사회행동조직이 활용할 수 있는 전술(tactics)은 압력(pressure)전술, 법적(legal) 전술, 항의(protest)전술로 구분할 수 있다. 일반적으로 사회행동캠페인이 성공을 거두기 위해서는 둘 혹은 모든 전술을 사용해야 한다. 먼저 언론의 관심을 끌기 위해 항의전술을 사용하다가 장기적인 변화를 이룩하기 위해 압력전술을 사용할 수 있다. 혹은 처음에는 법적 전술과 같이 온건한 전술을 취하다가 마지막으로 항의전술을 사용할 수도 있다. 캠페인에 따라서는 세 가지 전술을 동시에 사용할 수도 있다. 여기서 중요한 것은 사회행동조직이 특정한 성과를 거두기 위해 여러 가지 전술들을 어떻게 연결시킬 것인가를 알아야 한다는 것이다. 이를 위해서는 각각의 전술이 가져다줄 수 있는 바가 무엇인지 알 필요가 있다.

동일한 캠페인에서 여러 가지 전술들이 사용될 수 있지만 이들 전술들은 서로를 대신할 수는 없다. 즉 각 전술은 달리 작용을 하며 목적하는 바가 다르다. 압력전술을 사용할 때 사회행동조직은 상대조직의 규칙이 갖는 합법성을 인정하고 그 규칙에 따라 조치를 강구하지만, 목표는 상대조직이 자체의 게임에서 패배하도록 노력하는 것이다. 법적 전술 역시 상대조직의 규칙을 활용하지만 목표는 준수하지 않는 그들의 규칙을 준수하도록 하는 것이다. 이에 반해서 항의전술에서 사회행동조직은 게임의 규칙이 공정치 못하다고 결론을 내리고 새로운 규칙을 만들어 내려고 하는 것이다.

압력전술과 항의전술은 그 효과에 있어서 차이가 있다. 앞에서 언급한 바와 같이 사회행동조직은 압력전술을 통해서 상대조직의 규칙하에서 승리를 거두려고 하며 조직원들이 이기게 되면 상대조직은 그 결과에 승복하게 될 것이다. 이에 반해서 항의전술에서는 사회행동조직은 상대조직이 새로운 규칙에 따라 행동하도록 강요를 하게 된다. 이 경우 상대조직은 제기된 이슈에 대해 단기적으로는 승복하겠지만 그 전술의 적법성을 인정하려 하지 않거나 결국 그 결과를 수용하려 하지 않을 것이다.

대결과 시위 같은 행동은 당국의 관심을 끌어들이고 사회행동조직의 힘을 과시하는 데는 매우 중요하다. 그래서 단기적으로는 상대조직으로 하여금 사회행동조직이 원하는 결정을 하도록 하는 목적을 달성할 수 있다. 그러나 이러한 행동은 "여기에 문제가 있습니다. 관심을 가져주시오!"라는 주장에 불과하며, 필요한 변화를 정치적으로 제도화(institutionalize)하지는 못한다. 따라서 지속적인 변화를 가져오기 위해서 사회행동조직은 법과 규정과 시행의 정도를 바꿀 수 있는 방안을 강구해야 한다. 예를 들면 영세민지역에 대한 구청의 서비스에 대해 불만을 갖고 시위를 하게 되면 일시적으로는 구청의 서비스가 개선될 수 있으나 문제가 있을 때마다 계속 시위를 할 수는 없다. 따라서 서비스에 관련된 구청의 규정을 개정하도록 하는 보다 근본적인 행동을 해야 할 것이다. 이를 위해서 사회행동조직은 법과 규정에 대한 것은 물론 권력구조, 이익집단, 그리고 정치적인 과정에 대해서 깊은 지식을 가져야 한다. 결론적으로 항의전술은 상대방으로 하여금 관심을 갖도록 하는 데 효과가 있고, 압력전술(법적 전술을 포함)은 법과 규정을 바꾸고 시행될 수 있도록 하는 효과가 있다. 그렇기 때문에 이들 전술을 적절히 혼합하여 활용하는 지혜와 기술이 필요하다. 이들 전술들의 구체적인 내용과 활용기술에 대해서는 다음 절 이하에서 상세히 논의하기로 한다.

5) 협상을 전개하는 전략

사회행동캠페인에 있어서 사회행동조직은 이슈를 선정하고 이 이슈를 토대로 해서 요구를 하는 것이 보통이다. 그래서 캠페인이 성공을 거두기 위해서는 그들의 요구에 대해서 상대방과 협상을 하지 않으면 안 된다. 조직의 대표들은 캠페인이 시작되자마자 협상 테이블에 나와 협상을 시작할 수는 없기 때문에 협상이 의미 있는 성과를 가져올 수 있도록 이슈에 대해서 충분한 협상준비를 하지 않으면 안 된다.

먼저 해야 할 일은 협상의 토대가 되는 갈등(이슈)의 범위를 어느 정도로 할 것인가에 대한 결정이다. 우리는 앞에서 타 조직과의 협력관계를 논의하면서 갈등의 정도가 큰 광범위한 이슈에 대해서는 연합적인 전략이 필요하다는 것을 지적한 바 있다. 갈등의 범위를 좁게 잡을 것인가(예: 특정 임대아파트의 난방공급상태에 대한 소유주와의 갈등), 아니면 저소득층의 주택정책을 문제시하는 것처럼 넓게 잡을 것인가? 또 어느 건설회사가 녹지에 상업적인 위락시설을 조성하려고 할 때 환경보호에 관심을 갖는 사회행동조직이 그 특정 회사를 상대로 협상을 할 것인가, 아니면 영리를 목적으로 자연을 마구잡이로 개발하는 대기업들의 일반적인 행태에 대해 협상을 할 것인가?

갈등의 범위가 좁으면 해결은 그만큼 용이해지지만 이는 문제가 발생할 때마다 협상을 해야 하는 번거로움이 있다. 만일 사회행동조직이 갈등의 범위를 확대한다면 많은 문제들을 일시에 해결할 수 있는 장점이 있다. 그러나 이러한 경우 상대방에게 자신들의 저항을 강화할 수 있는 여지를 주기 때문에 해결의 실마리를 찾기는 그만큼 어렵다. 전술적인 측면에서 갈등의 범위는 해결이 가능할 수 있는 정도로 넓게 잡되, 상대방이 심한 위협을 느끼고 막강한 대응조치를 강구할 정도로 너무 넓게 잡지 않는 것이 바람직하다고 할 수 있다.

여러 학자들의 연구보고에 따르면 대부분의 사회행동은 그 조직에 참여하는 회원들의 구체적인 경험을 근거로 해서 이슈의 범위를 좁게 잡아 출발하는 것이 바람직하다고 한다.[4] 운동의 초기단계에서 갈등은 한쪽이 이기면 다른 쪽이 지는 제로섬 게임(zero sum game)으로 보여

질 수 있다. 그러나 대부분의 경우에 있어서 이 같은 제로섬 상황은 쌍방이 다 승리할 수 있는 협력적인 게임으로 바꿀 수 있으며, 사회행동에서는 제로섬 상황보다는 협력적인 상황으로 협상을 전개하는 것이 바람직하다. 사회행동조직은 이슈를 설정할 때 상대방도 무엇인가를 얻을 수 있도록, 다시 말하면 협상의 여지가 있도록 몇 가지 대안들을 준비하는 것이 필요하다. 제로섬 상황하에서는 상대방의 저항도 더욱 거세지기 때문에 가능하다면 제로섬 상황이 되지 않도록 갈등의 범위를 바꾸는 노력을 할 필요가 있다. 결론적으로 모든 성공적인 사회행동이란 협상으로 끝나는 것이므로 준비단계에서부터 협상을 예상하는 계획을 세우는 것이 중요하다.

3. 정치적 압력전술

1) 정치적 압력의 개념과 필요성

앞 절에서 간략하게 언급했던 정치적 압력, 법적 전술, 그리고 항의전술은 주어진 사회행동캠페인에서 관련을 갖고 사용되는 경우가 많다. 만약 캠페인의 목적이 정부로 하여금 어떤 행정조치를 포기하게 한다거나 새로운 정책을 강구하게 하려는 것이라면 그 캠페인의 핵심적인 노력은 정치적 압력이 될 것이다. 따라서 이 점에서는 사회행동조직이 원하는 바를 달성하기 위해 어떻게 정부에 압력을 가할 것인가에 대해서 살펴보기로 한다.

---

4. Louis Kriesberg, *The Sociology of Social Conflicts* (Englewood Cliffs, New Jersey: Prentice-Hall, 1973); William Gamson, *The Strategy of Social Protest* (Homewood, Illinois: The Dorsey Press, 1975); Frances F. Piven and Richard Cloward, "Social Movements and Social Conditions," *Social Problem*, Vol. 26, No. 2, pp. 172-178.

정치적 압력과 항의는 서로 상이한 전술이다. 항의는 은행, 핵발전소, 백화점, 고용주 등 거의 모든 대상을 목표로 할 수 있다. 항의의 주목적은 어떤 문제에 대해서 관심을 환기시키고 사회행동조직의 힘과 결속력을 과시하는 데 있다. 그래서 상대방을 협상 테이블에 나오게 하는 것으로 항의전술은 성공이라고 할 수 있다. 반면에 정치적 압력은 그 대상이 정부에 국한되며, 그 목적은 새로운 법을 통과시키도록 한다거나, 새로운 프로그램을 개발하게 한다거나, 지역사회주민조직에게 이로운 정책을 강구하고 시행하도록 하는 것이다.

정치적 압력은 정부가 변화의 요구에 대해서 비교적 개방적이며, 주민의 참여에 대해 비교적 공평한 기회를 보장한다는 전제에서 출발한다. 주민의 참여와 언로(言路)가 봉쇄된 독재정부에 대해서 주민조직이 압력을 가하는 것은 거의 불가능하기 때문이다. 정치적 압력전술에 참여할 때 사회행동조직도 정부의 규칙을 지켜야 한다. 그러나 만일 정부의 규칙이 공평하지 못하고, 주민조직이 승리할 실질적인 기회가 주어지지 않는다면 압력전술은 무의미하며, 법적 조치나 항의를 전개하지 않을 수 없다. 우리가 과거의 유신체제하에서 합법적인 정치 과정을 통해 압력을 가하는 것보다 과격한 시위 같은 항의에 의존하여 목적을 관철하려 했던 것이 좋은 예가 될 것이다.

이제 우리의 정부도 주민들의 요구를 수렴하려는 자세가 되어 있기 때문에 지역사회 내의 다양한 주민조직과 이익집단들이 정부에 대해 압력을 가할 수 있는 상황이라고 판단된다. 이 같은 다양한 주민조직과 이익집단들은 정부로부터 보다 많은 인적 · 물적 자원을 확보하기 위해 상호경쟁을 하지 않을 수 없다. 따라서 이러한 경쟁에서 승리하기 위해서는 정책이 어떻게 입안되며 누구에게 압력을 가할 것인가를 알아야 하고 상대방의 전략에 대해서 예상을 하는 것 역시 필요하다. 즉 사회행동조직은 상대방보다 정치적 압력에 대한 기술을 보다 잘 사용할 능력을 갖추어야 하는 것이다.

2) 정치적 압력과 정책 과정

정부의 정책형성 과정은 ① 이슈를 논의대상으로 삼는 단계, ② 해결대안을 설계하는 단계, ③ 법안의 통과를 추진하는 단계, ④ 실천을 하도록 영향력을 행사하는 단계 등 네 단계로 구분할 수 있다. 사회행동조직은 이들 각 단계에 압력을 가할 수 있고, 또 가해야 한다.

첫 번째 단계는 이슈를 정책의제(policy agenda)로 삼는 것이다. 즉 정치인들이 이슈에 대해 관심을 갖고 이슈의 중요성을 깨닫도록 하는 것이다. 어떤 이슈가 정책의제로 채택되는 데는 여러 가지 방법이 있다. 먼저 선거에 의해서 선출되는 정치인들은 유권자들의 문제제기에 귀를 기울이고, 신문을 읽게 되며, 큰 이슈에 대해 신경을 쓰지 않을 수 없다. 또 정부 관리들의 경우에도 자기들의 담당 업무와 관련된 이슈에 대해 관심을 갖는 것은 당연하며, 문제해결을 위해 새로운 방안으로서나 자기 부처의 권한과 예산을 늘리기 위해서 어떤 이슈를 의제로 삼게 된다.

또 어떤 이슈는 주민들의 직접선거를 통해서 혹은 로비활동과 사회행동을 통해서 의제로 채택될 수도 있다. 어떤 이슈를 정책의제가 되도록 하는 것은 사회행동조직에게는 그 이슈가 정치적으로 부각될 수 있도록 하는 것을 의미한다. 즉 어떤 이슈가 국회에서 법안으로 상정되도록 한다거나 공청회에서 의견을 개진할 기회를 갖는 등의 활동이 바로 사회행동조직이 추진하는 활동이 되는 것이다.

정책결정 과정에서 두 번째 단계는 문제에 대한 가능한 해결방안들을 내놓는 것이다. 국회의원, 지방의회의원과 이들의 보좌관들은 물론 중앙 및 지방정부의 관리들도 문제에 대한 해결방안을 강구하게 된다. 따라서 지역사회행동조직은 어떤 문제가 법안으로 제출되기 전에 자신들의 견해를 정치인들이나 정부 관료들에게 알리는 것이 필요하다. 또 법안을 직접 성안(成案)하여 의회의원들에게 그것을 제안하도록 할 수도 있다. 의회의원들은 자신들이 활동적이고 창의적이며 유능하다는 것을 유권자들에게 과시하고자 하기 때문에 사회행동조직의 이러한 활동에 대해서는 매우 호의적인 반응을 보이는 것이 일반적인 현상이라 하겠다.

세 번째 단계는 법이나 규정이 통과되도록 압력을 넣는 단계다. 이 단계는 전통적인 로비활동으로서 의원들을 접촉한다거나, 편지를 쓴다거나, 전화를 건다거나, 위원회 등에서 증언하는 등의 활동이 포함된다. 이 단계의 활동에서는 조직의 규모, 결속력, 선거 당락에의 영향력 등이 중요한 요소가 된다. 따라서 조직은 그 자체의 힘도 강해야 하지만 정치인들에게 영향력을 행사하기 위해서 동맹관계의 조직들을 규합하는 것도 필요하다.

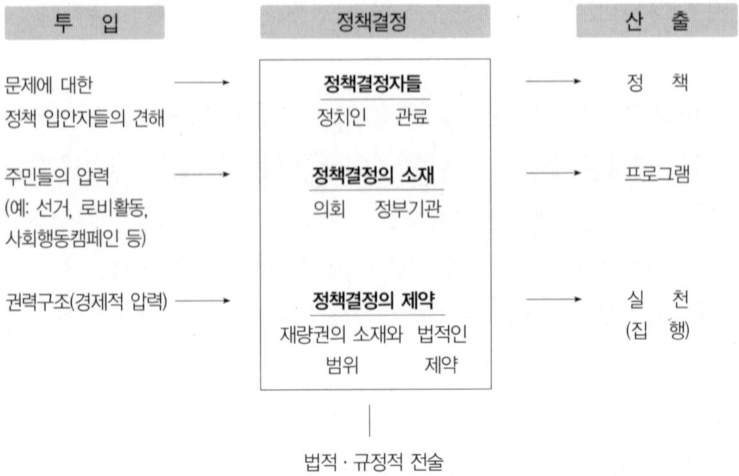

〈그림 8-1〉 정책결정 과정

네 번째 단계는 법이나 규정을 실천하도록 영향력을 행사하는 단계다. 이 단계에서 사회행동조직은 지역사회주민들을 위해 어떤 법이 보다 강력하게 집행되도록 한다거나, 평등하게 집행되도록 한다거나, 또 실제로 집행될 수 있도록 압력을 행사한다. 그러므로 이 단계에서는 정치인들보다 관리들에게 압력을 가하는 것이 더 효과적일 수 있다.

이상의 정책결정 과정을 도표로 나타내면 〈그림 8-1〉과 같다.

3) 경제단체 및 기타 조직과의 경쟁

앞서 지적한 바와 같이 정부의 정책결정에 영향력을 행사하는 조직에는 주민들에 의해 결성된 사회행동단체뿐 아니라 수많은 압력단체와 이익단체들이 있을 수 있다. 이 중에서도 특히 경제단체들의 영향력은 무시할 수 없을 정도로 막강한 것이기 때문에 사회행동조직은 때로는 경제단체들과 경쟁적인 입장에 놓이지 않을 수 없다. 경제단체들은 막강한 재력을 토대로 해서 자기들의 이익에 도움이 된다고 판단될 때는 정치인들과 정부기관에 대해서 로비를 한다거나 다양한 압력을 가할 수 있다. 또 일반적으로 변호사단체, 의사단체, 약사단체 등의 전문조직들도 그들 회원의 권익을 위해서 의회와 정부에 대해서 압력을 행사한다.

전국 차원의 정책결정에 관한 미국에서의 연구들에 따르면 기업체와 은행의 고위층과 정치지도자들 및 고위관리들 간에는 강력한 관계망이 형성되어 있다는 것이다.[5] 그래서 기업들은 자기들의 요구를 관철시키기 위해 이들 관계망을 활용해 오고 있다고 한다. 또 로비활동에 관한 한 연구에 따르면 보수적인 단체들은 진보적 집단과 노동자집단에 비해

5. William G. Domhoff, *The Powers That Be: Processes of Ruling Class Domination in America* (New York: Random House, 1978).

22배나 많은 예산을 사용한다고 한다.[6] 일반적으로 경제인들이 선거 때 정치인들에게 정치자금을 지원한다는 것은 잘 알려진 사실이다. 이와 같이 경제인들이 정치인과 정부에 영향력을 행사한다는 사실은 사회행동조직이 그들과 경쟁할 수 없다는 것을 의미하지는 않는다. 선거에서 정치자금이 중요하기는 하지만 사회행동조직도 그 조직의 회원 수로써 투표에 영향을 미칠 수 있는 것이다.

지역사회행동조직이 이 같은 경제단체들(전국경제인연합회, 대한상공회의소, 경영자협회 등)과 대등한 경쟁을 하기 위해서는 다음의 네 가지 문제를 극복해야 한다.

① 압력전술을 사안에 따라 사용할 것이 아니라 지속적으로 사용해야 한다. 흔히 지역사회조직들은 간단히 압력을 가하고는 물러나 버리지만 경제단체들은 정치적인 사건에 대해서 계속적인 관찰과 분석을 하고 관계를 유지한다. 일반적으로 주민조직은 특정 문제에 관심을 가진 자원봉사자들과 함께 일하기 때문에 사안에 따라 활동하기가 쉽고, 일단 문제가 해결되어 버리면 참여자들의 노력도 약화되기 마련이다. 그러나 주민조직들은 특정 목표를 달성하는 데만 캠페인을 집중할 것이 아니라 장기적인 활동을 할 수 있는 힘을 배양해야 한다. 이를 위해서 정부관리들, 언론인들과 지속적인 유대를 갖고 또 지역사회의 지지를 얻는 것이 필요하다.

② 작은 이슈를 위한 투쟁보다는 근본적인 결정에 대해 영향력을 행사하도록 해야 한다. 일반적으로 사회행동에 참여하는 사람들은 자신들의 실생활과 직접적인 이해관계가 있는 이슈, 예를 들면 동네의 불량주택을 철거한다거나 신호등을 가설하는 등의 문제에 관심을 보이는 반면에 경제단체들은 영세민지역의 재개발사업,

6. Benjamin Page, *Who Gets What From Government?* (Berkeley: University of California Press, 1983).

고속전철의 건설 등 막대한 자금을 필요로 하는 사업에 지속적인 관심을 갖는다. 물론 작은 이슈가 주민의 참여를 높이고 그만큼 성공을 거둘 가능성이 높은 것은 사실이지만 주민들의 사회행동 조직이 경제계와 같은 거대한 조직과 대등한 경쟁을 하기 위해서는 보다 근본적인 문제에 영향력을 행사해야 한다. 이를 위해서는 앞서 지적한 바와 같이 지역사회 내에 있는 혹은 전국적인 타 조직과 협력(동맹)관계를 맺는 것이 바람직하다.

③ 정부기관들로 하여금 경제단체들보다는 민주적인 주민조직과 뜻을 같이하는 것이 그들에게 도움이 된다는 확신을 갖도록 해야 한다. 일반적으로 정부기관과 경제단체들 간에는 이익이 일치되는 경우가 많다. 예를 들면 도심지를 재개발하는 프로젝트들은 경제단체로부터 막대한 자금을 동원할 수 있어 정부가 바라는 것이고, 경제단체들은 이러한 사업에 참여함으로써 상당한 이익을 끌어낼 수 있다. 반면에 지역사회주민조직이 정부에 요구하는 것은 소규모의 환경개선사업에 국한되기가 쉽다. 이를 극복하기 위해서 주민조직은 정부의 대규모 도시계획사업에 참여하여 프로젝트 우선순위 설정, 이들 프로젝트가 가져올 장기적인 영향 등에 대해 의견을 제시하는 등의 노력이 필요한 것이다.

④ 사회행동조직은 다른 조직에 못지않게 압력전술을 활용할 수 있는 기술을 가져야 한다. 일반적으로 지역사회주민조직은 정부에 대해 어떻게 압력을 가하는지를 알지 못한 채 활동을 전개하는 경우가 많다. 그러나 경제단체들은 정부관리와 정치인들을 잘 알고 있으며, 필요할 때 증언할 수 있는 전문가들을 보유하고 있고, 정치인들에게 재정적 지원을 할 수 있는 입장에 있다. 더구나 경제단체들은 정치인들이 불편한 감정을 갖지 않도록 압력을 가하는 방법을 사용한다. 따라서 지역사회주민조직은 정책결정 과정을 잘

이해하고, 정치인과 관료들과 친숙해지며, 압력을 가하는 기술에 대해 숙지할 필요가 있다.

4) 정치적 압력전술을 효과적으로 전개하는 기술

정부에 대해 효과적인 압력을 가하기 위해서는 적어도 네 가지 기술을 필요로 한다. 첫째는 어디에 압력을 가할 것인가를 파악하는 것이고, 둘째는 어떻게 정부 관리나 정치인의 목표에 맞는 논쟁을 전개할 것인가 하는 것이고, 셋째는 특수한 상황에 맞는 적절한 압력대상을 찾아내는 것이고, 넷째는 정치인과 관리들에게 어떠한 구체적인 전술을 사용할 것인가에 대한 기술을 필요로 한다.

(1) 적재적소에 압력을 가하는 기술

사회행동조직이 압력을 가하는 캠페인을 준비하면서 가장 먼저 갖추어야 할 기술은 정책결정 과정에서 문제해결에 관한 재량권(discretion)이 어디에 있는가를 파악하는 것이다. 여기서 재량권이라 함은 입법이나 규정의 해석이나 프로그램의 실천 등을 통해 정책을 결정하는 법적인 권리를 말한다.

이와 관련하여 주민조직이 해야 할 일은 그들이 제기하는 문제를 담당하는 정부부서가 어디인지를 정확히 파악하는 일이다. 예를 들면 쓰레기 폐기문제에 책임을 갖는 부서가 행정자치부인가 환경부인가 혹은 시청이나 도청인가를 파악해야 하고, 또 이들 부처의 어느 국(局)이나 과(課)가 책임과 재량권을 갖고 있는가를 파악해야 한다. 때로는 어떤 문제와 관련하여 두 개 이상의 부처가 책임과 재량권을 갖는 경우도 있다. 다시 말하면 행정자치부와 환경부의 쓰레기 폐기에 관한 담당 영역에 차이가 있을 수 있는 것이다. 따라서 책임 소재를 정확히 파악하여 압력을 가해야 한다.

(2) 정부관리와 정치인을 상대로 한 논쟁의 기술

정부에 압력을 가하는 경우에 주민조직은 정치인(선거에 의해 선출된 자와 이들에 의해 임명된 자)과 관리(일상의 업무를 취급하는 직업공무원)를 모두 상대로 하게 된다. 정치인과 관리들은 정책 과정에서 매우 다르기 때문에 이를 구별하여 압력을 가하는 것이 필요하다. 일반적으로 정치인들은 제안된 프로그램을 승인하고 정책을 변경하는 역할을 수행하는 반면에 관리들은 프로그램과 정책을 실천하는 것이 그들의 주 역할이 된다.

관리들은 학위나 시험 등 자격을 토대로 임명되고 정치적인 이유로 해임되지 않도록 법으로부터 보호를 받는다. 반면 정치인은 직접적인 선거를 통해서(대통령, 국회의원, 지방의회의원, 지방자치단체장 등) 혹은 정치인의 임명에 의해서(장관, 대통령 비서관, 국회의원 보좌관 등) 관리로 임명된다. 이러한 정치적인 관리들은 선거에 실패하거나 정치적인 이유로 그들의 관직을 상실할 수 있다.

정치인과 관리는 상이한 압력에 대해서 반응을 보인다. 관리에게 효과가 있는 압력이 반드시 정치인에게도 같은 효과를 가져오지는 않는다. 일반적으로 정치인들은 다음 선거를 의식해서 단기적인 사안에 대해서 반응을 하는 반면 직업관리들은 보다 장기적인 시각을 갖는다. 또 정치인들은 이슈에 대한 일반적인 지지도에 관심을 갖는 반면 관리들은 행정적인 문제에 대해 관심을 갖는다.

정치인들은 호의나 예외적인 요청에 대해 반응하는 경향이 있는 반면 관리들은 평등한 집행과 선례를 만드는 것에 대해 신경을 쓰는 경향이 있다. 따라서 주민조직은 정치인을 상대로는 특별한 호의를 요구할 수 있고, 관리들을 상대로는 그들의 지역사회가 차별적이고 부당한 대우를 받고 있기 때문에 이를 공평하게 해야 한다는 요구를 할 수 있는 것이다. 만약 관리들로부터 예외적인 것을 원할 경우에는 그것이 부당한 선례가 될 수 없다는 이유를 찾아야만 한다.

결론적으로 정치인들과 관리들에게 접근하는 기술은 그들이 현직을 유지하기 위해 무엇을 원하는가를 파악하여 그들의 요구를 충족시켜 주는 것이라 할 수 있다. 정치인들은 가시적인 성과를 통해 재선(再選)되는 일에 관심을 갖고, 관리들은 그들이 업무를 충실히 수행하고 있다는 것을 과시하는 데 관심을 갖는다.

(3) 압력전술을 선택하는 기술

지역사회주민조직이 선거에 의해 선출된 관리들에게 압력을 가하는 구체적인 행동에는 상황에 따라 여러 가지가 있을 수 있다. 단순히 기술적인 이슈일 경우에는 실상을 있는 그대로 제시하는 것만으로도 충분할 수 있다. 그러나 논란의 여지가 있는 이슈일 경우에는 선거 때까지 기다려 후보자가 그 견해를 지지하도록 하는 것이 바람직할 수 있다. 이제 정치적 압력전술에 관한 구체적인 행동들의 장단점에 대해 살펴보기로 한다.

가. 공청회에 군중을 동원하는 행동

이 행동은 힘의 잠재력을 과시하고, 이슈에 대해 주민들이 관심을 갖고 있다는 것을 보여 주는 장점이 있다. 반면에 이러한 행동은 위협으로 간주될 수 있고 폭력을 낳을 수 있는 단점이 있다.

나. 공청회에 의견서를 제시하는 행동

이슈에 대한 기록을 공식화할 수 있고, 이를 지지하는 정치인들에게 합리적인 근거를 제시해 주는 장점이 있다. 반면에 이슈와 관련하여 제시된 사실들에 대한 정확성을 확보하는 데 어려움이 있고, 반대질문에 대처하는 데 상당한 기술이 필요하다는 단점이 있다.

다. 연판장(signed petition)을 제출하는 행동

이는 주민들이 지역사회주민조직이 내건 이슈에 대해 지지한다는 것을 관리들에게 보여 줄 수 있는 장점이 있다. 반면에 서명을 얻어내는 데 별 노력이 필요 없고 주민들이 그 이슈를 이해하고 있다는 것을 보여 주지 못하기 때문에 쉽게 무시되어 버릴 수 있는 단점이 있다.

라. 선출된 관리들과 일대일로 로비를 하는 행동

관리들과 솔직하게 의견을 교환하는 기회를 제공하고, 주민조직은 정치안들에게 암암리에 위협을 증가시킴으로써 정치인들이 당면하는 압력을 이해할 수 있는 장점이 있다. 반면에 수많은 지역사회주민을 관여시키기가 불가능하고, 밀실에서 거래를 한다는 인상을 남기는 단점이 있다.

마. 편지 또는 이메일 보내기

이슈에 대해 적극적인 관심을 갖는 주민들이 있다는 것을 보여 주는 장점이 있다. 특히 편지가 개인적으로 쓰여질 때 더욱 효과가 있다. 그러나 편지들이 동일한 내용과 형식으로 쓰여진다면 그 가치가 줄어들 염려가 있다.

바. 전화나 전보의 이용

지역사회주민조직이 세력을 급히 동원할 수 있는 지지 세력을 갖고 있다는 것을 보여 주는 장점이 있다. 그러나 주민조직이 원하는 논쟁에 대한 기록을 남기지 못하고, 또 관리들을 귀찮게 한다는 단점이 있다.

사. 법안의 내용을 제안하는 행동

선출된 관리들에게 지역사회주민조직이 원하는 바를 정확하게 알릴 수 있는 장점이 있다. 그러나 제출된 법안은 지역사회주민조직의 입

장을 분명히 해야 하기 때문에 협상에 있어서의 융통성을 파괴할 염려가 있다.

아. 법안을 심의하는 회의에 참여하는 행동

법의 내용이 관리들에 의해 적절히 해석되고 있는가를 확인할 수 있는 장점이 있다. 그러나 이러한 행동은 시간을 많이 소모하고 관료적인 행정에 대해 깊이 이해해야 한다는 어려움이 있다.

(4) 정치인들에게 압력을 가하는 전술

정치인들이란 압력이 그들의 필요와 책임에 합당하게 주어질 때에 그 압력에 대해 더욱 호의적으로 반응하게 된다. 압력에 대해 호의적인 반응을 얻어내기 위한 구체적인 전술들은 다음과 같다.

가. 선출된 관리들의 입지(立地), 즉 이미지에 관심을 보일 것

선거에 의해서 선출된 관리들은 실제(reality)와 함께 그것이 주는 이미지에 대해 상당한 관심을 갖으며, 그들의 지지자와 관리들과의 복잡한 관계에 연루되어 있기 마련이다. 따라서 그들에게 압력을 가할 때에는 지역사회주민조직을 지지하는 그럴듯한 이유를 제공해 주는 것이 중요하다. 실제적인 이유가 무엇이든 간에 정치인들은 주민조직을 지원하는 데 있어서 그들이 강직한 인물이라는 이미지를 손상시키지 않는 구실거리를 필요로 한다. 비록 현실적으로 그들이 다수의 압력에 굴복한다고 하더라도 힘 때문에 굴복한 것이 아니라는 것을 외부에 보여 줄 수 있도록 그럴 듯한 이유를 갖게 해 주어야 하는 것이다.

나. 요구가 실천되는 것을 확인할 것

선거에 의해 선출된 관리들에게 압력을 가하는 것은 그들이 어떤 쟁점에 대해서 지역사회주민조직에 유리한 결정을 하도록 하는 데 그 목적이 있다. 그러나 주민조직이 원하는 바를 해 주겠다는 약속만으로 결

코 만족해서는 안 되며, 그들의 약속이 성실히 이행되는가를 확인할 수 있는 어떤 형식의 보장방안을 갖는 것이 중요한다. 만약 주민조직의 목적이 법안을 통과시키는 데 있고 실제로 그 법안이 의회를 통과했다면 압력캠페인은 성공을 거둔 것으로 생각되겠지만, 이 법을 실천하는 데 따른 재원과 지원이 확보되지 않는다면 별 효과가 없을 것이다. 이러한 사례는 보건, 사회복지, 환경, 노동 관련 입법에 있어서 흔히 나타나는 현상이다. 그러므로 지역사회주민조직은 정치인들과 약속을 했을 때에는 그들이 끝까지 그 약속을 이행할 수 있도록 끈질기게 접촉해야 한다.

다. 정치적 구조와 과정을 이해할 것

우리는 지금까지 사회행동이란 정치적인 행동이며 과정이라는 것을 여러 차례 언급했다. 그러므로 정치인들에게 압력을 가해 소기의 목적을 달성하기 위해서는 정치적인 구조와 과정에 대한 상당한 지식을 갖는 것이 매우 중요하다. 예를 들어 어떠한 입법을 추진하거나 개정을 바라는 경우에 정부부서와 정당의 어떤 부서나 위원회에서 이를 담당하는가를 정확히 알 뿐만 아니라 어떠한 과정을 통해서 법안이 작성되고 심의되고 확정되는가에 대한 과정을 파악하는 것이 중요하다. 해당 부서에서 법안이 확정되어 버린 후에 발의를 하게 되면 기회를 놓쳐 버리기 때문에 초기과정에서부터 적극 참여해야 하고, 필요에 따라서는 법안을 작성하여 해당 부서에 미리 제출하는 것도 바람직한 전술이다.

라. 선출된 관리들이 당면한 제약을 인식할 것

압력전술을 계획할 때 주민조직의 지도자들은 선출된 관리들이 이슈와 관련해서 직면하고 있는 '행정적' 혹은 '재정적' 현실에 근거한 제약이 무엇인가와 함께 정치인들이 타 조직으로부터 받고 있는 압력에 따른 제약이 무엇인가를 파악할 필요가 있다. 이러한 제약들은 상이한 전술을 요구한다.

현실적으로 정치인들은 재정적인 문제에 제약을 받고 있다. 일반적으로 주민들은 사회복지사업의 재정을 확보하기 위해 세금을 내는 것을 싫어할 수 있다. 그러므로 정부의 재원을 필요로 한 경우 주민조직은 이를 위해 정부예산의 규모와 배분에 관해 면밀한 분석을 하고 정치인들의 지지를 받도록 압력을 가해야 한다. 또 정치인들은 다양한 주민조직들로부터 압력을 받고 있다는 사실을 알아야 한다. 그들은 이들 조직들의 압력으로부터 균형을 유지하려고 노력한다. 예를 들면 지역사회에는 자연환경을 보존하려는 주민조직과 개발을 원하는 주민조직이 있어서 이들이 함께 정치인들에게 압력을 가할 수 있다. 이러한 경우 정치인들은 두 경쟁조직이 절충안을 가져오기를 바랄 것이고 두 조직을 실망시키지 않도록 애를 쓸 것이다. 따라서 협상의 기술을 발휘하는 것이 매우 중요하다.

마. 적과 싸우기보다 친구와 함께할 것

지역사회주민조직이 국회의원이나 지방의회의원들로부터 지원을 얻어내는 일은 중요하다. 일반적으로 정치인들이 주민조직의 활동에 뜻을 같이하지 않을 경우 그들을 설득하여 지원을 받는다는 것은 힘든 일이다. 따라서 주민조직의 목적에 이미 동의한 사람들과 함께하는 것이 바람직하다. 이슈가 제기되면 반대조직들의 주장을 공격할 수 있는 증거를 확보해야 하며, 정치인들로 하여금 주민조직의 회원들이 선거에서 그들을 지지할 것이라는 것을 보여 주는 것이 필요하다.

때로는 정치인에게 영향력을 행사할 수 있는 사람들을 찾아 그들을 활용하는 것도 중요한 압력전술이 될 수 있다. 특정 정치인의 재정후원자, 선거운동원, 과거의 직장동료나 동업자, 그리고 정치인이 정치적으로 신세를 진 친구들이 누구인가를 찾아내어 그들을 접촉하는 것도 효과적인 방법이 될 수 있다. 만약 주민조직의 대표들이 이들을 설득하여 조직의 목적에 동의할 수 있게 한다면 주민조직은 정치인에게 압력을 가하기가 용이할 것이다. 또 노동조합과 같은 막강한 조직으로부터 지원을 받아낼 수 있다면 이러한 조직들이 주민조직과 함께 행동하도록 자신들의 지지자들을 설득할 수도 있다.

바. 전문직원과 사무실을 활용할 것

일반적으로 정치인들, 특히 국회의원들은 매우 바쁘기 때문에 모든 이슈에 대해 깊이 탐구할 수가 없고 그들의 사무실에서 일하는 전문직원들의 기초작업에 의존하는 경우가 대부분이다. 그래서 전문직원들은 제안된 법안에 대한 국회의원들의 입장에 영향을 줄 수 있다. 따라서 주민조직은 전문직원들에게 조직의 의도를 설명해 줌으로써 국회의원에게 영향을 미칠 수 있다. 전문직원은 국회의원보다 조직원들과 이야기를 나눌 수 있는 시간도 많을 뿐만 아니라 이슈에 대해서 보다 많은 지식을 갖고 있는 경우도 흔히 있다. 또 그들은 국회의원이 당면하고 있는 압력을 알고 있으며, 주민조직이 생각하지 못한 기술적인 협상안을 제안할 수도 있다. 전문직원에게 정치적인 위협을 통해 접근해서는 안 되며, 조직의 주장을 뒷받침할 수 있는 구체적인 의견이나 자료를 갖고 접근하는 것이 중요하다. 국회의원들이 국회의 각종 위원회나 본회의에서 어떤 이슈에 대해 발언을 할 때 주민조직이 전문직원을 통해 제공한 의견이나 자료를 활용하는 경우가 많다는 것을 주지할 필요가 있다.

사. 자료와 함께 정보를 제공할 것

개인적으로나 공청회 같은 곳에서 주민조직의 대표들이 정치인과 상대하는 것은 결코 감정적인 만남이 되어서는 안 된다. 주민조직의 대표들이 자신들의 주장을 내세울 때는 뒷받침할 만한 자료를 제시해야 한다. 예를 들면 지역재개발사업에 대해 무조건 반대할 것이 아니라 재개발사업이 초래할 수 있는 폐해, 즉 주거를 잃어버릴 주민의 수, 도로와 상하수도를 설치함에 따른 세금의 증가, 교통비 등에 관한 정보를 제공하는 것이 필요하다. 무조건 탁아소가 필요하다고 주장할 것이 아니라 동네에 취학 전 아동이 얼마나 되며, 얼마나 많은 부모들이 탁아소를 이용할 것인가에 대한 정보를 제시해야만 한다.

또 주민조직이 갖고 있는 자료와 정보에 대해 반대되는 자료와 정보를 경쟁적인 입장에 있는 다른 조직이 제시할 수 있기 때문에 이에 대한 대비를 충분히 하는 것도 중요하다. 예를 들면 여성단체들이 여성근로자에게 남성과 동등한 보수를 지급하는 정책을 채택하도록 정부에 압력을 가하는 사회행동을 전개한다고 하자. 이것의 목표는 간호원과 같이 전통적으로 여성의 일로 생각되는 업무가 전기기사와 같이 전통적으로 남성의 일로 생각되는 업무에 비해 낮은 보수가 주어지는 성차별을 제거하기 위한 것이다. 이 같은 여성단체의 주장에 반대하는 단체나 조직들은 그러한 정책을 실시하면 많은 비용이 든다는 주장을 하게 될 것이다. 그러므로 비용과 효과에 대한 분석을 하여 역공을 할 수 있는 정보를 갖는 것이 필요하다. 예를 들면 좋은 보수를 받는 여성의 자녀들이 갖는 이점에 관한 정보가 활용될 수 있다.

주민조직이 필요한 자료와 정보를 갖기 위해서는 자체적으로 유능한 조사전문가나 학자를 회원으로 확보하거나 자문위원으로 활용할 수 있을 것이다. 물론 자료를 수집할 때 여러 가지 조사기법에 대해 알고 있어야 할 것이다.

아. 편지 또는 이메일 보내기 캠페인을 전개할 것

주민조직의 회원들이 정치인들에게 이슈와 관련된 정치인의 기록과 입장에 대해 건설적인 비판과 권고를 담은 편지를 보내는 일은 매우 중요하다. 주민조직의 대표명의로 보내지는 공식적인 편지보다도 회원 개개인이 편지를 보내는 것이 좋은 압력전술이 됨은 물론이다.

자. 공청회 참석에 따른 예의를 배울 것

국회나 정부나 지방의회가 마련하는 공청회는 참석자들이 심각하게 받아들이는 공식적인 행사다. 여기에 참석하는 정치인들은 무례한 언행에 대해서 몹시 싫어하며 자신들에게 존경을 표시해 줄 것을 기대한다. 1980년대 말에 국회의 '6공 청문회'나 '광주민주화운동 청문회'의 진행 과정을 텔레비전으로 지켜보았을 때 질문하는 국회의원들이나 답변에 임하는 참석자들이 보여 주었던 언행을 통해서 우리는 공청회가 얼마나 진지하고, 예의 바르며, 사실에 충실해야 하는가를 실감할 수 있었다.

공청회에서는 사실을 전달하는 것에 못지않게 예의와 질서를 지키는 것이 대단히 중요하다. 국회의원이나 지방의회의원들은 공청회에서 취급되는 특정 이슈에 대해서 정확한 정보를 갖고 있지 못한 경우가 많고, 제시된 정보를 평가할 만한 시간적인 여유도 충분치 못하다. 그래서 그들은 발표자들의 성실성과 신뢰성을 토대로 정보를 평가하는 경향이 있다.[7] 따라서 이슈에 대한 주민조직의 입장을 개진할 때 조직 대변인은 제시하는 정보가 신뢰할 만한 것이라는 것을 정치인들에게 확신시켜야 하는 것이다.

또 공청회에서는 발언하는 순서, 시간, 발언자 등에 대해 준비를 해야 하고 의사진행 과정에 대해 숙지하는 것이 중요하다.

7. Jeffrey Davidson, *Political Partnerships: Neighborhood Residents and Their Council Members* (Beverly Hills, California: Sage, 1979), p. 74.

4. 법적 행동과 사회적 대결

법적 행동과 사회적 대결(항의전술)은 사회행동캠페인에 있어서 양극에 위치한 행동전술이라 할 수 있다. 법적 행동은 극적(劇的)인 데가 없고, 제한된 수의 사람이 참여하며 참여자들의 행동도 냉정하고 심각한 것이 보통이다. 반면에 사회적 대결은 극적이고 많은 수의 사람이 참여하며 비록 이슈가 심각하다고 하더라도 다소 유머러스하게 진행될 수가 있다.

법적 전술은 '게임의 규칙'을 존중하는 것을 의미한다. 실제로 법적 행동은 상대방이 자신들의 규칙을 지키지 않는다고 주장한다. 그러나 시위, 보이콧, 사보타지와 같은 항의는 주민조직의 관심사를 해결하는 것이 게임의 규칙을 지키는 것보다 더 중요하다고 여겨질 때 취하는 행동이다. 즉 대결은 체제의 규칙에 대한 도전을 의미하는 것이다.

법적 전술과 사회적 대결은 여러 가지 면에서 차이가 있지만 양 전술은 유사한 목표를 성취하려고 한다. 양 전술은 다 같이 공정하지 못한 법과 규칙에 대해 주의를 환기시키고 개선을 요구하는 것이다. 양 전술은 모두 어떤 급격한 조치를 예방하거나 지연시키기 위해 활용될 수 있으며, 힘과 위협적인 수단을 활용한다는 점에서 정치적 압력보다 강력한 전술이라고 할 수 있다. 또 양 전술 모두 기업과 정부를 포함한 다양한 상대를 선택하여 전개될 수 있다.

1) 법적 행동(전술)

지역사회행동조직이 취할 수 있는 법적 행동에는 금지명령(injunction)을 요구하는 것과 고소(law suits)를 하는 두 가지 주요 방법이 있다. 금지명령이란 사실이 확정될 때가지 위해로운 조치를 중지시키는 법원의 명령을 말한다. 고소는 손해를 보상받기 위해서 혹은 당국으로 하여금 법대로 조치를 취하게 하기 위한 행동을 말한다. 고소는 누가 어느 정도의 복지혜택을 받아야 할 것인가와 같이 문제의 내용에 관련해서 할 수도 있고, 공청회를 개최하는 것이 합법적인가의 여부를 결정하는 것과 같이 과정에 관련해서 할 수 있다.

금지명령은 환경보호단체(조직)들이 생태계를 파괴할 수도 있는 대규모의 토목공사(예: 댐의 건설)를 중지시키기 위해서 흔히 사용하는 방법이다. 일단 금지명령이 취해지면 사안의 사실 여부에 관해 통제기관(환경부 등)의 조사가 시작되며, 적어도 조사가 진행되는 동안에는 개발예정지구에서 동식물을 보존할 수 있게 된다.

지역사회행동조직은 지역사회에 화학물질을 폐기한 회사를 상대로 주민들이 입은 피해를 보상받기 위해 고소를 할 수 있다. 또 정부기관이 법을 제대로 집행하지 못할 경우에 행정소송(suits for performance)을 제기할 수도 있다.

법적 소송은 개인들에 의해 제기될 수도 있고 피해를 입게 되는 사람들이 집단으로 제기할 수도 있다. 많은 사람들이 동일한 문제에 의해 피해를 입어 집단으로 고소를 할 경우 이를 집단고소(class action)라고 한다. 이 같은 집단고소는 개인이 입은 피해는 비교적 경미하지만 많은 사람들이 입은 전체적인 피해가 클 때는 매우 중요한 방법이 된다. 만일 개인이 고소를 하게 되면 소송비용이 너무 많아 승소를 한다고 해도 별 이익이 없겠지만, 집단고소의 경우는 집단적인 혜택이 비용을 능가하는 효과를 가져올 수 있다. 빈민을 포함한 복지수혜자들이나 환경오염으로 피해를 입은 주민들이 집단으로 고소를 하는 경우는 흔히 볼 수 있는 사례다.

법적 행동은 승소에 의해 얻어지는 이점 외에도 이를 활용함으로써 여러 가지 이점을 기대할 수 있다.

① 법적 전술은 지역사회행동조직의 활동을 공적으로 합법화할 수 있다. 사회행동조직이 변호사를 채용하고 법원을 통함으로써 상대방이 사회행동조직을 파괴적이고 무법적인 과격분자들로 구성된 단체라고 비난하기 힘들게 할 수 있다.

② 법적 전술은 상대방의 급작스런 조치에 대해 공격할 시간을 얻어낼 수 있다. 예를 들어 시당국이 영세민지역에 대한 재개발사업을 계획하고 거주민들이 항의를 할 기회를 갖기도 전에 이주 명령을 내린다고 했을 때 법적 행동을 취하게 되면 시당국의 철거계획은 법정판결이 있을 때까지 보류될 수밖에 없고 그러는 동안 주민조직은 시당국이 계획하는 바에 대한 자세한 정보를 수집할 수 있고, 또 정치적 압력이나 대결전술을 위해 세력을 규합할 수 있는 시간적 여유를 가질 수 있을 것이다. 때로는 법적 전술에 의해 야기된 지연 자체가 승리가 될 수도 있다. 수개월 혹은 수년에 걸친 법적 투쟁이 결국 패배로 끝난다고 하더라도 그 기간 동안에 영세민들은 거주를 보장받을 수도 있을 것이기 때문이다.

③ 법적 전술을 통해서 상대방이 주민조직을 향해 활용하려고 하는 정보를 얻어낼 수 있다. 일단 고소를 하게 되면 주민조직의 사건을 맡은 변호사는 상대방(피고)이 관장하고 있는 사건에 관련된 서류들을 조사할 수 있게 되며, 이 조사를 통해서 주민조직은 상대방이 활용하려고 하는 정보를 알아낼 수 있다. 예를 들면 영세민지역의 재개발사업을 위해 시당국이 대기업과 주고받은 서신을 검열하여 얻은 정보를 갖고 정치적 압력이나 대기업에 대한 항의를 하는 빌미를 잡을 수도 있을 것이다.

④ 법적 행동은 그 자체로서 많은 비용이 들기 때문에 고소를 하겠다는 위협만으로도 이슈에 대한 논의를 끌어낼 수 있다. 특히 법정판결이 비용이 많이 들고 그 결과가 불확실할수록 상대방도 타협을

하려는 입장을 취할 가능성이 높은 것이다.

⑤ 법적 행동은 이슈와 관련된 주요 법령과 규칙을 명확히 할 수 있는 기회를 준다는 이점이 있다. 특히 법령이 애매하여 주민조직이나 상대방(집행기관)이 그것의 해석에 대해 분명하지 못할 때 제3자인 판사를 참여시킴으로써 명확한 해석을 기대할 수 있다.

한편 법적 행동은 지역사회주민조직에게 여러 가지 문제점을 안겨주기도 한다.

① 법적 행동은 시간과 돈이 많이 든다. 주민조직에 따라서는 변호사를 전담직원으로 둘 수도 있으나 변호사 비용은 주민조직으로서는 커다란 부담이 아닐 수 없다. 또 자원봉사를 하는 변호사(민권변호사 등)를 둔다고 하더라도 그들이 무료봉사를 위해 할애할 수 있는 일은 제한될 수밖에 없을 것이다. 더욱 문제가 되는 것은 상대조직(정부기관, 대기업 등)은 주민의 자원봉사조직에 비해 법정비용을 부담할 능력이 훨씬 많기 때문에 법적 행동은 힘든 전술이라는 점이다.

② 법적 행동의 승리가 잠정적일 수 있다. 만약 주민조직이 승소하여 법에 대한 새로운 해석을 얻어낸다면 상대방은 그 법 자체를 개정하려는 시도를 할 수가 있다.

③ 법적 전술은 많은 시일이 걸리기 때문에 주민조직의 회원들을 지루하게 만들 수 있다. 주민조직의 회원들이 지속적으로 참여하기 위해서는 활동에 따른 진도감을 갖도록 하는 것이 중요하다. 이를 타개하기 위해서 맥크라이트(McCreight)는 주민조직의 회원들을 직접 법적 소송에 관여시키는 것이 필요하다고 지적하였다.[8]

8. Mac McCreight, "Lawsuits for Leverage," in Lee Staples (ed.), *Roots to Power: A Manual for Grass-Roots Organizing* (New York: Praeger, 1984), pp. 181-187.

④ 법적 행동에서 주민조직은 변호사들에게 의존하지 않으면 안 된다. 외부의 전문가에 의존함으로써 주민조직의 회원들은 스스로 무엇인가를 이룩한다는 성취감을 상실할 수가 있다. 지역사회행동은 주민들에게 문제해결능력을 갖게 해 주는 것이 주요한 목표 중의 하나인데 법적 승부에 지나치게 집착하게 됨으로써 이러한 목표를 망각해 버릴 염려가 있는 것이다. 이러한 문제를 극복하기 위해서 주민조직의 회원들이 적용하는 법에 대해 익숙하도록 교육을 하는 것도 하나의 방법이 될 것이다. 예를 들면 미국민권자유연맹(American Civil Liberties Union)에서는 입원환자, 죄수, 노인, 정신병자, 빈민, 세입자, 동성애자, 여성들의 법적 권리를 기술한 핸드북을 만들어 활용해 오고 있다.[9]

⑤ 때로 법적 투쟁은 지역사회주민조직들에게 실질적인 승리를 가져다주지 못할 수 있다. 슈크(Schuck)는 법적 투쟁에서 얻어진 '권리'(rights)와 권리가 얻어진 뒤에 상황을 개선시키는 방안으로서의 '개선책'(remedies) 간에는 차이가 있다고 하면서 때로 권리는 얻어지지만 개선책은 무시되는 경우가 있다고 지적하고 있다.[10]

결론적으로 법적 행동이 승리를 거두었다고 하더라도 상대방(정부기관 혹은 기업이든 간에)이 판결을 제대로 이행하는가를 계속 추적해야 한다. 실천을 끌어낼 수 있는 충분한 정치적 힘이 없다면 주민조직은 전투에서 반만 승리했다고 할 수밖에 없을 것이다.

---

9. Douglas Biklen, *Community Organizing: Theory and Practice* (Englewood Cliffs, New Jersey: Prentice-Hall, 1983), p. 138.

10. Peter Schuck, *Suing Government: Citizen Remedies for Offical Wrongs* (New Heaven, Connecticut: Yale University Press, 1983), p. 26.

2) 사회적 대결

(1) 사회적 대결의 내용과 성격

사회적 대결상황에서 주민조직의 회원들은 그들의 주장에 대한 관심을 환기시키기 위해 게임의 규칙을 무시하고 정부나 기업이 그들의 요구에 승복할 것을 요구한다. 모든 사회행동전술 중에서 사회적 대결이 힘(power)을 사용하는 전술이라고 할 수 있다. 이러한 힘은 참여하는 사람들의 수와 결의의 정도에서 나오게 된다. 즉 참여하는 사람이 많고 그들의 결의가 강할수록 사회적 대결에서 큰 힘이 나타날 수 있다. 사회적 대결은 주민조직이 사회질서를 해칠 수 있다는 데 대해 상대 당국이 두려움을 가질 때 성공할 수 있는 전술이다.

사회적 대결은 과격한 연사와 군중을 동원한 대규모의 집회나 성토대회에서부터 조용하고 질서정연한 피케팅에 이르기까지 다양한 형태가 있다. 특정 상품에 대한 불매운동을 전개한다거나, 영세민지역의 임대아파트 주민들이 주택의 서비스에 불만을 갖고 월세, 전기세, 기타 공공요금의 납부를 거부한다거나, 고속도로의 건설에 따라 침범당할 공원을 보호하기 위해 불도저의 진입로에 드러누워 농성을 하는 것 등 문제의 상황에 따라 다양한 항의전술이 사용될 수 있다.

사회적 대결에서 가장 염려되는 것은 주민조직의 열성분자들이나 혹은 이를 막으려는 당국의 미숙한 대응방안에 의해 폭력이 일어날 수 있다는 것이다. 주민조직이 유의해야 할 것은 의도적으로 폭력을 유발하는 사회적 대결을 계획해서는 절대 안 된다는 것이다. 대규모의 집회와 시위를 계획하면서 화염병, 각목, 쇠파이프 등 이른바 '시위용품'을 준비하는 것은 그 자체가 폭력을 전제한 행동으로서 올바른 사회적 대결이라고 할 수는 없다. 지역사회행동가의 역할에 대한 사례에서 차베즈(Chavez)는 폭력전술과 지역사회개발이 전제하는 인간의 존엄성과 자율성 간에는 근본적인 모순이 있다고 하면서 다음과 같이 자신의 투쟁경험을 기술하고 있다: "만약 우리가 폭력을 사용했더라면 오래전에 협약을 얻어냈을 것이다. 그러나 우리가 존경심을 얻지 못했기 때문에 그 협약은 오래 지속되지는 못했을 것이다. 임금은 파업에서 주요 이슈가 되지는 못한다. … 결코 될 수 없다. 문제가 되는 것은 인간의 존엄성이다. 만일 사람이 남을 존경하지 못하면 자신을 존경할 수가 없고, 그리고 자신을 존경할 수 없으면 그는 그것을 요구할 수가 없다."[11]

그러나 실제적으로 주민조직의 대표들이 자신들의 목적을 관철시키기 위해 폭력을 멀리한다고 하더라도 폭력이 불가피한 경우가 생길 수 있다. 대규모 집회나 시위상황에서 흥분한 참가자들 중 일부가 폭력을 자제할 수 없게 될 수도 있고, 또 극단적인 경우 상대방(정부당국)이 고의로 폭력을 유발하도록 하여 주민조직의 공신력을 잃게 할 수도 있다.

비폭력전술은 힘의 관계가 존재한다는 것을 무시하는 것은 아니다. 이와 관련하여 샤프(Sharp)는 비폭력을 시도하는 것은 힘의 존재를 멀리하는 것이라기보다는 정치적인 힘을 조종하는 것이라고 했다.[12] 비폭력전술은 연설을 한다거나 묵묵히 체포에 응하는 등 다양한 방법이 있으나 이 모두 복종하기를 거부했을 때 힘이 나오게 된다는 전제에 근거한다는 것이다. 샤프는 이 같은 비폭력적 항의의 힘을 정치적 유술(政治的 柔術, political jiujitsu)[13]이라고 명명했다. 그의 설명을 들어보면 다음과 같다: "비폭력적 행동을 철저히, 확고히, 그리고 능숙하게 활용하면 상대방을 매우 특수한 문제에 봉착하게 할 수 있다. 즉 상대방은 자신의 힘(forces)을 효과적으로 사용하는 데 혼란에 빠지거나 좌절감

---

11. Cesar Chavez and Joan EcKlin (ed.), *Community Organizers*, 2nd ed. (New York: John Wiley & Sons, 1984), p. 15.
12. Gene Sharp, *The Politics of Non-Violent Action* (Boston, Mass.: Porter Sargent Publisher, 1973), p. 7.
13. 유도에서 보는 것처럼 상대방의 힘을 역이용하여 상대방을 무너뜨리는 기술.

을 갖게 될 것이다. 그러면 행동가들은 상대방에게 정치적 유술 같은 것을 적용할 수 있다. 즉 정치적으로 균형을 잃게 하고, 자기 위치에 도전하는 데 대해 억압을 하게 하고, 그리하여 그의 힘을 약화시킬 수 있을 것이다."[14]

비폭력적 전술이 갖는 강점은 그것이 투쟁에 참여하지 않은 일반주민에게 좋은 도덕적인 이미지를 낳게 한다는 것이다. 비폭력은 그것이 상황에 적합하기 때문에 의도적으로 선택된 전술이며 폭력적인 전술을 영원히 거부하는 것이라 할 수는 없다. 폭력을 유발할 수 있는 잠재력을 지니고 있다는 것만으로도 그것의 효과는 큰 것이다.

비폭력전술의 가장 대표적인 형태로 시민불복종(civil disobedience)을 들 수 있다. 시민불복종을 통해서 시민조직의 회원들은 당국으로 하여금 그들에게 공권력(이 경우 체포)을 사용하도록 하고, 그렇게 함으로써 법이나 정책이 공정치 못하다는 것을 상징적으로 보여줄 수 있다. 이와 같이 시민불복종을 통한 항의전술은 일반적으로 장애인이나 빈민, 노인, 여성 등 사회로부터 차별적인 대우를 받는 집단들이, 그리고 미국과 같은 나라에서는 흑인 등 소수인종집단들이 흔히 사용하는 방법이다.

결론적으로 대결(항의)전술은 주로 문제의 심각성을 과시하기 위해 상징적으로 활용되는 것이지만, 그 자체로서 문제를 해결하는 결과를 가져올 수도 있다. 이제 효과적이고도 상징적인 대결전술의 실제 사례를 루빈(Rubin)의 보고를 통해서 살펴보기로 하자.[15]

① 워싱턴 D.C.의 빈민가에서 시 당국이 쥐를 잡는 조치를 취하지 않는 데 대해 항의하여 사회행동가인 줄리어스 홉슨은 수많은 쥐를 부유한 주택가인 조지타운에 풀어 놓겠다고 위협했다. 그리고는 자기 차 지붕 위에 많은 쥐를 담은 덫을 싣고 조지타운을 누빔으

14. *Ibid*, p. 110.

15. Rubin and Rubin, *op. cit.*, pp. 261-262.

로써 그 위협을 더욱 극적으로 만들었다.

② 피임약재의 판매를 제한하는 법의 개정이 필요하다는 것을 환기시키기 위해 뉴욕 주 로체스터 시의 인구협회(Zero Population Growth)에서는 한 거인에게 광대 복장을 입혀 “원치 않는 임신을 막는 데에 항의함”이라는 표지판을 들고 도심 대로를 활보케 했다.

③ 수질오염의 폐해를 강조하기 위해 한 지역사회주민조직은 한 공장에서 강으로 흘려보내는 악취가 나는 폐수를 물통에 수거하여 그 기업의 본부 사무실 카펫에 쏟아 부었다(이 전술은 분명히 불법적이나 대부분의 대결적인 전술은 합법적이라고 할 수는 없다).

④ 원자력 발전소에서 방출되는 방사능의 위협을 보여 주기 위해서 캘리포니아 사람들이 발전소 부지에 “이 풍선이 당신네들에게 쉽사리 다다를 수 있는 것처럼 디아블로 캐년 원자력발전소의 방사능도 당신들의 공장에 다다를 것이다”라는 표지를 한 2,000개의 헬륨이 든 풍선을 띄웠다.

⑤ 자기의 상관에게 커피를 만들어 주기를 거부한 여비서를 해고시킨 데 항의하여 여성근로자단체(Women Employed)의 회원들이 집단으로 시카고의 한 법률사무소에 TV 카메라와 함께 등장했다. 그들은 변호사들에게 어떻게 커피를 끓이는가를 가르쳐 주기 위해 거기에 온 것이다.

⑥ 플레이보이 잡지의 대표가 그리넬 대학(Grinnel College)의 캠퍼스에서 강연을 하고 있을 때, 학생들은 잡지에 실린 여성의 나체사진에 항의해 공개적으로 옷을 벗었다.

⑦ 미국 사회의 물질만능주의에 항의하여 제리 루빈은 뉴욕 증권거래소에 들어가 옥상에서 지폐를 뿌렸다.

(2) 앨린스키의 항의전술

금세기에 가장 유명한 사회행동조직가인 앨린스키(Alinsky)는 특히 대결전술에 적합한 사회행동캠페인의 전술적인 원칙들을 제시했다.[16] 앨린스키의 전술규칙들(〈표 8-2〉 참조)은 대결전술이 가져다줄 수 있는 직접적인 성과와 주민조직이 입게 될 장기적인 결과를 조화시키고 있으며, 상대방의 약점을 이용하되 자체조직의 활동잠재력에 대한 이해가 있어야 함을 강조하고 있다. 사회적 대결은 사회적 혼란을 야기할 수 있다는 위협(threat)이며, 상대방과 협상할 수 있는 가능성을 견지하는 것이라야 한다는 점을 강조하고 있다. 또 사회행동캠페인에 있어서 일반인과의 관계가 중요하다는 점도 강조하고 있다.

이제 앨린스키가 제시한 전술들에 대해 구체적으로 살펴보기로 하자.

첫째, 전술은 주민조직 내부로부터 지지를 받아야 한다. 즉 조직의 회원들로부터 지지를 얻기 위해서는 추구하는 전술들이 결과와 밀접한

〈표 8-2〉 앨린스키의 항의전술에 관한 규칙

① 조직원의 경험에서 벗어나는 행동을 말하지 말라.
② 너무 오래 끄는 전술을 사용하지 말라.
③ 좋은 전술은 조직원들이 즐기는 것이어야 한다.
④ 힘이란 네가 갖는 것뿐이 아니라 너의 적이 네가 갖고 있다고 생각하는 것이기도 하다.
⑤ 위협이란 일반적으로 그 자체보다도 더욱 무서운 힘이 있다.
⑥ 가능하다면 적이 경험하지 않은 바를 시도하라.
⑦ 적으로 하여금 자신들이 만든 규칙에 따라 행동하도록 하라.
⑧ 조롱거리(ridicule)는 인간의 가장 막강한 무기이다.
⑨ 계속 압력을 가하라.
⑩ 전술의 주요 전제는 상대방에게 계속적인 압력을 가할 수 있는 활동을 개발하는 것이다.
⑪ 대상을 선정하고, 동결하고, 개별화하고, 극단화시켜라.
⑫ 상대방의 부정적인 것을 강력히 밀고 나가면 상대방을 굴복시킬 수 있을 것이다.
⑬ 성공적인 공격의 대가는 건설적인 대안이다.

자료: Saul Alinsky, *Ruls for Radicals* (New York: Random House, 1971), pp. 127-130.

16. Saul Alinsky, *Rules for Radicals* (New York: Random House, 1971).

관련을 가져야 한다는 것이다. 장기간에 걸친 캠페인은 어떤 즉각적인 결과를 원하는 조직원들을 피곤하게 하기 때문에 그들의 참여를 지속시키기 위해 전술들이 참가자들에게 즐거움을 줄 수 있도록 계획해야 한다는 것이다(〈표 8-2〉의 ①-③항).

둘째, 대결전술은 주민조직이 갖고 있는 힘을 과시할 수 있도록 사용해야 한다. 일반적으로 주민조직은 약한 입장에서 투쟁을 시작하게 되므로 전술은 혼란을 야기할 수 있다는 잠재력을 과시할 수 있어야 한다. 그러나 실제로 침입을 하게 되면 경찰력에 의해 진압당하는 결과를 낳을 것이다. 위협을 실천에 옮기는 것은 적에게 자신의 약점을 노출시키는 것이라는 점을 알아야 한다(〈표 8-2〉의 ④, ⑤항).

셋째, 효과적인 전술은 게임의 규칙에 대해 공격(조롱)함으로써 그것에 대해 알고 있다는 것을 보여 주는 것이다. 앨린스키는 현재의 제도에 대한 대안을 제기하기보다는 게임에 대한 그들의 규칙과 이 규칙을 시행하는 책임을 맡은 사람들을 조롱하는 전술을 제시하고 있다. 예를 들어 어떤 은행의 그릇된 조치에 대해 항의하기 위해 수많은 사람들이 극히 소액(예를 들면 100원 정도)의 은행거래를 열면 은행의 규칙에 따르는 것이지만 은행으로서는 매우 번거로운 업무에 매달릴 수밖에 없는 곤경에 빠지는 것이다. 또 항의활동은 지속적으로 전개되어야 한다. 그리하여 상대방이 지치고, 잘못을 저지를 수 있고, 결국 주민조직과 협상을 원하게 될 정도까지 계속해야 한다는 것이다(〈표 8-2〉의 ⑥-⑩항).

넷째, 제도(institutions)와 싸우지 말라는 것이다. 즉 제도보다는 그 속에서 일하는 특정 개인들을 캠페인의 공격대상으로 삼아야 한다는 것이다. 누가 전화회사와 정부를 공격할 수 있을 것인가? 무의탁 노인들에게 값싼 전화를 설치해 주는 것을 반대하는 전화회사 사장이 고급 승용차에 전화를 달고 다니는 오만한 태도를 공격대상으로 삼는 것이 목적을 관철시키기에 훨씬 유리하다는 것이다. 다시 말하면 지역사회주민들은 전화회사와 같은 대기업이 어떻게 움직이는가를 잘 이해하지 못한다. 다만 그들은 회사의 대표가 부유한 생활을 하면서도 빈민들의 참상에 대해서는 무관심하다는 것을 쉽게 알 수는 있다. 더구나 개인을 표적으로 삼음으로 해서 적진(敵陣)을 분열시키기가 쉽다. 실제로 대기업의 사장에 못지않게 중역들이나 주주들도 회사의 영업을 통해 많은 이익을 얻지만 사람을 공격대상으로 함으로 해서 주민조직은 대결을 끝낼 수 있는 동조자를 얻어낼 수 있는 것이다(〈표 8-2〉의 ⑪항).

다섯째, 상대방이 실수를 할 때까지 인내해야 한다. 압력을 계속하는 목적은 상대방으로 하여금 실수를 범하게 하기 위한 것이다. 참을성이 없는 상대방은 회의 장소에 경찰을 불러들이고, 그렇게 되면 주민조직의 주장에 대한 동정심이 유발될 수도 있다. 또 상대방은 주민조직의 회원들이 갖는 언론이나 집회의 자유를 거부함으로써 주민조직에게 승리를 가져다줄 법정소송을 유발할 수도 있다. 목표는 상대방이 요구를 인정하지 않을 수 없는 실수를 범하게 하는 것이다. 예를 들면 소비자보호운동단체의 지도자인 네이더(Ralph Nader)는 제너럴 모터스가 그의 사생활에 대한 스파이 활동을 하는 실수를 범한 후에야 그 회사를 성공적으로 공격할 수 있었다. 또 레이건 대통령 당시 초대 내무장관이었던 제임스 와트(James Watt)는 환경단체들의 공격대상이었는데, 인종주의자요 장애인들에게 적개심을 가진 사람이라고 해석될 수 있는 발언을 공개석상에서 함으로써 장관직에서 물러날 수밖에 없었다. 다시 말하면 환경단체들은 정책을 구실 삼아서는 장관을 패배시킬 수 없었다는 것이다(〈표 8-2〉의 ⑫항).

여섯째, 상대방의 대응을 예상해야 한다. 공격을 가하게 되면 상대방도 역공을 시도할 것이다. 때로는 문제에 대해 "연구할" 위원회 같은 것을 만들어 공격을 지연시키려고 할 수도 있다. 만일 문제가 정말로 연구할 필요가 있는 것이라고 한다면 주민조직은 대표를 위원회에 파견해야 하되 단순히 지연을 위한 것이라고 판단될 때는 대결을 계속하는 것이 필요하다. 상대방이 흔히 사용하는 전술은 주민조직의 회원들이 당면한 문제가 현실적이라고 시인하고는 주민조직에게 해결방안을 제시하라고 요구하는 것이다. 만일 상대방이 주민조직에게 문제해결에 필요한 기술적 · 경제적 자원을 제공할 의사가 있고, 또 주민조직의 해결방안에 대해 최소한의 수정을 하여 수용하고자 한다면 그들의 제의를 받아들이는 것이 좋다. 만일 그렇지 않다면 그들이 문제를 해결할 수 있는 기술적 · 경제적 자원을 가지고 있기 때문에 그들이 해결방안을 내도록 요구해야 한다. 주민들이 원하는 도로망을 시당국의 계획가들이 만들도록 해야 한다. 계획가를 위해 설계를 하는 것은 지역사회주민조직의 책임이 아닌 것이다. 시로 하여금 탁아사업의 확대를 위해 어떤 예산을 삭감할 것인가를 검토하고 실천하도록 해야 하는 것이다(〈표 8-2〉의 ⑬항).

(3) 대결전술의 행동유형

성공적인 대결이란 저절로 이루어지지 않으며 사전에 치밀한 준비를 요한다. 즉 모든 대결전술의 행동은 선발과 훈련, 법적인 문제, 조직원들의 동기를 지속시키는 일, 그리고 협상전략에 이르기까지 세심한 주의를 기울여야 한다. 대결행동이 끝이 나서 전달되는 이미지는 주민조직에 대한 주민들의 장기적인 지원에 영향을 미치게 된다. 이제 여러 가지 대결행동의 유형들에 대해 살펴보기로 하자.

가. 집회와 성토대회

집회와 성토대회는 가장 흔히 볼 수 있는 대결전술 형태다. 이 행동은 다음과 같은 세 가지 목적을 갖는다. 첫째, 상대방에게 사회행동조직이 다수의 군중을 자기의 주장과 명분을 위해 동원할 수 있다는 것을 과시하기 위한 것이다. 둘째, 지지자들과 잠재적인 지지자들에게 주장에 대한 필요한 정보와 그 주장이 소수의 사람들에 국한된 것만은 아니라는 느낌을 갖게 하기 위한 것이다. 셋째, 언론에게 왜 주민조직이 항의를 하고 있으며 제기된 이슈가 얼마나 중요한 것인가에 대한 정보를 제공하기 위한 것이다.

이 세 가지 목적을 균형 있게 달성하기 위해서는 세심한 주의가 필요하다. 연사들은 군중들을 사로잡을 수 있을 정도로 강력하고 정열적인 연설을 해야 하고, 이 연설이 신문과 텔레비전에 의해 잘못 해석되지 않도록 해야 한다. 지도자들은 언론이 제기된 이슈에 초점을 맞추도록 해야지 항의 자체를 취급하지 않도록 해야 한다. 예를 들면 신문의 헤드라인이 "무질서한 군중이 시의회를 공격"한다고 써지기보다 "철거민들이 적절한 주택을 요구"한다고 쓰이도록 해야 하는 것이다. 이 때문에 어떻게 집회와 성토대회를 효과적으로 계획할 것인가에 대해 여러 학자들이 방법을 제시하고 있다.[17] 이제 이들의 제안을 간략해 살펴보기로 하자.

① 집회장소를 잘 선정해야 한다. 가능하면 탁 트인 넓은 광장이어야 하고, 군중이 많게 보일 수 있는 위치에 카메라를 설치하고, 누구나 들을 수 있는 고성능 확성기를 설치해야 한다. 옥내 집회일 경우에는 모든 사람이 들어갈 수 있어야 한다. 그리고 상대방이 집회를 방해할 경우에 대비하여 질서요원을 두는 것도 현명한 방법이다.

② 참가자의 규모를 다소 작게 책정해야 한다. 지도자들이 100명 정도 참가할 것으로 예상하면 75명 정도가 올 것이라고 발표하고,

17. Steve Burghardt, *Organizing for Community Action* (Beverly Hills, California: Sage, 1982); Robert Cassidy, *Livable Cities: A Grass-roots Guide to Rebuilding Urban America* (New York: Holt, Rinehart and Winston, 1980).

공간은 70-100명이 들어올 수 있게 계획해야 한다. 그러나 군중의 규모를 지나치게 작게 책정하면 지지자들이 실망하고 나타나지 않을 수도 있다.

③ 사람들이 참여하도록 직접 뛰어다녀야 한다. 단순히 지지하겠다는 약속에 의존해서는 안 된다. 전화망을 설치하여 모든 조직원들에게 집회 전에 전화를 걸어 참가하도록 알려주는 것도 한 방법이다. 집회는 참여자들에게 편리한 시간에 개최되어야 한다. 만일 지역에 근거한 조직일 경우에는 집회장소까지 교통편을 제공하고, 회원이 널리 퍼져 있는 이슈에 근거한 조직일 경우에는 참가자들에게 교통편에 관한 정보를 제공해야 한다.

④ 참가자들에게 집회에서 기대할 것이 무엇인가를 미리 설명해 주어야 한다. 창의적인 아이디어는 조직의 대회준비위원회의에서 마련해야 하고, 대중매체 앞에 미리 내놓아서는 안 된다. 참가자들에게 연사에게 열성과 예의를 보이는 것이 조직의 신뢰도를 높이는 데 얼마나 중요한 것인가를 알려주어야 한다.

⑤ 군중의 질서를 통제하기 위해 적극적인 조직원으로 진행요원을 선정해야 한다. 이들은 적재적소에 배치되어 질서가 문란해질 때 상호 연락을 취할 수 있도록 신호가 미리 마련되어야 한다. 군중들의 집중을 높이기 위해 항의에 관한 음악을 준비하는 것도 바람직하다.

⑥ 연설문, 표어, 기타 내용들이 언론의 보도자료형태로 준비되어야 한다. 언론사에게 계획된 바를 알려주어야 한다. 이를 위해 전담 공보원을 두는 것이 필요하다. 언론사는 상대조직으로부터도 정보를 받고 있다는 사실을 기억해야 한다.

⑦ 연설은 참가 군중을 감동시키면서 동시에 상대방을 긴장시키거나 일반인들에게 호소력을 가질 수 있도록 균형 있게 행해져야 한다.

연설의 내용은 보다 냉정하고 덜 파괴적인 인상을 주도록 전달되어야 한다. 단정한 복장을 한 연사의 과격한 연설은 텔레비전의 저녁 뉴스에는 위협으로 비치지 않으면서도 군중들을 움직일 수 있는 것이다.

⑦ 특히 슬로건이나 호소문을 선명하게 그려서 텔레비전의 카메라가 잡을 수 있도록 해야 한다. 위협적인 발언을 할 때는 텔레비전에 잡히지 않도록 하는 것이 좋다. 그렇게 함으로써 연사들은 동정적인 청중에게 호소력을 갖으면서 언론이 위협적인 것에 초점을 맞출 기회를 최소화 할 수 있다. 언론이 위협적인 것을 취재하게 되면 이는 주민조직의 부정적인 인상을 드러내게 하여 상대방에게 동정심을 갖게 하고 당국의 보다 단호한 조치를 기대하게 할 수 있다.

정치적인 풍자나 유머, 그리고 기타 상징적인 행동은 확신이 없이 방관하는 청중들을 소외시키지 않으면서 메시지를 매우 효과적으로 전달시킬 수 있다. 예를 들면 지켜지지 않은 민권에 대한 장례식을 거행하는 것은 주장을 분명히 하면서 문화적으로 엄숙한 매장의식을 유지하게 할 수 있다. 이슈에 따라서는 전술을 종교적인 의식과 연결시키는 것도 효과적일 수 있다. 미국에서 대부분의 민권운동은 종교적인 지도자들에 의해 주도되었고 따라서 집회 중에 기도를 하는 것이 보통이었다.

⑧ 집회의 종료에 대해 계획을 세워야 한다. 집회에 참여하여 들떠 있는 많은 군중을 목적 없이 방황하게 하고 집회를 끝내는 것은 좋지 않다. 연설이 끝난 뒤에 언론이 집회장소를 떠나 사진을 찍을 수 없을 때 경찰의 개입이 있을 수도 있다. 집회를 끝내고 함께 단합을 다지는 노래를 부르며 행진하는 것도 하나의 방안이 될 수 있다. 이렇게 되면 참가자들은 좋은 기분으로 시위장소를

떠날 수 있다.

나. 피케팅과 행진

피케팅과 행진은 공격할 상대의 표적에 관심을 환기시키기 위한 전술행동이다. 집회에서 조직원들은 문제에 관해 연설을 듣지만 피켓팅과 행진에서는 상대방에게 직접 찾아가 문제에 대해 주의를 끌려고 하는 것이다. 피케팅은 여러 가지 상황에서 전개되는데 파업 중에 있는 노조원들이 회사 건물의 내외에서 피켓을 든다거나, 불량 혹은 유해 상품을 판매하는 상점 앞에서 그 상품에 대한 불매를 부추기는 피켓을 든다거나, 핵에너지의 환경위험을 항의하기 위해 원자로 주위에서 피켓을 들고 행진하는 등 다양하다. 1970년대에 미국에서는 장애인들이 공공건물과 시설(도로 포함)에 장애인의 접근을 어렵게 하는 장애물을 없애기 위해 전국 각지로부터 휠체어를 타고 워싱턴 D.C.까지 피켓을 들고 행진함으로써 수많은 지방정부의 의회와 뒤에 연방의회에서 건축장애를 제거하기 위한 법을 통과시키는 데 성공한 사례는 유명하다.

피케팅 캠페인을 성공적으로 전개하기 위해서는 피켓을 들 사람을 선발하고 훈련하는 일이 매우 중요하다. 피케팅에 참여하는 자원자들은 장시간 목표물의 주위를 맴돌아야 하기 때문에 인내심이 필요하고 외부인의 자극에 대해 쉽게 흥분해서는 안 된다. 자극을 주어 흥분케 함으로써 무질서한 폭도들로 보이게 하려는 것이 상대방이 흔히 의도하는 것임을 명심해야 한다. 또 피켓을 들고 행진하는 것이 법(도로교통법)에 저촉되는지에 대해 면밀한 검토를 하고 실천에 옮겨야 한다.

다. 보이콧

보이콧은 항의대상에 대해 직접적으로 경제적인 압력을 가하고자 하는 전술행동이다. 가장 보편적인 보이콧은 어떤 기업에서 생산되는 제품에 대해서 대대적인 불매운동을 전개하는 경우다. 이는 앞서 특정 상품을 사지 말자는 피케팅의 경우보다 더욱 규모가 크고 강력한 항의하고 할 수 있다. 미국에서는 농촌노동자들의 노조를 결성하기 위해 노조에 가입하지 않은 농장의 농산물에 대한 대대적인 불매운동을 전개하여 농장들을 굴복시킨 사례가 가장 대표적인 보이콧으로 알려지고 있다. 또 1960년대에는 임대주택의 냉난방 서비스에 항의해서 영세입주자들이 월세금의 납부를 거부한 보이콧도 유명한 사례다.

보이콧은 일반적으로 엄격한 법에 의해 보호를 받는 상대방의 경제적 이익에 대해 직접적으로 영향을 주는 것이다. 따라서 보이콧을 주도할 때는 관련 법규에 대해 잘 알고 법에 저촉되지 않는 범위 내에서 활동을 전개해야 한다. 예를 들면 어떤 제품에 대한 불매를 일반에게 호소하는 것은 합법적이지만 그러한 제품을 판매하는 상점의 영업을 방해하는 것은 불법일 수 있다.

대부분의 보이콧의 경우에 항의하는 주민조직의 세력이 너무 미약해서 상대방의 재정상태에 영향을 미치기에는 부족한 경우가 많다. 따라서 광범위한 협력을 구하는 것이 매우 중요하다.

가장 효과적인 보이콧은 원래 제기한 문제를 제도적으로 해결하는 것이다. 앞서 예에서 보는 것처럼 농촌노동자들의 노조를 결성하는 것은 문제를 제도적으로 해결한 사례라 할 수 있을 것이다.

농성은 상대방의 사무실이나 기타 일터를 물리적으로 점거함으로써 상대방에게 직접적으로 불편을 주는 전술행동이다. 지금까지 논의된 모든 전술행동보다 불법적인 침입으로 인해서 경찰에 연행될 가능성이 가장 높은 행동이다.

농성을 전개하는 상황은 다양하다. 예컨대 원자로의 설치를 반대하는 환경보호주의자와 주민들이 원자로 건설 예정부지를 점거하여 농성하는 경우가 있을 수 있다. 또 법에 보장된 복지서비스가 제대로 제공되지 않을 때 복지수혜자들이 구청이나 시청 사무실을 점거 농성하는 경우도 있을 수 있다. 또 어떤 경우에는 근로자들이 직장의 종업원 복지에 불만을 품고 점거농성을 하는 것도 흔히 볼 수 있다.

농성이 어떤 상황에서 전개되든 간에 언론의 주목을 받게 하는 것이 매우 중요하다. 점거농성의 경우 기물을 파괴한다거나 폭력을 유발하는 행동은 피해야 한다. 질서정연하면서도 극적인 농성 광경은 언론은 물론 일반주민들로부터 동정심을 불러일으켜 사회행동의 목적을 달성하기가 용이할 것이다.

(4) 대결전술의 문제점

가. 폭력의 위험이 있다는 점

고립된 상태에서 대결전술행동을 전개하는 것은 위험하다. 항의하는 주민조직은 상대방에게 요구에 응하도록 위협하는 것과 상대방으로 하여금 물리적인 보복을 하도록 자극하는 얼음장을 걷는 것과 같은 사이에서 행동을 하게 된다. 따라서 주민조직의 회원들은 항의대상으로부터 과도한 공권력을 동원하지 않도록 하는 범위 내에서 잠재력을 보여야만 한다. 때로 직접적이고 단기적인 혼란을 야기시키는 것이 필요하겠지만 혁명적인 조직이 아닌 이상 장기적이고 계속적으로 혼란을 야기하는 것이 목적이 되어서는 안 된다.

나. 조직의 세력을 유지시키지 못할 위험이 있다는 점

대결전술을 통해서 얻어진 단기적(그리고 흔히 명백한) 승리가 조직의 세력을 강화시키고 지속시켜 줄 수 없다는 점이다. 시위나 집회나 농성 같은 행동들이 참가자들에게 일시적 만족을 안겨 주기는 하겠지만 이것이 곧 주민조직에 대해 계속적으로 지지와 참여를 하겠다는 것으로 해석될 수는 없다.

다. 실천을 보장하지는 못한다는 점

대결전술은 이슈를 제도적으로 해결하거나 실천에 옮기는 것을 보장하지는 못한다. 시위 중에 기업의 간부나 정부의 관리들은 요구에 굴복하고는 시위가 끝난 뒤에는 실천에 옮기지 않을 수도 있다. 따라서 주민조직은 합의를 도출해 내는 협상을 신중히 전개하고 합의사항이 실천에 옮겨질 수 있도록 해야 한다.

라. 불법적이거나 비윤리적일 수 있다는 점

대결전술이 갖는 네 번째 문제는 전술이 불법적이거나 비윤리적일 수 있다는 점이다. 행동조직가와 지도자들은 전술의 효과성과 그 전술이 가져다주는 윤리적인 면 중에 양자택일을 해야만 한다. 이러한 상황에서 조직의 지도자들은 대결행동의 결과가 수단을 정당화할 수 있는지를 자문해 봐야 한다. 앨린스키는 결과가 수단을 정당화하는가의 여부는 항상 상황에 달려 있다고 했다. 이에 대한 그의 주장을 살펴보면 다음과 같다.

① 어떤 사람이 수단과 결과에 대한 윤리적인 면에 얼마나 관심을 갖느냐 하는 것은 해당 문제에 대한 그 사람의 개인적인 이익과 역함수 관계에 있다.

② 수단의 윤리성에 대한 판단은 판단하는 입장에 있는 사람의 정치적인 위치에 달려 있다.

③ 전쟁에서는 언제나 결과가 모든 수단을 정당화한다.

④ 판단은 행동이 일어난 시대적인 맥락에서 이루어져야 하며, 다른 시대적 상황의 관점에서 이루어져서는 안 된다.

⑤ 윤리에 대한 관심은 이용 가능한 수단의 수에 따라 증가하며 그 반대도 성립된다.

⑥ 바라는 결과가 덜 중요하면 할수록 수단에 대한 윤리적인 평가가

일어날 가능성이 높아진다.

⑦ 일반적으로 승리냐 실패냐가 윤리성에 대한 강력한 결정요인이다.

⑧ 수단의 도덕성은 그 수단이 패배 직후 혹은 승리 직후의 시기에 채택되었느냐는 데에 달려 있다.

⑨ 효과적인 수단은 어떤 것이나 그 반대세력에게는 비윤리적인 것이라고 자동적으로 판단된다.

⑩ 네가 가진 것에 따라 너의 도덕적인 기준에 따라 네가 할 수 있는 것을 하라.

⑪ 목표란 "자유 · 평등 · 우애", "공동의 복지", "행복의 추구" 혹은 "빵과 평화"와 같은 일반적인 용어로 표현되어야 한다.[18]

결론적으로 앨린스키에 따르면 상대방은 항의하는 주민조직이 그들의 행동강도를 줄일 수 있는 도덕성의 정도에서 행동하기를 원하며, 이것은 상대방의 전술이고 따라서 이에 대해 저항해야 한다는 것이다. 그는 또 윤리란 흔히 상황적인 것으로서 그 자체로서 옳고 그른 것이 아니고 상황에 따라 다르다고 주장하고 있다.

앨린스키의 주장에 일리가 있다고 하더라도 이를 실천하는 데는 주의가 필요하다고 하겠다. 특히 항의행동에 있어서 주민조직의 지도자들은 수단을 정당화할 수 있는 단기적인 결과에 지나치게 집착한 나머지 그러한 수단이 장기적인 안목에서 지역사회주민들의 민주적인 문제해결 능력을 저해하지 않도록 해야 한다. 만약 캠페인에서 사용한 수단들이 조직에 참여하는 주민들에게 이상적이지 않다고 여겨질 때 그 전술(수단)은 특정전투에서는 승리할지 모르지만 민주적인 지역사회를 건설하기 위한 전쟁에서는 패배할 수 있기 때문이다.

18. Alinsky, *op. cit.*, pp. 24-47.

5. 언론의 활용과 협상전술

우리는 지금까지 사회행동캠페인의 3대 전술이라 할 수 있는 정치적 압력, 법적 행동, 그리고 대결전술에 대해서 논의하였다. 이들 전술 중 어떤 것을 사용하든 간에 사회행동조직의 회원들은 각 전술을 통해서 그들의 명분과 주장이 옳다는 것을 외부에 설득시키려고 힘을 쓴다. 이제 본 절에서는 사회행동캠페인의 효과성을 제고시키기 위한 두 가지 기술, 즉 ① 언론매체를 통해서 주민조직이 전달하고자 하는 메시지를 가능한 한 많은 사람에게 알리게 하는 기술과, ② 상대방과 성공적으로 협상을 할 수 있는 기술에 대해서 살펴보기로 한다.

흔히 협상(negotiations)은 이슈와 관련된 소수의 사람들이 관여하는 반면에 홍보(publicity)는 다수의 지지와 가능하면 다수의 참여를 얻어내기 위한 것이다. 그러나 이 두 가지 활동에 필요한 기술은 상호보완적이라 할 수 있다. 상대방(특히 공적인 분야에서 활동하는 사람들)의 사고방식을 주민조직의 사고방식으로 유도하기 위해서는 그 분쟁에 직접 관여하지 않은 제삼자를 끌어들여 판단을 하도록 하는 것이 효과적일 수 있다. 이를 위해서 홍보활동을 전개하는 것이 매우 중요하다.

홍보와 협상에 관한 기술은 사회행동캠페인을 전개하는 기술 이상으로 중요하다. 지역사회주민조직은 사회복지와 지역사회개발에 관한 프로젝트를 수행해야 하기 때문에 좋은 홍보활동은 각 프로젝트에 대한 일반의 지지와 이해를 증가시킬 것이고, 협상기술은 필요한 재원을 획득하고 유사한 분야에서 활동하는 다른 조직과 기관들로부터 협력을 얻어내는 데 있어서 중요하다.

1) 홍보활동

(1) 홍보활동의 중요성

주민조직의 홍보활동이 갖는 중요성은 네 가지로 요약될 수 있다.

첫째, 홍보를 통해서 조직의 영향력을 증대시킬 수 있다. 만일 홍보활동이 없다면 주민조직은 친구이든 적이든 간에 그 접촉대상이 개인적인 것에 국한될 수밖에 없다. 홍보는 언론의 지원이 없이도 가능하나 활동(예컨대 집회)에 참여하는 사람의 수는 제한될 수밖에 없고, 그 활동에 직접 참가하지 않은 사람들에게는 거의 영향을 미치지 못할 것이다. 따라서 영향력을 증대시키기 위해서는 사전에 홍보를 하고 기자를 현장에 나올 수 있게 하는 것이 필요하다. 텔레비전과 신문이 메시지를 취급함으로써 주민조직은 그들의 주장에 지지할 사람의 수를 늘릴 수 있을 것이다.

둘째, 홍보는 주민조직의 실천의지를 나타낸다. 압력이나 항의를 하는 조직의 강점이란 조직이 대결을 전개할 의사가 있다는 것을 상대방이 확신을 갖도록 하는 것이다. 만약 주민조직이 농성을 계획하고 있다는 것이 신문이나 텔레비전에 보도된다면 위협의 가치는 증가될 것이다. 공표된 사건은 상대방도 만일 주민조직이 행동을 실천하지 못한다면 체면을 잃게 된다는 것을 알기 때문에 사적인 위협보다 공신력이 더 있을 것이다.

셋째, 홍보활동을 통해 주민조직에의 참여를 늘릴 수 있다. 주민조직이 지속적이고 효과적인 활동을 전개하기 위해서는 회원과 활동자금을 확보하는 것은 매우 중요하다. 그러나 개별적인 접촉을 하여 참여와 헌금을 종용하는 것은 힘들 뿐 아니라 일단 참여를 거부한 사람을 다시 접촉하는 것도 어려운 일이다. 언론매체를 통한 홍보활동을 통해서 대규모의 시장을 확보할 수 있고 지역사회 외부에 있는 관심 있는 사람들의 참여까지도 기대할 수 있다. 더구나 주민조직의 성공 사례에 대한 신문의 기사나 텔레비전의 다큐멘터리는 회원을 선발하는 데 도움을 줄 것이다.

넷째, 홍보를 통해서 간접적인 압력을 가할 수 있다. 흔히 주민조직은 자체의 힘만으로는 상대방, 특히 정부기관이나 대기업을 설득시킬 수가 없다. 따라서 정부에 대해 압력을 보다 잘 행사할 수 있는 다른 집단이나 조직으로부터 지원을 필요로 하게 된다. 자기네들의 주장을 언론에 보도케 함으로써 주민조직은 보다 강력한 동조세력을 얻게 되고, 언론은 상대방으로 하여금 이슈에 승복하도록 설득할 수 있을 것이다. 여기에서 주의할 것은 우호적인 언론보도는 사회행동에 큰 도움이 되지만 부정적인 보도는 주민조직의 활동에 치명적일 수 있다는 것이다. 한 여성운동조직이 개인적인 자유를 표방하기 위해 '브레지어'를 벗어 태워 버리는 전술을 사용했다. 그러나 언론은 이 상징적 의미를 취급하지는 않고 성적인 의미를 부각시킴으로써 운동의 목적을 왜곡시킨 사례도 있다.[19]

(2) 간단한 홍보활동

홍보를 통해서 주민조직은 그 이름을 일반에게 알리게 된다. 홍보를 통해서 주민들은 그 조직을 알고 협조를 요청할 때 응할 수가 있다. 또 주민조직의 활동에 대한 언론보도에 관심을 갖고 기억할 수도 있게 된다. 그러나 언론의 도움이 없이도 주민조직의 회원들에 의해 간단한(저렴한) 홍보활동이 행해질 수 있다. 특히 이러한 홍보활동은 장차 보다 규모가 큰 홍보활동을 위해 필요한 것이다.

조직원들이 개인적인 방문과 접촉을 통해 참여를 권고할 수도 있고,

19. Rubin and Rubin, *op. cit.*, p. 279.

전화 홍보를 한다거나 차량에 홍보 스티커를 부착한다거나 공공장소에 벽보를 부착한다거나 전시를 통해서 조직의 활동에 대한 홍보를 할 수도 있다. 또 팸플릿이나 뉴스레터 같은 홍보물을 발송하여 광범위한 지역의 주민들에게 홍보를 할 수도 있다. 가능하다면 공공회관 등에 자신들의 실적에 대한 화보를 게시하는 것이 좋고, 시청각 자료(슬라이드나 비디오 등)를 제작하여 옥내 집회나 회의 중에 상영하는 등도 좋은 홍보방법이라 할 수 있다.

(3) 여론과 언론

좋은 언론캠페인은 사회행동 조직원들에게는 매우 귀중한 도구일 수는 있으나 이를 성공적으로 활용한다는 것은 결코 쉬운 일이 아니다. 주민조직이 내보내는 메시지는 일반인에게는 수백 개의 메시지 중의 하나에 불과할 수 있다. 더구나 독자나 시청자들은 뉴스에 나온 정확한 메시지를 항상 이해하는 것만도 아니다. 일상적인 날에 한 사람은 하루에 수천 단어를 읽고 수시간 동안 라디오와 텔레비전을 듣고 보면서 지낸다. 일반인의 입장에서 보면 언론매체는 수많은 이야기와 의견과 인상들을 제공하는 것이다. 따라서 주민조직이 전달하고자 하는 메시지는 일반적인 것이 아니어야 하고, 권위적이고 다른 잡다한 것으로부터 분간될 수 있는 명확한 것이라야 한다.

사람들은 신문기사를 읽거나 텔레비전을 기존의 자기 생각을 강화시켜 주는 바를 찾고, 또 자기의 믿음과 의견에 보탬이 되는 증거와 정보를 선택적으로 기억하는 경향이 있기 때문에 언론을 통해 사람들을 설득하는 것은 결코 쉬운 일이 아니다. 지역사회행동에 반대하는 사람이 주민조직이 이룩한 실적에 관해 취급한 한 시간 이상의 방송을 들을 수는 있다. 그러나 그는 그 조직의 실패를 묘사한 단 5분간의 내용만 기억할 수도 있다. 즉 언론 캠페인을 통해 사람의 마음을 바꾼다는 것은 힘들다는 것이다.

언론캠페인이 더욱 어려운 것은 일반 사람들은 메시지의 드러난(explicit) 내용뿐 아니라 숨겨진(implicit), 혹은 잠재적(latant)인 메시지도 받아들인다는 것이다.[20] 그러나 불행히도 한 조직에 깊이 참여한 사람들은 전달되는 이차적인 메시지를 인식하지 못하는 경우가 많다. 예를 들면 주민조직에 참여한 사람들은 영세민지역의 비위생적이고 불결한 주거조건에 항의를 하고 있지만 텔레비전의 시청자들은 단지 불만, 불행, 그리고 위협만을 볼 수 있다. 언론을 통해 전달되는 투쟁과 불만의 잠재력을 지닌 "열띤" 현장은 메시지의 내용, 즉 위생과 건강상태에 대한 사실적인 논의를 왜곡시킬 수 있는 것이다.

결론적으로 좋은 홍보를 하는 것은 매우 바람직하기는 하나 매우 어려울 수 있다는 것이다. 기삿거리는 그 메시지가 너무 "열띤(혼란스러운)" 것이어서 사람들이 외면하거나 거부해 버리지 않으면서 언론과 일반인의 관심을 끌 수 있게 만드는 것이 중요하다. 대중홍보는 주민조직에 대한 적을 목표로 하지 말고 잠재적인 친구들을 목표로 해서 전개되어야 하는 것이다.

(4) 언론캠페인

캠페인이 언론에 잘 보도되게 하기 위해서 지역사회주민조직가는 신문기자와 뉴스 진행자들과 일할 수 있는 방법을 알아야 한다. 주민조직으로서는 발행부수가 많은 신문, 시청률이 높은 대담 프로 등에서 그들의 활동이 호의적으로 취급되기를 바랄 것이다. 그러나 기억해야 할 것은 개인 기자들은 방송시간과 신문지면의 제약을 받고 있다는 사실이다. 한 신문에 1면(front page)은 한 페이지밖에 없으며, 모든 기사가 1면에

20. Marshall McLuhan, *The Medium is the Message* (New York: Bantam, 1967), p. 78.

게재될 수는 없다. 그래서 어떤 기사는 10면에 실릴 수밖에 없는 것이다. 또 텔레비전의 저녁 뉴스는 짧아 어떤 뉴스는 단 몇 초만 방송될 수밖에 없다.

다른 기사와의 경쟁, 시간과 지면의 제약 속에서 기자들은 주민조직에 의해 제공된 기사를 무시해 버리거나 메시지의 내용을 바꿀 정도로 기사를 압축해 버릴 수도 있다. 주민조직이 기사의 내용을 통제하는 방법의 하나는 주민조직의 홍보위원회에서 기사를 직접 작성하여 보도자료(press release)로서 언론에 송부하는 것이다.

또 다른 문제는 광고나 업무적으로 지방 언론사에 영향을 미칠 수 있는 지방의 기업을 상대로 주민조직이 투쟁을 할 경우에 언론의 협조를 얻기가 매우 힘들다는 점이다. 이러할 경우 불가피하게 지방의 다른 언론사나 전국적인 언론사를 상대로 해야 한다. 일반적으로 전국적인 신문이 사건을 취급하게 되면 지방신문은 그 사건을 취급하지 않을 수 없다는 것도 알아둘 필요가 있다.

주민조직이 언론을 상대할 때는 그들의 규칙에 따라 일하는 방법을 알아야 한다. 만약 그렇지 못하면 언론으로부터 무시당하게 된다.

첫째, 언론이 뉴스 가치가 있다고 생각하는 것이 무엇인가를 알아야 한다. 신문과 텔레비전은 신문기사와 프로그램을 통해서 가능한 한 많은 독자와 시청자를 확보하려고 한다. 일반적으로 신문과 텔레비전은 많은 사람이 참여하는 사건이나 이색적인 사건에 관한 내용을 기사로 선택하는 경향이 있다. 그러므로 주민조직이 시위나 집회 등을 가질 때 가능한 한 많은 사람을 동원한다거나 호감을 얻을 수 있는 독특한 행동을 보여 주는 것이 필요하다. 또 유명인사나 연예인 등을 등장시키는 것도 한 방법이 될 것이다.

언론이 매력을 느낄 수 있는 기삿거리를 만드는 것은 매우 중요하다. 언론의 관심을 끌기 위해서는 단순한 사실이나 숫자 같은 정보보다는 인간적이며 정서적인 정보를 제공하는 것이 필요하다. 예를 들면 무주택자에게 주택을 제공하기 위해 200억 원의 자금이 필요하다는 정보보다는 집이 없어 추위에 떨고 있는 사람들의 사진이 언론의 관심을 끌 가능성이 높은 것이다. 또 화학물질의 오염으로 사망한 사람의 수에 관한 정보보다는 이로 인해 병든 어린아이의 사진 한 장이 더 관심을 끌 수 있다.

둘째, 언론계의 리듬을 알아야 한다. 즉 정보를 제공할 때 그것이 언론에 의해 채택될 수 있는 타이밍을 포착하는 것이 중요하다는 것이다. 뉴스가 많은 날 주민조직이 제공한 기사는 취급될 가능성이 적고, 주말에 지면이 많은 날 기사가 실릴 가능성은 높으나 독자들의 관심을 끌지 못할 수도 있다. 또 오전 중에 일어난 사건은 저녁 신문이나 텔레비전에 취급될 가능성이 높으나 저녁 시간의 사건은 아침 뉴스에 취급되어 시청자의 관심을 끌지 못할 수 있다.

셋째, 기자들과 좋은 관계를 맺어야 한다. 주민조직의 주장에 동조적인 기자가 주민조직에 관한 기사를 취급할 가능성이 많음은 이론의 여지가 없다. 그러나 주민조직에 동조적인 기자도 만일 그가 책임 있는 언론인이라면 다른 쪽의 주장도 함께 실으려고 할 것이다. 그러므로 다른 쪽이 나쁘다는 것을 기자에게 설득하려 하지 말고, 좋은 기삿거리를 제공하도록 해야 한다. 또 기삿거리는 정확하고 신뢰할 만한 것이어야 한다. 만약 주민조직의 반대쪽이 이슈에 대해 더 좋은 증거를 가지고 있다면 반대 정보를 조작하여 기자에게 제공하는 것을 피해야 한다. 기자가 그릇된 정보를 기사화하도록 하여 피해를 입게 되면 주민조직은 그 기자뿐 아니라 언론사로부터 지지를 잃게 될 것이다.

주민조직의 지도자들은 기자들과 식사를 함께 하는 자리를 가끔 갖고 기삿거리가 될 수 있는 정보를 제공하는 것도 좋은 방법이다. 그러나 그 정보가 기사로 채택되어야 한다고 압력을 가해서는 안 되며 기자가 스스로 판단할 수 있게 해야 한다.

(5) 기자회견과 보도자료

언론을 통한 캠페인에서 고도의 기술을 필요로 하는 활동으로 보도자료의 작성과 기자회견을 갖는 것을 들 수 있다. 앞에서 지적한 대로 기자들과 관계를 맺게 되면 그들이 기자회견에 참여할 가능성은 높아질 것이다. 보도자료와 기자회견은 기자들의 기사 마감시간에 늦지 않도록 시간을 맞추는 것이 중요하다. 또 기사내용이 뉴스로서의 매력이 있는 것이어야 함은 말할 필요도 없다.

신문에는 보도자료를 송부하는 것으로 충분하나 사진을 찍고 문답을 하는 기자회견은 텔레비전에 더 효과적이다. 언론에 기자회견이 열리는 시간과 장소를 충분한 시간을 갖고 알려주어야 한다. 개인 기자들은 물론이고 언론의 편집책임자, 라디오와 텔레비전의 프로듀서들에게 그들의 이름을 명기한 편지를 개별적으로 보내는 것이 그들의 협력을 얻는 데 도움이 된다.

실속이 있는 뉴스(hard news)가 있을 때 기자회견을 개최해야 한다. 이러한 뉴스라도 가능하면 유명인사로 하여금 발표하게 하는 것이 효과적이다. 특별히 매력이 없는 뉴스라도 유명인사에 의해 발표되면 언론의 관심을 끌기가 쉽다. 또 기자회견장에는 주민조직의 회원들이 많이 참석하도록 하는 것이 좋다. 회견장이 만원이 되면 기자들은 무언가 중요한 일이 일어나고 있다고 느낄 것이기 때문이다.

기자회견에는 주민조직 캠페인에 있어서 인간적인 면을 강조하는 것도 중요하다. 즉 주민조직의 대변인은 전반적인 캠페인에 대해 언급하고, 몇 명의 조직회원들이 이 캠페인이 자신들에게 미치는 영향에 대해서 설명하게 하는 것이다. 예를 들면 화학폐기물이 주는 기술적인 피해에 대해 일반적인 설명을 한 다음 이로 인해 병을 앓게 된 개인들로 하여금 체험을 설명하게 하는 것이다.

보도자료는 창의적일 필요가 없으며 누가, 무엇을, 언제, 어디서, 왜, 어떻게 했는지가 들어 있으면 충분하다. 다음은 미국의 어느 아동학대반대주민모임(Neighbors Against Child Abuse)의 보도자료인데, 그 작성형식에 주목할 필요가 있다. 가장 중요한 뉴스는 먼저 보도하고 상세한 내용은 뒤에 기술하고 있다. 물론 언론이 전체 내용을 있는 그대로 보도해 주면 좋지만 지면의 제약으로 일부를 삭제하더라도 각 문단의 말미를 삭제하면 내용전달에는 지장이 없도록 작성되어 있는 것이다.

아동학대반대주민모임 보도자료

(1986. 1. 5 정오)

언제, 누가, 무엇을:	오늘 아동학대반대주민모임은 아동학대로 고민하는 부모들과 아동이 학대받는 것을 알고 있는 이웃을 위해 하루 24시간 핫라인을 개설한다.
어디에서:	000-9999에 전화를 걸면 전문가와 상담할 수 있다.
왜:	작년에 샌디 존스는 타박상으로 사망했다. 그의 계모에게 얻어맞은 뒤 식탁에 부딪친 것이다. 당시 그는 네 살이었다.
어떻게:	아동학대반대주민모임은 샌디의 죽음에 대한 지역사회의 대응 노력의 일환이다. 이 서비스는 주 가정복지국의 지원금으로 시작하게 된다. 금년 후반기 아동학대반대주민모임은 핫라인 서비스를 계속하기 위해 모금을 위한 어린이 마라톤을 주최할 것이다.
뉴스로의 유인(hook):	샌디의 아버지 윌버 존스는 그의 처가 "좋은 여자"이며, "아내는 샌디를 사랑했습니다. 그러나 내가 실직한 후 부부 간의 언쟁이 잦았고, 샌디가 울었을 때 너무 지나치다는 생각이 들었습니다"라고 당시의 상황을 설명했다.
연락처:	더 자세한 정보가 필요하면 999-0000의 사라에게 연락 바랍니다.

자료: H. J. Rubin and I. S. Rubin, *Community Organizing and Development* (Ohio: Merril Publishing, Co., 1986), pp. 286-287.

보도자료 작성에서 유의할 점 몇 가지를 추가하면 다음과 같다.

첫째, 기자들이 필요한 경우 참고할 수 있는 배경자료를 동봉하는 것이 좋다(위의 예에서는 아동학대에 관한 통계자료, 연구보고의 요약 등). 연락에 응답할 책임을 맡은 사람은 뉴스와 관련된 내용을 숙지하여 기자들로부터 보다 자세한 문의가 있을 때 신속, 정확하게 응답해 줄 수 있어야 한다. 둘째, 보도자료는 쉽게 편집할 수 있게 작성되어야 한다. 지면의 한 면만을 사용하고, 여백(margin)을 두어야 하며, 두 배의 항간(double spaced)으로 작성해야 한다. 셋째, 문장과 문단을 짧게 작성(신문 기사작성 형식)하고 문법적으로도 정확해야 한다. 미숙한 문장은 내용에 대한 신뢰도를 떨어뜨린다.

2) 협상과 타협

(1) 협상의 상황

홍보활동은 캠페인의 목적에 대한 주의를 환기시키고, 그렇게 함으로써 주민조직의 요구에 대해 상대방이 압력을 받게 하는 것이지만, 홍보활동만으로 상대방을 완전히 승복하게 만들기는 어렵다. 따라서 계속적인 협상과 타협이 요구된다. 일반적으로 사회행동에서는 협상을 해야 하는 상황(bargaining situation)이 벌어지는데, 협상에서는 양쪽 대표들 간의 토의가 있게 된다. 토의 중에 요구사항이 제시되고 이에 대응하는 요구사항이 제시되며, 결국 합의가 이루어지는 것이다.

협상상황에서는 자신의 결정이 상대방의 선택권에 어떤 효과를 주는지 분석하는 것이 중요하다. 협상의 목적은 상대방을 주민조직의 요구를 받아들일 수밖에 없는(다시 말하면 선택의 여지가 없는) 상황으로 몰아넣는 데 있다. 물론 상대방도 똑같은 전략을 취할 것이다. 셸링(Shelling)에 의하면 협상을 승리로 이끌기 위해서는 자기가 취하는 조치에 상대방이 의존하게 하는 전술을 취해야 한다. 즉 상대방이 자신에게 의존하는 정도가 클수록 양보할 가능성이 높아진다는 것이다.[21]

바크라치(Bachrach)와 로울러(Lawler)에 따르면, 의존성(dependence)

21. T. Schelling, *The Strategy of Conflict* (New York: Oxford University Press, 1960), p. 5.

이란 협상관계에 있어서 쌍방이 갖는 힘의 정도를 말하는데, 힘이 강한 측은 협상관계를 유지하는 데 매우 유리하다는 것이다.[22] 의존성에 관한 이들의 예를 들어 보자.

어느 지역과 경찰서 간에 긴장이 있다고 하자. 지역주민은 경찰의 가혹성, 범죄에 대한 더딘 반응, 기타 무관심에 대해 비난을 한다. 주민조직의 회원들은 경찰로 하여금 주민조직이 취하는 조치에 대해 의존할 수밖에 없는 방안을 생각할 것이다. 그리하여 경찰에 대한 예산을 편성할 때 그 지역에서 경찰이 해결하지 못한 수많은 범죄사건들을 공표해 버리겠다고 위협함으로써(일종의 대결전술), 주민조직에 대해 그들이 의존할 수밖에 없게 한다는 것이다.

주민조직에 대한 상대방의 의존성을 증가시키는 방법으로서는 첫째, 자원(힘)을 갖는 것이다. 립스키(Lipsky)는 항의를 조직하는 자체가 정치적인 자원이 된다는 것이다. 그에 따르면 "항의는 상대적으로 힘이 없는 집단이 협상관계를 만들어 낼 수 있는 몇 안 되는 방법의 하나"[23]라는 것이다.

둘째, 집단의 상대적인 응집력을 늘리거나 집단의 결속력에 대한 인상을 늘리는 것도 상대방으로 하여금 의존성을 갖게 하는 방법이다. 즉 협상에서는 자원을 확보하는 것도 중요하지만 실제로 자원을 가지고 있다는 인상을 주는 것(perception of power)도 중요하다. 주민조직의 지도자들은 상대방이 보기보다는 힘이 약하다는 것을 조직원들에게 확신시키는 것이 캠페인에 있어서 흔히 사용하는 전술이며, 앞에서 소개했던 앨린스키의 전술의 대부분이 이에 초점을 두고 있다. 즉 우스개와 조롱거리를 통해서, 또 상대방의 취약점을 노출시킴으로 해서 상대방의

22. Samuel Bachrach and Edward Lawler, *Bargaining* (San Francisco: Jossey-Bass, 1981), p. 59.
23. Michael Lipsky, *Protest in City Politics: Rent Strikes, Housing and the Power of Poor* (Chicago: Rand McNally, 1970).

이미지를 약화시키는 전략을 활용하는 것이다. 그러나 자체 조직이 힘이 있다는 인상을 전달하는 데는 세심한 주의를 기울일 필요가 있다. 즉 자체 조직의 회원들이 조직이 갖고 있는 실제의 힘보다도 힘이 더 있는 것처럼 느끼게 되면 오히려 활동에 역효과를 가져올 수 있다는 것이다.[24] 예를 들면 집회에 수천 명이 참가할 수 있을 정도로 자체 조직의 힘이 강하다는 '착각'을 조직원들이 갖게 되면 "내가 참가하지 않아도 많은 사람들이 나오겠지" 하는 안일한 생각을 갖게 되어 결국 수백 명밖에 집회에 참가하지 않는 경우도 있을 수 있다.

셋째, 한정된 자원을 가진 주민조직이 상대방으로부터 의존성을 끌어내기 위한 전술에는 조직원들이 조직의 구체적인 행동노선에 확고하게 집착(commit)하도록 하는 것이 있다. 예를 들면 자연보호조직이 개발사업을 예정하고 있는 산에 조직원들이 말[馬]을 나무에 묶어 사슬(chain)을 형성함으로써 개발을 방해하게 되면, 상대방은 조직원들의 결의가 얼마나 완강한가를 깨닫고 타협하려는 태도를 가질 수도 있을 것이다.[25]

이상에서 우리는 힘을 갖는 것이 상대방을 협상 테이블에 나오게 하는 것임을 살펴보았다. 이를 위해 회원들의 응집력, 힘의 과시, 위협적인 행동 등이 중요하다는 것을 지적했다. 그러나 이러한 행동을 전개한다고 하더라도 상대방으로 하여금 융통성을 가질 수 있는 기회를 주는 것이 중요하다. 만일 상대방이 선택의 여지가 없을 정도로 위협을 받게 되면 상대방도 극한적인 대응을 하게 될 것이며, 결국 주민조직도 제로섬 상황에 놓일 수밖에 없다. 그러므로 위협이 효과적이라는 것은 상대방에게 어느 정도 융통성(선택의 여지)을 허용할 때라는 것을 기억해야 한다.

24. Dean Pruitt, *Negotiation Behavior* (New York: Academic Press, 1981), p. 88.
25. Schelling, *op. cit.*, p. 22.

(2) 협상의 구조

실제적인 협상에 임하기 전에 협상의 구조를 이해하는 것이 필요하다. 여기에서 협상의 구조라 함은 쌍방이 양보하고 협상할 수 있는 여지 혹은 범위(negotiation range)가 어느 정도인가를 가늠하는 것이다. 협상에 임하는 쌍방은 협상을 통해서 성취하고자 하는 목표를 갖고 있다. 이때 주민조직의 목표는 요구(demands)이며, 상대방은 흔히 이러한 요구에 대해 거부하고 현상을 유지하려고 할 것이다. 예를 들어 어떤 주민조직이 영세민지역의 주택을 개선하고자 시당국에 보다 많은 예산을 할당하도록 압력을 가한다고 하자. 이때 주민조직과 시당국 입장을 도식화하면 〈그림 8-2〉와 같다.

주민조직의 입장에서는 가능한 한 많은 예산 증액을 원하지만 현실적으로는 요구를 다소 적게 할 수도 있다. 또 시의회 입장에서는 예산의 증액을 가능한 한 억제하고자 하지만 다소 증액을 해 줄 여지도 있을 것이다. 즉 양측에는 서로가 요구를 양보할 수 있는 범위가 있게 되는 데 이를 수용의 범위(range of acceptance)라고 한다. 주민조직이 원래 요구한 20%의 증액보다 다소 줄이고, 시의회가 고수하려던 10%의 증액보다 다소 늘린다면 협상의 범위와 수용의 범위가 이룩되어(〈그림 8-2〉와 같이) 타협이 이루어질 수 있을 것이다.

```
          요구                                        현상유지
          20%                                         10%
주민조직  ------------------------------------------------  시의회
              (수용범위 +++++++++++++)
                            (+++++++++++++++ 수용범위)
                            협상범위
```

〈그림 8-2〉 협상과 수용의 범위

(3) 협상의 전술

협상의 목적이 자기의 요구를 최대한 관철시키는 것이라고 한다면 이를 위해 여러 가지 구체적인 기술을 익힐 필요가 있다. 프루이트(Pruitt)가 제시한 기술들을 살펴보기로 하자.[26]

첫째, 협상에 시한을 두어야 한다. 어느 때까지 타협이 이루어지지 못하면 쌍방에게 피해가 될 수 있다는 것을 보여 줄 수 있는 시한(deadline)을 정해야 한다는 것이다. 만약 주민조직이 자신들의 요구가 관철될 때까지 데모나 보이콧을 한다거나 혹은 어떠한 대가를 치르더라도 끝까지 투쟁하겠다는 의지를 보이면 상대방은 어느 정도의 선에서 양보를 할 태세를 취할 것이다.

둘째, 요구하는 입장을 확고히 해야 한다. 상대방으로 하여금 요구만 거창하지 실제로는 요구의 관철을 위해 철저히 행동에 옮기지는 않을 것이라는 인상을 주어서는 안 된다는 것이다. 그러기 위해서는 요구가 적절해야 하고 그 요구를 관철하기 위한 행동은 확고하게 실천하는 것이 필요하다.

셋째, 언제 어떻게 양보를 해야 할 것인가를 배워야 한다. 이 기술은 협상에 있어서 가장 핵심적인 것이라 할 수 있다. 너무 성급하게 타협하려 하면 상대방은 주민조직을 약하다고 여길 것이고, 너무 협상을 끌면 상호타협을 거부하는 결과를 가져올 수 있다.

넷째, 상대방의 제안(counterproposals)에 대응할 때는 신중해야 한다. 상대방의 제안에 대해 즉각적으로 거부하면 협상은 끝장이 나 버릴 수 있고, 또 쉽게 받아들이면 필요 이상의 양보를 해 버릴 수 있다. 따라서 제안이 나오면 어느 정도 시간을 갖고 생각하는 것이 중요하다.

다섯째, 협상이 계속 진행되도록 해야 한다. 협상에 참여하는 사람들

26. Pruitt, *op. cit.*

은 주협상안건에 매달리겠지만 때로는 간단한 양보를 함으로써 주협상안건과 관련한 쌍방의 대안을 만들어 내기가 용이할 수 있다. 이는 국가 간에 주요 쟁점에 관한 협상을 할 때 양국의 대표들이 핵심적인 의제에 관한 타협안을 만들어 내기 전에 사소한 안건에 대해 합의를 보는 경우에 흔히 볼 수 있는 방법이다.

여섯째, 중재자(mediator)를 개입시킬 필요가 있는지를 고려해야 한다. 중재자는 쌍방이 신뢰할 수 있고 협상에 참여하기를 원하는 사람이어야 함은 물론이다. 쌍방이 도저히 타협할 수 없는 차이가 있을 때 중재자로서는 기적과 같은 역할을 수행할 수는 없다. 그러나 중재자가 개입함으로써 절차에 관한 사소한 오해로 협상이 결렬될 가능성을 줄일 수 있다.

제 4 부

지역사회복지의 실제

지역사회마다 성격이 다양하고 문제가 복잡하게 나타나고 있어 지역사회주민의 복지증진을 위한 지역사회복지활동의 범위도 그 실천주체에 따라 다양할 수밖에 없다. 제4부에서는 우리나라 지역사회복지활동의 현실과 과제에 대해 살펴보기로 한다. 이를 위해서 제9장에서 지역사회복지기관의 기능과 활동에 대한 기본개념에 대해 고찰하고, 제10장부터 제12장까지는 지역사회복지활동을 이해하기 위해 지역사회의 다양한 복지주체들을 살펴보았다. 제10장에서는 대표적인 직접서비스기관인 사회복지관을, 제11장에서는 사회복지기관의 협의 · 조정기관으로서의 사회복지협의회를, 제12장에서는 민간복지의 재원조달에 있어 주요한 역할을 하고 있는 지역공동모금회를 다루고 있다. 그리고 제13장에서는 최근의 지역사회복지에서 주요한 이슈가 되고 있는 지방분권과 복지 전달체계에 대해 알아보았다.

제9장 지역사회복지기관의 기능과 활동

1. 지역사회복지기관의 활동범위와 구분

1) 지역사회복지기관의 활동범위

사회복지의 대부분은 기관을 통해 이루어지기 때문에 기관에 대한 이해는 매우 중요하다. 우리나라도 지역사회에 복지기관의 규모가 커질 뿐 아니라 그 종류도 다양해지고 있다. 지역사회마다 그 성격이 다르고 지역사회가 안고 있는 문제가 복잡한 것처럼 지역사회복지기관의 활동범위도 대단히 넓고 복잡하다.

미국의 사회복지회의(National Conference on Social Welfare)에 제출한 「지역사회조직의 범위」(1940)라는 보고서에서 커츠(Kurtz)는 "처음에 사회복지서비스가 존재하지 않았던 개척자적인 지역사회"에서부터 지역사회조직이 어떻게 발전해 오게 되었는지를 추적했다.[1] 그는 지역사회가 성장해 감에 따라 문제를 가진 사람들을 돕기 위한 사회사업

1. Russell H. Kurtz, "The Range of Community Organization," in *Proceedings, The National Conference on Social Welfare*, Grand Rapid, 1940 (New York: Columbia University Press, 1940), pp. 400-412.

이 나타나게 되었고, 이와 함께 지역사회조직이 나타나서 더욱 중요시 되었다고 주목하고 지역사회조직의 '발전단계'(bench-marks)로서 다음의 여덟 단계를 지적했다.

커츠(Kurts)가 제시한 지역사회조직의 발전단계

제1단계: 일반인(layman)들은 전문가(professionals)의 도움 없이 지역사회조직활동에 활발하게 참여하게 된다.

제2단계: 모든 사회복지기관은 그들의 생존과 발전을 위한 투쟁에서 필연적으로 지역사회조직활동을 실천하게 된다.

제3단계: 지역사회조직의 과정은 모든 지역사회에 있어서 사회복지기관들 간에 공식적인 협의회가 존재하지 않더라도 그들의 필요에 따라 활용된다.

제4단계: 지역사회조직의 과정은 지역사회복지를 목적으로 하는 협의회와 지역공동모금단체와 같은 전문기관에 의해 보다 적극적으로 활용된다.

제5단계: 지역사회조직은 일정 지역사회에 있는 사회복지기관들 간에 수평적으로 전개될 뿐 아니라 어느 지방의 기관과 이를 회원단체로 삼고 있는 도 혹은 전국적 수준의 기관 간의 수직적인 관계 속에서 전개된다.

제6단계: 지역사회조직의 과정에는 전문가와 비전문가가 공동으로 참여하지만 비전문가의 '발언권'이 약해진다.

제7단계: 지역사회조직의 과정은 도 단위에서 정부기관과 민간기관에 의해서 수평적 · 수직적으로 활용된다.

제8단계: 마침내 지역사회조직은 국가적인 차원에서 정부기관과 민간기관에 의해 개별적 또는 공동으로 전개된다.

결론적으로 커츠는 "지역사회조직의 과정은 모든 관할 지역사회의 차원(jurisdictional levels)에서 사회복지기관들이 그들의 목적을 달성하기 위해 개별적으로 혹은 연합해서 활용하며, 그들 간에 다양한 관계를 맺고 있다"고 했다.

우리가 커츠의 지역사회조직의 발전단계에서 주목할 수 있는 것은 다음과 같다: ① 지역사회복지는 처음에는 비전문가들의 노력에 의해 시도되다가 점차 전문가들에 의해서 전개되고 마침내는 전문가와 비전문가의 공동참여에 의해서 전개된다는 점이고, ② 지역사회조직은 처음에는 개별 지역사회단위에서 전개되다가 점차로 도 단위 및 국가적인 차원으로 확대되어 간다는 점이며, ③ 지역사회복지기관들은 그들의 목적달성과 생존을 위해서 상호관련성을 갖게 되는데, 이 관계는 수평적(횡적) · 수직적(종적)으로 이루어진다.

2) 지역사회복지기관의 구분

이와 같은 발전단계를 거치면서 지역사회복지기관은 ① 주로 사용하는 전문사회사업의 방법, ② 클라이언트에게 직접적인 서비스 제공 여부, ③ 주로 활동을 전개하는 지리적인 단위, ④ 주로 다루고자 하는 문제의 형태, ⑤ 그리고 설립주체(auspices)에 따라 다양한 형태를 지닌다.

(1) 사회사업의 방법론에 따른 구분

사회사업의 세 가지 주요방법론인 케이스워크, 그룹워크, 지역사회조직 중에서 어느 방법을 주로 사용하느냐에 따라서 사회복지기관은 흔히 케이스워크 기관, 그룹워크 기관, 그리고 지역사회조직사업기관으로 구분된다. 그러나 이러한 구분은 현실적으로 확연히 구분하기에는 어려운 점이 많이 있다. 예컨대 아동상담소나 가정복지기관의 경우는 케이스워크 기관으로, YMCA와 YWCA, 기타 레크리에이션 단체들은 그룹워크 기관으로, 사회복지협의회나 지역사회복지관 등은 지역사회조직사업기관으로 흔히 불리고 있으나, 대부분의 사회복지기관들은 둘 이상의 사회사업방법론을 사용하고 있는 것이 현실이다. 예를 들면 YMCA의 경우에도 집단활동과 레크리에이션 등 그룹 워크적인 프로그램이 있는가 하면 가정문제상담, 청소년을 위한 성교육 및 상담 등 케이스워크적인 프로그램이 있고, 지역사회복지관들의 경우도 상담, 교육, 취업훈련 및 알선 등 지역사회조직 이외의 사회사업방법론을 실제로 활용하고 있다.

그러므로 전문사회사업의 방법론에 따른 사회복지기관의 구분은 어느 방법을 일차적인 방법(primary method) 혹은 이차적인 방법(secondary method)으로 역점을 두어 활용하느냐에 따라 이루어질 수밖에 없다. 우리가 여기서 주목해야 할 것은 오늘날 대부분의 사회복지기관들은 '종합복지기관'(comprehensive welfare agency)의 성격을 갖고 클라이언트 문제에 다각적인 접근을 시도한다는 점이다. 다시 말하면 일반적으로 케이스워크 기관으로 인식되고 있는 기관들도 예컨대 가정복지부, 지역사회개발부 등을 갖고 있는 경우가 많이 있다.

(2) 클라이언트에게 직접적인 서비스를 제공하느냐에 따른 구분

클라이언트 혹은 대상집단에게 서비스를 직접적으로 제공하는지 여부에 따라 사회복지기관은 '직접서비스기관'(direct-service agency)과 '간접서비스기관'(indirect-service agency)으로 구분된다. 던햄(Dunham)은 이를 '소비자서비스기관'(consumer-service agencies)과 '비소비자서비스기관'(nonconsumer-service agencies)으로 불린다.[2]

던햄에 따르면 '소비자서비스' 혹은 '직접서비스' 기관은 개인 클라이언트나 소비자에게 직접적으로 서비스를 제공하는데, 이들 서비스로는 공공부조, 아동지도(child guidance), 시설보호(institutional care), 집단서비스, 대중오락, 보건서비스 등이 해당된다고 보고 있다. 또 이들

2. Arthur Dunham, *The New Community Organization* (New York: Thomas Y. Crowell Co., 1970), p. 17.

기관들은 클라이언트가 기관 혹은 시설에 수용되느냐 여하에 따라서 다시 '시설보호기관'(institutional agencies)과 '비시설보호기관'(noninstitutional agencies)으로 세분되기도 한다. 탁아소나 우리나라의 '새마을유아원' 같은 기관은 '준시설보호기관'(semi-institutional agencies)으로 볼 수 있다.

이에 반해 비소비자서비스기관은 일반적으로 개별 클라이언트에게 직접적으로 서비스를 제공하지 않고 다른 기관들을 돕는다거나, 지역사회를 전체로서 상대한다거나, 혹은 특정 지역이나 집단을 상대로 활동을 한다. 지역사회조직에 주로 관심을 갖는 지역사회복지협의회, 지역공동모금회, 국가적인 차원의 계획전담기관 등 공·사 복지기관이 여기에 해당된다.

한편 시더(Sieder)도 던햄과 유사하게 구분하고 있는데 그에 따르면, "직접 서비스기관이란 지역사회에 살고 있는 주민 개개인이나 집단을 상대로 하여 진단적 평가, 치료, 그리고 기타의 재활적인 사업이나 서비스를 제공하는 기관"을 말한다.[3]

이에 반해서 간접서비스기관은 "다른 기관들의 사업을 용이하게 하거나 향상시킴으로써 주민들을 간접적으로 돕는다. 다시 말하면 지역사회의 복지를 위해서 보건과 복지서비스를 적절하게 개선한다거나 지역사회의 태도를 변화시키는 것이다." 그러나 시더는 직접적인 사업과 간접적인 사업은 상호 배타적인 것이 아니며, 직접서비스기관의 활동도 다른 영역의 사업기능을 수행하기도 하고 영향을 미칠 수도 있다고 지적하고 있다.

---

3. Violet M. Sieder, "Community Organization in the Direct-Service Agency," in *Social Welfare Forum*, 1962 (New York: Columbia University Press, 1962), p. 90.

(3) 지리적 단위에 따른 구분

지역사회복지기관은 그 지리적인 단위가 어느 차원에 해당하느냐에 따라서 구분될 수도 있다. 지리적 단위로서는 작게는 인근지역으로부터 부락, 읍 · 면 · 동에서 시 · 군 · 구, 시 · 도나 전국적으로 또 국제적으로까지 활동단위를 확대할 수가 있다. 또한 몇 개의 부락과 시, 도 등을 포함하는 지역사회복지활동도 전개할 수 있다.

우리나라 지역사회복지기관은 기관의 분포에 따라 지리적인 활동단위가 달라지는 것이 보통이다. 예를 들어 하나의 시 · 군 · 구에 여러 개의 유사 기관이 있다면 그 기관들은 시 · 군 · 구 내 일부의 지역을 활동단위로 하는 반면 하나의 시 · 군 · 구에 같은 목적이나 기능을 가진 기관이 하나뿐이라면 그 기관의 지리적 활동단위는 시 · 군 · 구가 되기 쉽다. 반면 시 · 군 · 구를 넘어서는 지역단위로 기관이 분포되기도 하며 당연 이 기관들은 시 · 도, 또는 전국을 단위로 활동단위가 넓어진다. 최근에는 국가 간 경계를 넘어서는 활동단위를 가진 기관들도 증가하는 추세에 있어 사회복지기관의 활동단위는 매우 다양해지고 있다. 그럼에도 불구하고 지역사회복지에서는 각종 기관들이 해당 지역에서 갖는 역할과 영향에 좀 더 초점을 두게 된다.

(4) 문제의 형태에 따른 구분

사회복지기관은 주로 다루는 문제와 기능에 따라서도 다양하게 구분될 수 있다. 던햄(Dunham)은 사회복지기관의 기능분야(functional fields)로서 다음의 11개 분야를 지적하고 있다.[4]

① 소득보전(income maintenance)

② 가정복지

4. Dunham, *op. cit.*, p. 17.

〈표 9-1〉 지역사회복지의 활동영역과 기관의 예

지리적 단위	국제적 단위	국가	도(주)	지방
경제활동	국제노동기구(ILO)	상공부	도 노동조합연맹	지방상공회의소
정치활동	북미연합기구	정당과 위원회	도 당위원회	지구당위원회
교육	유네스코	전국교육연합회	사회교육국	교육구청
주택 및 개발	유엔주택건설계획기구	건설부(HUD)	도 건설국	주택개발위원회
사회복지 (보건·복지)	국제사회복지협의회	보사부(HEW)	도 사회복지협의회	사회복지관
인간관계	유엔인권위원회	전국도시연맹	도 인간관계위원회	민권운동지부
종교	세계기독교협의회	전국 각 교단	도 기독교협의회	각 교회
기타	유엔	전국사회정책 개발협의회	도 인적자원 개발위원회	협동조합지회

자료: Arthur Dunham, *The New Community Organization* (New York: Thomas Y. Crowell, Co., 1970), pp. 8-9.

③ 아동복지

④ 보건과 의료

⑤ 신체장애

⑥ 정신건강

⑦ 성인범죄자(adult offenders)

⑧ 집단서비스

⑨ 대중오락과 비공식 교육

⑩ 사회계획과 개발

⑪ 기타

지역사회복지기관의 활동영역은 과거에는 빈곤에 대응하는 소득보전을 중심으로 비교적 협소했지만 최근에는 정치, 교육, 주택, 인간관계 등으로 점차 그 활동영역이 넓어지고 있다. 이는 주민의 복지욕구가 증대하고 다양해지는 변화를 반영한 것이다.

(5) 설립주체에 따른 구분

지역사회복지기관은 설립주체에 따라 크게 정부기관과 민간기관(voluntary agencies)으로 나눌 수 있고, 민간기관은 다시 사회복지법인, 사단법인, 재단법인, 사회단체 등으로 구분할 수 있다. 오늘날 지역사회복지 분야에 있어서 민간기관의 역할이 크게 강조되고 있기 때문에 여기에서는 그 특성을 정부기관의 성격과 비교해서 개략적으로 살펴보기로 한다.

첫째, 민간기관은 '초당파적'(nonsectarian)으로 전 지역사회나 기타 지역의 복지를 추구할 수도 있고, 종교의 교파, 자선조직, 노동조합, 문화재단, 사회단체와 같은 특수집단에 의해서 지역사회 전체 혹은 특수집단과 계층의 복지를 추구할 수도 있다.[5] 반면 정부기관의 경우 소득 등 경제적 여건이나 노인, 아동 등과 같은 인구학적 특성 외에 다른 요소들을 기준으로 특정 집단으로 한정하는 사업을 수행하는 경우는 드물다.

둘째, 민간복지기관은 정부의 복지정책과 프로그램에 대해 보충적인 역할을 담당할 수 있다. 대부분 정부의 복지정책은 최소한의 수준으로 제한되는 경향이 있다. 이는 대상의 선정기준을 엄격하게 하거나 급여를 낮은 수준으로 제한하는 등의 현상에서 볼 수 있다. 민간복지는 정부의 복지정책으로 충분하지 못한 부분에 보충적인 역할을 수행하게 되는데, 정부정책의 대상이 되는 극빈층 외 바로 위의 소득계층을 지원대상으로 한다거나 또는 정부의 급여가 불충분한 경우 추가적으로 일정한 급여나 서비스를 더하여 줌으로써 구성원의 욕구충족을 도와주게 된다.

---

5. *Ibid.*

셋째, 민간기관은 정부기관에 비해 실험적이고, 융통성이 있고, 전문적이며, 봉사적이라는 특징을 갖는다.[6] 정부기관에 의한 복지활동은 법에 규정된 서비스를 제공한다는 점에서 융통성이 적고, 변화에 대한 저항성이 강한 반면, 민간기관의 복지활동은 수혜대상자의 욕구에 따라 새로운 접근방법을 개발한다거나 새로운 전달체계를 시도하는 등 시범적인 사업(demonstrative project)을 전개하기가 훨씬 용이하다. 또한 공공기관이 법과 행정절차를 중시하는 관료적인 서비스를 전개한다면 민간기관은 전문적인 서비스에 역점을 두는 것이 보통이다.

넷째, 민간기관에 있어서는 민주주의에 입각한 주민의 참여를 강조하는 경향이 있다. 농촌개발을 포함한 민간의 복지활동에 있어서 참여의 필요성이 고조되고 있는 이유에 대해 골드스미스(Goldsmith)는 다음과 같이 지적하고 있다: "최근 들어 농촌개발에 있어서 대중참여의 필요성에 대한 관심이 고조되고 있다. 이러한 추세는 관료적인 개발전략의 두드러진 약점에 대한 반응으로 풀이될 수 있다. 기술계통의 관료 엘리트는 아무리 잘 훈련을 받고 훌륭한 의도를 가지고 있다 해도 단독으로는 계획적인 사회·경제변화를 잘 추진해 나갈 수 없다. 결국 농촌개발사업을 성공적으로 수행해 나가기 위해 표적집단(target group)의 적극적인 보조와 지원을 받지 않으면 안 된다는 비판이 근래에 흔히 제기되고 있다. 상당수의 나라에서 공공자원이 거창하고 지나치게 복잡하면서도 그릇된 계획에 의해 낭비되어 왔는데, 그러한 계획들은 일반주민들의 추진능력을 넘어서거나 주민들의 실제적인 욕구에 부응하지 못했다."[7]

지역사회복지를 위한 민간기관의 복지활동에 있어서의 주민참여는

---

6. 김학묵, 「복지사회와 민간부문의 역할」, 『복지사회의 이념과 방향』(아산사회복지사업재단, 1981), p. 247.
7. 아더 A. 골드스미스, 「새마을운동에 있어서 대중참여와 농촌지도력」, 『새마을운동의 이념과 실제』(서울대학교 새마을운동종합연구소, 1980), p. 421.

정책결정에의 명목상의 참여(tokenism)에서부터 완전통제(complete control)에 이르기까지 다양한 형태가 있으나[8] 가능한 한 최대의 참여를 하는 것이 바람직하다는 것이 일반적인 경향이 되고 있다. 우리나라의 경우도 단순한 경제적 후원 및 자원봉사에서부터 주민의 참여가 활성화되어 왔으며, 최근에는 점차 지역의 복지운영에 주민의 참여기회가 보장되는 보다 적극적인 주민참여가 강조되고 있기도 하다. 민간기관은 주민참여의 기회를 보다 쉽고 넓게 확보하는 매개가 되는데, 주민에게 후원처를 발굴하고 연결하는 것이나 자원봉사의 기회를 제공하는 데 지역의 민간복지기관들은 중요한 역할을 수행해 왔다.

이상에서 살펴본 민간기관의 특성 때문에 지역사회복지를 위해서 민간기관의 역할이 더욱 중요시되고 있다. 공공기관이 전국적 통일성을 강조하여 전국적으로 동일한 프로그램을 실시하고 일률적인 선정기준을 적용하거나 급여를 제공하는 반면, 민간기관은 지역의 실정을 고려하여 보다 탄력적인 사업의 기획이나 집행을 할 개연성이 높다는 점에서 민간기관의 의의가 자못 크다.

2. 지역사회복지기관의 기능

1) 직접서비스기관과 지역사회조직

직접서비스기관은 지역사회에 살고 있는 개인이나 집단을 그 클라이언트로 삼아 직접적인 서비스를 제공하는 기관이다. 직접서비스기관은 지역

8. Sherry R. Arnstein, "A Ladder of Citizen Participation," *Journal of the American Institute of Planners* Vol. 35, No. 4 (1969).

사회에서 주민과 직접 대면하면서 서비스를 제공하는 기관으로서 지역주민의 복지체감도를 높이는 데 있어 매우 중요한 역할을 수행한다. 따라서 지역사회단위로 기본적인 서비스기관을 확보하고 직접서비스 기관이 적절하게 제 기능을 수행하는 것이 필요하다. 아래에서는 직접서비스기관을 중심으로 지역사회복지기관의 기본적 기능을 살펴보고자 한다.

직접서비스기관에 대한 이러한 개념 규정에서 우리가 쉽사리 알 수 있는 것은 이러한 기관들이 문제를 가진 개인이나 가정이나 집단에 대해 직접적인 치료나 원조를 행하기 때문에 지역사회조직방법보다는 '케이스워크' 나 '그룹워크' 방법을 더 많이 활용하게 된다는 점이다. 그러나 현실적으로 직접서비스기관이라고 하더라도 지역사회조직의 방법을 활용하지 않고는 제 기능을 할 수 없다.

우리가 앞에서 커츠의 지역사회조직사업기관들의 발전단계에서 주목한 것처럼 "모든 사회사업기관들은 그들의 생존과 발전을 위한 투쟁에서 필연적으로 지역사회조직의 방법을 사용할 수밖에 없다."[9] 이와 관련하여 던햄도 "모든 사회복지기관은 지역사회조직에 관심을 갖지 않을 수 없다"고 전제하고 "만일 사회복지기관들이 프로그램의 개발, 사업기준의 설정, 지역사회와의 관계(community relations), 주민과의 관계(public relations), 그리고 자체의 사업과 운영을 위한 모금활동과 같은 일에 관심을 갖지 않는다면 활기차게 존재할 수도 없고, 충분히 발전해 갈 수도 없을 것"[10]이라고 지적하고 있다.

직접서비스기관에 있어서의 지역사회조직에 대해 가장 밀도 있는 분석을 한 학자는 시더(Sieder)인데, 그녀는 "모든 직접서비스기관은 자체의 목적을 달성하기 위해 클라이언트에 대한 직접서비스(client work),

9. 앞에서 인용된 Kurtz의 지역사회조직의 제2발전단계를 참조할 것.
10. Dunham, *op. cit.*, pp. 423-424.

지역사회활동(community work), 그리고 행정적인 활동(administrative work)이라는 세 가지 기능을 수행해야 한다. 클라이언트에 대한 직접 서비스는 자체의 효과적인 기능을 위해서 전제요건(prerequisites)을 갖는데, 이를 충족하기 위해 다른 두 활동에 의존하지 않을 수 없다. 결국 이들 세 가지 활동과 기능은 상호보완적인 관계를 맺고 있는 것이다"[11] 라고 하였다.

다시 말하면 클라이언트에 대한 효과적인 서비스를 제공하기 위해서는 이의 전제조건이 되는 클라이언트의 선정, 자격을 갖춘 직원의 확보, 재정, 시설, 다른 기관의 지원 등과 같은 자원을 지역사회활동과 행정적인 활동에 의해 공급받지 않으면 안 되는 것이다. 또 같은 논리로 클라이언트에 대한 서비스가 제대로 되지 않은 경우 지역사회에 대한 활동이나 기관의 행정이 원만히 이루어질 수도 없다. 그러므로 직접서비스 기관이 그 본래의 기능을 효과적으로 수행하기 위해서는 지역사회활동과 행정적인 활동을 결코 소홀히 할 수 없다고 할 것이다. 단 행정적인 활동은 행정부문에서, 클라이언트에 대한 직접서비스는 각 서비스 영역에서 자세하게 다루어지므로 여기서는 사회복지기관의 지역사회활동에 대해 좀 더 살펴보기로 한다.

2) 지역사회활동 관련 기능

직접서비스기관이 클라이언트에 대한 서비스 능력을 제고시키기 위해서 어떠한 지역사회활동을 전개해야 하는가에 대해 구체적으로 살펴보기로 하자. 시더는 직접서비스기관이 수행해야 하는 지역사회활동의 기능으로서 ① 지역사회기관들과의 관계(interorganizational relations),

11. *Ibid.*, p. 91.

② 지역사회의 지원확보(mobilization of community supports), ③ 지역사회자원의 변화(change of community resources)를 들고 있다. 이러한 기능을 수행하기 위해서는 지역사회조직뿐 아니라 행정, 조사, 대민홍보 등 여러 가지 방법을 활용할 수 있다. 이제 각 기능의 내용에 대해서 시더의 설명을 중심으로 살펴보기로 한다.

(1) 지역사회기관과의 관계

사회복지의 분야와 방법이 전문화됨에 따라 수많은 공 · 사 기관들이 나름대로의 특성과 독자성을 갖고 존재하게 되었다. 그러나 이러한 기관들이 기능상의 중복을 피하고 격차를 줄이기 위해서는 어떤 방식으로든 그들의 서비스를 분명히 규정하고 상호 연결시키는 '메커니즘'을 갖는 것이 필요하다. 이러한 연결은 정책차원에서 사회복지기관협의회를 통해 기관들 간에 서로의 업무와 기능을 분담하는 합의에 의해 이루어질 수도 있고, 실무적인 차원에서 상호제휴를 통해서 이루어질 수도 있다.

사회복지기관들 간에 상호관계가 필요한 이유는 인간의 문제가 상호간에 복잡하게 얽혀 있기 때문이다. 예를 들면 비행, 범죄, 질병 등의 문제는 빈곤이라는 사회문제와 밀접하게 관련되어 있다. 그렇기 때문에 인간의 부적응문제를 취급하는 직접서비스기관은 클라이언트의 욕구를 충족하기 위해서 여러 가지 관련 서비스에 접근하지 않을 수 없게 된다.

이 때문에 사회복지기관들 간에는 의뢰(referrals) 절차의 공식화, 서비스 요금과 조건에 대한 협의, 시설과 직원의 공동이용방안 등을 통해서 상호 교류를 갖게 되는 것이다. 정책적인 차원에서 사회복지기관들은 상호 관심을 갖는 문제에 대해 공동의 대처방안을 마련한다거나, 클라이언트의 치료계획을 공동 모색한다거나, 기관의 정책에 대해 변경하기 위한 협의를 함으로써 상호 교류를 가질 수 있다.

한 기관이 다른 기관들과 상호 관계를 유지하기 위해서는 자체의 기능을 구체화해야 하며, 또 그 기능이 다른 기관에 의해 인정되어야 한다. 또 다른 기관이 쉽사리 접근해 올 수 있도록 개방성을 지녀야 한다. 기관이 합의된 정책을 실천에 옮기기 위해서는 기획관리를 전담하는 직원을 둘 필요가 있을 것이다.

사회복지기관들과의 관계를 전담하는 직원은 이용 가능한 자원, 즉 타 기관의 기능, 활동범위, 방법, 직원, 그리고 의뢰절차 등에 대한 지식뿐 아니라 관계를 맺는 데 있어서 기술이 있어야 한다. 이러한 기술로는 회의와 위원회 활동에 따른 기술, 협의, 협상, 대중홍보, 그리고 사회행동을 들 수 있다. 또한 전담직원은 자체 기관을 분석 · 평가해야 하고 행정적 혹은 이사회의 조치를 필요로 하는 정책에 대해서도 민감해야 한다.

(2) 지역사회의 지원 확보

직접서비스기관이 고도의 경쟁적인 사회복지 분야에서 계속적으로 생존해 가기 위해서는 지역사회로부터 이해와 지원을 얻는다는 것은 매우 중요하다. 이러한 지원은 클라이언트를 확보하고 사업을 추진하는 것뿐 아니라 필요한 재정적 지원을 얻어내고 지역사회의 복지활동의 이념이나 운동에 자체의 이념이 공헌하게 하는 데 긴요한 것이다. 이러한 지원은 기관이 그 사업을 확장하려고 하는 경우에 특히 중요하다.

기관의 지원운동능력에 영향을 미치는 조건은 최소한 다음 네 가지가 있다.

① 지역사회의 정치, 종교, 사회생활에 영향력을 갖고 있는 집단이나 조직과의 관계를 맺고 있는가?

② 지역사회의 여론을 형성하는 개인들이나 집단뿐만 아니라 정책결정자, 후원자, 클라이언트들과 접촉할 수 있는 종합적이고 잘 집

약된 상호 통신망이 형성되어 있는가?

③ 기관에 참여하는 임원(자원봉사자)과 직원들이 기관의 입법관계활동, 예산편성, 재정확보, 대중관계 등의 활동을 전개하는 데 서로 상충되는 목적을 갖지 않고 노력하게 하는 통합된 사회행동의 정책을 갖고 있는가?

④ 전 지역사회 혹은 그 중요한 일부집단의 기관이 수행하는 프로그램이 갖는 목표와 특수한 기능의 필요성과 가치를 받아들이게 하는 사회화 과정을 갖고 있는가?

이러한 네 가지 조건 외에도 다른 여러 가지 조건이 있을 수 있지만 이러한 조건들을 고려하는 것이 필요하다는 것이다. 특히 지역사회의 지원을 얻어내기 위한 방법에는 다음과 같은 것이 있다.

① 이사회, 자문위원회, 자원집단을 구성하여 함께 일한다.

② 직원과 자원봉사자들로 하여금 기관의 이익을 대표해서 다른 민간단체나 조직과 관계를 유지하게 한다.

③ 기관이 전문성을 갖고 있는 문제에 대해서 다른 비전문기관과 전문기관의 자문에 응해 준다.

④ 입법, 모금, 기타 사회활동 프로그램을 위한 캠페인을 전개한다.

⑤ 기관의 사업을 홍보할 수 있는 대회나 회의를 개최한다.

⑥ 기관에 관한 홍보자료나 사업보고서 등을 발간 · 배포한다.

(3) 지역사회 자원의 변화

직접서비스기관의 주요 기능은 지역사회의 충족되지 않은 욕구를 찾아내어 이를 해결하기 위해 지역사회의 자원을 동원하는 것이다. 그러나 클라이언트의 욕구를 충족시키기 위해서 지역사회의 기존자원을 활용하는 데는 상당한 한계가 있다. 예를 들면 자체의 서비스로서 클라이언트를 도와줄 수 없을 경우에 우리가 앞에서 살펴본 바와 같이 의뢰절차를 활용하지만 그러한 서비스가 다른 기관에 의해서도 제공될 수 없다면 클라이언트는 도움을 받을 수 없게 될 것이다.

직접서비스기관과 여기에서 일하는 사회사업가들이 클라이언트를 도와주기 위해 지역사회의 자원을 변화시켜야 할 이유로는 다음 세 가지를 들 수 있다.

① 지역사회에는 클라이언트를 위해 활용할 수 있는 서비스의 종류, 양, 질이 적절치 못하다는 것이다. 지역사회에 있는 보건과 복지 서비스는 상호관련성이 미약하여 필요시에 클라이언트에게 제공해 주기에는 미흡하다. 설사 지역사회가 주민들이 필요로 하는 주요 서비스를 고루 갖추고 있다고 하더라도 일반적으로 이러한 서비스는 성별, 거주지역, 종교 혹은 문제의 성격에 따른 자격 요건을 갖고 있기 때문에 이러한 요건에 적합하지 않는 클라이언트는 도움을 받을 수 없는 것이다.

② 사회복지와 관련 사회과학 분야에 있어서 새로 개발된 지식과 방법은 직접서비스기관의 사업에 상당한 영향을 준다. 치료절차나 프로그램 설계에 관한 새로운 지식은 기존의 서비스를 버리고 새로운 서비스를 창안하게 할 수도 있다.

③ 지역사회의 인구학적 특성, 경제, 정치상황, 그리고 사회가치에 있어서 변화는 새로운 문제를 야기해 이에 대처하기 위해 기존의 서비스에 조정을 가해야 할 필요성을 낳는다. 다시 말하면 지역사회의 서비스란 정적으로 '주어진 것'(givens)이라고 생각될 수 없고, 새로운 상황에 따라 변화할 수 있는 융통성을 지녀야 하는 것이다.

이러한 이유들 때문에 직접서비스기관은 지역사회의 자원에 대한 변화를 구하지 않을 수 없는 것이다. 이를 위해서는 다음의 활동을 생각해 볼 수 있다.

① 직접서비스기관이 실시하고 있는 프로그램을 클라이언트의 욕구

에 맞게 수정하는 것이다. 즉 새로운 사업을 추가한다거나 기존의 사업을 수정한다거나 그만두는 등의 조치를 취하는 것이다.

② 지역사회의 기존 서비스에 대한 변화를 자극할 수도 있다. 이를 위해서는 그 필요성을 지역사회복지협의회에 건의해서 기존 서비스를 수정하도록 하거나 새로운 시범사업 등을 개발하도록 할 수도 있다. 만일 지역사회복지협의회가 존재하지 않거나 존재하더라도 그 활동이 부진하거나 제안된 노력에 대해서 관심을 갖지 않을 경우에는 지역사회의 관심 있는 사람들을 찾아 그 필요성을 환기시킬 수 있다.

결론적으로 모든 직접서비스기관은 자체사업의 효과를 높이기 위해서 지역사회조직의 문제해결 과정, 즉 문제의 정의와 분석, 해결방안의 수립과 실천, 그리고 결과에 대한 평가를 하지 않을 수 없다.

제10장 사회복지관

1. 사회복지관의 기능과 역할

지역사회복지관(community welfare center)은 '사회복지관', '사회관'(community center), '인보관'(neighborhood center, social settlement) 등 다양하게 지칭되고 있으나 이는 지역사회의 충족되지 않은 욕구와 문제를 발견해서 주민들에게 필요한 서비스를 제공하는 가장 대표적인 직접서비스기관이다.

지역사회복지관은 우리가 앞의 지역사회복지 역사에서 살펴본 바와 같이 1880년대 영국과 미국의 이른바 인보관운동(social settlement movement)에서 그 기원을 찾을 수 있다. 즉 지역사회복지관은 산업화와 도시화에 따른 도시지역의 각종 복지와 관련된 문제를 해결하기 위해 나타난 것이다. 이러한 광범한 목적을 갖고 설립된 지역사회복지기관의 기능과 목표, 역할은 그 기관이 존재하는 지역의 성격과 문제에 따라 독특하고 다양하기 때문에 일률적으로 그 성격을 규정하기란 용이하지 않다.

여기에서는 지역사회복지기관의 기능과 목표, 역할에 대해서 대표적인 견해를 살펴보기로 한다. 먼저 딜릭(Dillick)이 언급한 지역사회복지관의 주요 기능은 다음과 같다.

① 근린지역의 다양한 욕구를 충족시키기 위해 통합된 서비스를 제공한다.

② 서비스의 중복과 누락을 방지하기 위해 서비스 간의 조정을 꾀한다.

③ 지역주민들이 문제해결을 위해 공동의 노력을 할 수 있도록 집단을 구성하게 한다.

④ 주민집단으로 하여금 사회적 목표를 수정하고 새로운 목표를 만들어 낼 수 있도록 한다.

딜릭은 이러한 기능을 수행하는 데 있어서 가장 중요한 것은 지역활동에 주민을 참여시키는 것이라고 지적하고 있다.[1] 우리가 딜릭의 견해에서 주목할 것은 지역사회복지관이 주민들이 필요로 하는 서비스를 제공하는 소극적인 기능만을 수행하는 것이 아니라, 주민들을 참여시켜 그들이 처해 있는 환경을 변화할 수 있도록 돕는 보다 근본적인 기능을 수행한다는 사실이다. 다시 말하면 지역사회복지기관은 '케이스워크' 나 '그룹워크' 를 활용한 직접적인 서비스의 제공에 그치지 않고 지역주민들을 조직화하고 지역 내의 서비스를 조정하는 지역사회조직의 과정을 적극 활용해야 한다는 것이다.

현재 우리나라의 사회복지관은 직접적인 서비스를 제공하는 기능에만 치중하고, 지역 내의 서비스를 조정한다거나 다른 기관과의 계획수립을 위한 협의와 건의의 기능은 거의 수행하지 못하는 실정이다.

1970년에 UN에서 발간한 『홍콩의 커뮤니티 센터』라는 책자에 기술된 근대적인 사회복지관의 목표는 다음과 같다.[2]

---

1. Sidney Dillick, "The Functions of Neighborhood Organization," in Ernest B. Harper and Arthur Dunham (eds.), *Community Organization in Action: Basic Literature and Critical Comments* (New York: Association Press, 1959), p. 330.

① 지역의 중앙에 위치한 센터 내에서 집단 및 지역사회활동에의 참여를 통해, 이질적으로 얽혀진 주민 간의 사회적 연대의식을 고취하고 사회적인 상호관계를 증진한다.

② 지역사회의 활동 및 사업에 관한 계획 및 결정 과정에 주민의 참여를 촉진하여 주민들로 하여금 그들의 공동관심사와 문제를 확인하고 이를 해결하기 위한 대책수립에 기여하게 촉구한다.

③ 지역사회의 공감대를 발전시켜서 주민들로 하여금 점차 보다 나은 지역개발을 위해서 집단 및 지역생활 내에서 보다 활동적이며 책임 있는 역할을 인지하고 감당할 수 있도록 한다.

④ 주민들에게 사회적 서비스를 제공하여 그들의 기본적인 욕구를 다소나마 충족시켜 주고, 그러한 서비스를 효과적으로 조정한다.

⑤ 절대다수를 차지하는 청소년 인구로 하여금 각종 사회적 · 문화적 · 오락적 활동에 참여하도록 격려하여 그들의 개인적인 성장과 발전을 이룩하고, 상호 협동의 정신을 고취하며, 그들의 이웃에 영향을 끼치는 제반문제에 대한 시민적 책임의식을 고취한다.

⑥ 지역 내의 각종 이해집단 및 위원회와의 활동을 통해 각 계층의 지도자를 양성함으로써 자발적 지도력의 개발을 촉구한다.

⑦ 주민의 퇴폐적인 태도 및 가치관을 적절하게 변화시킴으로써 그들로 하여금 보다 건설적이며, 창조적인 사회적 책임을 수행할 수 있도록 도와준다.

우리나라의 지역사회가 처해 있는 특수한 상황에 비추어 지역사회복지관의 필요성에 대해서 김만두는 다음과 같이 열거하고 있다.[3]

---

2. United Nations, *The Community Center of Hong Kong* (Bankok, 1970). 안창수 · 한혜동, 『사회복지관에 관한 연구』(보건사회부 사회보장심의위원회, 1977), pp. 35-36에서 재인용.
3. 김만두, 「지역사회복지 증진을 위한 사회복지관의 역할」, 『사회복지관 관리자반 교재』(국립사회복지연수원, 1981), pp. 7-10.

① 종합적 문제해결의 거점: 지역사회의 문제는 단일한 요인에 의해 파생된다기보다는 여러 복합적인 요인에 의해 파생되기 때문에 이와 같은 복합적인 요인에 의해 파생된 문제에 대응하는 사회복지서비스도 기능적으로 분류될 필요가 있다. 그러므로 종합병원과 같이 지역사회의 문제를 종합적으로 접근하는 사회복지관이 필요한 것이다.

② 근린의식의 강화: 현대사회의 주민생활은 직장을 중심으로 연결되어 있기 때문에 주민의 사회적 이동이 심하고 근린의식이 빈약하다. 특히 원주민과 유입해 온 주민 간의, 또는 유입주민 상호 간의 생활태도, 가치기준, 행동양식 등에 현저한 차이가 있고, 상호 간의 이해부족으로 대립과 갈등이 발생하기 쉽다. 이와 같은 주민 상호 간의 이해부족과 부조화, 갈등의 벽을 해소할 수 있는 매개체가 필요하다.

③ 협동정신과 집단의식의 강화: 우리 사회에는 전통적으로 혈연, 지연, 가문, 학연 등으로 협동정신이나 집단의식이 부족하다. 그러므로 이러한 감정적인 차원을 넘어선 협동정신과 집단의식을 강화할 수 있는 매개체가 필요하다.

④ 주민의 여가선용을 지도할 필요성: 현대사회의 특징의 하나는 여가시간을 많이 가질 수 있다는 점이다. 따라서 여가시간을 어떻게 활용해야 하느냐 하는 것은 중요한 관심사다. 이와 같은 과제를 지역수준에서 지도하고 창조해 나가는 매개체가 또한 필요하다.

⑤ 선의의 동원과 조직화: 어떤 사회이건 선의의 봉사심을 갖고 있는 개인이나 집단이 있다. 이들의 선의와 봉사를 사회복지 시스템으로 통합하고 조직화하여 사회복지발전에 기여하도록 할 필요가 있다. 이것을 지역수준에서 동원하고 조직화하는 매개체가 필요하다.

⑥ 청소년의 비행예방과 가족관계의 강화: 사회의 급격한 변화, 가치관의 혼란 등은 아동과 청소년에게 커다란 충격을 주고, 가족기능을 약화시키고 있다. 그러므로 이에 대처하는 하나의 방안으로서 지역사회복지관이 요청된다.

⑦ 저소득 주민들의 생활훈련: 저소득 주민들을 위한 직업훈련과 가내부업을 알선하고 지도를 중개할 매개체가 필요하다.

⑧ 사회교육의 거점: 사회환경의 급속한 변화로 주민들은 새로운 정보를 필요로 하며, 계속해서 자기의 성장과 자기실현의 길을 인도해 주는 평생교육이 요청되고 있다. 따라서 이와 같은 프로그램을 계획하고 실천할 수 있는 지역센터가 요청된다.

⑨ 사회복지서비스의 조정 · 통합: 지역사회 내에는 여러 가지 사회복지기관과 단체들이 산발적으로 사회복지서비스를 제공할 수 있으며, 이는 서비스의 중복으로 인한 낭비를 초래할 수 있다. 그러므로 이와 같은 서비스를 주민의 욕구와 문제에 초점을 맞추어서 조정하고 통합함으로써 보다 효과적인 서비스체계를 기할 수 있다. 이와 같은 조정과 통합을 받아야 할 중간매개체가 필요하다.

⑩ 시설의 활용: 지역주민들이 모여 집단활동을 하거나 집회를 갖거나 공동 관심사에 대해 토의를 하기 위한 집회장소가 필요하다.

이상과 같은 지역사회의 욕구와 필요성을 토대로 하여 김만두는 사회복지관의 역할에 대해서 지역사회문제 파악의 역할, 서비스센터의 역할, 대변자의 역할, 사회행동센터로서의 역할, 사회교육 센터의 역할, 공동이용센터의 역할, 레크리에이션센터의 역할, 직업안정센터의 역할, 자원동원의 역할 등으로 지적하고 있다.

사회복지관의 기능 및 목표에 대한 논의를 종합하면, 〈표 10-1〉에서 보는 바와 같이 사회복지관은 본질적으로 종합적인 사회복지서비스를 제공하는 기능과 지역사회의 문제해결 및 조직화의 기능을 수행하는 기관

〈표 10-1〉 사회복지관의 기능과 역할

사회복지관의 기능	사회복지관의 역할
종합적 사회복지 서비스 전달	① 문제를 지닌 개인이나 가정에 대한 지원서비스를 제공 ② 사회화 또는 발달적 욕구충족을 위한 서비스센터로서의 역할 ③ 특수한 문제나 욕구에 부응하여 구체적 서비스나 정보 제공 및 의뢰서비스를 제공
지역사회 문제해결 및 지역사회조직화	① 지역사회문제해결을 위한 주민참여의 중심체로서의 역할 ② 지역사회개발을 위한 주민 또는 기관 간의 공동계획 및 조정 ③ 특정 집단의 이익대변 및 사회행동센터로서의 역할
양 기능에 수반되는 공통의 역할	① 지역사회 자원동원 ② 지역사회욕구조사와 문제파악 ③ 지역주민의 단합과 연대감조성

자료: 황성철 · 강혜규, 『사회복지관 운영평가 및 모형개발』(한국보건사회연구원, 1994), pp. 209-210.

이라 할 수 있다.

이러한 사회복지관의 기능과 역할에서 알 수 있듯이 사회복지관은 첫째, 지역사회를 근거로 하는 복지기관(community-based agency)이다. 즉 사회복지관의 사업범위를 지역사회로 한정한다는 것은 지역적 근거에 기반을 두고 있어야 한다는 것이다. 왜냐하면 사회복지관은 대상인구를 특정화시키기 어렵고, 저소득층지역인지 중산층지역인지에 따라 사업의 내용과 성격이 결정되기 때문에 지역적 특성을 고려해야 한다. 둘째, 지역사회주민들의 욕구 및 문제를 파악하여 이에 필요한 서비스를 제공하는 직접서비스기관이다. 셋째, 사회복지사(social worker)와 같은 전문인력의 확보를 통해 지역사회주민들의 복지증진을 위한 전문적인 서비스 프로그램을 실시하는 복지기관이다. 다시 말해 사회복지관은 "지역사회에서 일정한 시설과 전문인력을 확보하고, 지역사회주민의 욕구충족을 위해서뿐만 아니라 지역사회문제의 예방과 개선을 위한 직접 혹은 간접적인 사회복지서비스를 제공하며, 주민참여와 자원동원 등의 분야에서 지역사회가 공동으로 대처하는 능력향상에 기여함으로써 지역사회 통합을 증진시키려는 지역사회중심의 복지기관" 이라 할 수 있다.

2. 사회복지관의 역사적 배경

우리나라 사회복지관의 역사는 대체로 4기로 구분된다. 사회복지관사업이 처음 소개된 시점부터 1945년 해방 직전까지의 태동기, 그 후로부터 1970년대 말까지는 오늘날 사회복지관 운영의 기본골격을 마련하고 우리 실정에 적합한 모형을 모색하던 시기인 형성기, 1980년대 이후 1990년대 중반에 이르기까지 사회복지관사업이 국가에 의해 집중지원되어 질적·양적으로 급격히 팽창한 확대기, 1990년대 중반 이후 환경의 도전과 이에 대응하는 새로운 역할 모색기로 파악할 수 있다.[4]

1) 태동기(1906-1944)

우리나라 최초의 사회복지관 운동은 외국의 선교단체에 의해 실시되었다. 우리나라에서 지역사회복지관 운동은 1906년에 원산에서 미국의 감리교 여선교사인 메리 놀즈(Mary Knowles)에 의해 시작되었다고 한다.[5] 처음에 놀즈는 6칸 정도의 초가집을 구입하여 반열방(班列房)이라고 칭하고, 거기서 여성들을 위한 계몽사업을 시작했는데 이것이 발전하여 1926년에는 '보혜여자관'을 짓고, 여성을 위한 야학을 운영하며 영어, 재봉, 요리 등을 가르쳤다.

---

4. 이러한 시기구분은 다음의 문헌을 참고하여 재정리하였다: 황성철·강혜규, 『사회복지관 운영평가 및 모형개발』(한국보건사회연구원, 1994), pp. 215-222.
5. 남경현, 「사회복지관의 역사적 배경과 유형」, 『사회복지관개요』(한국사회복지관연합회, 1978), pp. 3-14.

감리교 선교부에서는 1921년에 현재 '태화기독교사회관'의 전신인 '태화여자관'을 서울에 설립했고, 1922년에는 개성에 '고려여자관', 그 후 춘천에도 여자관을 세웠다. 감리교 여선교사들에 의해 설립된 초기의 사회관들은 그 명칭은 여자관이라 하여 여성을 위한 사업을 중점적으로 실시했는데, 당시 한국의 여성들이 무지하고 사회적으로 열등한 위치에 있었기 때문에 이들의 사회적 지위를 향상시키는 데 역점을 두었다. 따라서 프로그램의 내용도 여성계몽 및 교육, 육아법, 어린이 건강이 주종을 이루었다.

이와 같은 종교단체에 의한 사회복지관 사업과는 달리 1930년대에 들어서 조선총독부에서도 서울의 종로, 왕십리, 마포, 영등포 등에 여러 개의 인보관을 설치하고 생활지도, 구호사업 및 직업훈련 등을 실시한 것으로 알려지고 있다.[6] 그중 1929년 종로 5가에 세워진 동부인보관은 조선총독부 산하의 공공구제기관인 방면위원회 주관으로 건립되었는데 주요 사업으로 직업보도, 자립작업장, 생업자금의 대부, 상담사업, 아동교육 및 각종 주민교육을 실시하였다. 그러나 이러한 인보관은 해방 직후 미군정당국에 의해 폐쇄되었다.

이와 같이 태동기에 나타난 사회복지관 사업의 몇 가지 특징은 다음과 같다. 첫째, 여성의 지위향상과 빈곤문제해결을 주요 설립목적으로 하고 있다. 즉 외국 종교단체에 의한 인보관은 당시 여성의 열악한 사회적 지위를 해소하는 데 주력하거나 사회계몽 또는 사회교육기관으로서 성격을 강하게 나타냈다. 조선총독부에 의해 설립된 인보관들은 보다 직접적으로 빈곤문제에 관심을 두고 각종 사업을 전개했다. 둘째, 사회복지관의 설립과 운용이 대부분 외국의 종교단체에 의한 민간 주도로 이루어졌다. 셋째, 방면위원회에서 설립된 서울의 사회복지관은 우

6. 강만춘, 「사회개발과 사회복지관의 역할」, 『사회개발에 있어서의 사회복지관의 역할』(캐나다 유니태리안봉사회, 1972), pp. 185-191.

리나라에서 사회복지관 사업에 최초로 정부가 관여한 경우로 러한 인보관들은 국가의 사업을 대행하는 역할을 수행했다.

2) 형성기(1945-1983)

1945년 해방 이후 미군정시대를 거쳐 독립정부를 수립했으나, 6 · 25전쟁으로 전쟁고아, 전쟁미망인, 부랑인, 월남피난민 등으로 심각한 사회문제가 발생하여 긴급구호와 수용시설에 의한 보호사업이 주종을 이루었다. 이러한 사회적 상황하에서 기존의 종교단체에 의해 운영되는 인보관들이 존재하고 있었을 뿐이었다. 그러나 사회복지관의 발달과정에서 주목할 것은 대학교 부설 사회복지관의 출현이라 할 수 있다.

우리나라에서 대학이 인보관활동에 최초로 참여하게 된 것은 1956년에 이화여자대학교가 당시 주한미군 원조기구였던 AFAK의 협조를 받아 '신촌지역주민들의 생활향상에 이바지하고 학생들을 실습 과정과 봉사를 통해 동참할 수 있는 기회를 마련할 목적으로' 이화사회복지관을 설립하면서부터다.[7] 이후 1971년에 성심여자대학에서 서울의 봉천동에 성심사회복지관을 세웠고, 1975년에는 중앙대학교에서 역시 봉천동에 사회복지관을 세웠다. 이들 대학교 부설 사회복지관들은 사회사업의 실습, 연구, 주민봉사 등의 목적을 갖고 있어서 다른 사회복지관과는 구별되는 기능을 갖고 있다.

중앙대학교 부설 사회복지관의 목적을 예시해 보면 다음과 같다.

① 사회사업학은 이론과 실제의 긴밀한 연계가 강조되는 학문으로 학생들의 실습을 교수가 직접 지도 · 감독함으로써 사회사업의 전문성을 개발 · 발전시킨다.

---

7. 문인숙, 「이화사회복지관의 역사적 배경과 역할」, 『사회복지관논집』(이화여자대학교 사회복지관, 1977), p. 9.

② 직접 봉사와 학구적 실험을 통해 새로운 봉사기술과 전문기술을 개발하고 정립시킴으로써 국가적 차원에서 실제분야에 직접 응용되도록 한다.

③ 대학이 위치하고 있는 인근지역, 특히 저소득층 주민들의 욕구에 따라 적절한 봉사를 직접 제공해 줌으로써 지역사회 문제해결과 주민복지증진에 노력한다.[8]

한편 이 시기에는 개인 및 민간단체들에 의해 사회복지관의 설립이 이루어졌다. 예컨대 1956년에는 최명환 목사가 개인으로 서울 아현동 산 7번지의 빈민지역에 '아현인보관'을 설립했다.[9] '캐나다 유니태리안 한국봉사회'에서는 1962년에 목포사회복지관을 위시하여 1965년에는 인천에, 1967년에는 이천에, 1968년에는 마포에, 그리고 1975년에는 영등포에 사회복지관을 설립했다. 그러나 1977년 9월에 캐나다 유니태리안 한국봉사회의 사업이 종료됨에 따라 동 봉사회의 한국재산과 사업을 승계하여 '사회복지법인 한국봉사회'로 개칭 설립해 기존의 복지관은 폐쇄되고 남부(과거의 영등포)복지관, 중앙사회복지관(1979)을 설립하게 되었다.

'선명회'에서는 1974년에 성남시에 성남사회복지관을 설립했고, 대한기독교 개혁선교회에서는 서울 사당동에 사당복지관을 설립하여 빈민지역에 복지사업을 시작했다. 1975년에는 '기독교아동복지관'(C.C.F.)에 속한 강릉, 대전, 광주, 봉천, 서울(성동), 진주, 청주, 춘천 등 8개의 가정복지부가 그 명칭을 사회복지관으로 바꿨으며, 기독교아동복리회는 1986년의 외원철수를 대비하여 '한국어린이재단'으로 개칭하고 독자적인 운영을 위해 종래의 사회복지관을 통합 · 조정하였다.[10]

---

8. 중앙대학교 부설 사회복지관, 『사회사업안내』(1982).
9. 김선심, 「지역사회복지관」, 『한국사회복지연감』(한국사회복지협의회, 1972), p. 185.
10. 이명홍, 「사회복지프로그램의 현황과 과제」, 앞의 책, p. 36.

우리나라는 1975년에 '국제사회복지관연합회'의 회원국이 되었고, 1976년 1월에는 '한국사회복지관연합회'가 22개 복지관을 회원으로 하여 발족되었다. 이 연합회는 세미나, 사례발표회, 심포지엄 등 연구모임을 개최하고 활발히 움직이고 있으나 법적 지위 확보, 회원 확대, 홍보활동, 자질 향상, 사회복지관사업의 법적 보장 등 해결되어야 할 여러 가지 문제를 안고 있다.

이와 같이 사회복지관의 형성기에 드러난 특징은 첫째, 대학이 직접 사회복지관의 운영주체로 출현했다는 점과 사회복지관의 설립주체가 다양화되었다는 것이다. 둘째, 1970년대에 대다수의 외원기관이 철수함으로써 사회복지관의 운영은 재정차원에서 대단히 어려움을 겪게 되었다. 이에 국가가 사회복지관에 보조금을 지원하는 등 국가지원이 부분적으로 이루어지면서 사회복지관사업의 기본골격을 형성했다. 비록 이 시기에는 국가보조금의 법적 근거가 마련되지 않았으나 우리나라 실정에 맞게 사회복지관을 정착시키려는 시기로 파악할 수 있다.

3) 확대기(1983–1990년대 중반)

1980년대 초반까지 우리나라의 사회복지관은 양적 · 질적인 면에서 기본적으로 1970년대의 골격을 그대로 유지했다. 다만 1983년 사회복지사업법의 개정에 따라 사회복지관은 종합사회복지관 가형과 나형 그리고 사회복지관으로 나누어지면서 공식적으로 국가의 지원을 받게 되었다. 1980년대 후반에는 우리나라 사회복지관 발전 과정에서 다음과 같은 몇 가지 특징적인 조치들이 이루어졌다. 첫째, 국가는 날로 심각한 주택문제를 해결하고자 주택 200만 호 건설계획을 추진하면서 저소득층 주민을 위한 영구임대주택을 건립할 때 영구임대주택단지 내에 사회복지관도 건립하도록 했다. 둘째, 재벌기업 및 민간단체에 의한 사회복지관의 건립이 활성화되었다. 1980년대 중반부터 현대, 삼성, LG 등의 재벌기업들이 사회복지관의 건립을 비롯하여 장비구입과 사업비를 지원하게 되었다. 셋째, 1988년에 사회복지관 운영, 건립 국고보조사업지침이 마련되어 오늘날의 국가지원금 산출방식이 정해졌다.

이러한 조치로 사회복지관 사업은 질적 · 양적으로 확대되었으며 더구나 1995년부터 본격적인 지방자치시대를 맞이하여 지역사회복지를 위한 사회복지관의 역할이 더욱 중요시되고 있다. 그리고 전문 사회복지인력(사회복지사)이 배출됨에 따라 사회복지관의 활동이 과거와는 다르게 전문화 · 체계화가 이루어지고 있어, 질적으로 변화를 보이고 있다.

사회복지관의 설치 · 운영에 대한 국가의 적극적인 조치, 민간기업의 사회복지관 사업에 대한 지원으로 사회복지관의 수는 급격히 증가되어 1984년 24개소에 불과하던 사회복지관이 1995년 12월에는 297개소에 이르게 되었다.

4) 정체성의 재모색기(1990년대 중반–현재)

저소득층 밀집지역에서 사회복지관의 효과성이 입증되면서 사회복지관의 수는 꾸준히 증가하여 2006년 현재 전국에 394개소의 사회복지관이 설치되었다. 그러나 1990년대 중반을 넘기면서 사회복지관의 환경은 바뀌었다. 대표적인 사회복지 이용시설로서 자리를 굳히고 있던 사회복지관을 대신하는 전문화된 다양한 이용시설이 증가했다. 사회복지관의 주 이용자였던 노인과 장애인을 대상으로 전문적 서비스를 제공하는 노인복지관과 장애인복지관 등 단종복지관 및 아동과 여성을 대상으로 하는 복지센터 등이 설치되었고, 지역사회 교육문화의 장으로서 주민자치센터가 설치되었으며, 가족문제를 전문적으로 다루는 건강가족지원센터의 시범사업이 진행되었다. 그뿐 아니라 사회복지관과 일부 중복되는 기능을 가진 자원봉사센터도 지역단위로 설치되었다.

사회복지관은 정부의 재정지원을 받으면서 민간기구로서의 독자성과 자율성을 갖지 못했을 뿐 아니라 부족한 재정의 보충을 위해 일부 수익사업을 피할 수 없기도 했다. 결국 지역사회에서 사회복지관이 차지하는 위상이 모호하게 되었다.

결국 사회복지관은 무엇을 고유의 기능으로 특화시킬 것인가, 사회복지관의 사회적 기능을 무엇으로 볼 것인가 하는 문제제기에 당면하게 되었다. 문제에 대한 인식은 이루어졌으나 그 해답을 찾는 것은 쉽지 않다. 이는 지역마다 사회복지관에게 갖는 역할기대가 다르고 사회복지관의 변신에 한계가 있기 때문이다. 별다른 사회복지시설이 없는 농촌의 경우에는 사회복지관의 설치가 절실하며 기존의 사회복지관의 역할이 더 없이 중요하다. 사회복지시설의 분포가 많은 일부 도시 지역에서는 상황이 다르다. 사회복지관의 새로운 정체성 확립을 둘러싸고 아직도 논쟁이 뜨겁다.

3. 사회복지관의 현황

앞에서 살펴보았듯이 사회복지관은 지역사회중심이라는 지역성, 지역사회주민의 욕구해결을 위한 서비스의 전달 그리고 전문인력(사회복지사)에 의한 서비스 프로그램 운영이라는 전문성의 원칙에 입각하여, 지역사회문제의 예방과 개선, 주민참여와 자원동원 등의 분야에서 지역사회가 공동으로 대처하는 능력향상에 기여함으로써 지역사회주민의 욕구해결 및 지역사회 통합을 증진시키려는 기관으로 규정했다. 우리나라의 사회복지관 현황을 설치 현황, 재정운용, 프로그램의 내용 측면으로 구분하여 살펴보기로 한다.

1) 설치현황

2005년 현재 사회복지관은 381개소에 이른다. 사회복지관은 시설규모에 따라 세 가지 유형으로 구분된다. 즉 사회복지관의 규모에 따라 종합사회복지관 가형(2,000m² 이상)과 나형(1,000-2,000m²), 사회복지관(500-1,000m²)으로 분류된다. 2005년을 기준으로 할 때 규모별 및 지역특성별 설치현황은 다음 〈표 10-2〉와 같다.

〈표 10-2〉에서 나타난 바와 같이 규모별 현황을 보면 종합사회복지관 가형은 임대지역에 34개소 일반지역에 99개소이며, 종합사회복지관 나형은 임대지역에 87개소, 일반지역에 113개소이며, 가장 규모가 작은 사회복지관은 임대지역에 34개소, 일반지역에 14개소가 있다. 임대지역에 155개소의 사회복지관이 밀집되어 있으며 일반지역보다 규모가 작은 복지관의 분포비율이 높다. 전체적으로 나형 복지관이 가장 많고 사회복지관의 수가 적다.

사회복지관의 운영주체는 사회복지법인, 재단법인, 사단법인, 학교법인, 지방자치단체 직영 등 다양한데 사회복지법인이 운영하는 사회복지관이 가장 많다. 이러한 사실은 사회복지관 사업의 성격이 지역사회를 근거로 한 전문적 서비스 프로그램 기관이라는 것을 말해 준다(〈표 10-3〉).

〈표 10-2〉 규모별 · 지역특성별 사회복지관 현황(2005)

구분	가형	나형	사회복지관	합계
임대지역	34	87	34	155
일반지역	99	113	14	226

〈표 10-3〉 운영주체별 사회복지관 현황(2005)

구분	개소수
사회복지법인	288
재단법인	48
사단법인	9
학교법인	22
지방자치단체 직영	14
총계	381

2) 조직구조

사회복지사업법 제22조에 따르면 사회복지관의 업무분야마다 이를 수행할 수 있는 직원을 각각 두거나 겸임할 수 있도록 하되, 직원의 수는 사회복지관의 규모 및 수행하는 사업을 고려하여 정하도록 규정하고 있다.

각 사회복지관의 유형에 따라 사회복지관의 조직구조와 직원배치기준이 다르며 조직부서의 명칭도 다양하다. 〈그림 10-1〉은 사회복지관의 조직구조를 보여 주는 하나의 예라 할 수 있다. 사회복지관의 조직구조는 매우 다양하지만 대부분의 사회복지관은 사회복지관의 업무를 중심으로 조직을 구성하고 있다.

3) 재정운용

사회복지관의 사업비, 인건비, 관리비 등 재정은 '사회복지관사업법'과 '보조금의예산및관리에관한법률'에 의거하여 국가가 80%(국고 30%, 지방비 50%, 서울지역은 전액 지방비로 충당)를, 법인의 자체부담이 20%를 충당하는 것으로 규정되어 왔다. 그러나 2005년부터는 지방분권의

〈그림 10-1〉 사회복지관의 조직구조 사례: S복지관(2005)

본격화로 인해 사회복지관의 운영과 기능보강은 지방이양사업에 포함되어 그 예산이 교부세로 묶여 지원된다. 즉 이 예산은 지역에서 자체적으로 편성하고 집행하게 되었다. 이는 복지서비스의 기획과 집행이 지역사회의 특성을 반영하도록 한다는 의미를 갖는다.

하지만 분권교부세로 지원된다 해도 사회복지관의 재정에서 정부(지방정부 포함) 지원의 비중이 높다는 것은 여전한 문제로 남을 것으로 전망된다. 2003년 사회복지관 평가결과에 따르면 사회복지관의 58.6%가 정부지원 운영비 대 민간 재원확보비율이 40% 미만으로 나타났다.[11] 정부지원에 대한 의존이 심하면 심할수록 민간기관으로서 자율성을 확

11. 김승권 · 정경희 · 김통원 · 서동우 · 오영희 · 박지혜 · 이종은 · 이건우, 『2003년 사회복지시설 평가 및 지표개발』, 한국보건사회연구원 · 보건복지부, 2004, pp. 518-519.

보하는 것은 어려워지며 자체사업의 개발도 쉽지 않아진다. 민간재원의 발굴 및 활용이 시급하다.

지출현황 면에서 복지관의 43.8%가 총 세출에서 사업비가 차지하는 비율이 40% 미만인 것으로 나타났다. 예산상의 제약은 사회복지관으로 하여금 목적사업과는 별도로 수익사업에 치중할 수밖에 없도록 하는 구조적 한계가 된다. 따라서 지역사회주민의 욕구를 충족하고 주민복지를 향상시키기 위해서는 국가의 지원수준이 확대되고, 또 한편 사회복지관의 자체적인 재원 발굴이 이루어져야 할 것이다.

4) 프로그램 내용

사회복지사업법 제22조 사회복지관의 운영기준에 따르면 사회복지관의 업무를 사무 분야, 가족복지 분야, 지역사회보호 분야, 지역사회조직 분야, 교육 및 문화 분야, 자활 분야 등으로 구분하고 있다. 보건복지부의 『사회복지관 및 재가복지봉사센터 운영관련 업무처리 요령 안내』(2005)에서는 사회복지관이 지역사회의 특성과 지역주민의 복지욕구에 대한 조사결과를 바탕으로 사업내용을 자율적으로 결정하되, 아래 분야별 단위사업 중에서 해당 사회복지관의 실정에 적합한 프로그램을 선정하여 수행하도록 하고 있다. 다만, 저소득층 등 우선사업대상자들을 위해 8개 이상의 프로그램을 선정하여 수행하되, 우선사업으로 지정된 아래 프로그램 중에서 분야별로 각 1개 이상을 포함해야 한다. 이 경우 관할 시장 · 군수 · 구청장이 지역적 특성을 감안하여 특히 필요하다고 인정한 때에는 사업분야 및 단위사업을 조정하거나 별도의 사업을 개발 · 추진할 수 있다.

전반적으로 사회복지관의 프로그램은 고루 발전하고 있지는 않은 것으로 평가되고 있다. 특히 지역주민을 대상으로 실비의 교육을 제공하

〈표 10-4〉 사회복지관의 사업종류

분야	단위사업	우선사업 대상 프로그램
가족복지사업	가족관계 증진 가족기능 보완 가정문제 해결 · 치료 부양가족지원	개인 및 가정문제 상담 방과 후 아동보호 프로그램
지역사회보호사업	급식서비스 보건의료서비스 경제적 지원 일상생활 지원 정서서비스 일시보호서비스	급식서비스(식사배달, 밑반찬 배달, 무료급식 등) 주간보호소 · 단기보호소 운영
지역사회조직사업	주민조직화 및 교육 복지네트워크 구축 주민복지 증진 자원봉사자 양성 후원자 개발 · 조직	주민조직체 형성 및 운영 복지네트워크 구축
교육 · 문화사업	아동 · 청소년 기능교육 성인 기능교실 노인 여가문화 문화복지	노인 여가 · 문화 프로그램 아동 · 청소년 사회교육 프로그램
자활사업	직업기능 훈련 취업알선 직업능력 개발 자활공동체 육성	취업 · 부업 안내 및 알선 취업 · 부업 기능훈련 및 공동작업장 운영

자료: 보건복지부, 2005년도 사회복지관 및 재가복지봉사센터 운영관련 업무처리 요령 안내.

는 사업의 비중이 적지 않은 반면 주민조직화 또는 복지네트워크 구축 등에서 미흡한 것으로 지적되어 왔다.

제11장 사회복지협의회

1. 사회복지협의회의 개념과 기능

1) 협의회의 역사적 배경

우리는 미국의 지역사회조직의 발전 과정을 살펴보면서 지역사회복지협의회는 1869년에 영국에서 시작하여 1877년 미국의 버펄로 시에 설립된 자선조직협회(C.O.S.)에서 그 기원을 찾을 수 있다는 것을 지적했다. 또 19세기 후반의 자선조직협회는 당시 수많은 빈민들로부터의 구호요구에 따른 자선단체들의 이중적인 구호와 누락을 예방하고, 이들 단체들에게 재정적인 지원을 한 기부자들의 부담을 덜어 주기 위해 자선단체들 간에 수혜자의 명단교환을 포함한 사업상의 의견교환을 위해서 설립되었다는 것도 주목했다. 이와 같은 자선조직협회가 발전되어 현대적인 지역사회복지협의회가 생겨났는데 던햄(Dunham)은 그 최초의 것으로서 1908년 피츠버그에서 설립된 '자선연합회'(Associated Charities)와 '중앙협의회'(Central Council)를 들고 있다.[1]

---

1. Arthur Dunham, *The New Community Organization* (New York: Thomas Y. Crowell Co., 1970), p. 438.

이러한 협의회는 그 뒤 수많은 도시에서도 설립되었다. 제1차 세계대전 이후에 '전시모금회'(War Chests)가 이른바 '평화시모금회'(Peacetime Chests)로 그 명칭을 바꾸고 지역공동모금을 활발히 전개하자 협의회는 이들 지역공동모금회와 '복지연맹'(welfare federations)을 결성하여 한 기관에 속하기도 하고, 별개의 기관으로 긴밀한 관계를 맺기도 했다.

이리하여 협의회는 1918년에 결성된 '미국지역사회조직연합회'(American Association for Community Organization)의 회원조직이 되었고 이 연합회는 '미국지역공동모금 및 협의회'(Community Chests and Councils of America; C.C.C.)로 명칭을 바꾸었다가 1956년에는 United Community Funds and Councils of America(UCFCA)로 다시 개칭되었다. UCFCA에 가입한 협의회의 수는 지역공동모금회에 비해 훨씬 적었다. 미국의 10만 명 이상의 모든 도시에는 협의회와 지역공동모금회가 있었지만 그 비율은 1:4 정도였다.[2] C.C.C.에 등록된 협의회의 수는 1950년에 400개를 조금 넘었는데 그 수는 1953년에 450개로 증가했다가 1956년에는 434개로 다시 줄어들었다.[3] 이에 반해 지역공동모금회의 수는 1950년에 1,270개였고, 1956년에는 1,994개로 증가했다. 캐나다를 포함한 기관의 수는 1956년에 지역공동모금회가 2,063개였던 데 비해 협의회는 461개에 불과했다.[4] 하퍼(Harper)와 던햄은 이 숫자는 UCFCA에 가입한 기관의 수로 정확한 숫자는 파악할 수 없으나 1959년에 약 700개 정도의 협의회가 미국의 지역사회에 있을 것으로 보고했다.

---

2. *Social Work Year Book, 1951* (New York: American Association of Social Workers, 1951), p. 605.
3. *Ibid.*, 1954, p. 614 and 1956 Directory (New York: United Community Funds of America, Inc., 1956), p. vi.
4. Ernest B. Harper and Arthur Dunham (eds.), *Community Organization in Action* (New York: Association Press, 1959), p. 355.

여기에서 우리는 각 지역사회 단위에서의 협의회와 지역공동모금과의 관계는 전통적으로 마찰이 없지 않았다는 사실을 주목할 필요가 있다. 협의회의 기능이 주로 지역사회의 문제에 대한 계획, 기관 간의 업무조정 등의 기능에 관심을 가질 뿐 회원기관들을 통제할 수 있는 아무런 권한이 없는 반면 지역공동모금회는 모금된 돈을 사회복지기관에 배분할 수 있었기 때문에 협의회에 비해 막강한 힘을 가지고 있었다. 양 기관 간의 기능과 권한에 따른 차이는 모금액 분배의 우선순위를 결정할 때 이견이 있을 수 있었다. 즉 모금액 배분의 우선순위는 일반적으로 지역사회문제의 심각성, 서비스의 중요성, 사회복지기관들의 재정적인 여건 등을 고려하여 결정하게 되는데, 이에 대한 분석과 평가에 있어서 협의회와 지역공동모금회 간에는 이견이 있을 수 있고, 그러한 경우 사회복지기관들의 입장은 모금회의 결정에 따르는 수밖에 없었다.

이러한 이유에 기인한 하나의 조치로서 C.C.C.는 1951년에 미국사회사업가협회(American Association of Social Workers, 현재의 NASW)가 마련한 사회사업가 윤리강령(code of ethics)을 본받아 1953년에 모금과 협의회에 종사하는 지역사회조직사업가를 위한 강령을 제정하기도 했다.[5]

1960년대에 들어와 미국에서 사회계획에 관한 정부기관의 역할이 증대하게 되자 민간협의회의 역할은 상대적으로 위축되는 경향을 보이게 되었다. 즉 정부에서는 도시재개발, 청소년비행, 흑백관계, 취업기회 등에 관한 계획에 주도권을 갖게 되어 협의회의 기능을 압도하게 되었다. 또한 1960년대에 일어났던 민권운동, 복지권운동은 특히 영세지역에서의 갈등과 직접적인 행동전략을 강조했고, '체제'(establishment)를 비난하고 공격의 대상으로 삼는가 하면 공공복지제도를 전면적으로 폐지

5. 이 강령의 구체적 내용은 *Community*, Vol. 28, No. 8 (1953), pp. 160-161과 *Ibid.*, pp. 358-360을 참조할 것.

하거나 연간소득을 보장하라는 요구가 대두되기도 했다.[6]

이러한 일련의 격변상황 속에서 협의회에 대한 비판이 늘어났는데 던햄은 비판내용을 다음과 같이 기술하고 있다.[7]

① 협의회는 말만 많이 하고, 행동은 거의 하지 않는다.

② 기구 및 위원회가 너무 많고, 회합이 너무 많다.

③ 협의회는 체제의 현상유지를 꾀하려는 기관들에 의해 지배되고 있다.

④ 협의회는 장기적인 계획이나 사회변화보다는 현재의 조건을 조정하고 개선하는 데 주로 관심을 갖는다.

⑤ 협의회는 정부기관으로부터 적극적인 참여와 지원을 받아내지 못한다.

⑥ 협의회에는 시민의 참여와 지도력이 결여되어 있고, 사회사업가들이 지배하고 있다.

⑦ 협의회는 지역사회를 적절히 대표하지 못하고, 특히 저소득주민을 대표하지 못한다.

⑧ 협의회는 너무 많은 일에 손을 대는 경향이 있거나 그와 반대로 요청된 어떤 일에 대해서는 거절하는 경향이 있다.

⑨ 협의회는 자립성이 없고 지역공동모금단체에 지배되는 경향이 있다.

결론적으로 1970년에 들어와서 미국의 지역사회복지협의회는 상당한 시련을 겪고 있으며, 새로운 역할을 정립하여 활로를 개척하려는 움직임을 보이고 있다. 여하간에 미국의 협의회운동은 우리나라를 포함하여 수많은 나라의 지역사회조직사업에 지대한 영향을 미쳤으며, 그 주요 기능, 조직, 사업 등에 대해 살펴보는 것은 의의 있는 일이라고 생각된다.

---

6. Dunham, *op. cit.*, p. 439.
7. *Ibid.*

2) 협의회의 개요

우리가 흔히 말하는 지역사회조직 분야에 있어서의 협의회는 세 가지 유형이 있다.

첫째 유형은 전통적인 사회복지기관협의회(Councils of Social Agencies)인데, 이는 사회복지기관들이나 사회복지를 전담하는 위원회나 부서를 가진 여타의 단체들로 구성된다. 전통적으로 대도시에 존재한 복지협의회의 대부분은 이러한 형태이며, 우리나라 한국사회복지협의회의 전신인 한국사회사업연합회도 이 유형에 속한다고 말할 수 있다.

둘째 유형으로는 지역사회복지협의회를 들 수 있다. 이는 전문 혹은 비전문 개인회원과 사회복지기관을 대표하는 단체회원들로 구성되어 포괄적인 의미의 사회복지에 관심을 갖고, 사회복지기관들을 조정하고, 보건과 복지프로그램을 향상시키기 위한 노력과 함께 사회행동 등에도 참여한다.

셋째 유형으로는 이른바 '전문분야협의회'(specialized councils)를 들 수 있다. 이 협의회는 앞에서 말한 두 협의회 유형 중 하나의 기능적인 형태로서 소협의회나 독립기구로서 존재할 수 있다. 예를 들면 가정 및 아동복지협의회, 레크리에이션과 집단지도 협의회, 보건관계, 정신위생, 재활, 청소년비행예방, 청소년서비스 등과 같은 분야의 기관협의회를 들 수 있다. 우리나라의 사회복지시설연합회, 한국사회복지관연합회, 재활협회, 한국사회교육협회, 청소년연맹 등이 이 유형에 속하는 협의회라고 할 수 있다.

여기에서는 둘째 유형인 지역사회복지협의회(이하 '협의회')에 대해서 살펴보기로 한다.

협의회의 개념은 시대와 상황에 따라 달라질 수 있으나 현대사회에서의 협의회의 개념에 대해서 던햄은 "복지와 보건에 관한 지역사회문제의 해결에 필요한 계획을 수립하고 사업을 추진함에 있어서 주민의 관심과 전문가의 기술을 결합시키는 지역주민과 사회기관들 간의 연합체(association)"라고 정의하고, 협의회는 "현재 당면하고 있고 또 앞으로 대두될 수 있는 보건과 복지수요를 파악하고 이를 충족하기 위한 계획을 마련하고 이 계획을 실천하고자 한다"[8]고 그 목적을 밝히고 있다.

협의회가 갖는 주요 목적에 관해서 UCFCA는 "협의회는 지역사회주민들의 문제와 욕구를 효과적으로 대처할 수 있도록 계획 · 조정되고, 효율적인 보건, 복지 및 오락 서비스 프로그램을 마련해야 한다"고 기술하고 있다.

협의회는 (회원단체에 대해) 아무런 법적 권한이나 강제력을 갖지 않는다. 협의회는 협력적 과정을 통해서 기능한다. 협의회의 영향력은 지역사회로부터의 승인(sanction), 주민의 참여, 정책결정자들의 관여 그리고 전문직원들의 역량(competence)으로부터 나온다. 협의회는 전지역사회의 이익을 대표해야 한다.[9]

3) 이상적인 협의회의 기준

1953년 미국 오하이오 주 클리블랜드 시에서 개최되었던 제1회 전국지역사회복지협의회 지도자회의(The First National Conference of Community Welfare Council Leaders)에는 전국 각지로부터 약 375명의 기업체 대표, 실업인 그리고 여러 전문분야의 대표들이 참석했다. 이들은 9개의 분과토의를 거쳐 9인의 비전문가가 대표로 '협의회 강화방안심의위원회'(Conference Commission on Strengthening Council)

---

8. Dunham, *op. cit.*, p. 438.
9. UCFCA, *Citizen Action through Community Health and Welfare Councils* (New York, 1965), p. 4.

를 구성하고, 이상적인 협의회가 되기 위한 원칙, 성공의 조건, 업무수행방법에 관한 보고서를 만들었다.[10]

이 보고서에서 지적된 6개의 원칙은 다음과 같다.

① 지역사회의 문제를 해결하기 위한 계획수립은 민주적인 과정이다. 그러므로 지역사회의 모든 주요 집단(지역사회의 계획을 담당하는)이 여기에 참여해야 한다. 협의회에서 공·사 사회복지기관, 전문·비전문분야, 그리고 보건·복지·오락에 관심을 갖는 시민조직들이 참여해야 한다. 협의회는 참여기관과 단체들의 자치성을 존중해야 한다.

② 협의회는 민간 혹은 정부에 의해서 제공되는 모든 지역사회서비스에 관심을 가져야 한다.

③ 지역사회의 서비스를 향상시키기 위해서는 지역사회의 자원과 관련하여 서비스의 우선순위를 제시하고, 그것에 관한 실제적인 장기목표를 설정해야 한다. 이 목표는 긍정적인 것이어야 하며, 사회문제의 원인을 제거하기 위한 것이어야 한다. 또한 그 목표는 융통성을 지니고 계속적으로 재평가될 수 있어야 한다.

④ 협의회는 균형적이고 효율적인 지역사회 프로그램을 수립하기 위해 그것의 확대·축소·변화를 도모하는 책임을 가져야 한다.

⑤ 계획과 이를 실천하기 위해 충당되는 재정은 보조를 함께해야 하며, 양자를 긴밀히 관련짓는 것은 중요하다.

⑥ 협의회의 조직과 구조는 지역사정에 따라 결정되어야 하며, 모든 지역사회에 일률적으로 적용할 수 있는 '마스터 플랜'은 있을 수 없다.

---

10. "What Makes a Good Council? A Summary Report of the Conference Commission on Strengthening Councils," *Community*, Vol. 28, No. 8 (1953), pp. 126-127. 이 보고서의 요약은 Harper and Dunham, *op. cit.*, pp. 394-396에 있음.

협의회가 업무를 효과적으로 수행하기 위한 방법

1. 협의회는 지역사회보다 훨씬 진보적이어야 하나 동시에 현실적이어야 한다.
2. 협의회의 활동은 모든 주민, 특히 '진보주의자'(progressives)와 '보수주의자'(conservatives)를 포함한 가장 능력 있는 사람들의 이익을 반영해야 한다.
3. 협의회의 지도력은 광범한 지역사회의 이익을 대표해야 하며, 지역사회의 일부 계층의 이익에 국한되어서는 안 된다.
4. 협의회는 주민들로 하여금 사실발견, 문제해결의 결정 과정에 적극 참여할 수 있는 기회를 제공해야 하며, '방관만 하는 병'(spectatoritis)을 제거해야 한다.
5. 협의회는 주민들의 다양한 견해가 청취될 수 있는 기회를 제공해야 한다. 개인이나 집단의 태도에 민감하고, 이에 기술적으로 대처하고 인내성이 있어야 한다.
6. 협의회가 필요한 조치를 강구하기 위해서는 관심을 가진 집단 간의 합의에 도달하도록 힘써야 한다. 모든 조치에 대한 결정은 사실(facts)에 입각해야 한다.
7. 협의회는 해결하고자 하는 문제를 신중하게 규정하고 분명한 목표를 설정해야 한다. 사업수행에 따른 세부일정(time schedule)을 마련하고 완료(deadline)에 대한 계획을 만들어야 한다.
8. 협의회가 사업계획에 대한 건의를 할 때는 지역사회의 자원과 관련하여 실제성을 지녀야 한다.
9. 협의회가 주민들로부터 문제에 대한 발견사항과 이를 해결하기 위한 건의를 받았을 때는 이에 대해 면밀한 검토를 해야 한다.
10. 협의회는 문제를 해결하기 위한 조치를 취함에 있어서 상상력(imagination)을 활용해야 한다. 때로는 대대적인 홍보를 해야 하고, 때로는 조용한 협상을 해야 한다.
11. 협의회는 공공의 업무를 수행하는 기관이므로, 그들의 활동을 일반주민에게 알릴 필요가 있다. 협의회가 마련한 모든 보고서와 건의안은 간단명료한 언어로 작성되어야 한다.
12. 협의회는 사업계획을 예산편성에 관련시켜야 한다. 사업계획에 참여했던 사람 중에서 약간 명은 예산편성에 참여시켜야 한다.
13. 협의회는 기관의 관리운영에 시간과 정력이 과도하게 낭비되는 것을 피해야 한다. 협의회는 장기적인 사업과 단기적인 사업을 모두 실시해야 한다.

성공적인 협의회가 될 수 있는 조건으로서는 지역사회의 광범한 참여, 훌륭한 지도력, 유능한 직원, 계획과 재정 간의 균형, 계획의 가치에 대한 지역사회의 수용 등을 들 수 있다.

4) 협의회의 기능

지역사회복지협의회가 수행해야 할 기능은 협의회가 위치하고 있는 지역사회의 여건에 따라 다양할 수 있으나 다음의 아홉 가지로 구분될 수 있을 것이다.[11]

(1) 지역사회의 복지증진과 관련된 사실발견

첫 번째 기능은 지역사회의 복지증진과 관련된 사실발견(factfinding)이다. 그 구체적인 활동으로서는 ① 사회복지기관의 업무와 재정상태에 관한 각종 통계자료를 포함한 사회복지의 기초자료를 수집하고, ② 지역사회가 당면한 근본문제에 대한 장기적인 조사(long-range research)를 실시하고, ③ 사회복지에 관한 특별한 성격의 임시(ad hoc) 연구나 조사를 행하고, ④ 사회복지기관들로 하여금 자체의 프로그램과 관련된 조사를 수행하도록 독려하고, ⑤ 다른 연구기관들과의 공동연구를 수행하는 것 등을 들 수 있다.

(2) 사회복지기관들 간의 조정과 협력

협의회의 두 번째 주요 기능은 사회복지기관들 간에 조정과 협력이 증진되도록 하는 것이다. 이를 위한 구체적인 활동으로서는 사회복지기관들 간의 회합과 회의를 개최하게 한다거나 기관 간의 문제를 해결하기

11. Dunham, *op. cit.*, pp. 440-441.

위한 연구위원회 등을 구성하는 것 등을 들 수 있다. 이 기능과 관련하여 던햄은 "효과적인 협의회는 보건과 사회복지 부문의 경험과 사고와 활동 면에 있어서 지역사회활동의 중심(community clearing house)이어야 한다"고 했다.

(3) 지역사회복지의 센터 역할

협의회의 세 번째 기능은 협의회가 해당 지역사회의 복지를 위한 중추적인 센터의 역할을 해야 한다. 즉 협의회는 사회복지에 관한 중요회의를 주최한다거나 사회복지정책을 수립하고, 공동의 복지활동을 전개하는 지속적인 도구(continuous machinery)의 역할을 수행해야 한다는 것이다. 만약 협의회에 의해서 이러한 기능이 수행되지 않는다면 사회복지 분야는 이슈가 발생될 때마다 특별연구팀이나 위원회 등을 구성하지 않을 수 없게 될 것이다.

(4) 사회복지기관 간의 서비스 조정활동

협의회의 네 번째 기능은 공통의 복지사무(common services)를 수행함으로써 조정적인 활동을 하는 것이다. 사회복지에 관한 필요한 정보나 의뢰서비스, 자원봉사자의 관리, 사회서비스의 교환(social service exchange) 등이 이 기능과 관련된 주요 활동의 예라고 할 것이다. 이러한 경우 협의회는 개별적인 서비스 소비자(individual consummer)를 상대하는 것이 아니고 일반주민과 복지기관을 위해 서비스를 제공한다는 점에서 앞에서 살펴본 직접서비스기관의 활동과 구별된다.

(5) 사회복지기관 업무의 질적 수준 제고

협의회의 다섯 번째 기능은 조정업무와 밀접하게 관련되어 있는 것으로서 사회복지기관들이 그들의 수행하는 업무의 질적 수준을 높이도록 돕는 것이다. 여기에는 집단적인 방법과 개별적인 방법이 있을 수 있는데 전자의 경우는 공동조사, 업무기준(standards)에 관한 연구, 출판, 배포 및 공동토의, 회의나 회합을 통한 경험을 교환하는 것이고, 개별적인 접근방법으로서는 특정 기관에 대해 자문을 해 주거나 도움을 주는 것이다.

(6) 지역사회복지를 위한 공동의 계획수립 및 실천

협의회의 여섯 번째 기능은 사회복지에 관한 공동의 계획을 수립하고 실천하는 것이라고 할 수 있다. 미국의 협의회에서는 사회복지기관들을 위한 프로그램, 업무기준, 효과성과 기관 간의 공동프로그램의 개발 및 조정을 위한 계획이 협의회 업무의 중심이 되고 있다. 또한 최근에는 특수한 사회문제, 예컨대 인종관계, 만성병, 미혼모, 청소년의 실업 등에 관한 장기적인 대책의 수립과 프로그램의 개발에도 역점을 두고 있다.

(7) 정보제공, 교육 및 홍보

협의회의 일곱 번째 기능은 정보제공, 교육 및 홍보다. 이를 위한 활동으로는 사회복지기관 명부(directory)의 발간, 정보 및 의뢰서비스, 각종 간행물의 제작, 공청회의 개최 등을 들 수 있다.

(8) 자원동원 및 재정안정 도모

협의회의 여덟 번째 기능은 사회복지 분야의 재정상태를 개선하기 위한 활동을 전개하는 것이다. 이를 위해 사회복지기관들이 효율적인 예산편성을 할 수 있도록 자문활동을 한다거나 국내외의 기관으로부터 보조금이나 대부(loan) 등을 획득할 수 있도록 주선해 주는 방법이 있다. 또 사회복지기관들이 소득을 올릴 수 있는(income generating) 사업을 추진할 수 있도록 도와줄 수도 있다.

(9) 사회행동

협의회의 기능으로서 마지막으로 제시할 수 있는 것은 협의회가 사회행동(social action)에 앞장서는 일이다. 그 방법으로서는 공공의 이슈에 대한 입장을 밝힌다거나(이른바 position statements의 제시) 사회복지의 특수계층(예: 노인, 영세민, 심신장애인 등)의 복지에 관한 입법대안을 제시하는 것일 수 있다. 이를 위해서 협의회는 독자적인 활동을 전개할 수도 있고, 특수계층의 복지를 위해 일하고 있는 기관과 단체(소비자보호협회, 장애인재활협회, 한국여성개발원 등)와 공동의 활동을 전개할 수도 있다. 그러나 이러한 사회행동은 특수계층의 이해가 관계된 것이기 때문에 협의회의 회원단체들 간의 상당한 정도의 합의가 없이는 이룩될 수 없다는 데 유의해야 한다.

2. 사회복지협의회의 조직과 사업: 미국 UCFCA의 사례중심

1) 조직의 구성

협의회가 앞에서 살펴본 여러 가지 기능을 수행하기 위해서는 효과적인 조직을 가져야 한다. 협의회의 조직은 일반적으로 회원, 이사회, 사업부서(operating units), 사무국으로 구성된다.

(1) 회원(membership)

초기의 협의회는 '사회복지기관협의회'(Councils of Social Agencies)였기 때문에 그 회원은 보건이나 복지 프로그램을 제공하는 공·사기관들이었다. 일반적으로 각 회원단체(기관)에서는 2명의 대표(이사 1인과 사무국 책임자)를 협의회에 회원으로 파견했다. 그리고 소규모 지역사회에서는 사회복지기관들 외에도 사회복지 분야에 관심을 갖고 있는 주민단체(civic organizations)를 포함하기도 했다. 이 외에도 협의회에는 시장이나 학교장 같은 직책상의 당연직회원(ex-*officio* members)과 소수의 시민을 개인회원으로 포함시키는 것이 보통이었다.

다시 말하면 전통적으로 협의회는 〈그림 11-1〉에서 보는 바와 같이 ① 보건 · 복지 · 오락 분야 공적(public) 기관의 대표, ② 보건 · 복지 · 오락 분야 민간(private) 기관의 대표, ③ 민간(civic) 및 전문조직의 대표, ④ 복지 분야에 관심 · 지식 · 능력이 있는 개인 등 네 종류의 회원으로 구성되었다.

현대에 와서는 협의회의 회원에 대한 개념이 크게 달라졌다. "오늘날의 협의회는 시민중심적(citizen-oriented)이고, 보건과 복지기관들의 이익보다는 지역사회의 전체이익을 대표"[12]하기 때문에 그 회원구성도 달라질 수밖에 없게 되었다. 다시 말하면 초기의 협의회는 이를 구성하는 사회복지기관들과 이 기관을 지원하는 기부자들의 이익을 보호하는 데에 관심을 가진 반면, "협의회의 새로운 철학은 보건과 복지에 관한 계획이 현존하는 사회복지기관들과 동시에 납세자, 기부자, 수혜자 그리고 일반시민들에게도 관심을 갖는다는 것을 인식하고 있다."[13] 이러한 이념의 변화 때문에 현대의 협의회에 있어서는 개인회원에 대한 입회자격을 상대적으로 넓혀 가는 경향을 보이고 있다. 이와 관련해야 UCFCA는 "오늘날의 많은 협의회들이 협의회의 목적에 찬동하는 모든 개인에게 회원자격을 공개하고 있다"[14]고 주목하고 있다.

또 협의회에 따라서는 단체회원을 완전히 폐지하고 개인회원만을 갖는 경우도 있다.[15] 이러한 경우 사회복지기관들은 협의회와 이차적이거

12. UCFCA, *op. cit.*, p. 8.
13. Dunham, *op. cit.*, p. 442.
14. UCFCA, *op. cit.*, p. 5.

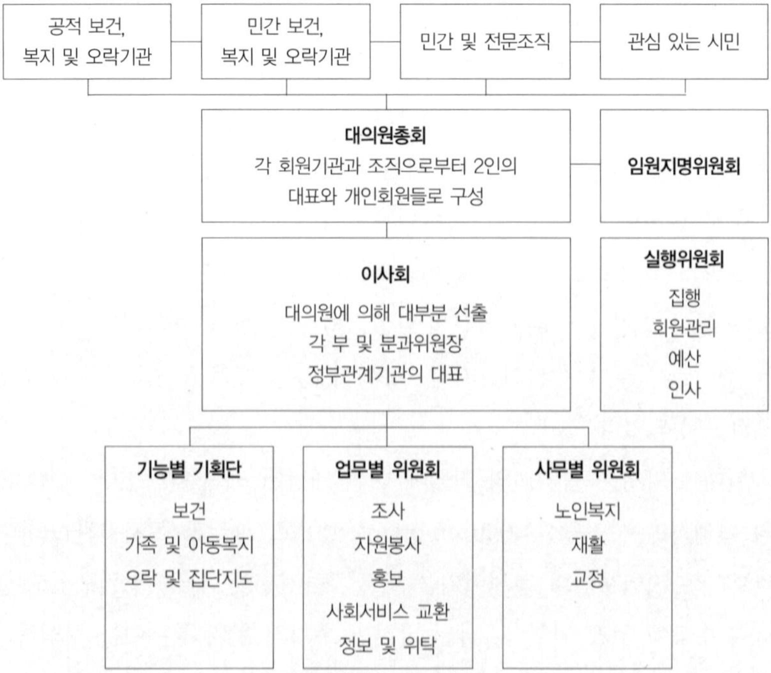

〈그림 11-1〉 전형적인 협의회의 조직

자료: UCFCA, "Community Welfare Councils-What They Are and What They Go," in Harper and Dunham (eds.), *Community organization in Action* (New York: Association Press, 1959), p. 387.

나 자문적(advisory)인 관계를 갖는다. 그러나 시더(Sieder)가 "사회복지기관들이 자치적인 기관으로 계속 존재하고, 지역사회의 욕구를 충족시키기 위해 서비스를 제공하고 조정하는 책임을 갖고 있는 한 계획수립의 과정에서 그들의 발언권을 박탈한다는 것은 이해할 수 없다"[16]고 지적한 것처럼 협의회에서 단체회원의 자격을 약화시키는 데에는 신중을 기해야 할 것이다.

---

15. Dunham, *op. cit.*, pp. 443-444.
16. Violet M. Sieder, "The New Look in Community Planning," *Social Work*, Vol. 5 (April, 1960), 105.

(2) 이사회[17]

한 협의회의 회원의 수는 지역사회 내에 있는 사회복지기관들과 개인회원의 수에 따라 수백 명에 달하는 것이 보통이다. 이들 회원들은 일반적으로 대의원총회(delegate body) 혹은 주민총회(citizen's assembly)를 구성하게 되는데, 이들은 협의회의 운영에 대한 궁극적인 통제, 광범한 정책 이슈에 대한 찬반의 결정을 할 수는 있으나 프로그램이나 정책의 세부적인 지침을 제시하기에는 그 집단이 너무 크다고 할 수 있다.

그러므로 협의회는 이사회(board of directors)를 갖게 되는데 이는 협의회의 간부(officers), 기능별 기획단(functional divisions)과 기타 위원회의 위원장과 대의원 총회에서 선출된 이사들로 구성된다. 이사회에는 일반인(laymen)과 전문가가 다 포함되는데, 최소한 3분의 2의 이사는 일반인이 되는 것이 바람직하다. 일반적으로 협의회의 회장과 각 위원회의 위원장들도 비전문가로 해야 한다. 이사회는 해결을 요하는 문제가 무엇이며 어떠한 사업을 전개해야 할 것인가 등 협의회의 중요한 이슈에 대한 결정을 한다. 이사회는 위원회의 보고서를 검토하고 최종결정을 내리고 연구할 사항에 대한 건의를 하고 사회행동을 주도하기도 한다. 협의회의 간부(혹은 임원)는 회장, 1인 혹은 그 이상의 부회장, 재무관(treasurer)과 사무총장(secretary)으로 구성된다.

(3) 업무부서(operating units)[18]

업무부서는 ① 기능별 기획단(functional divisions), ② 업무별 위원회(departmental committees), ③ 사무별 위원회(project 혹은 study-action committees), ④ 지역별 협의회(geographic units), ⑤ 시범사업(demonstration projects)으로 세분된다. 여기에서는 기능별 기획단과

17. Dunham, *op. cit.*, p. 444의 내용을 요약한 것임.

18. *Ibid.*, pp. 444-447.

위원회에 대해서 살펴보기로 한다.

기능별 기획단은 특정 서비스 분야나 문제에 관심을 갖는 기관들의 집합체(grouping of agencies)를 말한다. 그래서 만일 협의회가 보건기획단(health division)을 갖게 되면 보건과 의료 분야의 모든 기관들이 자동적으로 이 기획단에 포함되는 것이다. 이 기획단은 선출된 개인으로 구성되는 위원회와는 달리 관련 기관의 대표들로 구성된다. 이와 같은 기획단을 구성해야 할 당위성은 각 서비스 분야(보건, 가족 및 아동복지, 오락 및 집단지도 등)마다 많은 문제가 일어나고 있고, 특수분야의 서비스를 제공하고 있는 기관들은 함께 회합을 갖고 계획을 수립하고 행동을 전개할 기회를 가져야 하기 때문이다.

사회복지기관과 개인들로 구성된 협의회의 경우 이 기획단은 일반적으로 각 기관에서 2인의 대표와 협의회의 개인회원으로 구성된다. 이 기획단의 규모가 크다면 거기에는 임원, 집행위원회, 기타의 상임 혹은 임시위원회를 두고, 특정문제에 관한 하위부서(subordinate sections)를 둘 수도 있다.

기획단의 건의안은 그것이 예산조치를 필요로 하거나 입법안과 같이 협의회의 전체 활동에 관계된 사안일 경우에는 이사회에 제출되는 것이 보통이다.

기획단의 사업을 효과적으로 운영하기 위해서는 약간 명의 전임직원을 둘 필요가 있다. 그러나 기획단의 규모가 작을 때는 1명의 직원이 2개의 기획단을 위해 일할 수도 있다.

위원회는 협의회의 업무에 있어서 가장 중요한 구성요소로서 거의 모든 활동에 관여하게 된다. 위원회는 이사회, 기획단, 지역협의회, 업무과 등 모든 업무부서에 속할 수 있다. 위원회는 상임 혹은 일시적일 수 있고 일반시민, 사회사업가 혹은 양자로 구성될 수 있다. 그 기능에 따라 위원회는 다음과 같이 구분될 수 있다.

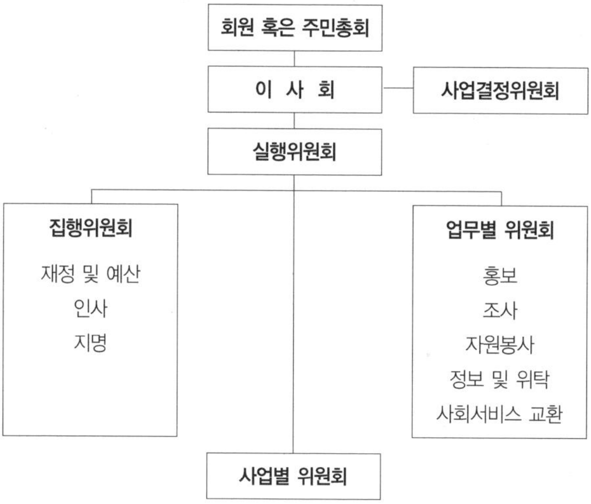

〈그림 11-2〉 일반적인 협의회의 조직

자료: UCFCA, *Citizen Action through Community Health and Welfare Councils* (New York: UCFCA, 1965), p. 11; *Arthur Dunham, The New Community Organization* (New York: Thomas Y. Crowell Co., 1970), p. 443.

① 집행위원회(administrative committees): 협의회의 재정 및 예산, 인사, 그리고 조직과 행정일반에 관한 업무를 취급한다.

② 업무별 위원회(departmental committees): 협의회가 수행하는 서비스, 즉 홍보, 조사, 자원봉사, 정보제공 및 의뢰, 사회서비스 교환 등의 과의 업무를 직접 취급하거나 자문역할을 한다.

③ 사업별 위원회(study-action of project committees): 이 위원회는 기획단이나 과를 초월해서 협의회가 관심을 갖는 중요 사업, 예컨대 노인복지, 재활, 교정서비스에 관해 연구하고 조치를 강구하기 위해 설치된다.

④ 기관관계위원회(inter-agency committees): 협의회는 예산편성, 조사홍보, 정부기관과의 공동계획의 수립 등 협의회의 회원기관 간의 공동활동을 촉진하기 위한 위원회를 둘 수도 있다.

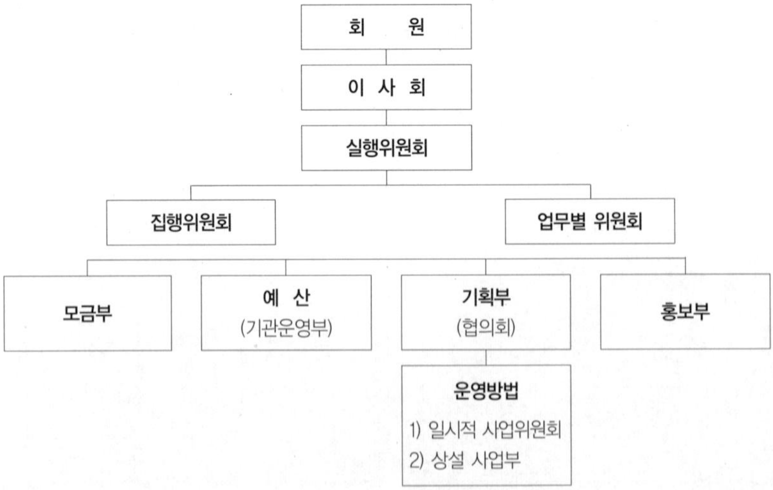

〈그림 11-3〉 모금과 협의회의 통합조직

자료: UCFCA, *Citizen Action through Community Health and Welfare* (New York: UCFCA, 1965), p. 21; Arthur Dunham, *The New Community Organization* (New York: Thomas Y. Crowell Co., 1970), p. 455.

이상에서 살펴본 〈그림 11-1〉은 전통적인 협의회의 조직을 보여 주는 것이고, 〈그림 11-2〉는 현재 미국의 지역사회복지협의회들에서 흔히 볼 수 있는 조직구조다. 〈그림 11-3〉은 협의회와 공동모금회가 하나의 기관으로서 통합되어 있는 경우에 흔히 볼 수 있는 조직구조다. 앞에서 이미 주목한 대로 협의회의 조직구조는 지역사회의 여건에 따라 달라질 수 있기 때문에 이러한 모델을 일률적으로 적용할 수는 없으나 새로운 협의회의 구성할 때에 참고할 수 있는 가치가 있다.

2) 일반적인 사업[19]

협의회가 수행하는 일반적인 사업(common services)은 정보 제공과

19. *Ibid.*, pp. 447-451.

의뢰서비스, 자원봉사서비스, 사회서비스 교환업무, 조사부, 홍보활동의 다섯 유형으로 나눌 수 있다.

(1) 정보제공 및 의뢰서비스

정보제공 및 의뢰서비스는 ① 공공의 복지정보국(public information bureau)으로서 지역사회복지자원, 예컨대 사회복지기관의 이름과 소재, 이용 가능한 공·사 복지서비스 등에 대한 지역사회의 문의에 대해서 응하는 것과 ② 의뢰서비스로서 다양한 종류의 서비스를 얻고자 하는 특정개인을 면접해서 적절한 사회복지기관에 알선해 주는 것이다. 일반적으로 대도시의 보건 및 복지서비스는 매우 다양하고 복잡하기 때문에 가용자원에 대한 전문적인 지식과 상담기술을 구비한 정보센터의 역할은 매우 중요하다.

지역사회조직사업에 있어 정보 및 의뢰서비스는 ① 주민과 서비스를 연결시켜 주고, ② 사회복지서비스를 기업, 학교, 경찰, 교회 등 주요 의뢰원(referral sources)에 설명해 주고, ③ 서비스 간의 격차를 찾아내고, 사회복지기관들로 하여금 서비스 수혜방침(intake policy)에 융통성을 갖도록 한다거나 계획관계집단에게 새로운 욕구를 알려 줌으로써 욕구를 충족시키게 하는 데 도움을 주는 것이다.

정보제공과 의뢰는 사실발견, 교육, 홍보라는 측면에서도 매우 중요한 서비스라고 할 수 있다.

(2) 자원봉사국(volunteer bureau)

사회복지의 역사에 있어서 자원봉사자의 역할은 지대하다. 현재 미국에서의 자원봉사자의 수는 수백만 명에 달하고 있으며, 지역사회의 모금활동에 참여하고 있는 '볼런티어' 만도 400만 명을 넘는 것으로 추산되고 있다.

자원봉사자는 두 종류로 나눌 수 있는데 그 하나는 행정적인 '볼런티어' 로서 협의회의 이사회나 각종 위원회에 참여하는 사람들이며, 다른 하나는 사회복지기관의 사업을 실제로 운영하는 데 도움을 주는 자원봉사자들(service volunteers)이다. UCFCA가 발간한 『자원봉사국의 지침서』에 따르면, '볼런티어' 가 필요하고 봉사할 수 있는 영역은 보건, 정신건강, 오락, 교육, 집단지도, 근린지역사업, 지역사회계획과 개발, 민간 및 문화단체 등 대단히 광범위하다.[20]

최초의 자원봉사국은 1926년 보스턴에 설립되었다. 1970년 현재 미국에는 약 50개의 자원봉사국이 협의회에 통합되어 있거나 긴밀한 관계를 유지하고 있다. 잘 조직되고 활발히 활동하는 자원봉사국의 기능은 다음과 같다.

① 자원봉사활동과 관련해서 사회복지기관들의 자문에 응한다.
② 자원봉사자들을 선발, 면접, 기관에의 알선 등을 통해서 '볼런티어' 를 원하는 개인과 기관에 대해 도움을 준다.
③ 자원봉사활동의 기회, 프로그램의 선정과 개발에 관한 시민조직들의 문의에 응해 준다.
④ 자원봉사 프로그램의 기준을 개발하고 '볼런티어' 를 선발하고 훈련하는 것과 관련해서 사회복지기관들의 공동노력을 조정한다.
⑤ 시민참여에 관한 교육적인 프로그램을 주관하거나 독려하고, 이사들을 위한 연구모임 같은 전문적인 훈련사업을 실시하기도 한다.
⑥ '볼런티어' 들의 중요성을 고취시킨다.
⑦ 이사와 위원을 찾는 사회복지기관에 적합한 인사를 추천해 주는 일을 한다.

---

20. UCFCA, *The Volunteer Bureau: A Handbook on Organization and Operation* (New York: 1967), pamphlet.

(3) 사회서비스교환소

오늘날 사회서비스 교환업무를 수행하고 있는 협의회에 있어서 그 사무는 가정과 개인을 상대로 하는 사회복지기관들이 그들의 클라이언트의 복지를 위해 협력하도록 도와주는 '지역사회정보청산소'(community clearing house)의 역할을 맡는 것이 보통이다. 이 교환소는 클라이언트나 신청자로서 지역사회의 사회복지기관에 등록되어 있는 가정과 개인의 명단(card index)을 비치하는 것이다. 이 카드에는 이름, 주소, 연령 등 '객관적인 정보'(identifying information)만이 기재되어 있고, 수혜자나 신청자 가정의 사회적인 조건, 문제나 치료내용 등은 기재되어 있지 않다. 이 카드에는 또한 그 가정에 대해 과거에 문의를 했거나 서비스를 제공했던 기관의 명단도 포함되어 있다.

사회서비스교환소의 운영방법은 간단하다. 한 사회복지기관이 한 가정이나 개인으로부터 어떤 형태의 도움을 신청받게 될 때 그 기관은 교환소에 그 가정에 대해 어느 기관이 서비스를 제공해 왔는지를 문의한다. 만일 이 클라이언트에게 서비스를 제공한 기관이 있다면 그 기관과 협의해서 서로의 서비스가 중복이나 갈등을 빚지 않는 방향으로 클라이언트를 도와줄 수 있는 것이다. 클라이언트에 대한 이와 같은 정보의 교환은 보건과 복지기관에만 국한되며 모든 기록은 비밀이 보장되는 것이다.

이 사회서비스 교환활동은 1870년대에 자선조직화운동에서 시작되어 1950년대까지 미국의 케이스워크 분야에서 중요한 위치를 차지했다. 그러나 1960년대에 들어와서는 시카고, 클리블랜드, 뉴욕, 필라델피아, 피츠버그, 버펄로 등 대도시를 제외하고는 그 활동이 매우 약화되었다. 1969년에 활동을 계속하고 있는 교환소의 수는 42개인데, 그중 17개소는 중앙계획 혹은 재정지원기관에, 그리고 14개소는 지방정부의 복지과(Public Welfare Departments)에 속해 있었고, 6개소는 독립기구였으며, 5개소는 지역공동모금의 지원을 받는 민간기관에 속해 있었다.

(4) 조사와 통계서비스

협의회의 이상적인 업무가 적절한 자료를 근거로 하여 계획을 수립하고 실천하는 것이라고 한다면, 협의회의 모든 프로그램은 조사와 통계서비스에 밀접히 관련될 수밖에 없다고 할 것이다. 협의회, 위원회 그리고 회원기관들이 필요로 할 정보는 다음과 같다.

① 지역사회에 관한 내용, 즉 지리, 역사, 정부, 인구, 경제와 사회구조 그리고 지역사회생활의 여러 국면

② 지역사회에 있는 사회복지서비스와 기타 사회복지자원(예: 민간조직)의 성격, 정도, 역사에 관한 자료

③ 사회복지서비스의 내용, 양, 비용 등에 관한 자료

④ 지역사회의 충족되지 않은 욕구와 문제에 관한 자료, 즉 욕구와 지표, 서비스의 격차, 그리고 사회복지기관들의 클라이언트 취급 현황 등

⑤ 사회복지서비스의 효과성에 관한 자료, 협의회는 사회복지서비스를 효과적으로 측정하기 위한 척도(yardsticks)에 관해 여러 공·사 기관들과 정보를 교환한다.

⑥ 다른 지역사회의 복지서비스에 관한 자료는 참고, 비교, 제안 등의 목적을 위해서 필요하다.

협의회는 기관들로부터 그 지역사회의 보건과 복지서비스에 관한 자료를 정기적으로 수집하고 통계를 비치하는 것이 보통이다. 협의회는 자료처리실, 도서실 등을 갖추고 사회복지서비스에 관한 일체의 정보를 구비해야 할 뿐만 아니라 사회복지기관에 관한 총람, 지침서, 혹은 정보자료를 발행해야 한다.

일반적으로 대규모 협의회는 하나 혹은 그 이상의 조사와 연구를 행

한다. 이러한 조사와 연구는 협의회의 회원이 되고자 신청한 기관에 관한 것에서부터 지역사회 전체의 복지에 관한 본격적인 성질의 조사 등 다양하다. 어떤 조사는 협의회의 조사실에 의해 직접 수행될 수도 있고, 또 조사실은 자체조사를 실시하고 있는 기획단이나 위원회에 대해 자문을 해 줄 수도 있다. 경우에 따라서는 외부의 조사나 직원의 연구에 대해 매개적 혹은 협력적 역할을 수행할 수도 있다. 조사실은 회원기관들의 실태파악과 조사활동에 자문을 해 줄 수도 있다. 또한 조사실은 사회사업대학원, 연구기관 등과 공동의 조사연구를 행할 수도 있다.

(5) 홍보활동

협의회는 단독 또는 모금회와 공동으로 홍보실을 운영하기도 한다. 홍보를 위한 특별기구가 있든 없든 간에 협의회는 홍보기능을 수행해야 한다. 협의회의 홍보활동은 개별기관의 홍보를 떠맡는 것이 아니고 사회복지 분야에 대한 광범한 홍보를 통해 사회복지기관들의 홍보활동을 돕는 것이다. 이를 위해서 라디오, 텔레비전, 신문 등 대중매체를 이용하기도 하고, 자체의 신문이나 뉴스레터 등을 발행하기도 하며, 특수간행물을 출판할 수도 있다. 협의회는 사회복지기관들에게 홍보와 관련된 자문과 지원을 해 주고, 이사들의 연수, 자원봉사자를 위한 강습, 노동조합, 기업인, 봉사단체와 같은 특수집단을 위한 홍보활동을 전개하기도 한다.

3. 한국사회복지협의회

1) 목적과 기능

우리나라의 사회복지협의회는 6 · 25전쟁 직후인 1952년 2월에 당시 주로 구호활동을 전개하고 있던 민간사회사업기관들의 모임인 한국사회사업연합회로 시작되었다. 이어 1954년 2월에 사단법인으로 허가되고, 1961년 6월에 16개 사회복지단체를 병합하여 한국사회복지사업연합회로 그 명칭이 바뀌었으며, 1970년 5월에 현재의 명칭인 사회복지법인 한국사회복지협의회가 되었다. 1983년 5월에 개정된 사회복지사업법은 협의회를 법정단체화함으로써 사회복지 분야에서의 협의회의 위치와 성격에 있어서 괄목할 만한 변화를 가져오게 하였다.

협의회의 설립 근거에 대해서 사회복지사업법 제33조 1항은 "사회복지에 관한 조사 · 연구와 각종 복지사업을 조성하기 위해 전국 단위의 한국사회복지협의회와 시 · 도 단위의 시 · 도 사회복지협의회를 두며, 필요한 경우에는 시 · 군 · 구 단위의 시 · 군 · 구 사회복지협의회를 둘 수 있다. 시 · 군 · 구 사회복지협의회에 대한 임의규정은 2003년 개정된 사회복지사업법에 포함되었다.

사회복지협의회의 기능은 각 협의회의 수준에 따라 크게 다르지 않으며 단 업무가 해당하는 지역의 범위를 달리하는 것으로 이해된다. 중앙협의회는 ① 사회복지에 관한 조사연구 및 정책건의, ② 사회복지에 관한 교육훈련, ③ 사회복지에 관한 자료수집 및 간행물 발간, ④ 사회복지에 관한 계몽 및 홍보, ⑤ 자원봉사활동의 진흥, ⑥ 사회복지사업 종사자의 교육훈련과 복지증진, ⑦ 사회복지에 관한 학술도입과 국제사회복지단체와의 교류, ⑧ 보건복지부장관이 위탁하는 사회복지에 관한 업무, ⑨ 기타 중앙협의회의 목적달성에 필요하여 정관으로 정하는 사항을 그 업무의 영역으로 한다. 시 · 도 사회복지협의회는 ① 사회복지에 관한 조사연구 및 정책건의, ② 사회복지에 관한 학술도입과 국제사회복지단체와의 교류, ③ 시 · 도지사 또는 중앙협의회가 위탁하는 업무, ④ 그 밖에 시 · 도 협의회의 목적달성에 필요하여 정관으로 정하는 사항을 업무의 범위로 한다.

협의회의 기능은 〈그림 11-4〉에서 볼 수 있는 바와 같이 ① 정부와의 관계, ② 회원 및 관련 단체와의 관계, ③ 지역사회와의 관계, ④ 국제기구와의 관계 등 네 영역으로 나누어지기도 한다.

첫째, 먼저 정부와의 관계에 있어서는 정부가 사회보장제도를 확립하고 추진할 수 있도록 전문적인 도움을 제공하고, 정부가 사회복지시책을 펴나가는 데 있어서 개선을 요하는 것에 대한 건의를 하는 등의 역할을 한다.

둘째, 회원 및 관련 단체와의 관계에 있어서는 사회복지사업기관들이 효과적인 서비스를 제공할 수 있도록 그들의 업무 간에 연락 · 협력 · 조정의 역할과 필요한 사회복지서비스를 개발 · 육성하고 이에 따른 지도를 행하는 등의 역할을 수행한다. 이 기능은 우리가 이미 주목한 대로 협의회가 전통적으로 수행해 온 일차적인 기능이라고 할 수 있을 것이다.

셋째, 지역사회와의 관계에 있어서는 지역사회복지를 증진시키기 위해서 국민들의 적극적인 관심과 참여를 촉진하고, 지역사회주민들의 협동정신을 배양하고, 지역사회의 복지활동에 참여할 지도자를 발굴하고 훈련하며, 지역사회개발에 관한 계획을 수립하고 이를 실천하는 데 따른 지식과 기술을 제공하고 지도를 행하는 등의 역할을 한다. 이 역할은 협의회의 전통적인 계획기능과 서비스제공의 기능을 반영한 것이라 볼 수 있다.

넷째, 국제기구와의 관계에 있어서는 국제사회복지협의회(International

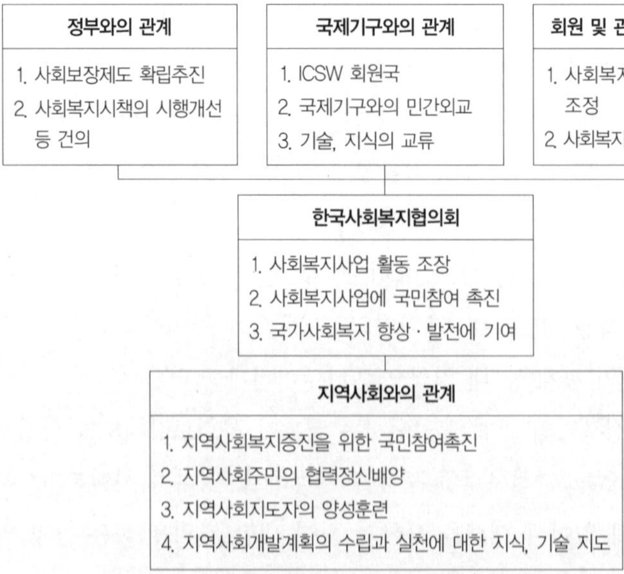

〈그림 11-4〉 한국사회복지협의회의 기능

자료: 한국사회복지협의회, 『한국사회복지총람』(1991), p. 673.

Council of Social Welfare; ICSW)의 회원기관으로서 사회복지 분야에 관한 국가 간의 지식과 기술을 교류하는 기능을 수행한다.

2) 조직과 운영

협의회의 조직은 〈그림 11-5〉에서 보는 바와 같다. 사회복지협의회는 회원과 이사회, 그리고 전문위원회와 지방협의회를 중요한 조직 기반으로 하고 있다.

(1) 회원

협의회의 회원은 협의회 수준에 따라 달라지는데 우선 중앙협의회의 회원이 될 수 있는 자는 ① 시 · 도 협의회의 장, ② 사회복지법인 및 사회

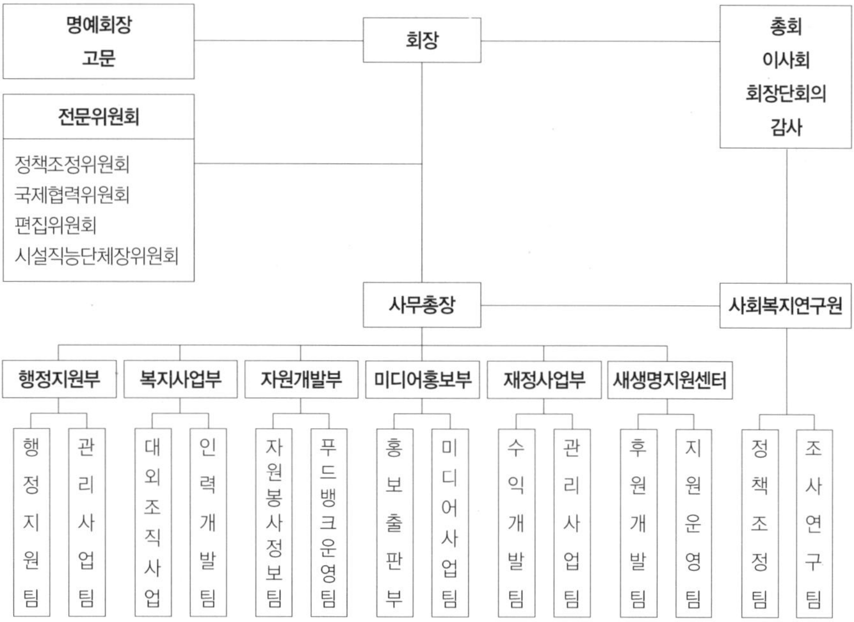

〈그림 11-5〉 한국사회복지협의회의 조직

자료: 한국사회복지협의회 홈페이지(http://kncsw.bokji.net, 2006).

복지사업과 관련 있는 비영리법인의 대표자, ③ 경제계 · 언론계 · 종교계 · 법조계 · 문화계 · 교육계 및 보건의료계 등을 대표하는 자, ④ 기타 사회복지사업수행에 필요하다고 인정되어 중앙협의회의 장이 추천하는 자이며[21] 시 · 도 협의회의 회원이 될 수 있는 자는 ① 시 · 군 · 구 협의회의 장, ② 당해 지역에 주된 사무소가 있는 사회복지법인 및 사회복지사업과 관련 있는 비영리법인의 대표자, ③ 당해 지역의 경제계 · 언론계 · 종교계 · 법조계 · 문화계 · 교육계 및 보건의료계 등을 대표하는

21. 사회복지사업법 시행령 제13조 1항에 명시되어 있다. 이 외에 중앙협의회는 개인회원 자격을 다음과 같이 두고 있다(중앙협의회 홈페이지 http://kncsw.bokji.net/).
 · 전직 또는 현직 정무직 공무원인 자
 · 전직 또는 현직 국회의원인 자
 · 경제단체 및 100인 이상 상시고용 기업체 대표자

자, ④ 그 밖에 지역사회의 복지발전을 위해 시 · 도 협의회의 장이 추천하는 자이다.[22]

시 · 군 · 구 협의회의 회원이 될 수 있는 자는 ① 당해 지역에 주된 사무소가 있는 사회복지법인 및 사회복지사업과 관련 있는 비영리법인의 임직원, ② 당해 지역에 주된 사무소가 있는 사회복지시설의 종사자, ③ 당해 지역의 경제계 · 언론계 · 종교계 · 법조계 · 문화계 · 교육계 및 보건의료계 등에 종사하는 자, ④ 그 밖에 지역사회의 복지발전을 위해 시 · 군 · 구 협의회의 장이 추천하는 자이다.[23] 단체회원으로 시 · 도 협의회장, 직능단체, 전국 규모의 관련 단체 등이 포함된다.

(2) 임원과 이사회

중앙협의회, 시 · 도 협의회 및 시 · 군 · 구 협의회는 임원으로 대표이사 1인을 포함한 15인 이상 30인 이하(시 · 군 · 구 협의회의 경우에는 10인 이상 30인 이하)의 이사와 감사 2인을 둔다. 이사와 감사의 임기는 3년으로 하되, 각각 연임할 수 있으며, 정관의 규정에 따라 선출방법과 자격요건을 정한다.

각 협의회에 이사로 구성되는 이사회를 두는데 이사회는 정관이 정하는 바에 따라 각 협의회의 업무에 관한 주요사항을 심의 · 의결한다. 대표이사는 이사회를 소집하고, 그 의장이 된다. 기타 이사회의 운영에 관하여 필요한 사항은 정관으로 정한다.

- 공인된 대학의 부교수 이상의 직에 있는 자로서 사회복지 발전에 공헌을 할 수 있는 자
- 행정기관의 4급 이상 공무원으로서 사회복지 관련 업무에 5년 이상 재직한 자
- 사회복지사업에 20년 이상 실무경험자
- 경제인 · 언론인 · 종교인 · 예술인 · 체육인 · 문인 · 보건의료인
- 그 밖에 이 회의 발전에 기여할 수 있다고 인정하여 회장이 추천하는 자

22. 사회복지사업법 시행령 제13조 2항.
23. 사회복지사업법 시행령 제13조 3항.

(3) 전문위원회와 지방협의회

협의회는 "업무를 사회복지의 분야별로 효율적으로 수행하기 위하여 사회복지에 관한 전문지식과 경험이 풍부한 자로 구성되는" 전문위원회를 둔다. 2005년 현재 정책조정위원회, 국제협력위원회, 편집위원회, 시설직능단체장위원회 등 4개의 전문위원회를 두고 있다.

협의회는 서울특별시 · 광역시 및 각 도에 그 행정구역을 관할하는 시 · 도협의회를 두고 있으며, 또한 시 · 군 · 구 단위의 협의회를 설치할 수 있도록 하고 있다. 2005년 현재 16개 시 · 도와 90여 개의 시 · 군 · 구 사회복지협의회가 설치 · 운영되고 있다.

(4) 사업

협의체의 사업은 시기마다, 그리고 협의체 수준마다 기본사업은 유지되나 약간씩 다르다. 2005년 현재 협의회의 주요 사업을 보면 조사연구, 국제협력, 지방협의회육성, 시설평가, 푸드뱅크, 교육훈련, 홍보출판, 어린이에게 새생명을, 복지넷, 자원봉사인증, 시설회계 등이 포함된다.

조사연구를 위해 2002년부터 사회복지연구소(2006년 연구원으로 개칭)를 신설하고 사회복지관련 연구를 매년 지원하고 있다. 국제협력 분야에서는 국제사회복지협의회 회원국으로서 1954년부터 국제교류를 해오고 있으며 지방협의회육성과 관련해서는 최근 시 · 도 협의회 외 시 · 군 · 구 협의회 확대에 주력하고 있으며 각 지방협의회의 역할 정립에 대해 노력이 이루어지고 있다. 최근에는 법으로 규정된 사회복지시설평가를 실시하게 되었으며 2000년부터 전국푸드뱅크로 협의회가 지정되었다.

민간종사자를 대상으로 하는 각종 교육사업이 활발하게 진행되고 있으며 『주간 사회복지신문』과 『계간 사회복지』를 비롯하여 각종 자료의 출판이 이루어지고 있다. 1990년부터 시작된 '어린이에게 새생명을' 이라는 사업은 소아암, 백혈병 환아들의 완치를 위해 언론기관과 대국민 홍보 및 모금을 하는 목적으로 운영되고 있으며 사회복지 및 자원봉사 등 각종 관련 정보를 제공하기 위해 운영되는 복지넷은 2004년 8월 현재 회원 수가 22,321명, 월 이용 건수가 10만여 건에 이른다. 자원봉사인증제는 봉사활동실적의 인증관리와 인정 및 보상체계 마련, 자원봉사활동의 효율적 운영관리 등을 목적으로 실시되고 있으며, 사회복지시설의 회계체계를 지원하기 위한 프로그램 개발 등의 사업이 운영 중에 있다.

3) 활동에 대한 평가

우리는 지금까지 협의회의 목적, 기능, 업무, 조직에 관해서 사회복지사업법과 협의회의 정관을 중심으로 살펴보았다. 우리나라에 협의회가 발족된 지 오랜 세월이 흘렀고, 협의회가 한국 사회복지 분야의 발전에 미친 공헌에 대해서는 높이 평가해야 되겠으나, 또한 개선해야 할 문제점도 상당히 있는 것으로 판단된다. 여기에서는 협의회가 그 동안에 이룩했던 많은 성과에도 불구하고 문제점에 대해 간단히 살펴보고, 개선해야 할 점에 대해 몇 가지 제안을 해보기로 한다.

첫째, 조직구조 면에서 볼 때 협의회의 대부분이 사회복지시설장들로 구성되어 있다. 이러한 인적 구성은 협의회의 발전 과정 또는 조직구조상 필연적 결과라도 볼 수 있다. 협의회의 생성동기 면에서 미국의 협의회가 복지를 위한 지역사회의 자원을 효율적으로 동원해야 할 사회복지기관들의 필요성에서 시작되었다면 우리나라의 협의회는 사회복지사업기관들 간의 유기적인 관계를 통해서 사회복지사업을 발전시키자는 다분히 형식적인 동기에서 출발되었고 아직도 그러한 전통에 머물러 있다고 할 수 있다. 협의회는 "회원 단체 상호 간의 연락조정 및 협의"를 그 업무로 명시하고는 있으나 회원 단체들 간의 제반문제를 조정하기 위한 전문성(expertise)이 결여되어 실질적인 역할을 수행하기에는 미흡하다고 하지 않을 수 없다. 한편 지방협의회의 경우 회원으로 참여할 인적자원이 풍부하지 않아 구성이 어려움은 더욱 크다. 따라서 지역사회의 복지에 대한 논의를 이끌어가기에 적절하지 않은 구성이 되기 쉽다.

둘째, 사업내용 면에서 보면 앞에서 언급했던 것처럼 사업내용은 정관에 명시된 사업을 대부분 실시하는 것으로 나타났지만 예산지출은 미약한 수준에 머무르고 있다. 특히 예산지출을 보면 정부의 위탁사업과 지방협의회 육성사업비가 많은 비중을 차지하고 있다는 것은 자체사업의 내용은 빈약하다는 것을 말해 주고 있다. 이는 재정지원의 대부분을 정부에 의존하고 있는 당연한 결과일지 모른다.

셋째, 정부 및 직능단체와의 관계에서 보면 먼저 정부와의 관계에서 협의회는 정부에 지나치게 종속적 위치에 머무르고 있다는 것이다. 이는 예산지원의 절대권을 행사하는 이유로 당연한 것으로 볼 수 있지만 민간복지기관의 협의체라면 이러한 관계설정은 재고해야 할 것이다. 결국 여러 가지 사업을 중심으로 재원의 견고함을 다져나가게 되는데 사업의 확장은 다른 기관들과의 갈등 소지가 될 수 있다. 자체적인 재원확보를 위한 노력과 그 재원에 기초한 자율성이 관건이다. 협의회가 다른 조직들과 대비하여 협의회의 성격으로 강조하는 것이 민간조직이라는 점이다. 진정 민간조직으로서 역할을 하려면 자율성 확보를 위한 노력이 절실하며 정부지원의 비중을 더 확대하는 방향으로 사업이나 운영의 틀을 구축하는 것은 위험하다.

이와 같은 협의회에 대한 평가와 더불어 협의회의 발전을 위해서는 몇 가지 원칙에 입각해야 한다. 첫째, 신뢰성의 원칙이다. 이는 협의회가 그동안 많은 성과에도 불구하고 예산의 정부의존성으로 말미암아 정부지원의 확대와 축소에 따라 사업내용은 물론 조직운영 면에서 제약을 받아 왔다는 것은 부인할 수 없다. 그 결과 협의회가 관변단체라는 사회적 불신을 초래한 점도 존재한다. 따라서 지역사회주민 및 사회적 인식에 있어 신뢰성을 확보하는 것이 조직활성화와 직결된다는 의미이다. 둘째, 전문성의 원칙이다. 협의회는 사회복지기관의 조정 및 협의기관, 정책건의기관으로서 그 기능을 충실하기 위해서는 사회복지욕구의 발견과 이에 대한 전문 프로그램 개발 · 보급은 물론 대국민 홍보도 중요하다. 이러한 사업을 수행하기 위해서는 전문성에 기초를 두어야 한다. 셋째, 효율성의 원칙이다. 협의회는 업무의 효율성과 조직운영의 효율성을 동시에 제고해야 한다.

이러한 기본원칙에 입각하여 협의회의 발전을 위해서 다음과 같이 제언하고자 한다.

첫째, 협의회가 원래의 목적상 사회복지기관의 조정 및 협의기능과 지역사회복지의 중추기관으로 위상을 갖추기 위해서는 지역사회주민의 공통된 욕구를 해결하기 위해 지역사회의 복지기관은 물론 시민조직, 사회단체 등이 광범위하게 참여하는 구조를 만들어야 한다.

둘째, 사회복지협의회의 전문화가 이루어져야 한다. 실로 우리나라 사회복지의 모든 분야와 기관에서는 전문화가 요청되고 있으나 특히 협의회의 전문화가 절실하다고 하겠다. 이 점은 오늘날 미국의 사회복지협의회에서 일하고 있는 전문직원들이 전문가로서의 자질에 있어서나 대외적인 위신이나 처우 면에 있어서 다른 사회사업기관을 앞지르고 있다는 데서 알 수 있다. 또 미국의 초기 협의회운동에서 분야별 장은 사회복지 분야의 원로들이었고, 협의회장은 지역사회의 사회사업 분야의 '학장'(dean)이었던 것이다.[24] 우리나라의 협의회도 조사, 계획, 조정면

24. John E. Tropman and Elmer G. Tropman, "Community Welfare Councils," in *Encyclopedia of Social Work* (New York: National Association of Social Works, 1977), p. 188.

에 있어서 탁월한 전문지식과 기술을 갖춘 직원을 보유하여 한국 사회복지기관들의 '간판적' 인 역할은 물론 전문적인 프로그램을 개발 · 보급해야 할 것이다.

셋째, 우리나라 사회복지협의회의 업무 및 조직운영의 효율성을 위해서는 지방조직을 활성화해야 한다. 현재 협의회에서는 지방협의회의 조직을 강화하기 위한 노력을 계속하고 있다. 우리가 과거에 경험했던 것처럼 형식적이고 관료적인 비대화를 위한 지방조직을 만들 것이 아니라 지방협의회가 해당 지역사회의 복지활동을 주도할 수 있는 명실상부한 지역복지협의회(community welfare council)가 되도록 해야 할 것이다. 우리나라의 사회복지서비스 전달체계가 상부하달적이고 수직적인 탓으로 '손발이 없는 머리' 만 움직이는 조직이 되고 있으며, 사회사업이 내세우는 가장 일차적인 가치인 '지역주민의 특성에 맞는 서비스' 가 소홀히 되고 있다. 지방협의회는 중앙협의회의 지시를 이행하는 조직이 되어서는 안 되며, 해당 지역사회의 복지증진을 위한 자발적 · 주체적 조직체가 될 수 있어야 할 것이다.

제12장 지역공동모금회

1. 개요

현대 산업사회에 있어서 국가의 복지를 증진시키는 일차적인 책임이 정부에 있다는 인식이 두드러지게 나타났다. 그러나 최근 민간부문의 역할이 더욱 강조되는 경향이 있다.[1] 오늘날과 같이 사회복지 대상자 집단의 규모가 커지고 이들의 문제가 복잡성을 띠어 가고 욕구가 다양해질수록 보다 전문적인 서비스의 중요성은 증대되며, 이에 따라 민간부문의 역할이 더욱 강조된다고 할 것이다.

민간사회복지기관이 자율성을 가지고 전문적인 서비스를 제공하기 위해서 가장 시급히 해결해야 할 과제는 운영에 필요한 충분한 재원을 확보하는 일이다. 민간복지기관의 수입원은 정부의 보조금, 외국기관과 단체의 원조, 자체수입, 회비, 일반헌금 등 다양하다. 이들 수입원 중 어느 것에 의존하느냐 하는 것은 사회복지기관의 사업성격에 따라 달라진다. 우리나라의 경우 저소득계층이나 국민기초생활보장제도 수급자를 서비스대상으로 하고 있는 사회복지 생활시설이나 사회복지관 등은

1. 서상목 · 최일섭 · 김상균, 『사회복지 전달체계의 개선과 전문인력활용방안』(한국개발연구원, 1988), p. 170.

주로 정부의 보조금에 의존하고 있으며, 그 밖의 전문 사회복지서비스 기관들은 회비, 사업수입, 찬조금 등에 의존하고 있다. 그러나 어떠한 경우에도 정부에의 의존성이 강하고, 그 수입이 기관의 운영과 사업에 충분치 못한 것이 일반적인 실정이다. 또 우리나라의 민간사회복지기관이 선진국과 두드러진 차이를 보이는 것은 지역사회주민들로부터 재정적인 지원을 거의 받지 못하고 있다는 것이다.

민간사회복지기관에 대한 주민의 참여방법은 재정적인 지원, 자원봉사, 회원, 이사회나 각종 위원회의 참여 등 다양하지만 특히 재정적인 지원을 통한 참여가 가장 중요함에도 불구하고 부진한 것이 우리나라의 실정이다. 사회복지시설에 대한 지역주민의 재정적 지원은 제한된 규모의 개인이나 사조직들에 의해서 특정 시기에 임시적으로 행해질 뿐 조직적이고 정기적인 참여는 거의 없는 상태다.

우리나라에서 현재 실시되고 있는 각종 복지 관련 모금(즉 불우이웃돕기성금, 재해대상자 모금, 사회복지사업 기금모금, 대한결핵협회의 크리스마스 실, 구세군의 자선냄비모금, 백만인걷기운동, 아동 및 노인결연사업 등)은 수혜대상자에게 직접 전달되는 자선적 · 구호적 · 일시적인 주민참여가 되고 있을 뿐 사회복지기관들의 활동을 지원해 주는 조직적이고 지속적인 주민참여라고 보기는 어렵다. 따라서 이러한 성금에 의해 직접 · 간접으로 혜택을 입는 사회복지시설이나 기관들도 지역사회주민들로부터 도움을 받고 있다는 인식을 갖지 못하는 실정이다. 우리나라의 모금 및 성금이 갖는 또 하나의 폐단은 기부자의 자발적인 참여보다는 강요에 의한 경우가 적지 않다는 사실이다. 사회복지의 성금에 참여하고 있는 기업들은 이를 준조세라 생각하고 있을 뿐만 아니라 일반 국민들도 이른바 정경유착의 표본이라고 간주하는 경향이 있다.

민간사회복지기관에 대한 주민의 조직적이고 지속적인 참여를 도출해 내는 방안으로서 세계 여러 나라에서 실시하고 있는 것이 지역공동모금제(Community Chests, United Funds, United Way)다. 이 제도는 1887년 미국 덴버 시 자선조직협회(C.O.S.)에서 23개 회원기관 중 15개 사회복지기관이 무분별한 자선운동을 탈피하고 사회복지사업의 전문화를 도모하기 위해 공동으로 모금한 것을 시작으로 1895년까지 재정난에 허덕이고 있는 수많은 자선기관들을 돕기 위해 미국의 100여 개 시로 확대되었다.[2] 현재 북미, 유럽, 아시아, 태평양 지역 국가 등 세계 여러 나라에서 실시되고 있다.

우리나라는 1997년 3월 사회복지공동모금법을 공포하고 1998년 7월부터 시행에 들어갔다. 여기에서는 지역공동모금의 목적과 특성, 외국의 지역공동모금제의 조직구조, 모금 및 배분방법 등에 관한 유형을 살펴보고 우리나라의 공동모금회를 고찰하기로 한다.

2. 지역공동모금제의 목적과 특성

1) 지역공동모금제의 목적

민간사회복지기관에 대한 주민의 조직적이고 지속적인 참여를 구조화시키는 방안 중 하나로 제시되고 있는 것이 지역공동모금제도다. 공동모금의 주요 목적은 지역사회주민의 욕구를 충족시키기 위해 가장 효과적인 기부금을 통한 민간사회복지의 재원조성에 있다. 그리고 기부금을

2. 미국 공동모금의 명칭의 변화를 살펴보면 1918년에 Community Chest라는 명칭을 처음 공식적으로 사용했고, 1949년에 United Fund, 1963년에 United Way라는 용어가 사용되었으며, 1970년에 공동모금을 담당하는 전국 조직도 미국공동모금연맹(United Way of America)으로 개칭되어 오늘에 이르렀다. 이는 사회 · 경제적 변화와 더불어 공동모금을 담당하는 조직의 활동, 구조, 그리고 조직명칭의 변경에 따라 공동모금에 관한 용이도 변화되었음을 의미한다. 이에 대한 자세한 내용에 대해서는 United Way of America, *People and Events: A History of the United Way*, 1977; Eleanor L. Brilliant, *The United Way* (New York: Columbia University Press, 1990), Chapter 1과 2를 참조하기 바란다.

통해 민간사회복지기관의 재정운용의 안정성을 부여하여 사회복지서비스 프로그램의 전문화를 촉진시키고 질적 수준을 높일 수 있다는 것과 지역사회주민들의 지역사회복지증진에 참여할 수 있는 기회를 제공하는 것이라 할 수 있다.

특히 우리나라 민간사회복지기관의 경우 가장 중요하게 제기되는 문제는 재정적인 어려움이며, 이러한 현실은 재정의 대부분을 정부보조금에 의존하기 때문에 정부 예속성을 피할 수 없고, 사회복지기관의 자율성을 살릴 수 없는 결과를 야기하고 있다. 또한 민간복지분야에서 재원조달과 활용상의 문제점으로 지적되고 있는 국가의 사회복지 재정지원의 불충분성, 각종 사회복지 관련 기금의 모금방법과 배분의 비효율성, 자발적인 참여부족, 모금활동의 전문성 부족 등은 새로운 민간복지의 재원조달방식, 즉 공동모금제도를 요구해 왔다.

이러한 현실적인 이유와 함께 공동모금제의 실시가 필요한 이유는 다음과 같다.[3]

첫째, 무분별한 자선사업의 난립을 막고 지역주민이 신뢰할 수 있는 민간모금단체가 생길 수 있다. 순수한 사회복지정신이 상업주의에 악용당하는 사례가 많으며, 이것의 영향으로 국민들은 사회복지에 대해 부정적인 시각을 갖기도 한다. 이러한 폐단을 시정하고 사회복지사업이 국민에게 신뢰를 받을 수 있도록 하기 위해서도 공동모금제도의 실시는 필요하다.

둘째, 지역사회주민의 참여기회를 제공함으로써 지역주민들의 자원봉사정신을 함양시킬 수 있다. 즉 지역사회별로 공동모금기구가 결성되면 그 지역주민들이 이사회 등 각종 위원회 구성원으로 참여함으로써 자신들이 가장 잘 알고 있는 지역욕구에 맞춰 자금을 배분할 수 있게

3. 이창호, 「공동모금의 현재와 미래」(1993), pp. 2-3(이웃돕기운동추진협의회, 『각국의 공동모금』(1994), p. 10에서 재인용).

〈표 12-1〉 미국 공동모금조직의 핵심가치와 지원 프로그램의 내용

구 분	내 용
핵심가치 (core values)	• 지역사회 문제해결 촉진 • 포괄성(inclusiveness) • 단일 전국모금캠페인 • 연중 커뮤니케이션 • 지역사회 기금배분
지원 프로그램 (supportive programs)	• 전문가 개발 프로그램 • 자원봉사자 개발 프로그램 • 관리지원(management assistance) 프로그램 • 정보와 의뢰(referral) 프로그램 • 정부관계(공공정책에 영향) • 기관관계 및 유치(outreach) 프로그램 • 전략적인 계획과 관리 프로그램 • 조사와 정보과정 프로그램

자료: United Way of America, *United Way: Standards of Excellence* (1988), p. 6.

된다. 결과적으로 지역주민들은 자신들의 지역사회문제에 보다 많은 관심을 가지게 되고, 문제해결에 스스로 참여하는 자원봉사정신, 더 나아가 지방자치 민주주의 정신을 함양시키는 큰 효과를 기대할 수 있다.

셋째, 사회복지서비스의 프로그램의 전문성의 제고에 기여할 수 있다는 것이다. 19세기 말 미국에서 공동모금이 처음 등장하던 때 이를 '과학적 자선'(scientific charity)이라고 불렀듯이 공동모금은 서비스의 전문성 더 나아가 사회복지사업의 과학화에 기여할 수 있기 때문에 필요하다고 본다. 지금처럼 비전문가들에 의해 아무런 객관적 기준 없이 배분이 이루어질 경우 오히려 중복 또는 누락되어 형평성의 문제를 야기한다. 따라서 기부금의 배분은 단지 나누는 것에 그칠 것이 아니라 전문사회사업가(social worker)들에 의해서 사회복지서비스와 함께 이루어질 수 있도록 해야 하며, 이를 위한 프로그램의 개발 및 평가가 선행되어야 한다. 예를 들어 미국의 공동모금조직(United Way of America; UWA)이 표방하는 주요 가치와 지원 프로그램을 살펴보면 〈표 12-1〉과

같다. 이러한 프로그램과 전략을 통해 사회복지사업의 전문화와 과학화에 기여한다고 볼 수 있다.

2) 지역공동모금제의 특성과 사회적 기능

지역공동모금회는 지역사회의 복지욕구를 충족시키기 위해 노력하는 민간봉사조직들을 원조하기 위해 자원봉사자들에 의해 만들어지고 운영되는 시민들과 복지기관들과의 협동적인 조직이라 할 수 있다. 그러므로 공동모금활동은 민간조직을 통한 민간인들의 자원봉사활동에 의한 민간운동이라 할 수 있으며, 이러한 운동은 지역사회를 바탕으로 '모두를 위한 한 번의 기부'의 원리를 통해 기부의 일원화를 달성하고 이렇게 모금된 기금을 보다 효율적으로 활용하는 원칙에서 출발했다. 그리고 모든 것을 공개적으로 수행함으로써 기부자들의 신뢰를 구하고 나아가 여론의 형성을 통해 사회복지의 향상을 도모할 수 있다. 구체적으로 공동모금이 가지고 있는 특성과 사회적 기능에 대해 개략적으로 살펴보기로 한다.[4]

(1) 특성

첫째, 봉사활동으로서의 민간운동의 특성을 띤다. 현대사회에서 민간복지부문의 역할이 크고 그 활동에 대한 기대가 점증되고 있는 것은 주지의 사실이다. 그러나 민간복지부문을 건전하게 유지 · 발전시키기 위해서는 민간복지조직들의 노력만으로는 재정구조의 취약성으로 어려움이 있다. 따라서 보다 나은 발전을 위해서는 사회 전체의 의사와 노력이 뒤따라야 한다. 즉 사회구성원인 주민들의 상부상조 정신을 바탕으로 자

4. 류기형, 「지역공동모금제에 관한 연구」, 서울대학교 박사학위논문(1991), pp. 13-20(이웃돕기운동추진협의회, 앞의 책, pp. 3-9에서 재인용).

유로운 입장에서 기부하는 기부금을 민간복지부문을 위해 활용하고, 민간활동으로서의 특색을 발휘할 수 있는 공동모금제도를 활용하는 것이다. 공동모금운동은 사회연대 · 상부상조의 정신을 바탕으로 지역주민의 자주적 봉사활동으로서 전개되는 중요한 민간복지활동이라 할 수 있다.

둘째, 공동모금은 지역사회를 중심기반으로 한다. 앞서 언급한 바와 같이 민간복지부문의 보다 나은 발전을 가져오기 위해서는 사회 전체의 의사와 노력의 수반이라는 전제가 필요하다고 했다. 이는 시민참여에 의해 이루어질 수 있고 또 그렇게 되어야 가능할 것이다. 즉 민간의 자발적인 노력과 협조정신에 의해 지역사회의 사회복지사업이 자율적인 활동에 의해 이루어지도록 해야 한다. 지역사회를 단위로 해서 그 지역주민들에 의해 설립된 지역공동모금회는 거주자(=기부자)와 그 지역사회에 있는 수혜자(=민간복지조직들)의 협력에 의해 자주적으로 그 지역의 특성에 맞추어 지역사회의 복지증진을 꾀하는 것을 특성으로 한다. 따라서 지역주민을 동원함으로써 지역사회의 문제에 대한 해결책에 영향을 미치는 공동모금회의 능력은 가장 중요한 특성 중 하나다.

셋째, 효율성과 일원화의 특성이다. 사회복지사업에 있어서 민간활동은 항상 시대의 요청에 부응하여 자발적이고 개척적인 자세로 운영되며, 사업내용도 다양하게 이루어져 왔다. 그러나 이런 상황에서 각 시설이나 단체들이 각각 개별적으로 기부금을 모집하게 되면 여러 가지 낭비와 어려움에 직면하게 되는데, 특히 기부자의 경우 횟수가 거듭됨에 따라 재정부담을 느낄 뿐만 아니라 기부금액을 결정하는 객관적인 평가기준 또한 없다. 그러므로 기부자의 선의를 가장 효율적으로 활용하기 위해서는 모금을 일원화하여 지역사회를 대표하는 공동모금회가 기부자를 대신하여 면밀한 조사와 적정한 평가를 통해 배분함으로써 기부금을 효율적으로 활용할 수 있는 것이다. 그 밖에 일원화의 또 다른 합리성은 기부금 모집에 대한 노력, 시간, 경비를 절약할 수 있다는 점이다. 즉 기부금의 모집, 관리, 배분을 일원화함으로써 통합적인 조정도 도모할 수 있기 때문에 이에 따른 효율성도 기할 수 있다.

그런데 여기서 유의해야 할 것은 개별모금을 단순히 하나로 정리하는 것만으로는 진정한 공동모금이라 할 수 없으며 일원화라고 하여 모금행위의 통제를 의미하는 것은 아니다. 왜냐하면 공동모금은 기부자인 지역사회의 거주자를 주체로 하는 운동이며, 기부자가 사회인으로서 공동책임에 입각하여 지역 내의 민간복지사업에 필요한 기부금을 자발적으로 보장하려는 것이기 때문이다. 따라서 기부금을 배분받는 시설 및 단체의 별도 모금을 단순히 금지하여 일원화하는 것이 아니라 별도의 개별모금의 필요성을 없애는 것이 이 운동의 본래의 의도이다.

넷째, 공표다. 공동모금회는 갹출한 기부금의 관리와 배분을 기부자의 신탁에 의해서 실행하는 것이기 때문에 모든 면에서 명확하게 해야 한다. 즉 공동모금회는 모금 실시에 앞서 각 회원시설 및 단체들로부터 신청된 필요액을 심사하여 배분계획을 세우고 모금 목표액을 결정한다. 이 내용을 공표함으로써 기부자인 지역주민에게 필요액에 관한 이해를 구함과 동시에 모금결과에 대해서도 공표하고, 기부금의 배분이 종료된 후에도 그 결과를 새로이 공표한다. 이와 같이 모든 것을 공표하여 운영한다는 원칙은 공동모금의 성격상 당연한 것이며, 그것은 모금을 위한 필요에서뿐만 아니라 사회복지사업의 사회화를 위해서도 중요성을 가지고 있다.

다섯째, 전국적인 협조를 도모할 수 있다. 공동모금제도는 지역성을 특성으로 하고 있지만 공동모금은 전국적으로 일제히 전개하는 것이 바람직하다. 왜냐하면 각 지역공동모금회는 전국적인 협조관계를 유지하면서 같은 기간 동안 전국 일제히 공동모금운동을 전개하고 여론에 강력하게 호소하여 국민 한 사람 한 사람이 이 운동을 이해하고 이 운동에 참가하도록 호소해야 하기 때문이다. 그리고 특히 공동모금의 사명이 민간복지부문의 재원을 확보하는 것에 있는 것은 당연하지만 상부상조 국민운동으로서 더 큰 의의가 있기 때문이다. 그러나 지역의 자주성, 즉 지역성의 특징이 지역 '에고이즘'으로 전락하는 경우 국민의 상부상조 정신과는 모순되는 것이므로 각 지역의 자주적 활동이 상호협조하여 운동이 전개될 때 사회연대 정신의 고양이라는 또 하나의 사명을 이룩할 수 있다.

(2) 사회적 기능

공동모금활동의 사회적 기능은 공동모금의 필요성과 관련하여 가장 우선적인 것으로 합리적인 기부금 모금을 통한 사회복지자금의 조성을 들 수 있고, 이와 함께 주민의 참여증대를 통한 국민의식의 고양, 사회복지에 관한 이해의 보급과 여론형성 등을 들 수 있다. 더 나아가 궁극적으로는 주민들의 민주사회의 시민으로서의 권리와 책무를 수행하게 하는 장으로서의 기능을 한다고 볼 수 있다. 구체적으로 공동모금의 사회적 기능을 살펴보면 다음과 같다.

첫째, 합리적 기부금 모금을 통한 사회복지 자금조성의 기능이 있다. 현실적으로 민간복지부문이 재정적인 문제로 인해 자율성을 가지고 양질의 서비스를 제공하지 못하고 있는 실정이다. 이를 타개하기 위한 방안인 공동모금은 지역주민들의 적극적인 참여와 이를 통한 재원확보는 본래의 취지에 비추어 당연한 것이다.

민간사회복지사업의 재정적 지원을 하는 형태로는 기부금 외에 의연금, 찬조금, 회비 등 다양하지만 본질적인 의미는 동일하며, 기부금을 갹출하는 방법에도 여러 가지 형태가 있으며 공동모금은 그 하나의 형태이다. 그러나 단순히 다수인이 공동으로 모금을 한다고 해서 공동모금은 아니다. 즉 공동모금이 가지고 있는 일정한 특성을 구비하지 않으면 공동모금의 명칭으로 가치가 없다고 할 수 있다. 그중 사회복지자금조성과 관련하여 가장 중요한 것은 앞에서 언급한 공동모금의 특성 중 지역성과 효율성 및 일원화의 특성이다. 즉 '각 지역을 단위로 빠짐없이 실시하는 기부금 모집'이며 수동적인 입장에서의 '모집'이 아니고 지역사회주민이 주체가 되어 조직적 · 합리적으로 기부금을 갹출하는 것이다. 그리고 '공동'이라 하는 것은 사회의 의미이며 그것은 지역사회와 동의어이고 각 지역사회를 단위로 해서 그 거주자(=기부자)와 민간사회복지조직들(=수혜자)과의 협력에 의해 자주적으로 그 지역의 복지증진을 꾀할 것을 특성으로 한다. 또한 기부금의 일원화를 통해 시간, 노력, 경비를 절약하고 여러 가지 낭비와 불편을 최소화함으로써 합리성을 확보할 수 있다. 따라서 공동모금회는 지역성과 효율성 및 일원화의 특성을 바탕으로 합리적 · 기부적 모금을 통한 사회복지 자금조성이라는 하나의 사회적 기능을 수행하는 것이다.

둘째, 국민의 상부상조정신 고양의 기능을 들 수 있다. 공동모금의 바탕이 되는 것은 상부상조 정신이며, 시대를 초월한 인류사회 본래의 윤리성에 기초하여 이타주의, 인도주의, 사회적 연대 등의 개념과 관련하여 나타나고 있다. 즉 이타주의는 다른 사람을 도와야 한다는 신념, 느낌, 태도 혹은 이념으로 개인적인 기초 위에서 외적인 자원으로부터의 보상에 대한 기대 없이 다른 사람을 돕는 행동이라 할 수 있으며, 이러한 이타주의가 사회 전체적으로 혹은 사회 한 부분 내에 널리 확산될 때 일반적으로 인도주의로 지칭될 수 있다. 사회적 연대는 이러한 이타주의와 인도주의를 바탕으로 타인을 돕는 활동을 통해 형성될 수 있는 성원 상호 간의 공동의 연대의식이며 공동체 생존의 바탕이 되고 복지사회 결속의 바탕이 된다. 따라서 공동모금활동은 홍보활동을 통해 이러한 이타주의, 인도주의, 사회적 연대의식 등을 표출시키도록 하고 또한 이를 결집시켜 상부상조 정신을 고양시키고 더 나아가 지역사회를 강화하는 수단으로서의 기능을 수행하게 된다.

셋째, 사회복지에 관한 이해의 보급과 여론형성의 기능이 있다. 이 기능은 공동모금의 공표의 특성과 밀접한 관련을 가지는 것으로, 공동모금회는 모든 것을 공표함으로써 사회복지에 관한 이해를 보급하고 여론을 형성할 수 있다. 즉 국민 한 사람 한 사람이 사회복지에 관심을 가지고 이해를 하도록 하는 사회적 기능을 행하는 것이다. 자원의 배분 또는 사회비용의 사용은 빈곤의 감소 또는 불평등의 해소와 밀접한 관련을 가지고 있다. 특히 타운센드(Townsend)가 제시한 것처럼 "사회적 서비스의 목표가 사회적 평등과 사회정의를 포함한다"는 것이 널리 받아들여지고 있는 바와 같이 공동모금활동에 의해 모금된 기금은 배분계획에 따라 배분되어 지역주민들을 위한 여러 가지 서비스 및 기회를 제공함으로써 사회적 평등화와 사회정의 실현에 기여할 수 있다. 이렇게 될 때 비로소 여론에 의해 사회복지의 방향이 추진될 수 있으며, 이는 민주주의의 원리에 입각하여 복지국가 건설을 목표로 하는 기초적인 과정이다. 자발적으로 기부금을 낸 입장에서 기부금의 용도에 관심을 가지는 것은 당연한 것으로 모든 국민들이 사회복지를 위해서 기부금을 내는 공동모금 실시기간은 사회복지에 관한 국민의 이해를 확대시킬 수 있는 가장 좋은 기회라 할 수 있다. 그리고 개념적이고 추상적인 이해뿐만 아니라 배분계획과 그 결과에 관한 설명을 통해 기부자가 거주하는 지역사회, 좁게는 기부자의 이웃에 있어서 사회복지의 현상과 문제점에 관해 구체적이고 확고한 이해를 구하는 것도 가능하다.

넷째, 민주시민으로서의 권리와 책무수행의 기능이 있다. 공동모금운동은 자발적으로 사회복지에 참여하려는 봉사자의 조직적인 활동에 의해 추진된다. 이러한 자원봉사는 공동모금운동에 본질적인 것이며 공동모금활동의 성공적인 열쇠다. 영국 사회보장제도의 기초를 이룬 「베버리지 보고서」에는 사회보장은 국가와 개인의 협력에 의해 달성되어야 한다는 원리가 제시되어 있다. 즉 국가는 서비스와 기여를 보장해야만 한다. 그리고 이러한 보장을 조직하는 데 있어서 국가는 동기유인, 기회, 책임을 통제하지 않아야 하며 국민의 최저선을 확립하기 위해 최저선 이상의 소득이 있는 각 개인에 의해 자원적 활동이 가능하도록 격려를 제공해야 한다. 이러한 원리는 국가의 노력과 국민 각자의 노력이 결합할 때 사회복지에 있어 보다 나은 발전을 가져올 수 있음을 시사한다.

따라서 이와 같은 자원봉사활동은 민주시민으로서 도덕적인 권리의 수행임과 동시에 민주사회가 아니면 자발적인 봉사활동의 자유가 모든 사람에게 주어지지 않는다는 점을 고려할 때 봉사활동은 타인을 위한 자기희생이 아니라 민주시민으로서 누리는 권리의 행사라고 할 수 있다. 다시 말하면 공동모금조직은 지역사회복지활동에 있어서 지도자 역할을 통해 사회복지증진을 위한 시민들의 적극적인 참여를 수반하기 때문에 공동모금의 중요한 사회적 기능은 민주시민으로서의 권리와 책무를 수행하는 기능을 가지고 있다.

3. 지역공동모금제도의 조직구조

1) 자체구조 측면

지역공동모금회는 하나의 민간복지기관으로서 전국적인 조직과의 관계에 있어서 크게 두 가지 유형으로 나누어 볼 수 있다. 먼저 전국적인 조직의 유무에 따라 전국조직이 있는 경우에는 '연맹형'과 '중앙집중형'으로 나눌 수 있다.

연맹형의 경우는 관계구조의 특성을 최대한 살리면서 자율성을 최대한 보장하고 전국연맹이 지역공동모금회들의 상호연락, 업무조정, 그리고 전

〈표 12-2〉 전국조직의 유무 및 그 유형에 따른 지역공동모금회의 국가별 분류

전국 조직	전국조직이 있는 국가		일부 지역에만 조직이 있는 국가
	연맹형	중앙집행형	
국가명	미국, 일본, 호주, 캐나다, 필리핀, 남아프리카, 영국, 요르단	홍콩, 싱가포르, 벨기에, 자메이카, 마우리티우스, 태국, 푸에르토리코	뉴질랜드, 인도, 베네수엘라, 버진군도

자료: 최일섭, 「지역공동모금제에 관한 국제비교연구」, 『사회보장연구』 제6권(한국사회보장학회, 1990), p. 123.

국적인 차원에서 필요한 프로그램을 제공하는 기능을 하는 형태를 말한다. 이는 지역공동모금회가 지역사회중심(community-based)으로 운영되어야 한다는 특성을 살리면서 전국적인 공동보조를 취해 공동모금 캠페인에 유리한 분위기를 조성한다는 장점을 갖는다.

중앙집중형의 경우는 전통적인 조직구조, 즉 위계구조에 입각하여 중앙에서 모든 것을 통괄 운영함으로써 지역공동모금회는 전국적인 공동모금회의 지침에 따라 일체의 활동을 전개한다. 이 형태는 전국적인 협조 및 효율성과 일원화의 특성을 가장 잘 살릴 수 있다는 장점을 가진다. 그러나 지나치게 전국적인 일원화와 효율성을 강조함으로써 지역의 특성을 살리기가 힘들고 기부자가 기부의 결과를 직접 느낄 수 있는 기회가 적기 때문에 참여도가 낮아질 가능성이 있다는 단점을 지닌다.

국가적인 조직이 없는 경우는 단지 일부 도시지역에만 공동모금회가 조직되어 공동모금활동이 이루어지고 있는 경우로서 지역공동모금제를 도입해 시범적인 활동을 하고자 하는 국가에서 흔히 볼 수 있는 형태다.

이상의 조직구조유형에 따라 각국이 채택하고 있는 유형을 분류해 보면 〈표 12-2〉와 같다.

2) 대정부관계 측면

지역공동모금제는 순수 민간조직으로 시작되고 활동을 하고 있으나 중앙 혹은 지방정부의 복지노력과는 불가분의 관계에 있다. 일반적으로 모든 나라는 민간기관의 복지활동에 대해 이를 규제하고 있으며, 이러한 점에서 지역공동모금회의 활동도 예외일 수는 없다. 비교적 민간복지활동의 자율성이 상당한 정도로 보장을 받고 있다고 하는 미국에 있어서까지도 모든 자원봉사기관은 지방, 주, 혹은 연방법에 의해 엄격하게 규제되고 법의 허용범위 내에서 활동을 하게 되어 있다.[5] 그러므로 정부의 정책이 공동모금회와 다른 조직들이 기능하는 방법에 영향을 미친다는 것은 일반적으로 이해되는 일이며, 공동모금회의 지도자들은 정부가 공동모금회의 전반적인 활동에 영향을 미친다는 것을 인식하고 있다.[6] 따라서 이들은 여러 가지 방법으로 정부와의 관계를 통해 공동모금회에 역기능적인 영향을 최소화하고 순기능적인 영향을 극대화하기 위해 노력하는 것이다.

이러한 노력은 근본적으로 공동모금회가 정부와의 관계가 어떻게 형성되어 있는가에 따라 성과가 달라진다. 즉 정부의 사업승인이나 허가를 받아야 하는 경우와 자율적으로 모든 것을 처리 운영하는 경우에 있어서는 상당히 달라질 것이다. 따라서 이러한 대정부기관, 즉 중앙정부 또는 지방정부와의 관계는 법적인 측면에서 설립에 대한 허가 내지 승인, 세금공제 혜택과 같은 배려에 의해 관계가 이루어질 수 있고, 나라에 따라서는 정부의 보조금이 공동모금의 중요한 재원이 됨으로써 성립되는 관계 등이 있을 수 있다. 즉 어떤 법령하에서 공동모금회가 설립

5. United Way of America, *The Citizen Board in Voluntary Agencies* (1979), p. 11.
6. United Way of America, *Government Relations: Building Resources, Building Relationships, Building Communities* (1988), p. 3.

등록한다는 측면과 각종 세제상의 혜택을 규정하는 법의 존재 유무에 따라 형성되는 관계유형과 정부 승인하에 공동모금회의 프로그램을 실행하는 관계로서 정부주도적인 성격을 내포하고 있는 관계유형으로 나눌 수 있는데, 이들을 승인, 허가 등의 통제 정도에 따라 '자율형'과 '정부주도형'으로 나뉜다. 그리고 또 다른 측면이지만 정부의 재정적인 원조가 하나의 중요한 모금원인 경우의 관계유형으로, 재정적인 원조를 받지만 자율성이 보장되는 관계와 그렇지 않은 경우로 나누어 볼 수 있는데, 자율성이 최대한 보장된다고 하더라도 자율형과 같은 정도의 자율성을 확보하기는 어려울 것으로 생각되어 오히려 정부주도형이라고 보는 것이 타당할 것이다.

이러한 관계유형은 각각 장단점을 가지고 있다. 먼저 자율형의 경우는 정해진 법률의 범위 내에서만 활동하게 되면 국가의 통제를 배제할 수 있어 최대한의 자율성이 확보된다는 점에서 장점을 가지고 있지만, 국가의 적극적인 후원과 지지를 받을 수 없다는 면에서 광범위하고 대규모적인 프로그램의 실시가 어렵고 국가의 정책에 의해 부정적인 영향을 받을 가능성이 높다는 단점이 있다.

정부주도형은 국가의 적극적인 후원 및 지지를 통해 광범위하고 대규모적인 프로그램을 실시함으로써 보다 효과적이고 능률적인 결과를 가져올 수 있는 장점이 있으나, 정부의 지나친 간섭 및 통제로 활동이 위축될 수 있고 주민들의 자발적이고 적극적인 참여를 저해할 가능성이 높다는 단점이 있다.

현재 지역공동모금제를 실시하고 있는 나라들 가운데 비교적 정부의 통제를 덜 받는 자율형을 갖고 있는 나라들은 미국을 위시하여 오스트레일리아, 벨기에, 캐나다, 영국, 홍콩, 인도, 요르단, 마우리티우스, 뉴질랜드, 싱가포르, 남아프리카, 태국, 버진 군도 등이며, 정부주도형이라고 할 수 있는 나라들은 일본을 위시하여 자메이카, 필리핀, 푸에르토리코, 대만 등이다.

여기에서 정부주도형인 일본의 경우와 자율형인 미국의 경우에 대해서 잠깐 살펴보기로 한다.

먼저 일본은 사회복지사업법에서 공동모금의 정의, 공동모금회의 정의 및 공동모금회 이외의 공동모금사업의 금지 등을 규정하고 있으며 공동모금회의 설립인가, 공동모금기간, 계획의 공고 및 계출, 공동모금의 성격, 공동모금의 배분, 결과의 공고 및 계출, 공동모금회에 대한 해산명령, 연락 및 사업조정을 위해 전국단위의 공동모금연합회 설립 등 공동모금 전반에 대해 정부의 통제를 받고 있다. 그리고 공동모금회는 중앙 및 지방정부로부터 다 같이 기부에 관한 '비과세조치의 대상단체'로 지정되어 있으며, 기부자들은 법인세법과 소득세법에 의해 손금액으로 면세 혜택을 받는다. 그리고 공동모금회는 정부의 인정을 받는 상상신청단체(賞狀申請團體)로서 표창장이나 후생대신 감사장을 수여할 수 있도록 되어 있다. 또한 공동모금 활동기간에는 총리, 후생대신 및 관계 공무원들이 홍보활동에 적극적으로 참가하기도 한다. 그러므로 일본의 공동모금은 주체는 민간법인이지만 정부로부터 통제와 지원을 동시에 받는 정부주도형이라고 할 수 있다.

자율형의 대표적인 국가인 미국에서는 공동모금의 전반적인 활동을 규정하는 연방법은 없다. 다만 프랭클린 카운티(Franklin County) 공동모금회의 정관에서 보는 바와 같이 오하이오 주 법하에 조직되고 존재하는 비영리법인으로 그 위치를 규정하고 있으며, 정부에 의해 아무런 제재를 받지 않는다. 미국의 대부분의 주는 자원봉사기관들을 규정하는 법을 갖고 있는데, 예를 들면 뉴욕의 비영리법인법(Not-for-Profit Corporation Law)이 그것이며, 이의 규정에 따라 지역공동모금회의 활동이 인정받고 있다. 미국도 일본처럼 공동모금에의 기부는 면세 혜택을 받는다. 그러나 공동모금회의 사업계획과 실천은 정부의 승인 없이

전적으로 지역공동모금회의 자율에 맡겨지며, 해당 지역의 관련 관서나 공무원들도 자원봉사자의 신분으로 공동모금회에 관여하고 있다.

4. 지역공동모금제의 모금 및 배분방법

1) 지역공동모금제의 모금방법

공동모금의 주요 목적은 다양한 보건 · 복지기관 및 단체와 공동모금회 자체의 행정적인 활동에 자원을 배분하기 위해 자선기부금을 모금하는 것이다.[7] 그러므로 모금방법을 "어떻게 하면 보다 많은 사람들로부터 보다 많은 기부금을 모집할 수 있느냐"를 결정하는 수단으로서 공동모금의 존속 여부가 달려 있는 가장 기본적이면서도 중요한 부문이다. 따라서 지역공동모금제를 실시하고 있는 모든 나라들을 여러 가지 새로운 아이디어를 개발하여 많은 사람들로부터 많은 기부금을 끌어내기 위해 부단히 노력하고 있다.

모금방법은 주요 모금대상이 누구냐에 따라서 크게 네 가지 유형으로 나눌 수 있다. 첫째는 '개별형'으로 개인이나 가정의 헌금을 통해서 모금하는 형태다. 둘째는 '기업중심형'이라 할 수 있는데, 회사, 공장 및 사업체 등과 그 근로자를 대상으로 모금하는 형태다. 셋째는 '단체형'으로 재단, 협회 등의 단체가 대상이 되는 경우다. 넷째 유형은 '특별사업형'으로 특별한 프로그램이나 사업(special events), 즉 백만인걷기대회, 카니발, 오페라, 발레, 자선골프대회, 카드 발매 등 다양하다.

일반적으로 모든 지역공동모금회는 적어도 하나 이상의 모금유형을

7. David H. Smith, "The Philanthropy Business," *Society*, Vol. 15, No. 2 (Jan/Feb 1978), p. 8.

활용하고 있다. 각 모금방법은 나름대로의 장단점을 지니고 있으며, 어느 유형을 주로 택하느냐는 각국 혹은 지역사회의 사회 · 경제적 상황에 따라 다르다. 개별형의 장점은 모든 주민들로 하여금 사회복지사업에 관심을 갖고 참여를 높인다는 것이나 캠페인이 번거롭고 많은 금액을 단기간에 모금하는 데에 다소 어려움이 있다. 기업중심형은 적은 노력과 시간을 통해 일시에 많은 금액을 모금할 수 있다는 장점이 있으며, 특히 급료공제와 같은 근로자를 대상으로 하는 경우 아주 간편하게 모금을 할 수 있다. 그러나 공동모금에의 자발적인 참여라는 점에 있어서는 다소 강제적인 측면이 있을 수 있다. 단체형은 기업중심형과 같이 재력 있는 재단이나 협회로부터 보조금을 받음으로써 손쉽게 많은 액수를 모금할 수 있다는 장점은 있으나, 많은 주민을 참여시킬 수 없다는 한계점을 지닌다. 그리고 개별형과 기업중심형보다 대상이 한정되어 있고 자주 활용되는 방법이 아니기 때문에 주된 모금방법이라고 보기는 어렵다. 특별사업형은 기부자에게 흥미, 오락성, 반대적인 급부 등을 제공한다는 점에서 호응도가 높고 또 여론의 형성과 분위기 조성 등 최대의 홍보 효과를 가져올 수 있다는 장점이 있으나, 모금의 안정성을 확보하기 힘들고, 사치성과 낭비성에 대한 비판을 면하기 어려우며, 주민들의 관심을 끌기 위한 프로그램의 개발이 어렵다는 등의 취약점을 갖고 있다.

개인에게 일대일로 접촉하는 개별형은 모든 나라가 사용하는 가장 기본적인 방법이다. 일본과 필리핀이 이 방법에 크게 의존하고 있다.

일본의 경우를 예로 살펴보면 '국민서로돕기공동모금운동요강'에 따라 "기부의 권유는 직접적으로는 모든 봉사자의 조직활동에 의해 호별모금, 가두모금, 법인모금, 학교모금, 직역(職域)모금, 흥행모금, 연말 이웃돕기모금 등의 방법으로 이를 실시한다"고 규정하고 있다.[8]

이러한 모금방법에 따라 1989년도 일본의 모금실적은 개별형이라 할 수 있는 호별모금, 가두모금, 연말이웃돕기모금이 전 모금액의 44.2%, 1.7%와 33.9%로 주종을 이루고 있고, 기업중심형이라 할 수 있는 법인모금과 직역모금은 11.6%와 2.6%에 불과하다.[9]

기업중심형 모금방법을 주로 활용하고 있는 나라들은 미국을 위시하여 오스트레일리아, 영국, 캐나다, 홍콩, 뉴질랜드, 벨기에, 싱가포르, 대만, 태국 등이다. 미국의 경우는 전체 모금액의 3/4 정도가 대기업과 기업체에 근무하는 근로자 등에 의해 모금되고 있다. 이러한 경향은 대기업이 위치한 대도시지역에 더욱 두드러지는데, 예를 들면 사우스이스턴 펜실베이니아 지역공동모금(United Way of Southeastern Pennsylvania)의 경우 1988년 5월 1일부터 1989년 4월 30일까지 회계연도의 모금은 기업에 의한 모금이 전체 모금액의 89%를 차지했다.[10]

특별사업형에 의존하고 있는 나라들은 홍콩, 인도, 요르단, 필리핀 등이다. 참고로 홍콩의 경우는 기부되는 돈을 모두 가난한 사람들을 돕는데 사용한다는 슬로건과 공고를 통해 모금운동을 전개하는데, 1987년부터 1988년에 회사 및 개인 기부(33%) 외에 특별사업(28%), 백만인걷기대회(22%), 복권 · 자선(10%) 등이다.[11]

2) 지역공동모금제의 배분방법

지역공동모금회의 다양한 기능 중에서 기금조성기능과 배분기능은 가장 중요하다. 특히 배분은 열심히 노력해서 모집한 기금을 얼마나 효과

8. 中央共同募金會, 『赤い羽根共同募金: 40年のあゆみ』(1990), p. 6.
9. 中央共同募金會, 『共同募金運動統計』(1990), pp. 1-4.
10. United Way of Southeastern Pennsylvania, *Report of the Community* (1989), p. 14.
11. Community Chest of Hong Kong, *The Community Chest of Hong Kong Is 21 Years Old* (1989).

〈표 12-3〉 지역공동모금제의 배분유형에 따른 국가별 분류

배분유형		국가명
기관배분형		오스트레일리아, 벨기에, 인도, 마우리티우스, 푸에르토리코
문제 및 프로그램 배분형		자메이카, 필리핀, 대만
혼합형	기관배분 우선	캐나다, 요르단, 뉴질랜드, 남아프리카, 태국, 베네수엘라
	문제 및 프로그램 우선	홍콩, 싱가포르, 버진 군도, 미국
지역배분형		일본

자료: 최일섭, 「지역공동모금제에 관한 국제비교연구」, 『사회보장연구』 제6권(한국사회보장학회, 1990), p. 132.

적으로 사용하느냐를 결정하는 중요한 기능으로 공동모금회가 성취하고자 하는 목표와 가치는 이러한 배분을 통해서 실현된다고 할 수 있을 것이다.

일반적으로 지역공동모금회가 모집한 기금은 지역사회의 광범위한 복지요구를 충족시키기에는 미흡하기 때문에 이를 어떻게 효과적으로 배분할 것이냐 하는 것은 매우 어려운 문제가 아닐 수 없다. 기금의 합리적인 배분과 관련해서 지역공동모금회에서는 이른바 우선순위계획(priority planning)이라는 방안을 활용하고 있다. 미국공동모금회에 따르면 우선순위계획의 목적은 다음과 같은 두 가지 면을 갖고 있다. 즉 지역사회의 희소자원을 효율적으로 활용한다는 것과 둘째, 중요한 지역사회의 문제해결에 있어서 한정된 민간자원의 효과를 극대화할 서비스의 지속적인 발달을 도모하는 것이다.[12]

우선순위계획에 따라 지역공동모금제가 실시하고 있는 배분유형은 크게 '기관배분형', '문제 및 프로그램 배분형', '혼합형'으로 나눌 수

12. United Way of America, *The Painful Necessity of Choice: An Analysis of Practice, Plans, and Policies in the United Way Movement* (1974).

있다. 즉 기관배분형은 사회복지시설이나 기관을 대상으로 모금액을 배분하는 방법이고, 문제 및 프로그램 배분형은 지역사회의 보건 및 사회문제를 해결하기 위해서 배분하거나 이를 위한 구체적인 프로그램을 위해서 배분하는 방법이며, 지역배분형은 지역을 단위로 배분하는 방법으로서 복지 혜택에 있어서 낙후된 지역을 중심으로 배분하여 지역별 특수한 문제를 해결하고 지역복지를 증진시키기 위한 것이다.

이상의 배분유형 중 어느 것이 바람직한가 하는 것은 각국의 특성에 따라 다르다. 배분유형에 따라 각국의 실태를 비교해 보면 〈표 12-3〉과 같이 요약할 수 있다.

5. 우리나라의 공동모금회 현황

1) 개요

우리나라는 1970년 1월 공포된 사회복지사업법 제24조에 '사회복지 공동모금회'가 규정되고, 이에 따라 1971년 11월에 사회복지법인으로 보건사회부장관으로부터 설립허가를 받아, 1972년 11월 1일부터 12월 31일까지 제1회 공동모금을 실시했다. 그러나 한국사회복지공동모금회의 지도력 부족, 조직의 미흡, 선전의 부족, 기타 정치·경제적 이유로 말미암아 전혀 활동을 하지 못하다가 마침내는 1983년 5월 사회복지사업법이 전면 개정될 때 공동모금회에 관한 조항이 삭제되기에 이르렀다.

1980년 12월 31일 사회복지사업기금법이 제정되어 1981년부터 불우이웃돕기운동을 전개하여 1992년까지 총 360억 원의 기금이 조성된 바 있다. 당시 보건사회부는 매년 기금 이자와 전년도 캠페인 기금 일부 등 약 40억 원으로 사회복지시설 지원, 결식 노인에 대한 점심 제공, 재가노인봉사 등의 사업을 펼쳤다. 1992년 12월 정부 주도의 불우이웃돕기운동을 민간으로 이양한다는 방침 아래 한국사회복지협의회와 전국경제인연합회 등 경제 5단체를 비롯하여 한국신문협회, 한국방송협회, 대한적십자사 등 20개의 주요 경제 · 사회단체들이 장차 민간상설기구의 조직을 앞두고 연말 캠페인을 주사업으로 하여 한시적인 모금연합체인 '이웃돕기운동추진협의회'를 결성하여 연말이웃돕기운동을 언론사의 도움을 받아 전개했다. 이와 같이 매스컴에서 모금된 국민성금은 정부로 보내져 보건복지부가 '사회복지기금관리법'에 따라 사회복지기금으로 별도 관리하며, 지방의 경우는 각 시 · 도가 구청, 동사무소 등에 이웃돕기성금 창구를 개설하고 성금을 직접 받고 배분했다.

다행히 1997년 3월 사회복지공동모금법이 공포되고 1998년 7월부터 동법이 발효되기 시작했다. 이로써 1998년 사회복지법인 전국공동모금회가 설립되었으며 1999년 3월에는 사회복지공동모금회법으로 법률이 개정되고 중앙 및 16개 지회체제가 확립되었다.

사회복지공동모금회법에 따르면 "사회복지공동모금회는 공동모금을 통해 사회복지에 대한 국민의 이해와 참여를 제고함과 아울러 국민의 자발적인 성금으로 조성된 재원을 효율적이고 공정하게 관리 · 운용함으로써 사회복지증진에 이바지함을 목적으로 한다." 즉 공동모금회는 민간복지기관의 자원 지원뿐 아니라 국민의 복지에 대한 이해와 참여기회를 증진시키는 것도 목적으로 하고 있다.

2) 조직구조

중앙에 사회복지법인으로 사회복지공동모금회를 두고 모금회에는 회장 1인, 부회장 3인, 이사 15인 이상 20인 이하, 감사 2인의 임원을 두도록 법으로 규정하고 있다.

모금회는 다음의 사업을 수행한다.

① 사회복지공동모금사업

② 공동모금재원의 배분

③ 공동모금재원의 운용 및 관리

④ 사회복지공동모금에 관한 조사 · 연구 · 홍보 및 교육훈련

⑤ 지회의 운영

⑥ 사회복지공동모금과 관련된 국제교류 및 협력증진사업

⑦ 다른 기부금품모집자와의 협력사업

⑧ 기타 모금회의 목적달성에 필요한 사업

모금회의 업무를 처리하기 위해서 사무총장 1인과 직원을 두는데, 모금회의 기획, 홍보, 모금, 배분 등의 업무에 관한 사항을 심의하기 위해서 해당 분야의 전문가와 시민대표 등으로 구성되는 기획분과실행위원회, 홍보분과실행위원회, 모금분과실행위원회 및 배분분과실행위원회를 모금회 내에 두도록 하고 있다.

모금회에는 지역단위의 사회복지공동모금사업을 관장하기 위해 특별시 · 광역시 · 도에 사회복지공동모금지회를 두도록 규정되어 있다. 이 지회에는 중앙의 모금회에 준하는 필요한 조직을 둘 수 있으며 지회의 구성 및 운영 등에 관해 필요한 사항은 모금회의 정관으로 정하도록 한다.

지회의 운영개선을 위해 필요한 경우에는 모금회의 회장이 지도 · 감독할 수 있으며 지회가 지역의 특성에 맞게 자율적으로 운영될 수 있도록 노력해야 함도 법으로 규정하고 있다. 모금회의 회장은 각 회계연도 개시 2개월 전 각 지회로부터 사업계획서를 제출받아 이를 종합 · 조정하여 복건복지부장관에게 보고해야 하며 지회에서 조성한 공동모금재원은 당해 시 · 도의 배부대상자에게 배분하는 것을 원칙으로 하고 있다.

우리나라 공동모금회의 조직구조를 보면 자체구조의 측면에서는 연맹형에 가깝다고 볼 수 있으며 정부와의 관계라는 측면에서는 정부주도형

에 가깝다. 전국단위의 모금이나 연간계획 및 예산 등 주요 사안에 대해서 관할 정부부처인 보건복지부로 보고가 이루어지도록 규정되어 있고 보건복지부장관이 모금회의 업무를 지도 · 감독하도록 규정하고 있어서 정부의 주도적 역할이 적지 않은 것으로 이해할 수 있다.

3) 모금과 배분

모금회는 사회복지사업 기타 사회복지활동의 지원을 위해 연중 기부금품을 모집 · 접수할 수 있다. 또한 모금회는 효율적인 모금을 위해 일정한 기간을 정하여 집중모금을 실시할 수 있다. 단, 집중모금을 하고자 할 경우에는 그 모집일부터 15일 전에 그 내용을 보건복지부 장관에게 보고해야 하며, 그 모집을 종료한 때에는 모집종료일부터 1월 이내에 그 결과를 보건복지부장관에게 보고해야 한다.

근거법인 사회복지공동모금회법이 2001년 개정된 이후 모금회는 재원의 조성을 위해 복권을 발행할 수 있게 되었다. 단, 복권을 발행하고자 할 때에는 그 종류와 조건, 금액 및 방법 등에 관해 미리 보건복지부장관의 승인을 얻어야 한다. 이에 근거하여 2002년부터 국내최초 인터넷 복지복권인 '엔젤복권'의 발매를 시작했다.

전체적으로 모금회는 다양한 방법을 병용하여 모금을 하고 있다. 개별적인 모금뿐 아니라 기업모금, 스포츠와의 연계모금, 콘서트 등 특별한 행사를 중심으로 하는 특별사업형, 학교 및 직장단위의 모금 등 다채로운 모금방법을 활용하고 있다.

모금회는 매년 5월 31일까지 다음 회계연도의 공동모금재원의 배분기준을 정하여 공고해야 한다. 배분기준에는 배분대상, 배분한도액, 배분신청기간 및 배분신청서 제출장소, 배분심사기준, 배분재원의 과부족 시 조정방법, 배분신청 시 제출할 서류, 기타 공동모금재원의 배부에 관해 필요한 사항이 포함되어야 한다.

배분은 프로그램단위로, 그리고 기관단위로 모두 가능하므로 혼합형에 해당한다. 공공모금회의 배분을 통해 다양한 민간의 프로그램들이 신설 또는 강화되는 기회를 얻고 있다. 배분신청을 하고자 하는 자는 배분신청서를 제출해야 하고 모금회는 접수한 배분신청서를 심의하여 심의결과에 기초하여 배부계획을 수립하게 된다. 모금회는 각 회계연도의 공동모금재원의 배분을 종료한 날부터 1월 이내에 전국적으로 배포되는 하나 이상의 일간신문에 그 배분결과를 공고해야 한다.

제13장 지역사회복지 전달체계

1. 지역사회복지 전달체계의 현황 및 환경변화

1) 지역사회복지 전달체계의 현황

현재 우리나라의 공공 사회복지서비스의 전달은 보건복지부와 행정자치부의 지방행정기구가 주로 담당하고 있다. 보건복지부와 행정자치부를 중심으로 한 공공복지 전달체계는 보건복지부–시 · 도–시 · 군 · 구–읍 · 면 · 동사무소로 연결되어 있다. 복지정책은 대개 중앙에서 기획되는 반면 그 집행은 지방의 행정자치부 조직을 통해 이루어져 왔다. 시 · 도, 시 · 군 · 구의 공공복지서비스 전담 부서는 각 지역별로 조금씩 다르다. 시 · 도의 경우, 보건복지국, 환경복지국, 보건복지여성국, 사회복지여성국, 시민복지국, 복지국, 복지여성국, 복지환경국 등의 부서에서 공공복지서비스를 담당하고 있다. 시 · 군 · 구의 경우에는 생활복지국, 문화환경복지국, 사회복지과 등의 부서에서 공공복지서비스를 담당하고 있다. 그리고 최일선 조직인 읍 · 면 · 동사무소의 사회복지전담공무원에게 이어진다.[1]

사회복지전담공무원은 서비스 공급과 수요가 만나는 최접점에 위치

〈표 13-1〉 사회복지전담공무원의 배치현황

연도	1987	1990	1991	1999	2000	2001	2002	2005
신규 (정원)	49 (49)	228 (324)	1,676 (2,000)	1,200 (4,200)	600 (4,800)	700 (5,500)	1,700 (7,200)	1,830 (9,030)

주: 사회복지전담공무원의 정원은 결원의 발생으로 현원과 다소 차이가 있음. 1999년에는 결원이 1,271명, 2000년에는 결원이 289명이었음.

해 공공서비스의 목적 달성에서 핵심적인 역할을 수행하고 있다. 공공복지의 전달을 위해 사회복지전담공무원이 선발·배치되기 시작한 것은 그리 오래된 것은 아니다. 1960년대 생활보호제도가 시작된 후 오랫동안 공공복지는 사회직 공무원에 의해 전달되었다. 그러던 중 1987년 전문인력을 통해 공공복지서비스 제공의 효과성과 효율성을 제고하기 위해 사회복지전문요원이라는 이름의 별정직으로 저소득층 밀집지역의 읍·면·동사무소에 우선 사회복지전담공무원이 배치되기 시작했다.

1987년 이후 사회복지전담공무원의 상황은 몇 가지 변화를 겪어 왔다. 첫째는 사회복지전담공무원의 수가 계속 확충되어 증가했다는 점이다. 사회복지전담공무원은 1987년 49명에서 시작하여 1999년에는 4,200명으로 정원이 증가했으며, 그리고 2002년 더 확충되어 총 7,200명의 정원으로, 2005년에는 1,830명이 추가 확대되었다. 2006년 이후에는 직무분석 결과에 기초하여 증원계획을 수립할 예정에 있다.

둘째는 사회복지전담공무원의 역할이 변화되었다는 것이다. 배치 초기에는 사회복지전문요원의 직무규정이 생활보호대상자의 조사 및 보호, 보호금품의 지급, 자립지원, 상담 및 관리, 후원금품의 모집 및 후원자의 알선 등과 관련된 것으로 생활보호제도의 수행에 제한되어 있었다(보사부 훈련 제622호, 1991). 그러나 1997 보건복지부 훈령 제39호 제

1. 이현주, 「공공복지전달체계에 대한 새로운 모형의 모색」, 『사회복지연구』 제18호(한국사회복지연구회, 2001), pp. 161-183.

3조에 따르면 사회복지전문요원의 직무는 생활보호법에 의한 생활보호 업무 외에 아동복지법에 의한 아동복지업무, 노인복지법에 의한 노인복지업무, 장애인복지법에 의한 장애인복지업무, 모자복지법에 의한 모자복지업무, 기타 보건복지부장관이 필요하다고 인정하는 업무까지 확대되었다. 최근에는 주거 및 보육 관련 업무를 포함하여 사회복지서비스가 계속 확충되고 있어 사회복지전담공무원의 업무에서 이러한 사회복지서비스의 전달은 점점 더 큰 비중을 차지해 가고 있는 실정이다.

끝으로 아직은 미비하지만 사회복지전담공무원의 배치에도 변화가 일어나고 있다. 읍·면·동사무소로 한정하여 사회복지전담공무원을 배치하기보다는 시·군·구에까지 사회복지전담공무원을 배치하는 지역이 늘고 있다. 이러한 변화는 시·군·구에 사회복지전담공무원을 배치함으로써 행정체계 내 다른 수준과의 업무 연계를 확보하기 용이하고 따라서 서비스의 전문성을 유지하거나 관련 부서 간의 협조를 얻기 쉽다는 점, 특히 지역사회 단위로 요청되고 있는 지역복지의 기획 등을 강화하기 위한 변화로 볼 수 있다.

사회복지전담공무원의 정원이 증가했지만 사회복지업무는 최근 크게 증가하여 여전히 사회복지수요를 감당하기에는 부족하여 1인당 업무부담이 너무 크고 이러한 이유로 사회복지수요자에 대한 민감한 서비스 제공이 어려운 실정에 있다. 이 점은 사회복지 전달체계의 주요 한계로 지적되어 왔다.

현 지역사회복지 전달체계에서 문제로 지적되는 또 하나는 서비스 제공의 통합성을 확보하기 위해 서비스 간 연계 및 조정이 필요한데 이러한 연계 조정이 제대로 이루어지지 않고 있다는 점이다. 중앙정부의 소관 부처가 다르고 지역사회의 서비스 제공기관이 상이한 상황에서 주체 간 연계가 활발하게 이루어지지 않아 서비스의 중복 및 누락의 문제가 나타나고 있다.

지역사회단위로 시 · 군 · 구와 읍 · 면 · 동 간 업무의 분화가 적절하지 못하다는 점과 지방정부의 기획능력이 미흡하다는 점도 전달체계의 문제로 지적되고 있다. 지역사회가 복지정책의 단위로서 더욱 강조되는 최근의 변화에 비추어 볼 때 복지 전달체계의 제 한계는 조속히 극복되어야 할 것이다.

2) 지역사회복지 전달체계의 환경변화

1995년 지방자치제가 실시되면서 그 효과에 대해 긍정적인 입장과 부정적인 입장이 공존했다. 지방자치가 지역주민에 욕구에 보다 민감한, 즉 지역의 실정에 걸맞는 복지를 가능하게 할 것이라는 기대와 지방자치는 선거에 유리하도록, 주민이 선호하는 사회간접자본에 대한 투자 확대를 가져올 것이며 오히려 복지에 대한 위축을 초래할 수도 있다는 우려가 교차했다. 지방자치제가 시작된 지 10년이 지났지만 지방자치제가 지역사회복지에 준 영향을 명확하게 정리하기는 쉽지 않다. 그 이유 중 하나는 지방자치제도가 지방의 자율성을 확보하는 기반을 충분히 제공하지 못했다는 것이다.

최근에는 지역사회복지 전달체계의 환경에 중요한 몇 가지 변화가 있었다. 그중 대표적인 변화는 사회복지사업법의 개정과 지방분권의 본격화라 할 수 있다. 2003년 개정된 사회복지사업법에는 지역사회단위로 복지의 강화를 요구하는 조항들이 크게 늘었다.

첫째로 시 · 군 · 구 단위로 지역사회복지계획을 4년 단위로 수립하고 이를 기초로 지방자치단체를 평가하고 이를 예산 지원에 반영한다는 것이다. 2006년 6월까지 전국의 시 · 군 · 구는 지역의 보건계획과 연계된 지역사회복지계획을 수립하여 시 · 도로 보고해야 한다. 지역사회복지계획은 지역의 욕구 및 자원조사를 기초로 과학적이며 객관적으로, 그리고 예산 등 현실성을 고려하여 수립하고 수립과정은 지역사회의 다양한 의견수렴이 있어야만 한다.

둘째, 2005년 7월까지 시 · 군 · 구 단위로 지역사회복지협의체를 구성하고 운영해야 한다. 지역사회복지협의체는 지역사회단위로 지역사회의 복지현안을 협의하는 공공과 민간의 협치기제로서 의미를 갖는다.

셋째, 시 · 군 · 구는 서비스 대상별 서비스 계획을 수립하고 민간과의 협력체계를 구축하여 서비스 제공이 가능하도록 해야 할 책임을 갖게 되었다. 이는 주민을 위한 복지서비스 제공에 대해 보다 강력한 책임을 명시하고 서비스 제공에서 보다 전문적이며 적극적인 역할을 설정한 것으로 해석된다.

한편 2004년부터는 복지업무의 지방이양을 비롯하여 지방분권에 대한 논의가 본격화 · 구체화되었다. 그 결과 2005년부터 논의된 지방분권이 현실화되기에 이른다. 지방분권은 지역단위의 복지기반을 보다 강조한 2003년 6월의 사회복지사업법 개정과 함께 지방정부의 역할변화를 압박하고 있다. 지방분권은 지방의 실정에 맞는 복지를 구현하기에 적절한 사업을 지방으로 이양하고 '분권과 책임' 원칙에 따른 지방재정의 자율성 확대 및 성과에 대한 자기책임의 명확히 함을 지향한다.

그간 정부보조금의 형식으로 이루어진 중앙정부의 예산 지원이 비효율적이며 지방의 자율성을 저해한다고 평가하고 지역의 자율성을 보장할 수 있는 교부금의 형식으로 예산을 변화시키며, 지역에서 보다 효과적으로 수행할 수 있는 업무를 과감하게 지방정부로 이양한다는 것이 지방분권의 골자이다.

지방이양 대상사업과 국고보조 대상사업은 일정한 기준에 의해 분류되었다. 지방이양 대상사업은 ① 명백한 지방사무에 대한 국고보조, ② 반복적 집행성격의 시설물 경상운영비 지원사업, ③ 단순한 지방재원 보전성격의 보조사업, ④ 국고보조의 실익이 낮은 소액보조사업을 중심으로 하며, 국고보조 대상사업은 ① 사무성격상 명백히 국가사무인 경우, ② 국가적으로 꼭 필요한 사업이나 지방이양 시 축소가 예상되는 사업, ③ 중앙정부의 정책수립과 밀접히 연계되어 있고 대내외 환경변화에 국가적으로 대처해야 하는 사업이 중심이 된다.

보건복지부의 지방이양 대상사업은 총 67개 사업 5,959억 원이고, 보조사업으로 유지되는 것은 71개 사업 4조 3,409억 원으로 되어 있다. 외형상으로 보면 지방이양사업이 적지만, 실제 포괄적 보조사업 중에서 국민기초생활급여와 의료급여 등 기초생활보장 관련 예산 약 3조 7,259억 원을 제외하면 약 6,150억 원만 남게 되었다. 결론적으로 사회복지서비스 예산 중 거의 절반이 지방이양사업 대상이 되었으며, 나머지 예산도 포괄보조사업으로 전환됨에 따라서 지방정부의 자율성과 책임성이 크게 신장될 수 있는 계기가 마련되었다.

복지재정의 분권화는 지방정부의 복지재정 운용에 있어서 자율성을 강화함으로써 지방정부가 지역주민의 욕구에 부응하는 서비스를 기획하고 집행함에 있어서 주민욕구에의 반응성(reponsiveness)을 높이는 계기로 작용할 수 있다. 그러나 지방 간의 재정격차가 존재하고 서비스의 인프라의 격차가 크고, 지방정부 수준에서 민간부문의 사회복지공급역량에서 편차가 큰 상황에서 역기능적인 요소도 존재한다. 특히 재정적인 지원이 실질적으로 감소한 상태에서 앞으로 복지욕구는 더 증가할 것이라는 예측을 더한다면 재정적으로 어려움이 큰 지역에서는 지방분권이 자율성을 제고한다는 의미가 허울에 불과할 수 있다.

분권화는 중앙정부의 사회복지서비스 재정 확대에 대한 책임을 약화시키는 기제로 작용할 수 있다. 또한 지방정부의 현재와 같은 성장 중심의 정책 정향을 볼 때 지방이양사업으로 넘겨진 사회복지사업 분야의 축소에 대한 우려가 매우 크다. 또한 지방정부 간의 재정 격차, 복지인식과 사업의지의 차이 등이 복합적으로 작용하여 지방정부 간 복지수준의 불평등을 유발하게 될 가능성도 매우 크다. 특히 우려하는 것은 복지에 대한 전문성이 부족한 상황에서 복지부문 간 불평등이 발생할 가능성이다. 지방이양사업과 포괄적 보조금사업의 예산투여과정에서 지방정부가 어느 분야에 우선순위를 두느냐에 따라 부문 간 불평등이 확대될 수 있다. 지방복지재정을 견제할 지역사회의 시민사회의 역량과 준비가 부족한 상황에서 지방정부가 각종 로비와 비전문적 판단에 의해 사회복지서비스 예산을 배정하고 수립할 수 있다는 점이 가장 큰 문제로 지적되고 있다.

사회복지사업법의 개정이나 본격화되고 있는 지방분권 모두 과거와 다른 지역사회의 능력을 요구한다. 최근의 환경 변화는 지역사회로 하여금 ① 자체적인 계획 수립 등이 가능하도록 기획력을 높이고, ② 공공과 민간을 아울러 수평적인 네트워크를 구축하고 민주적인 협치가 가능하도록 하며, ③ 결과적으로 지역의 욕구에 부응하는 복지운영을 하도록 압력을 가하고 있다.

지역사회복지 전달체계는 환경의 변화와 관련해 다양한 모습으로 변모를 시도한다. 공공복지 전달체계의 개편 논의와 민간과 공공의 협치기제로서 실시되기 시작한 지역사회복지협의체 그리고 지역사회복지계획의 수립을 중심으로 지역사회복지 전달체계의 변모를 살펴보고자 한다.

2. 공공복지 전달체계의 개편

공공복지 전달체계의 개편은 비교적 다채롭게 논의되어 왔다. 보건복지사무소 시범사업이 1995년부터 1999년까지 5년간 전국의 5개 지역에서 진행된 바 있고, 1990년대 후반에는 읍 · 면 · 동사무소를 문화센터, 복지센터, 또는 자치센터로 전환시키려는 논쟁이 뜨겁게 이루어지기도 했다.

그러나 최근의 환경변화와 시기를 함께하는 개편안으로는 사회복지사무소가 복지계의 화제가 되었으며 '주민생활지원서비스 전달체계 개편'으로 이어졌다. 2004년 중반에서 2006년 중반까지 2년간 실시된 사회복지사무소 모델은 기존 공공복지 전달체계의 문제와 대안의 핵심을 이해하는 데 유용하다. 아래에서는 사회복지사무소 시범사업과 2006년부터 일부 지역부터 적용이 시작되는 '주민생활지원서비스 전달체계 개편'을 간략하게 살펴보기로 한다.

1) 사회복지사무소 시범사업

사회복지사무소는 우리나라 공공복지 전달체계의 합리화를 통해 기존의 문제를 해결하고자 하는 노력이다. 복지행정을 전담하는 기구인 사회복지사무소를 설치하는 시범사업이 2004년 7월부터 전국의 9개 시 · 군 · 구에서 2년간 실시되었다. 시범사회복지사무소는 사회복지사업법 제15조의 규정에 의한 복지사무전담기구이며, 지방자치법 제104조의 규정에 의한 시 · 군 · 구의 직속기관으로 설치하는 방안이다.[2]

사회복지사무소는 공공복지를 효율화 · 전문화하여 공공복지 전달의 효과성을 높이고자 하는 시도다. 작은 단위로 분할되었던 동일업무를 시 · 군 · 구 단위로 그 단위를 확대하면서 업무를 수행함에 있어 규모의 경제를 도모하고 이를 통해 업무의 여력을 넓혀 필요하나 수행하지 못했던 수급자에 대한 민감한 서비스 제공 및 기획업무 등 보다 전문화된

---

2. 시범사업기간 동안 '지방자치단체의행정기구와정원기준등에관한규정' 제6조에 의한 한시기구로 시범사회복지사무소를 설치하도록 하고, 시범사업 해당 시 · 군 · 구의 조례를 개정하여 조례상에 사회복지사무소의 실시근거를 명시하여 시범사업을 전개하며, 사회복지사무소 설치근거 및 담당업무 규정은 해당 지역 직제조례 및 사회복지사무소사무분장규칙에 근거를 명시하도록 함.

업무의 수행이 가능하도록 하는 데 초점을 두고 있다.

사회복지사무소는 일선 읍 · 면 · 동에 분할 · 배치되어 있던 일부의 사회복지전담공무원을 시 · 군 · 구로 재배치하여 사회복지 관련 업무를 분화, 전문화시키는 것을 골자로 한다. 급작스러운 체계변화로 수요자의 서비스에 대한 물리적인 접근성이 저하되지 않도록 하기 위해 읍 · 면 · 동에는 최소한의 전문인력을 남기고는 시 · 군 · 구에 사회복지 관련 공공인력을 함께 배치하도록 기획되었다. 시 · 군 · 구의 사회복지사무소의 구성은 업무의 내용별로 재구조화가 시도되었다.

시범사무소 기본모형[3]은 대도시형, 일반도시형, 농어촌형으로 구분되며, 시범기간 중 설치하는 조직은 다음 모형개요상의 직제표 〈표 13-2〉를 기준하여 추진되었다. 구체적인 사무소의 모형을 대도시를 중심으로 예시하면 〈그림 13-1〉과 같다.

2005년의 사회복지사무소 1차 연도 평가결과에 의하면 시범사무소 모형의 조직구조와 인력배치 시스템은 장점과 단점이 공존하고 있는 것으로 평가된다. 먼저 장점으로는 분화된 업무들의 명확성과 그로 인한 업무의 책임성, 업무처리에 대한 통일성, 높은 산출(output) 생산성 등을 들 수 있다. 단점으로는 부서 간의 상호 업무협조와 연계를 위해서 필요한 노력의 투입이 용이하지 않다는 점이다.

시범사무소는 전반적으로 기획, 발굴, 상담, 조사에는 강점이 나타나고 있으나 관리, 지원, 연계 · 협력은 시범사업 이전보다 나아지는 성과 측면의 변화가 가시화되지 않고 있는 것으로 평가된다.[4]

3. 사회복지사무소의 모형에 대해서는 다음의 자료를 인용했다: 강혜규, 「사회복지사무소 시범사업의 실시와 사회복지관의 과제」, 『제14회 전국사회복지관 세미나 교육교재: 사회복지 환경변화와 사회복지관의 위상정립』(한국사회복지관협회, 2004), pp. 41-82.

4. 강혜규 · 이현주 · 황정하 · 선화숙 · 김영종 · 박경숙 · 백종만 · 심재호, 『사회복지사무소 시범사업 1차년도 평가연구』(보건복지부 · 한국보건사회연구원, 2005).

〈표 13-2〉 시범 사회복지사무소 모형 개요

구분	지역 유형			사무소 기구		
	행정구역 · 행정조직	인구규모	복지자원 및 접근성	소장	과	팀
대도시형 (3개과형)	• 특별 · 광역시의 자치구 (道의 市지역 일부 포함) • 사회복지부서 2개 과 설치지역	약 40만 명 이상	• 복지자원 풍부 • 접근성 양호	1 (4급)	3 (5급)	12
일반도시형 (2개과형)	• 道의 市 지역(특별 · 광역시의 자치구, 광역시 郡 일부 포함) • 사회복지부서 1개 과 설치지역	약 10-40 만 명	• 복지자원 양호 • 접근성 양호	1 (4급)	2 (5급)	8-10
농어촌형 (1개과형)	• 道의 郡 지역(道의 市 일부 포함) • 사회복지부서 1개 과가 설치되어 있고, 국 단위 조직이 없는 지역	약 10만 명 이하	• 복지자원 취약 • 접근성 미흡	1 (5급)	-	6-8

주: 1) 인구규모, 복지자원 및 접근성은 각 모형의 일반적인 경향을 제시한 것임.
2) 지자체별로 활용가능한 인원 범위 내에서 과 및 팀 수 조정.
3) 시범지역은 직급별 정원을 조정하여 5급 1인, 6급 3-5인 증설 가능(농어촌형은 5급을 제외한 6급 3-5인 증설).

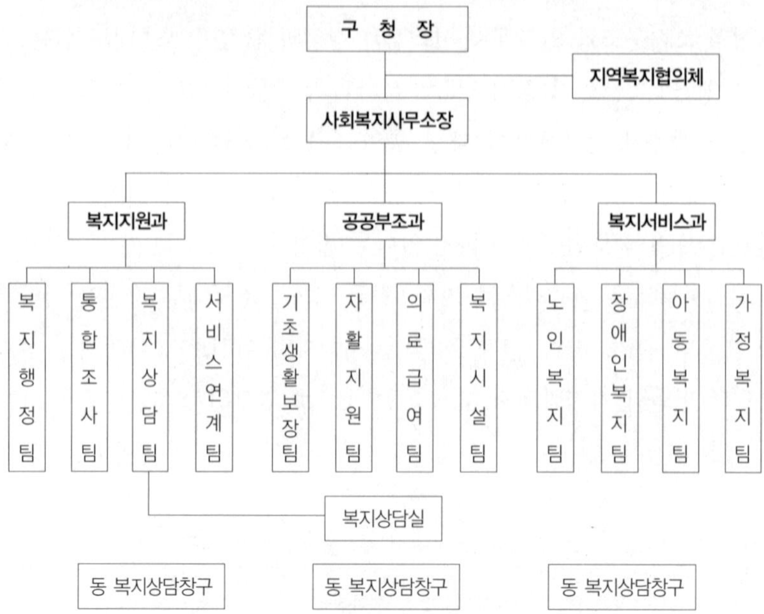

〈그림 13-1〉 사회복지사무소 모형: 대도시형(3개과형)

2) 주민생활지원서비스 전달체계 개편

사회복지사무소 실험과 함께 주민생활지원서비스 전달체계 개편이 지역복지 전달체계를 둘러싼 핵심논의로 급부상하고 있다. 주민생활지원서비스는 취약계층에게 제공되는 복지서비스 이외에 주민생활의 질 향상을 위해 제공되는 서비스를 모두 포괄하는 개념으로 복지 · 보건과 고용 · 주거 · 평생교육 · 생활체육 · 문화 · 관광을 포괄하는 것이다. 지역주민의 행정수요가 복지와 주민생활 전반의 편익제공에 대한 수요로 다원화되는 상황에서 행정 혁신을 통해 주민 욕구에 부합하는 종합적인 대응을 준비한다는 취지로 주민생활지원서비스 전달체계 개편이 추진되고 있다.

주민생활지원서비스 전달체계의 개편은 통합적 전달 시스템을 구축하여 지역사회 자원을 효율적으로 활용하고 주민의 복지체감도를 증대시키는 것을 목적으로 한다. 관계 부처 합동으로 시 · 군 · 구 및 읍 · 면 · 동 주민생활지원서비스 전달체계를 2006년 7월부터 일부 지역에서 개편하기 시작하여 단계적으로 확대할 예정이다.

시 · 군 · 구 본청은 복지기획, 복지 대상 통합조사, 서비스연계, 급여지급, 긴급지원 등의 업무를 중심으로 집중화함으로써 효율성 · 전문성을 제고하고, 읍 · 면 · 동사무소는 현장방문, 신청접수 및 상담, 급여대상자 사후관리 등의 업무를 중심으로 접근성 · 현장성을 제고하도록 조직을 재구성하고 인력을 재배치하는 것이 주민생활지원서비스 전달체계 재편의 골자다.

시 · 군 · 구 본청에는 주민생활지원조직을 신설하고 실 · 과별로 분산되어 있는 복지, 고용, 여성 · 보육, 주거복지, 평생교육, 문화 등 주민생활지원서비스 기능을 하나의 부서로 통합하며, 통합부서에 주민생활지원 종합기획, 서비스 조정 · 연계, 통합조사 등 관련 기능을 확대하도록 설계되었다. 한편 일반 행정 · 민원 중심으로 운영되는 읍 · 면 · 동사무소에 '주민생활지원담당'을 설치하고 인력을 확대 재배치하여 현장방문, 심층상담, 정보제공, 관련 기관 의뢰 · 연결 등의 업무가 보다 강화될 수 있도록 시도된다. 한편 통합서비스 제공을 위해 필요한 공공기관(고용안정센터, 지방교육청, 보건소 등) 간 연계를 강화하는 기제를 마련하며 공공기관 및 민간기관에서 제공하는 각종 서비스에 대한 종합정보제공 시스템 구축을 시도하여 통합서비스 제공이 가능하도록 시도하고 있다.

주민생활지원서비스 전달체계 개편은 복지사무소 실험 및 이후의 전달체계 논의들이 집약된 것으로 시 · 군 · 구와 읍 · 면 · 동의 기능을 각 위치에 맞게 재편 · 강화한 것으로 평가된다. 2007년까지 단계적으로 확대 적용할 예정이므로 그 성과 및 개선방안에 대한 논의는 좀 더 지켜봐야 한다.

3. 지역사회복지협의체의 시행

1) 지역사회복지협의체의 목적과 기능

지역사회복지협의체는 지역사회단위로 사회복지 관련 공공과 민간의 주체, 그리고 학계 전문가 등을 포함하는 협의구조를 구성하고 운영함으로써 지역사회복지의 발전기반을 강화하고, 복지서비스 전달을 합리적으로 체계화함으로써 복지서비스의 효과성과 효율성을 제고함을 목적으로 하였다. 또 한편 지역사회의 복지 관련 상황에 대한 파악에 기초하여 지역의 복지에 대한 체계적인 계획을 수립하는 데 의견을 수렴하는 주요 기제가 되고, 복지 관련 서비스의 연계 및 조정의 기반을 마련하여 서비스의 중복 및 누락을 예방할 수 있다고 기대하고 있다.

지역사회복지협의체의 기능을 지역사회복지를 위한 협의구조가 본래 수행해야 하는 기능과 사회복지사업법의 근거 조항을 근거로 정리하면 다음과 같다.

① 지역사회복지계획의 심의 및 건의

② 사회복지 · 보건의료 관련 기관 · 단체가 제공하는 사회복지 및 보건의료 서비스의 연계 · 협력 제고를 위한 건의 및 공동사업시행

③ 지역의 복지문제 전반에 대한 협의 및 건의

④ 지역사회복지자원의 개발과 관련된 협의 및 건의

⑤ 협의된 사항의 시행에 대한 모니터링

지역사회복지협의체는 지역사회복지와 관련한 협치기제가 되어야 한다. 그러나 지역사회복지협의체를 단지 구성하고 운영한다는 것만으로는 지역사회복지협의체가 그 취지를 살릴 수 있는 것은 아니다. 지역사회복지협의체를 통해 지역사회협치(local governance)의 원리를 실현하고 지역사회복지를 강화하려 할 때, 지역사회복지협의체는 지켜내야 할 주요 원칙들을 갖고 있다. 지역사회복지협의체가 구성 · 운영되는 과정에 지켜야 하는 원칙을 몇 가지로 정리하면 다음과 같다.

① 지역사회복지협의체의 구성이 개방적이고 중립적이도록 적절한 구성 과정을 밟는 것이 필요하다.

② 민간 사회복지 분야, 지방자치단체, 학계, 주민의 참여를 망라하는 구성을 기본으로 한다.

③ 협의체 구성원의 대표성을 확보해야 한다. 이는 구성 과정에서의 원칙과 밀접한 관련을 갖는다.

④ 협의체 구성에서 균형을 유지해야 한다. 특정 조직이나 지향의 인물에 편중되게 구성되지 않도록 해야 한다.

⑤ 실무자의 참여를 포함하는 다층적인 구성이 되어야 한다. 그리고

운영에서도 실무자의 참여와 활동을 강화될 수 있어야 한다.

⑥ 협의체 운영이 지역특성을 반영하는 탄력적인 것이어야 한다. 관련 조례의 내용이나 구성, 협의의 의제 등에서 지역특성을 반영해야 한다.

⑦ 지방자치단체의 참여를 보장하되 민간의 주도와 공공의 지원 구조를 지향해야 한다. 물론 지역실정에 따라 초기에는 공공의 주도로 시작하여 단계적 조정을 시도할 수 있다. 이미 지역사회 협치에서 상황에 따라 방식을 달리 채택할 수 있다는 학자들의 주장이 있었다. 그러나 그 지향은 동일하다.

⑧ 의사소통 채널을 다양화해야 한다. 수평적 · 수직적 의사소통 채널뿐 아니라 연석회의 등 다양한 의사소통의 장을 마련해야 한다.

2) 지역사회복지협의체의 구조

지역사회복지협의체 구성에 대해 사회복지사업법 제7조의 2의 ②에 "지역사회복지협의체 위원은 다음 각호의 1에 해당하는 자 중에서 시장 · 군수 · 구청장이 임명 또는 위촉한다"고 규정하고 있다.

① 사회복지 또는 보건의료에 관한 학식과 경험이 풍부한 자

② 사회복지사업을 행하는 기관 · 단체의 대표자

③ 보건의료사업을 행하는 기관 · 단체의 대표자

④ 공익단체에서 추천한 자

⑤ 사회복지업무 또는 보건의료업무를 담당하는 공무원

그리고 제7조의 2에서 "지역사회복지협의체의 업무를 효율적으로 수행하기 위해 지역사회복지협의체에 실무협의체를 둘 수 있다"는 규정도 함께 담고 있다. 실무협의체는 임의규정이지만 대부분의 지역사회에서 실무협의체 구성이 병행되고 있다. 사회복지사업법의 위 조항과 그간의

연구를 종합해 볼 때, 지역사회복지협의체는 대표협의체,[5] 실무협의체, 실무분과[6]로 구성할 수 있다.

자원이 풍부한 지역은 분야별로 또는 사업별로 실무분과를 구성할 수 있다. 노인, 장애인, 여성, 아동 등과 같은 사회복지의 대표적인 수요집단을 중심으로 이들에게 서비스를 제공하는 실무자들이 노인실무분과, 장애인실무분과 등을 구성할 수 있으며 지역사회의 주요 사업에 따라 자활사업분과, 재가복지분과, 지역사회기반 재활분과와 같은 분과도 구성할 수 있다. 결국 실무분과의 구성은 지역의 사회복지 관련 문제의 심각성 또는 사업의 우선순위에 따라 달라질 수 있다. 다른 어떤 부분보다도 협의체 전체구성에서 지역의 상황에 따라 그 구성이 크게 달라지는 부분이 될 것이다.

협의체의 규모는 지역마다 관련 기관 및 인적자원 규모에 따라 달라질 수 있다. 협의체가 협의구조로서 논의를 효율적으로 진행하기 위해서는 협의체의 대표협의체와 실무협의체의 규모를 20인 이내로 구성하는 것이 바람직할 것이다. 그러나 이러한 협의체의 규모에 대한 규정은 구성원의 대표성 확보를 전제로 한다.

3) 지역사회복지협의체의 운영

지역사회복지협의체의 운영은 협의체 각 부분의 기능수행과 역할 수행과정의 관계 제고를 핵심으로 한다. 협의체의 각 구성부분이 수행해야 하는 기능은 〈그림 13-2〉에 제시된 바와 같다.

---

5. 지역사회복지협의체를 협의체 내의 다른 하부 조직과 구별하기 위해 '대표협의체'로 명명하는 것이 바람직할 것으로 판단된다.
6. 실무분과는 법적 사항은 아니지만 실무자들의 협의를 효율적으로 이끌어가기 위해 지역에서 구성할 수 있는 협의체 내 하부조직으로 시범사업을 기초로 하여 볼 때, 협의체의 운영에 유용한 기능을 수행할 것으로 본다.

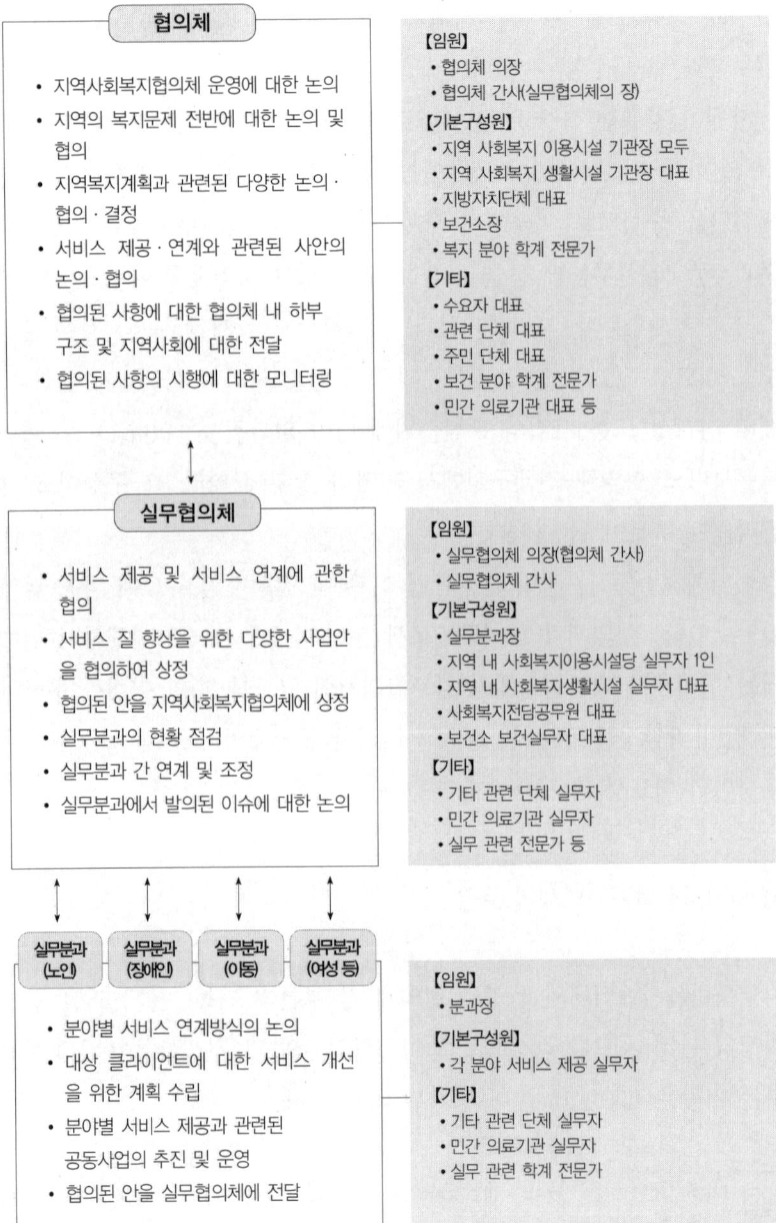

〈그림 13-2〉 지역사회복지협의체 기본형

자료: 이현주 외, 『지역사회복지협의체 시범사업 평가와 모형개발』(한국보건사회연구원, 2002).

각 구성부분의 역할은 (클라이언트)→실무분과→실무협의체→대표협의체로 일선의 서비스 관련 정보와 안건이 전달되고, 반면 대표협의체→실무협의체→실무분과(→클라이언트)로 지역사회복지 관련 협의사항 및 결정사항이 전달되고 수행되는 관계가 설정된다. 이러한 관계는 개별 부분들의 역할이 상호 보완적이며 발전적일 수 있는 것으로 각 역할에 대한 상호 점검, 피드백의 기능도 이루어지도록 할 수 있게 된다. 이러한 순환적인 역할수행을 위해서는 협의체 내 각 부분의 의사소통을 원활하게 할 수 있어야 한다. 의사소통은 전산화를 통해 온라인상에서도 가능해야 할 것이지만 오프라인에서도 모임이 유지되고 논의가 가능하도록 해야 한다.

회의의 빈도와 내용은 지역의 자율에 맡기되 월 1회 이상의 회의를 기본으로 규정하여 유명무실화될 위험성을 다소 방지하도록 해야 할 것이다. 또한 의무적인 회의 개최에 대한 규정뿐 아니라 협의체에서 해야 하는 기능을 분명하게 주지시킴으로써 이러한 기능수행을 위한 자연스러운 회의소집과 의견교환이 되도록 하는 것이 더욱 중요하다. 협의체의 전담인력을 배치하고 이들이 전담인력으로서 활동할 수 있는 환경을 조성하는 것도 협의체가 활발하게 작동하도록 하는 기반이 된다.

4) 지역사회복지협의체의 현황 및 과제

지역사회복지협의체가 지역단위의 협치 구조로서 의미를 갖고 있으며 지방분권이 강화되고 있는 현 상황에서 보면 그 중요성은 더 강화되었지만 지역사회복지협의체의 시행 과정은 만족할 만한 수준에 있다고 보기 어렵다.

지역사회복지협의체 준비 과정을 홍보, 예산의 마련, 준비단 구성, 준비단의 활동을 중심으로 정리해 보았다.[7] 이 네 가지 항목은 지역사회복지협의체가 건강하게 구성 · 운영되는 데 있어 가장 기본적으로 필요한 부분이다.

지역사회복지협의체에 대한 홍보가 이루어진 시 · 군 · 구는 19.2%였다. 즉 대부분의 시 · 군 · 구에서는 지역사회복지협의체 홍보가 이루어지지 못했다. 홍보가 이루어졌던 지역의 평균 홍보횟수는 2.8회로 홍보에서도 지역 간 편차가 크게 나타났다. 지역사회복지협의체의 성공여부는 인식의 수준에 의해 크게 달라질 것으로 예측된다. 새로운 사업일 뿐 아니라 사업의 의의를 이해하고 참여하는 것이 매우 주요한 사업이기 때문이다. 그럼에도 불구하고 지역사회복지협의체 홍보는 매우 미흡한 것으로 나타나 지역사회복지협의체 준비 과정에서 가장 기본적인 과정이 충족되지 못한 것으로 이해할 수 있다.

지역사회복지협의체를 구성하고 운영하는 데 필요한 예산은 지역의 실정에 따라 그리고 예산의 편성 내역에 따라 달라질 수 있다. 그러나 지역마다 차이가 있을 기타의 경비를 예외로 하고 기본적인 회의를 운영하고 필요한 업무를 수행하는 데 소요되는 인건비 등을 고려한다면 일정 수준의 예산 마련은 당연 필요한 것이다. 그렇지만 협의체 예산이 확보된 지역은 전체 시 · 군 · 구 중 43.1%로 절반 이하에 지나지 않는다. 예산이 확보되지 않은 지역들도 추경에 반영하겠다고 하지만 예산의 확보 여부가 결국 각 지역의 협의체 준비 상황을 반영한 것이라 보며 아직 예산이 확보되지 않은 지역들은 이상적인 협의체 구성과 운영 일정을 제대로 지켜내기에 상당한 제약이 있을 것으로 추측된다.

지역사회복지협의체 구성 및 운영 원칙 중 협의체 구성이 중립적이고 투명한 과정을 거치도록 한다는 항은 많은 안전장치를 필요로 하는 것이지만 그중 하나로 준비단을 구성하여 준비단의 활동을 통해 구성을

7. 이현주, 「공공과 민간의 협치기제로서 지역사회복지협의체의 활성화방안」, 『보건복지포럼』 11월호(한국보건사회연구원, 2005).

〈표 13-3〉 지역사회복지협의체 준비현황

(단위: %)

홍보[1]			예산[2]			준비단 구성[1]			준비단 회의[1]		
홍보	미홍보	계	확보	미확보	계	구성	미구성	계	개최	미개최	계
19.2 (45)	80.8 (189)	100.0 (234)	43.1 (101)	56.8 (133)	100.0 (234)	80.3 (188)	19.7 (46)	100.0 (234)	50.0 (94)	50.0 (94)	100.0 (188)
평균 2.8회			평균 27,553천 원[3]			평균 11.6명			평균 1.4회		

주 : 괄호안은 지역 수.

자료: 1) 경제정의실천시민연합(2005. 5).

2) 보건복지부 내부자료(2005. 8).

3) 예산이 편성된 지역만의 평균임.

진행하도록 권고한 바 있다. 준비단은 80% 이상의 지역에서 구성된 것으로 나타났지만 준비단 회의는 구성된 지역의 50%에서만 개최되었고 평균 개최횟수도 1.4회에 그치고 있다. 즉 상당히 많은 지역에서 실질적인 준비단의 운영이 이루어지지 못했으며 적정한 구성 과정을 거치기보다는 공공부문의 담당자가 주도했을 가능성을 배제하기 어렵다. 협의체 구성 과정의 불완전성은 협의체의 대표성에 대한 신뢰를 형성하는데 장애가 될 수 있으며 구성 이후 협의체 운영에서도 평탄하지 않은 진행을 겪게 할 가능성을 높인다.

지역사회복지협의체 구성 현황을 보면 2005년 후반을 기준으로 구성된 지역의 비율이 매우 낮다. 2005년 이미 지역사회복지계획의 수립 등을 비롯하여 지역사회복지협의체의 기능과 유관한 사업들이 현재 진행중에 있다. 이상적인 단계를 밟자면 지역사회복지협의체가 구성되고 민간과 공공이 참여하여 지역사회복지계획 수립의 전체적인 틀을 논의하고 분권화된 지역의 복지문제를 재검토해 봐야 한다. 즉 지역사회복지협의체가 구성이 늦은 지역은 지역복지 현안에서 공공과 민간의 협치를 기대하기 어렵다.

아직 지역사회복지협의체는 시행 초기 단계에 있다. 따라서 그 성패를 전망하기에는 아직 이르다. 협의체의 구성지역의 비율이 8월 집계

〈표 13-4〉 지역사회복지협의체 구성현황 (단위: 백분율, 지역 수, 명)

구분	협의체 구성 여부			협의체 구성인원(평균)[3]		
	구성	미구성	계	공공	민간	계
7월 10일 기준[1]	12.0 (28)	88.0 (206)	100.0 (234)	-	-	-
8월 20일 기준[2]	43.2 (101)	56.8 (133)	100.0 (234)	19% (3.23명)	81% (13.75명)	100% (16.98명)

자료: 1) 경제정의실천시민연합(2005. 5).
2) 보건복지부 내부자료(2005. 8).
3) 협의체가 구성된 지역을 대상으로 한 구성 인원 분석결과임.

이후에 빠르게 변화되어 거의 전 지역에서 구성되었고 협의체에 대한 지역의 관심도 하루가 다르게 커지고 있기 때문에 더욱 속단은 적절하지 않다. 단, 지역사회복지협의체가 본 취지를 살릴 수 있도록 지역사회의 관심이 필요하며 그 성공이 지역사회복지의 민주적 경영으로 이어질 수 있도록 노력해야 할 것이다.

4. 지역사회복지계획의 수립

1) 지역사회복지계획 수립의 배경

지역사회복지는 지역사회단위가 가지는 강점, 즉 정확한 욕구파악과 자원개발의 효율화, 그리고 민감한 서비스 제공을 현실화하는 것이어야 한다. 지역단위 복지실현을 위해서는 지역의 특성(지역의 인구 구성, 욕구, 자원기반 등)에 맞는 지역 나름의 계획이 필요하다는 논의가 계속되어 왔다. 2003년 6월에 개정된 사회복지사업법은 시·군·구 및 시·도 단위로 4년 단위의 지역사회복지계획 및 그 연차별 시행계획을 수립·시행하도록 규정하여 이러한 사회적 요청을 실현시킬 법적 근거를 제공했다. 외국에서도 지역사회 단위로 복지계획 또는 복지계획을 포함한 전체 지역사회계획이 수립되도록 제도화한 경우가 대부분이다. 다소 늦었지만 우리나라도 지역사회복지계획의 수립이 진정한 지역사회 단위로 복지발전에 근간이 될 것으로 기대된다.

사회복지사업법에 따르면 지역사회복지계획은 기본적으로 시 · 군 · 구 단위로 수립되며 4년 단위로 수립되는 중기계획이다. 물론 세부실행계획으로서 연차별 세부시행계획을 함께 수립하도록 함으로써 중기계획의 현실성과 실현가능성을 담보하도록 하고 있다. 제1차 지역사회복지계획의 적용기간은 2007년 1월부터 2010년 12월까지이며 제1차 계획 수립 시기는 지역보건법에 의한 제3차 지역보건의료계획의 적용기간(2007-2010)과 일치되도록 고려된 것이다. 이는 지역보건의료계획과의 유관성 확보를 위한 조치인 것이다.

2) 지역사회복지계획 수립의 원칙

지역사회복지계획이 계획 수립의 취지를 살리고 지역복지발전에 기여하기 위해서는 기본원칙을 준수하는 것이어야 한다. 지역사회복지계획 수립 시 고려되어야 하는 기본원칙들을 김경혜의 지역사회복지계획 관련 연구를 기초로 정리하면 다음과 같다.[8]

(1) 참여의 원칙

계획수립 및 집행, 사후평가 과정에 주민을 비롯한 지역복지 활동 주체들의 참여가 필수적이다. 참여는 그 자체로서 복지교육의 기능을 수행하기 때문에, 참여 자체를 통해 공동체 의식이 제고되고, 지역복지 수행

8. 김경혜, 『자치구 단위 지역사회복지계획 매뉴얼 개발 연구』(서울시정개발연구원, 2003).

을 위한 민간자원의 활용이 용이해지는 효과를 기대할 수 있을 뿐 아니라 계획의 객관성과 중립성을 확보하는 데 기반이 된다. 참여의 폭이 좁은 계획은 수립 이후 시행에서 더 많은 어려움을 겪게 된다.

(2) 지역성의 원칙

지역사회복지계획은 지역의 문제를 이해하고 해결하는 방법을 찾는 총체적이고 종합적인 활동이다. 지역의 문제와 기반에 따라 계획이 다양하게 수립되는 것은 당연하다. 지역의 특성을 반영하는 것은 복지계획 수립의 중요한 의의이기도 하다.

(3) 과학성 · 객관성의 원칙

계획수립에 앞서 주민의 복지욕구가 무엇이고 주어진 환경과 자원은 어떠한지에 대한 현황 분석이 반드시 필요하다. 정확한 현황 분석이 없이 수립된 계획은 현실화하는 것이 가능하지도 않을 뿐 아니라 집행의 의미도 상실하게 된다.

(4) 연속성 · 일관성의 원칙

계획 및 집행에 대한 평가와 피드백을 통해 당해 계획의 시행착오를 최소화하고, 이전 계획과의 연속성을 확보함으로써 지자체 지역복지 자원의 축적과 발전에 기여할 수 있다. 한편 관련 분야에 대한 기존 계획이 있는 경우, 모든 관련 계획들을 검토하고 이들 계획과의 일관성을 유지해야 계획의 집행이 수월하게 될 것이다.

(5) 실천성의 원칙

계획의 실현가능성을 높이기 위해서는 계획의 수행에 기본이 되는 조직과 재원 부분 계획이 반드시 필요하다. 조직과 재원 계획이 누락된 계획은 사실 그 실현을 담보하기 어렵다.

3) 지역사회복지계획 수립의 방법과 과정

(1) 지역사회복지계획 수립 방법

지역복지계획 수립의 주체는 지방자치단체다. 계획수립의 방법은 지역 실정에 따라 다양하게 선택할 수 있다. 예를 들어 학계 전문가에게 상황 분석과 계획 초안 마련을 의뢰할 수 있으며 이 방법은 각 지방정부에서 가장 일반적으로 선택하는 방식이 되고 있기도 하다. 또 다른 방식은 지방자치단체 내에 학계 전문가 및 현장 전문가를 포함한 임시 조직을 구성하여 기초분석 및 계획초안의 작성을 담당하도록 하는 것이다.

계획수립의 방법은 다양할 수 있지만 계획의 전 과정에 여러 관련 주체들의 의견이 반영되도록 해야 한다. 지방자치단체의 공무원, 민간의 사회복지서비스 제공주체, 지역주민대표, 시민사회, 복지 관련 서비스 제공주체, 그리고 지역사회복지협의체 구성원과 기타 관계자들의 폭 넓은 참여가 있어야 한다. 참여의 방식은 계획안의 마련에 공동작업으로 참여하는 것일 수도 있고, 공청회 · 간담회 등에서 계획안에 대한 의견 개진, 욕구 및 자원조사에 참여하는 등 다양할 수 있다.

(2) 지역사회복지계획의 수립 과정

지역복지계획의 수립 과정을 김경혜는 준비단계, 기초분석단계, 계획단계로 구분한 바 있다.[9] 김경혜의 단계 구분에 '제출 및 시행단계'를 덧붙여 전체 계획수립의 단계를 재구분하면 ① 준비단계, ② 기초 분석단계, ③ 계획수립단계, ④ 제출 및 시행단계로 구분된다. 시행에 대한 평가단

9. 김경혜, 위의 책, pp. 104-105.

계가 더해질 수 있으나 이 단계는 기초 분석단계에서 이루어지는 이전 계획의 평가로 포함되므로 별도의 구분은 하지 않는다.

① 준비단계: 지역복지계획을 수립하기 위한 일정 등을 포함한 업무 계획을 작성하고 이에 소요되는 예산을 확보하는 일과 실제 계획에 참여할 계획팀을 구성하는 등의 준비작업이 진행되어야 한다. 이 단계에서 적절한 예산확보와 계획이 마련되지 않으면 이후 단계로의 진행이 어렵다.

② 기초분석단계: 각종 지역사회 현황조사, 복지욕구조사, 지역자원 조사 등 조사 및 분석과정과 이전 계획에 대한 평가가 수행된다.

③ 계획 및 확정 단계: 지역사회복지계획의 핵심부분으로, 앞으로 4년간 해당 지자체에서 수행할 사업, 우선순위, 목표 등을 설정하는 사업계획과 이를 실천하기 위한 추진전략 계획, 그리고 행정 및 재정 계획이 수립된다. 지역사회복지계획안이 수립되면 20일 이상 공고(법정절차) 또는 공청회 등을 통해 지역주민 및 관계자 의견수렴이 지속되어야 한다. 지역사회복지계획의 확정은 지역사회복지협의체의 심의를 통해 시장 · 군수 · 구청장이 하게 된다.

④ 계획의 제출: 시 · 도 또는 시장 · 군수 · 구청장이 지역사회복지계획 및 연차별 시행계획을 확정한 때에는 시장 · 군수 · 구청장은 시행 연도의 전년도 6월 말까지 시 · 도지사는 시행 연도의 전년도 11월 말까지 보건복지부장관에서 제출해야 한다. 보건복지부장관은 시 · 군 · 구 복지계획에 대해 조정 권고의 사유가 있는 경우 조정을 권고할 수 있다. 조정 권고 시 지역사회복지협의체의 재심이 필요하다.

⑤ 시 · 군 · 구 복지계획의 시행: 계획수립 차기년도 1월부터 지역복지계획의 시행이 이루어진다.

4) 지역사회복지계획의 내용

지역사회복지계획의 내용은 사회복지사업법 제15조의 4를 참조하여 구성된다.[10] 사회복지사업법의 규정 외 지역사회복지계획의 지향, 평가 등에 대한 내용이 보강되어 구성되는 것이 바람직하다. 지역사회복지계획은 대략 〈표 13-4〉와 같은 내용으로 구성할 수 있지만 이는 참조를 위한 예시일 뿐이며, 지역의 특성을 반영하여 작성되어야 한다.

〈표 13-5〉 지역사회복지계획 및 연차별 시행계획의 구성(예시)

구분	지역사회복지계획(중기)	연차별 세부시행계획
개요	o 지역사회복지계획의 개요 • 지향하는 일반적 목표 • 세부목표, 계획내용 (개괄적으로 소개)	• 지역사회복지계획 목표 중 해당 연도의 목표를 구체화
지역현황	o 지역현황과 과제 • 지역일반현황(인구, 지역특성 등) • 사회복지기관현황 • 지역사회진단 • 복지자원현황 • 수요 및 공급 이용실태 등	• 차기 연도 계획 시부터 변화내용 중심으로 현황 재정리 필요
비전 및 방향설정(과제)	o 여건변화 전망 및 복지수요 측정 • 사회 · 경제적 요인(지역주민 생활양식 등) • 인구변화추이 • 복지욕구 및 환경변화 o 기본방향 및 정책우선순위 o 기타 관련 계획(보건계획 등) 검토, 평가	• 차기 연도 계획 시부터 변화내용 중심으로 현황 재정리 필요

10. 제15조의 4 (지역복지계획의 내용) 지역복지계획에는 다음 각 호의 사항이 포함되어야 한다.
   1. 복지수요의 측정 및 전망에 관한 사항
   2. 사회복지시설 및 재가복지에 대한 장 · 단기 공급대책에 관한 사항
   3. 인력 · 조직 및 재정 등 복지자원의 조달 및 관리에 관한 사항
   4. 사회복지전달체계에 관한 사항
   5. 사회복지서비스 및 보건의료서비스의 연계제공방안에 관한 사항
   6. 지역사회복지에 관련된 통계의 수집 및 정리에 관한 사항
   7. 그 밖에 대통령령이 정하는 사항

〈표 13-5〉 계속

구분	지역사회복지계획(중기)	연차별 세부시행계획
부문별 사업계획	○ 사업영역(부문)별 사업계획 • 사업영역(부문)별 목표 • 사업영역(부문)별 수요측정 • 사업영역(부문)별 중점핵심사업 • 사업영역(부문)별 우선순위 결정 • 연차별 사업계획 및 사업추진방법 • 일반사업계획	• 사업영역별 세부사업 추진계획을 수립 • 핵심사업과 일반사업으로 구분하여 기재
사회복지 전달체계	○ 지역사회복지 전달체계 개선방안 • 사회복지서비스와 보건의료서비스 연계방안 • 지역사회 자원 발굴 및 활용방안 • 기타 기반조성 관련 내용	• 해당 부분만 기술
행 · 재정 등 복지자원 조달계획	○ 지역사회복지 인프라 확충 및 정비 계획 • 총괄 • 사회복지시설 및 재가복지자원 확충 방안 • 조직정비 및 인력 확보(활용) 방안 • 재정계획 및 확보 방안 • 통계의 수집 및 관리 방안	• 해당 부분만 기술
평가방법	• 지역사회복지계획 자체평가방법	• 연차별 사업추진과정 자체평가의 방법 기술
첨부서류	• 지역사회복지협의체 심의서 • 작성팀 명단 • 계획 작성, 일정표, 통계표 등 참고 자료	• 첨부서류 생략

주: 지역복지계획의 내용은 김경혜의 연구 중 해당 내용(2003: 109)을 수정 보완함.

참고문헌

:: 국내문헌

감정기, 「사회복지서비스의 분권화: 내용과 의미」, 『계간 사회복지』 통권 165호, 한국사회복지협의회, 2005.

강만춘, 「사회개발과 사회복지관의 역할」, 『사회개발에 있어서의 사회복지관의 역할』, 캐나다 유니태리안봉사회, 1972.

강필수, 「장애인복지분야의 재가복지사업」, 김범수 편저, 『재가복지론』, 홍익재, 1992.

강혜규, 「사회복지사무소 시범사업의 실시와 사회복지관의 과제」, 『제14회 전국사회복지관 세미나 교육교재: 사회복지 환경변화와 사회복지관의 위상 정립』, 한국사회복지관협회, 2004.

강혜규, 「사회복지전달체계의 현안과 전망」, 『보건복지포럼』 11월호, 한국보건사회연구원, 2005.

강혜규 · 이현주 · 황정하 · 선화숙 · 김영종 · 박경숙 · 백종만 · 심재호, 『사회복지사무소 시범사업 1차년도 평가연구』, 보건복지부 · 한국보건사회연구원, 2005.

경제정의실천시민연합, 「우리는 왜 경제정의실천시민연합을 발기하는가」, 『경실련 출범 1주년 기념자료집』, 1990.

경제정의실천시민연합, 「지역사회복지협의체 구성 관련 권고」, 2005. 5.

골드스미스, 아더 A., 「새마을운동에 있어서 대중참여와 농촌지도력」, 『새마을운동의 이념과 실제』, 서울대학교 새마을운동종합연구소, 1980.

구자헌, 『한국사회복지사』, 한국사회복지연구소, 1970.

권태준 · 김광웅, 『한국의 지역사회개발』, 법문사, 1981.

김경혜, 『자치구 단위 지역사회복지계획 매뉴얼 개발 연구』, 서울시정개발연구원, 2003.

김덕준, 『신사회사업개론』, 한국사회복지연구소, 1970.
김만두, 「우리나라 사회복지관 프로그램의 비교검토」, 『사회복지관개요』, 한국사회복지관연합회, 1978.
김만두, 「지역사회복지증진을 위한 사회복지관의 역할」, 『사회복지관 관리자반 교재』, 국립사회복지연수원, 1981.
김범수, 『재가복지론』, 홍익재, 1992.
김상규 외, 『사회복지론』, 형설출판사, 1982.
김선심, 「지역사회복지관」, 『한국사회복지연감』, 한국사회복지협의회, 1972.
김성이 · 김상균, 『사회과학과 사회복지』, 나남, 1995.
김승권 · 정경희 · 김통원 · 서동우 · 오영희 · 박지혜 · 이종은 · 이건우, 『2003년 사회복지시설 평가 및 지표개발』, 한국보건사회연구원 · 보건복지부, 2004.
김영모, 『한국사회학』, 법문사, 1972.
김영호, 「자원봉사활동」, 『한국사회복지총람』, 한국사회복지협의회, 1991.
김유혁, 「새마을운동과 지역사회개발」, 『새마을운동 이론체계정립』 (I), 새마을중앙운동본부 지역개발조사연구단, 1984.
김일철 · 정영일, 「한국 영세농에 관한 사회경제적 연구」, 『사회과학연구보고』 (I), 서울대학교 사회과학연구소, 1977.
김종해, 「도시지역 지역사회행동의 주민참여요인에 대한 연구」, 서울대학교 박사학위논문, 1995.
김종해, 「지역복지에 있어서 주민참여 방안」, 『상황과 복지』, 한국사회복지학연구회, 1996.
김주연, 「지역사회보호와 재가복지서비스」, 『한국사회복지의 이해』, 한사연 사회복지연구실, 1995.
김태성 · 성경륭, 『복지국가론』, 나남, 1993.
김학묵, 「복지사회와 민간부문의 역할」, 『사회복지의 이념과 방향』, 아산사회복지사업재단, 1981.
남경현, 「사회복지관의 역사적 배경과 유형」, 『사회복지관개요』, 한국사회복지관연합회, 1978.
남세진 · 조흥식, 『한국사회복지론』, 나남, 1995.
남세진 · 최성재, 『사회복지조사방법론』, 서울대학교출판부, 1988.
내무부, 『새마을운동』, 1987.

농촌진흥청, 『한국농촌지도사업발전과정』, 1979.
대한가족계획협회, 「새마을부녀회를 통한 도시영세지역 가족계획사업계획서」, 미발행문서, 1978.
류기형, 「지역공동모금제에 관한 연구」, 서울대학교 박사학위논문, 1991.
문병집, 『지역사회개발론』, 법문사, 1978.
문인숙, 「이화사업복지관의 역사적 배경과 역할」, 『사회복지관논집』, 이화여자대학교 사회복지관, 1977.
박성수, 「한국사 발전과정에 있어서의 새마을운동」, 『새마을운동 이론체계정립』 (I), 새마을운동중앙본부 지역개발조사연구단, 1984.
박용현, 「재가복지사업의 현황 및 정책방향」, 『지역복지의 이론과 실제』, 한국사회복지관협회, 1995.
배항달 · 이남구, 「농촌자치조직에 관한 연구」, 『안동교육대학논문집』, 안동교육대학, 1974.
변철식, 「사회복지관의 현황 및 정책방향」, 『지역복지의 이론과 실제』, 한국사회복지관협회, 1995.
보건복지부, 『사회복지관 설치 · 운영규정』, 1995.
보건복지부, 『재가복지봉사센터 설치 · 국고보조 사업지침』, 1995.
보건복지부, 『2005년도 사회복지관 및 재가복지봉사센터 운영관련 업무처리 요령 안내』, 2005.
보건사회부, 『제7차 경제사회발전 5개년 계획』, 1992.
사회문화연구소 편, 『사회운동론』, 사회문화연구소 출판부, 1993.
서상목 · 최일섭 · 김상균, 『사회복지 전달체계의 개선과 전문인력활용방안』, 한국개발연구원, 1988.
안창수 · 한혜동, 『사회복지관에 관한 연구』, 보건사회부 사회보장심의위원회, 1977.
양창삼, 「사회봉사의 철학과 기능」, 한양대학교 사회봉사단, 『대학의 사회봉사』, 한양대학교 출판부, 1995.
오정수, 「재가복지봉사센터의 기능과 역할」, 『지역복지의 이론과 실제』, 한국사회복지관협회, 1995.
Olsen, Edward G., 김은우 역, 『학교와 지역사회』, 현대사상사, 1973.
윤종주, 『사회조사』, 개문사, 1980.

윤준상,「지역사회개발 행정사업에 대한 주민의 집단행동참여와 그 관련 변인」, 서울대학교 박사학위논문, 1994.
이규태,「한국사에 있어서의 복지관」,『복지사회의 이념과 방향』, 아산사회복지사업재단, 1979.
이명홍,「사회복지프로그램의 현황과 과제」,『사회복지관 관리자반 교재』, 국립사회복지연수원, 1981.
이성배,「한국 주민운동이 행정에 미친 영향에 관한 연구」, 한양대학교 박사학위논문, 1990.
이웃돕기운동추진협의회,『각국의 공동모금』, 1994.
이인재,「사회복지 주민참여와 동원전략에 관한 연구」,『사회복지연구』 제2호, 한신대학교 사회복지정책연구소, 1994.
이인재,「지방재정분권과 사회복지 과제」,『2004년도 공동학술대회 자료집』, 한국사회복지연구회, 2004.
이현주,「공공과 민간의 협치기제로서 지역사회복지협의체의 활성화방안」,『보건복지포럼』 11월호, 한국보건사회연구원, 2005.
이현주,「공공복지전달체계에 대한 새로운 모형의 모색」,『사회복지연구』 제18호, 한국사회복지연구회, 2001.
이현주 외,『지역사회복지협의체 시범사업 평가와 모형개발』, 한국보건사회연구원, 2002.
전도일,「선진조국창조와 새마을운동」,『새마을운동 이론체계정립』(I), 새마을운동중앙본부 지역개발조사연구단, 1984.
정부혁신지방분권위원회,「국고보조금 정비방안」, 2004. 7. 6.
정지웅 · 최상호,『지역사회개발론』, 선일문화사, 1983.
정환용,「지역개발과 주민참여」,『지역개발론』, 지역개발학과 교수협의회, 1987.
조남범 외,『1994년도 재가복지봉사센터 현황 조사보고서』, 한국사회복지관협회, 1995.
조휘일,「자원봉사자의 관리 및 운영방안」,『지역복지의 이론과 실제』, 한국사회복지관협회, 1995.
주성민,『한국의 지역사회학교운동』, 한국지역사회교육후원회, 1988.
중앙대학교 부설 사회복지관,『사회사업안내』, 1982.
지 윤,「한국사회복지제도에 관한 연구」,『사회사업학회지』(특집호), 한국사회사업학회, 1980.
참여연대, 참여연대팸플릿, 1995.
최병두, 「한국 지역사회운동의 발달과정과 전망」, 한국공간환경연구회 엮음, 『지역불균형 연구』, 한울, 1994.
최일섭, 「80년대 국가발전을 위한 과제: 사회복지분야」, 『현대사회』(여름호), 현대사회연구소, 1983.
최일섭, 「민간사회안전망의 의의와 과제」, 『교회지도자를 위한 민안망교육자료』, 사단법인 나눔과 기쁨, 2006.
최일섭, 「빈곤도측정을 위한 사회과학적 방법론」, 『사회복지』 제5집, 한국사회복지연구소, 1977.
최일섭, 「사회복지의 이론정립」, 『한국의 사회복지』, 아산사회복지사업재단, 1979.
최일섭, 「새마을부녀회의 가족계획사업 — 도시영세민지역의 시범사업을 중심으로」, 『서울대 새마을운동종합연구』 제1권 제1호, 서울대학교 새마을운동종합연구소, 1981.
최일섭, 「지역공동모금제에 관한 국제비교연구」, 『사회보장연구』 제6권, 한국사회보장학회, 1990.
최일섭 · 김광억, 「한국사회에 있어서 빈곤문제연구의 성과와 과제」, 『사회과학과 정책연구』 제IV권 제2호, 서울대학교 사회과학연구소, 1982.
최일섭 · 최성재 편, 『사회문제와 사회복지』, 나남, 1995.
최재석, 『한국농촌사회연구』, 일지사, 1976.
Turner, J. H., *The Structure of Sociological Theory*, 김진균 외 옮김, 『사회학 이론의 구조』, 한길사, 1989.
Poplin, Dennis E., *Community*, 홍동식 · 박대식 편역, 『지역사회학 — 이론과 연구방법』, 경문사, 1993.
하상락, 「일제시대의 사회보장」, 『의료보험』, 의료보험조합연합회, 1984.
한국사회복지관협회, 『2004 사회복지관백서』, 한국사회복지관협회, 2005.
한국사회복지관협회 홈페이지(http://www.kaswc.or.kr).
한국기독교사회문제연구원, 『지방자치와 지역운동』, 민중사, 1988.
한국사회복지협의회, 『한국사회복지총람』, 1977 · 1991.
한국사회복지협의회 · 한국사회복지연구소 편, 『한국사회복지연감』, 1972.
한국사회복지협의회 홈페이지(http://www.kncsw.or.kr).

한국지역사회교육중앙협의회, 『지역사회교육운동의 길잡이』, 1995.
한국지역사회학교후원회, 『지역사회학교운동 10년』, 1981.
한국지역사회학교후원회 편, 『지역사회학교활동교본』, 현대사상사, 1976.
행정자치부, 「분권교부세제도」, 미발간자료, 2004.
홍승직, 「한국인의 가치관 연구」, 『한국사회과학연구총서』 (II), 고려대학교 아세아문제연구소, 1969.
황성철 · 강혜규, 『사회복지관 운영평가 및 모형개발』, 한국보건사회연구원, 1994.

:: **외국문헌**

Addams, Jane, *Twenty Years at Hull House*, New York: The Macmillan Co., 1910.
Alford, Robert R., *Bureaucracy and Participation*, Chicago: Rand McNally and Co., 1969.
Alinsky, Saul, *Reveille for Radicals*, New York: Random House, 1969.
Alinsky, Saul, *Rules for Radicals*, New York: Random House, 1971.
American Association of Social Workers, *Social Work Year Book, 1951*, New York, 1951.
Arnstein, Sherry R., "A Ladder of Citizen Participation," *Journal of the American Institute of Planners*, Vol. 35, No. 4, 1969.
Bachrach, Samuel and Edward Lawler, *Bargaining*, San Francisco: Jossey Bass, 1981.
Baldock, J. and A. Evers, "Innovation and Care of the Eldery: The Cutting-edge of Change for Social Welfare Systems," *Ageing and Society* 12, 1992.
Bales, R. F., *Quarterly Report*, New York: Carneigie Corporation, October, 1953.
Bavelas, Alex, "Communication Patterns in Task-oriented Groups," in Darwin Cartwright and Alvin Zander (eds.), *Group Dynamics*, New York: Haper

& Row, 1953.

Biddle, William W. and Loureide Biddle, *The Community Development Process: The Rediscovery of Local Initiative*, New York: Holt, Rinehart and Winston, 1965.

Biklen, Douglas, *Community Organizing: Theory and Practice*, Englewood Cliffs, New Jersey: Prentice-Hall. 1983.

Brager, George and Harry Specht, *Community Organizing*, New York: Columbia University Press, 1973.

Brilliant, Eleanor L., *The United Way*, New York: Columbia University Press, 1990.

Brunner, Edmund de S. and Wilber C. Hallenbeck, *American Society: Urban and Rural Patterns*, New York: Harper & Brothers, 1955.

Burghardt, Steve, *Organizing for Community Action*, Beverly Hills, California: Sage, 1982.

Burns, Eveline M., *Social Security and Public Policy*, New York: McGraw-Hill, 1956.

Cassidy, Robert, *Livable Cities: A Grass-roots Guide to Rebuilding Urban America*, New York: Holt, Rinehart and Winston, 1980.

Chavez, Cesar and Joan EcKlin (ed.), *Community Organizers*, 2nd ed., New York: John Wiley & Sons, 1984.

Choi, Il-sub, "Elimination of Architectural Barriers of Public Buildings in the City of Cleveland: A Social Action Case," Unpublished Mimeograph, 1975.

Choi, Il-sub, *Microscopic Vs. Macroscopic Orientations of Korean Social Workers Regarding the Problem of Poverty: A Descriptive Study*, Ph.D. Dissertation, Cleveland, Ohio: Case Western Reserve University, June, 1977.

Cohen, Nathan E. (ed.), *Social Work and Social Problems*, New York: National Association of Social Workers, 1964.

Commons, John R., *History of Labor in the United States*, Vol. II, New York: Macmillan Publishing Co., 1935.

Community Chest of Hong Kong, *The Community Chest of Hong Kong Is 21 Years Old*, 1989.

Council on Social Work Education, *Official Statement of Curriculum Policy for the Master's Degree Program in Graduate Professional Schools of Social Work*. 1962.

Cox. Fred M., John L. Erlich, Jack Rothman and John E. Tropman (eds.), *Strategies of Community Organization*, 2nd ed., Itasca, Illinois: F. E. Peacock, 1974.

Cunningham, J. V., "Citizen Participation in Public Affairs," *Public Administraion Review*, Vol. 32, 1972.

Davidoff, Paul, "Advocacy and Pluralism in Planning," *Journal of the American Institute of Planners*, Vol. 31, No. 4, November, 1965.

Davidson, Jeffrey, *Political Partnerships: Neighborhood Residents and Their Council Members*, Beverly Hills, California: Sage, 1979.

Davis, Kingsley, *Human Society*, New York: Macmillan Publishing Co., 1949.

Dillick, Sidney, "The Functions of Neighborhood Organization," in Ernest B. Harper and Arthur Dunham (eds.), *Community Organization in Action*, New York: Association Press, 1959.

Domhoff, William G., *The Powers That Be: Processes of Ruling Class Domination in America*, New York: Random House, 1978.

Dunham, Arthur, *The New Community Organization*, New York: Thomas Y. Crowell Co., 1970.

Dyckman, John W., "Societal Goals and Planned Societies," in H. Wentworth Eldredge (ed.), *Taming Megapolis*, Garden City, New York: Anchor Books, Doubleday & Co., 1967.

Elliott, Mabel A. and Francis E. Merrill, *Social Disorganization*, New York: Harper & Brothers, 1950.

Fishel, Laslie H. and Benjamin Quarles, *The Negro American: A Documentary History*, Glenview, Ilinois: Scott, Foresman and Company, 1967.

Ford, Lyman S., "Federal Financing," in *Encyclopedia of Social Work*, New

York: National Association of Social Workers, 1965.

Friedlander, Walter A. and Robert Z. Apte, *Introduction to Social Welfare*, Englewood Cliffs, New Jersey: Prentice-Hall, 1980.

Gamson, William, *The Strategy of Social Protest*, Homewood, Illinois: The Dorsey Press, 1975.

Gans, Herbert J., "The Positive Functions of Poverty," *American Journal of Sociology*, Vol. 78, No. 2, 1972.

Gibb, Cecil A., "Leadership," in Gardner Lindzey (ed.), *Handbook of Social Psychology*, New York: Addison-Wesley, 1954.

Gilbert. Neil and Harry Specht, *Dimensions of Social Welfare Policy*, Englewood Cliffs, New Jersey: Prentice-Hall, 1974.

Gitlin, Todd, "Power and Myth of Progress," in *Toughts of the Young Radicals*, Washington. D.C.: The New Republic, 1960.

Glass, James J., "Citizen Participation in Planning," *JAPA*, Vol. 45, No. 2, April 1979.

Green, Helen D., *Social Work Practice in Community Organization*, New York: Whiteside and Morrow Press, 1954.

Gross, Neal, William E. Martin and John G. Darley, "Studies of Group Behavior: Leafership Structures in Small Organized Groups," *The Journal of Abnormal and Social Psychology*, Vol. 48, No. 3, July, 1953.

Grosser, Charles F., "Community Development Programs Serving the Urban Poor," *Social Work*, Vol. 10, No. 3, July, 1965.

Grossman, Lawrence, "Program Action Issues and Action Organizing Tasks," in Ralph M. Kramer and Harry Specht (eds.), *Readings in Community Orgamization Practice*, Englewood Cliffs, New Jersey: Prentice-Hall, 1969.

Gurin, Arnold, *Community Organization Curriculum in Graduate Social Work Education: Report and Recommendations*, New York: Council on Social Work Education, 1970.

Handlin, Oscar, *The Uprooted*, New York: Grossett & Dunlap, Inc., 1951.

Hare, A. Paul, "Interaction and Consensus in Different Sized Groups," in

Dorwin Cartwright and Alvin Zander (eds.), *Group Dynamics*, New York: Harper & Row, 1953.

Harper, Ernest B. and Arthur Dunham (eds.), *Community Organization in Action*, New York: Association Press, 1959.

Hieronymus, Robert E., *Balancing Country Life*, New York: Association Press, 1917.

Hodgers, H. M., Jr., *Conflict and Consensus: An Introduction to Sociology*, New York: Harper & Row, 1974.

Horton, Paul B. and Gerald R. Leslie, *The Sociology of Social Problems*, 5th ed., Englewood Cliffs, New Jersey: Prentice-Hall, 1974.

Huntington, S. P. and J. M. Nelson, *Political Participation in Developing Countries*, Boston: Harvard University Press, 1976.

Janowitz, Morris, *The Community Press in an Urban Setting*, New York: Free Press, 1952.

Johns, Ray and D. F. Dermache, *Community Organization and Agency Responsibility*, New York: Association Press, 1951.

Johnson, Harry M., *Sociology: A Systematic Introduction*, New York: Harcourt, Brace Janovich, 1960.

Kadushin, Alfred, *Developing Social Policy in Conditions of Dynamic Change*, New York: International Council on Social Welfare, 1972.

Kadushin, Alfred, "Homemaker Service," in *Child Welfare Service*, New York: Macmillan Publish Co. Inc., 1980.

Kahn, Alfred J., *Theory and Practice of Social Planning*, New York: Russell Sage Foundation, 1969.

Kelly, Harold H., "Communication in Experimentally Created Hierarchies," in Dorwin Cartwright and Alvin Zander (eds.), *Group Dynamics*, New York: Harper & Row, 1953.

King, Martin Luther, Jr., *Stride toward Freedom*, New York: Ballntine Books, Inc., 1958.

Knowles, Malcolm S., "Adult Education," in *Encyclopedia of Social Work*, New York: National Association of Social Workers, 1977.

Korea Association of Voluntary Agencies, *KAVA Directory*, Seoul, Korea, 1964.

Kramer, Ralph M. and Harry Specht, *Readings in Community Organization Practice*, Englewood Cliffs, New Jersey: Prentice-Hall, 1975.

Kriesberg, Louis, *The Sociology of Social Conflicts*, Englewood Cliffs, New Jersey: Prentice-Hall, 1973.

Kurtz, Russell H., "The Range of Community Organization," *Proceedings, The National Conference on Social Work*, Grand Rapids, 1940, New York: Columbia University Press, 1940.

Lane, Robert P., "The Field of Community Organization," *Proceedings, National Conference on Social Work*, Buffalo, 1939, New York: Columbia University Press, 1939.

Lerner, Max, *America as a Civilization: Life and Thought in the United States Today*, New York: Simon & Schuster, Inc., 1957.

Lindeman, Eduard C., *The Community*, New York: Association Press, 1921.

Lippitt, Ronald, Jeanne watson and Bruce Westley, *The Dynamics of Planned Change: A Comparative Study of Principles and Techniques*, New York: Harcourt, Brace, Jovanovich, 1958.

Lipsky, Michael, *Protest in City Politics: Rent Strikes, Housing and the Power of Poor*, Chicago: Rand McNally, 1970.

Lobove, Roy, *The Professional Altruist: The Emergence of Social Work as a Cause, 1880-1930*, Cambridge, Mass.: Havard University Press, 1965.

Lurie, Harry L. (ed.), *The Community Organization Method in Social Work Education*, New York: Council on Social Work Education, 1959.

MacIver, Robert M., *Community: A Sociological Study*, London: Macmillan & Co., 1928.

Mangum, Garth, *Emergence of Manpower Policy*, New York: Holt, Ronehart and Winston, 1969.

Martinez-Brawley, Emilia E., "Community," in *Encyclopedia of Social Work*. 19th., New York: National Association of Social Workers, 1995.

McClenahan, Bessie A., *Organizing the Community*, New York: Century Company, 1925.

McCreight, Mac, "Lawsuits for Leverage," in Lee Staple (ed.), *Roots to Power: A Manual for Grass-Roots Organizing*, New York: Praeger, 1984.

McLuhan. Marshall, *The Medium is the Message*, New York: Bantam, 1967.

McNeil, C. F., "Community Organization for Social Welfare," in *Social Work Year Book 1954*, New York: American Association of Social Workers, 1954.

Merton, Robert K., *Social Theory and Social Structure*, London: The Free Press of Glencoe, 1964.

Merton, Robert K. and Robert Nisbet (eds.), *Contemporary Social Problems*, 3rd ed., New York: Harcourt, Brace, Jovanovich, 1971.

Meyerson, Martin and Edward C. Banfield, *Politics, Planning and the Public Interest*, Glencoe, Illinois: Free Press, 1955.

Morgan, Arthur. E., *The Small Community: Foundation of Democratic Life*, New York: Harper & Brothers, 1942.

Morris, Robert and Robert Binstock, *Feasible Planning for Social Change*, New York: Columbia University Press, 1966.

Moynihan, Daniel P., *Maximum Feasible Misunderstanding*, New York: Free Press, 1970.

Murphy, Campbell G., *Community Organization Practice*, Boston: Houghton Mifflin Co., 1954.

Naisbitt, John, *Megatrends: Ten New Directions Transforming Our Lives*, New York: Warner Books, 1982.

National Association of Social Workers, *Defining Community Organization*, New York, 1962.

Norton, William J., *The Cooperative Movement in Social Work*, New York: The Macmillan Co., 1927.

Orshansky, Mollie, "Counting the Poor: Another Look at the Poverty Profile," in Louis A. Ferman, et al. (eds.), *Poverty in America*. Ann Arbor, Michigan University of Michigan Press, 1968.

Page, Benjamin, *Who Gets What From Government?*, Berkeley: University of California Press, 1983.

Park, Robert E. and Ernest W. Burgess, *Introduction to the Science of Sociology*, Chicago: University of Chicago Press, 1921.

Pearl, Arthur, "Poverty: Strategies for Reduction," in Robert Morris (ed.), *Encyclopedia of Social Work*, 16th Issue, Vol. 2, New York: National Association of Social Workers, Inc., 1971.

Peck, James, *Freedom Ride*, New York: Simon & Schuster, Inc., 1962.

Perlman, Janice E. "Grassroots Participation from Neighborhood to Nation," in Stuart Langton, *Citizen Participation in America*, Lexington, MA: D.C. Heath, 1978.

Perlman, Robert and Arnold Gurin, *Community Organization and Social Planning*, New York: John Wiley & Sons, 1972.

Poston, Richard W. *Democracy Is You: A Guide to Citizen Action*, New York: Harper & Brothers, 1953.

Pruitt, Dean, *Negotiation Behavior*, New York: Academic Press, 1981.

Rein, Martin, "Social Planning: Welfare Planning," in *International Encyclopedia of the Social Sciences*. New York: The Macmillan Co. and Free Press, 1968.

Reiner, Thomas A., "The Planner as Value Technician: Two Classes of Utopian Constructs and Their Impacts on Planning," in H. Wentworth Eldredge (ed.), *Taming Megapolis*, Garden City, New York: Anchor Books. Doubleday & Co., 1967.

Romanyshyn, John M., *Social Welfare*, New York: Random House, 1971.

Ross, Murray G., *Community Organization: Theory, Principles, and Practice*, 2nd ed., New York: Harper & Row, 1967.

Ross, Murray G., *Community Organization: Theory and Principles*, New York: Harper & Row, 1955.

Rothman, Jack, "Three Models of Community Organization Practice," in Fred M. Cox, et al. (eds.), *Strategies of Community Organization: A Book of Readings*, Itasca, Illinois: F. E. Peacock Publishers, 1974.

Rothman, Jack, John L. Erlich and Joseph G. Teresa, *Promoting Innovation and Change in Organizations and Communities: A Planning Manual*,

New York : John Wiley & Sons, 1976.

Rubin, H. J. and I. S. Rubin, *Community Organizing and Development*, Columbus, Ohio : Merril Publishing Co., 1986.

Ryan, William, *Blaming the Victim*, New York : Random House, 1971.

Sanders, Irwin T., *The Community : An Introduction to a Social System*, New York : Ronald Press, 1966.

Sanders, Irwin T., "Professional Roles in Planned Change," in Ralph M. Kramer and Harry Specht (eds.), *Readings in Community Organization Practice*, Englewood Cliffs, New Jersey : Prentice-Hall, 1969.

Schelling, Thomas, *The Strategy of Conflict*, New York : Oxford University Press, 1960.

Schubert, Glendon A., *The Public Interest*, Glencoe, Illinois : Free Press, 1960.

Schuck, Peter, *Suing Government : Citizen Remedies for Offical Wrongs*, New Heaven, Conneticut: Yale University Press, 1983.

Schwartz, Meyer, "Community Organization," *in Encyclopedia of Social Work*, New York : National Association of Social Workers, 1965.

Selznick, Philip, *Leadership in Administration : A Sociological Interpretation.* New York : Harper & Row, 1957.

Sharp, Gene, *The Politics of Non-Violent Action*, Boston, Mass. : Porter Sargent Publisher, 1973.

Sherrard, Thomas D., "Community Development and Community Organization : Common Elements and Major Differences," in *Rural and Urban Community Development in the United States of America*, Report of United States Committee to Eleventh International Conference of Social Work, Rio de Janeiro, 1962, New York : The Committee, 1962.

Sieder, Violet M., "Community Organization in the Direct-Service Agency," *Social Welfare Forum*, 1962, New York : Columbia University Press, 1962.

Sieder, Violet M., "The New Look in Community Planning," *Social Work*, Vol. 5, April, 1960.

Siporin, Max, *Introduction to Social Work Practice*, New York : Macmillan

Publishing Co., 1975.

Sites, P., *Control and Constraints*, New York: Macmillan Publishing Co., 1975.

Smith, David H., "The Philanthropy Business," *Society*, Vol. 15, No. 2 (Jan/Feb 1978).

Sorokin, R. and C. Zimmerman, *Principles of Rural-Urban Sociology*, New York: Holt, Rinehart and Winston, 1929.

Spergel, Irving A., *Community Problem Solving. The Delinguency Example*, Chicago: The University of Chicago Press, 1969.

Steiner, Jesse F., *Community Organization*, New York: Century Company, 1930.

Stenberg, C. W., "Citizen and Administrative State," *Public Administrative Review*, Vol. 32, 1972.

Stroup, Herbert Hewitt, *Community Welfare Organization*, New York: Harper & Brothers, 1952.

Taylor, Samuel H. and R. W. Roberts, *Theory and Practice of Community Social Work*, New York: Columbia University Press, 1985.

Townsend, Peter (ed.), *The Concept of Poverty: Working Papers on Methods of Investigation and Life-Styles of the Poor in Different Countries*, London: Heineman Educational Books, 1970.

Trecker, Harleigh B., *Social Work Administration: Principles and Practices*, New York: Association Press, 1971.

Tropman, John E. and Elmer G. Tropman, "Community Welfare Councils," in *Encycolpedia of Social Work*, New York: National Association of Social Workers, 1977.

United Community Funds and Councils of America, *Citizen Action through Community Health and Welfare Councils*, New York, 1965.

United Community Funds and Councils of America, *The Volunteer Bureau: A Handbook on Organization and Operation*, New York, 1967.

United Community Funds and Councils of America, "Community Welfare Councils-What They Are and What They Go," in Harper and Dunham (eds.), *Community organization in Action*, New York: Association Press, 1959.

United Nations, *Social Progress through Community Development*, New York: United Nations, 1955.

United Way of America, *Government Relations: Building Resources, Building Relationships, Building Communities.* 1988.

United Way of America, *People and Events: A History of the United Way*, 1977.

United Way of America, *The Citizen Board in Voluntary Agencies*, 1979.

United Way of America, *The Painful Necessity of Choice: An Analysis of Practice, Plans, and Policies in the United Way Movement*, 1974.

United Way of America, *United Way: Standards of Excellence*, 1988.

United Way of Southeastern Pennsylvania, *Report of the Community*, 1989.

Walker, Alan M., "Some Relations between Community Development and Roger's Client-Centered Therapy," *Community Development Review*, Vol. VI, No. 1, 1961.

Warren, Roland L., *The Community in America*, Chicago: Rand McNally & Co., 1963.

Watson, Frank D., *The Charity Organization Movement in the United States*, New York: The Macmillan Co., 1922.

Webber, Melvin M., "Systems Planning for Social Policy," in Ralph M. Kramer and Harry Specht (eds.), *Readings in Community Organization Practice*, Englewood Cliffs, New Jersey: Prentice-Hall, 1969.

Weil. Marie Overby and Dorothy N. Gamble, "Community Practice Models," in *Encyclopedia of Social Work*, 19th ed., New York: National Associacion of Social Workers, 1995.

Wilensky, Harold L. and Charles N. Lebeaux, *Industrial Society and Social Welfare*, New York: Free Press, 1965.

中央共同募金會, 『共同募金運動統計』, 1990.

中央共同募金會, 『赤い羽根共同募金: 40年のあゆみ』, 1990.

찾아보기

ㄱ

ㄴ

ㅂ

ㅅ

ㅈ

ㅊ

제2개정판
지역사회복지론

지은이 최일섭·이현주
펴낸이 오세정
펴낸곳 서울대학교출판문화원

초 판 1쇄 발행 1985년 3월 10일
초 판 15쇄 발행 1996년 3월 10일
개정판 1쇄 발행 1996년 6월 20일
개정판 22쇄 발행 2006년 1월 10일
제2개정판 1쇄 발행 2006년 8월 20일
제2개정판 12쇄 발행 2020년 5월 15일

출판등록 제15-3호

주소 08826 서울 관악구 관악로 1
대표전화 02-880-5252 팩스 02-889-0785
도서주문 02-889-4424, 02-880-7995
이메일 snubook@snu.ac.kr
홈페이지 www.snupress.com

ⓒ최일섭 · 이현주 1985

지은이와의 협의하에 인지는 생략합니다. 잘못된 책은 바꾸어 드립니다.
이 책의 무단 전재나 복제 행위는 저작권법에 따라 처벌받게 됩니다.

ISBN 978-89-521-0734-3 93330